1929

1949

中国建设协会研究

(1929~1949)

杜慧 著

社会科学文献出版社
SOCIAL SCIENCES ACADEMIC PRESS (CHINA)

目 录
CONTENTS

绪　论 / 001

第一章　中国建设协会的成立 / 010
第一节　民国现代建设的兴起 / 010

第二节　中国建设协会成立缘起 / 028

第三节　中国建设协会的正式成立 / 032

第二章　全面抗战前中国建设协会的建设主张 / 057
第一节　建设主张的阐述方式 / 057

第二节　工业化建设主张 / 071

第三节　政治建设主张 / 101

第三章　中国建设协会建设主张的落地生效 / 112
第一节　建设主张的实践路径 / 112

第二节　建设主张的实践成效 / 125

第三节　未实践或未生效的建设主张及其原因 / 166

第四章　中国建设协会建设思想的特征与成熟 / 176

　　第一节　全面抗战前中国建设协会的建设思想特征 / 176

　　第二节　战时及战后中国建设协会对建设问题的研判 / 189

　　第三节　中国建设协会的建设思想渐趋成熟 / 206

第五章　战后中国建设协会建设思想的转变 / 223

　　第一节　从"重工"转向"农工并重" / 223

　　第二节　战后中国建设协会农建主张的实践 / 236

　　第三节　战后国民政府的建设取向 / 247

第六章　中国建设协会与其他乡建团体组织 / 255

　　第一节　国民政府相关建设机构的建设旨趣 / 255

　　第二节　民国乡村建设派的建设要旨 / 263

　　第三节　与中国建设协会的建设主张之共趋 / 274

结　语 / 282

附　录 / 308

参考文献 / 323

绪　论

民国肇基以后，随着社会转型与现代化进程，传统中国政治、经济、文化等的发展模式受到亘古未有的冲击，逐步走向瓦解，即如曾养甫在阐明中国建设协会使命时所言："今日之中国，无在不显其支离破碎衰颓萎靡之气象，以言救国，舍建设外亦实无他道可言。"① 北伐后，面对百废待兴、经济竭窘、亟待建设之局势，国民政府将"建设"提上议事日程，分设各部从事建设，并设"建设委员会"以专其责，"建设"因此聚为整个时代的命题。② 为使人人知"建设"为"今日之需要""易行之事功"，并探求中国建设的合理、合情、合势之途，以完成孙中山以民生为首要的"三民主义"建设，中国建设协会以"研究及宣传并促进建设事业"为宗旨，以"登记、介绍并联络建设人才"为职责，一切行动皆"以建设事业为依归"。③

自中国建设协会成立并开始做建设的研究与宣传，越来越多的建设志士纷纷加入该会。在诸会员的影响与带动下，国内关注和研究建设的学者日渐增多，各类专门建设团体竞相涌现，建设刊物及建设言论亦如春笋初发相继面世。在建设需求日切、建设言论纷呈的情势下，建设思想由隐渐著，进而汇聚成潮，涌向时代浪尖。为将日益高涨的建设思潮具体化为切实可行的建设方案，以促动中国建设事业之开展，中国建设协会聚合海内外各学科专家，以协会为组织载体，各竭其聪明才力研究中国应行之各项

---

① 曾养甫：《本会之使命》，中国建设协会编印《中国建设协会成立纪念专刊》，1929，第31页。
② 张人杰：《本会创办之缘起》，《中国建设协会成立纪念专刊》，第29页。
③ 《发刊词》，《中国建设》第1卷第1期，1930年1月1日，第1页。

建设。其策划的建设方案与倡办的各项建设，以优裕民生为依归，并在国民政府及地方政府实行的建设中获得实践的机运，相当程度上推动了现代建设的肇兴，对中国建设的发展起到了重要的助推作用。但是，在复杂的历史情势下，现代建设事业的开展无疑受到多方牵制，尽管中国建设协会的许多建设主张、方案、规划是科学合理的，甚至是时代与社会所急需的，却也在客观条件的制约下显得力不从心以至于无力助成，对其中的教训、遗憾进行历史总结显然十分必要。

在中国建设协会等社会力量的努力推动下，在北伐告终后中国走上现代建设之路，在建设方式、内容及成效等方面超越了传统建设。中国建设协会不仅为民国建设提供了急需的人才资源与技术支援，且在鼓其劲助其行的过程中直接或间接地影响了现代建设之朝向与成效。尽管作为社会团体的中国建设协会在与政府共促中国建设途中，其专注的建设事业遭遇层层窒碍，因掣肘颇多未能竟成全功，但历史作为对已逝事物"有教养的记忆"，是不应该被抛弃的教益源泉，它能够澄清往昔并理解其部分含义，帮助人们思考当今与未来。中国建设协会关于现代建设形成的建设思想、规划方案与学科构建理论，充满了丰富的思想内容与实践经验，同样也沉积着深刻的曲折与教训，更折射出中国建设持久深入进展的关键，既是我们走向未来高地的支点，也是我们思想和理论升华的基点。

以更为宏观的历史眼光看，中国建设协会既是融通政府建设与社会力量的"中介者"，也是民国众多社会团体中的一员。作为融通政府机关与社会组织的"中介者"，中国建设协会主要在国民政府建设委员会、各省政府或建设厅的资助下，受其委托辅助各项建设事业的开展。全国各地建设机关、团体以及各大学、各专门研究机构的专家学者，皆与中国建设协会往来密切。在众建设团体中，无论就专业学识而言，还是从对国家建设的贡献及影响来看，中国建设协会都较为突出。而且中国建设协会可以说是民国时期为数不多的全面致力于各项建设事业的综合性建设团体，其他建设团体诸如中国政治建设学会、中国经济建设协会、中国文化建设协会、中华全国道路建设协会、化学工业建设协会、科学建设促进会、农村建设协进会等，大多为促进某一方面建设而成立者。因此，在建设经验与人才极

绪 论

度缺乏而又亟须建设的历史情势下，中国建设协会成为众多社会团体组织中不多见的、既能辅导各项事业经营，又可做各种事业之顾问的综合性社会公共团体。中国建设协会不仅致力于现代化建设的社会宣传与动员，且以自身为载体聚合各领域建设人才，亦常以专业建设团体的身份为政府欲行之各项建设事业预先谋划、建言献策，以供负责实行建设者采择。

作为建设团体之一，中国建设协会提出的建设主张又会与同行并存的其他建设团体的见解或多或少地存在一些迥异及互补之处，尤其是他们共同关心指向的重要问题，在很大程度上揭示了中国建设之关键所在。本书以中国建设协会为主要考察对象，除与国民政府成立初期组建的其他专业建设团体进行综合研究外，并将中国建设协会在战后对乡村建设的强调以及由此提出的农建主张，与官方建设机构及同时代影响较大的乡村建设派的建设思想主张进行横向比较研究，以捕捉中国建设协会的多重面相，明晰其建设思想旨趣的演变。作为民国时期为数甚少的超越了群体自身特殊利益诉求、自始至终都专心致力于国家建设的综合性建设团体，中国建设协会诸会员对中国建设的研究与宣传并非公益性的、附带性的、时办时辍的，而是以国家建设事业为终生职志，竭其所能助推中国现代化建设的开展。尤其是在现代化建设由极有力的高潮日渐退落归于无力时，面对民国建设进途中凸显的种种问题，中国建设协会毅然担负起襄助中国建设走出困境并持久深入进展的历史使命，理性分析现代建设之窘困，溯观反思现代化建设路向之合理性，其对中国社会经济危机所发表的见解、对建设问题之根因的揭示，以及由此转向谋求城乡工农相携共进以解决民生问题的现代化建设路向，实有尝试破解民国建设困境的价值。

在一次次面对问题、分析问题、解决问题的过程中，中国建设协会的建设思想逐步走向成熟：从对以工业化为导向的现代化建设之路的宣传倡导，到溯观反思，再到试图调整并努力谋求更加合理的现代化建设取向，其中蕴含的深层次认知尤其值得深究和体察。尤其是进入全面抗战时期，中国建设协会对现代化农业及农村建设的强调，对战时及战后国民政府的经济建设方针的制定起到了较为明显的导向作用。但抗战结束后不久，以蒋介石为首的国民党政权忙于战事，对于国家建设既无前后一贯之计划，也不遑顾及而暂时搁浅，和平建设的希望因此被阴霾湮没。这不仅使已有的以工业化、城市化为导向的现代化建设趋向呈积重难返之势，而且成为决定中国建设协会诸会员最终走向的重要因素。当其全身心趋赴的现代建设事业遭到国民党政权的漠视与搁置而无进展之望时，中国建设协会会员尤其是诸位发起人无奈之下只得放弃最初的宏愿而流散四方，曾经盛极一时的民国建设也因此被迫画下"休止符"。通过对中国建设协会主要会员由聚而散的命运的审与思，我们不仅可以体会到精英人才、社会团体在国家建设中所起到的不可取代的关键作用，亦可由此感知政府有效动员社会力量参与建设及建设政策实施的前后一贯性对国家建设的开展至关重要。

放眼整个中国现代化建设的长程演进，民国建设作为中国现代化建设的初步尝试阶段颇具特殊性与复杂性，有诸多重要问题尚需深入研究。截至目前，国内外相关研究虽然不少，但对民国建设仍无全面、深入而系统之专题研究，对在民国建设浪潮中因时应需而生的中国建设协会等建设团体的建设思想与实践探索更是知之甚少。当"革命史"与"现代化"成为学界解读中国近代历史的主要研究范式时，研究者们对由国民政府主导的以工业与城市建设为主要内容的民国经济建设，从革命史与现代化的视角进行了观照和反思。虞和平、宗玉梅与林乘东立足于中国资本主义经济的发展，从革命史观的角度对国民政府经济建设诸端进行了个案研究。[1] 石莹、赵昊鲁从经济现代化角度，对国民政府现代化经济建设的实施背景、实践结果及其制度条件上的缺陷进行了深入探析，特别强调了经济现代化过程中制度条件及解决二元经济结构问题的重要性。[2]

关于现代化进程中的工农城乡二元经济结构问题，大多数学者认为"现代化以工业化为核心指标"，故多将关注点聚焦于工业化、城市化建设方面，对农业、农村的现代化则较为轻忽。对此王先明曾在《试论城乡背

---

[1] 虞和平：《民国初年经济法制建设述评》，《近代史研究》1992年第4期；宗玉梅、林乘东：《1927～1937年南京国民政府工业政策初探》，《民国档案》1994年第2期。
[2] 石莹、赵昊鲁：《经济现代化的制度条件——对1927～1937年南京政府经济建设的经济史分析》，《社会科学战线》2005年第5期。

绪　论

离化进程中的乡村危机——关于20世纪30年代中国乡村危机问题的辨析》一文中做过分析，认为近代以来，以工业化、城市化、现代化为导向的历史发展，基本上以牺牲乡村为前提，最终导致传统时代"城乡一体化"的逆转。[①] 在工业化、城市化和现代化趋向中，中国"城乡背离化"趋势隐然发生，本应作为现代化、工业化之基础的乡村日益走向边缘化、贫困化，如此累积至20世纪30年代，乡村危机猝然爆发。此观点对以往学界关于现代化进程中城乡关系的认识，无疑是一种突破与推进。正是在20世纪30年代乡村危机愈演愈烈的背景下，以梁漱溟、晏阳初、卢作孚为代表的乡村建设派开始了以"复兴乡村"为主题的建设探索。

20世纪90年代后，近代乡村史研究开始进入学者的视野，乡村建设研究随之突破单纯讨论乡村建设运动的局限，向更加广泛而深入的方向发展。除美国学者艾恺及郑大华、徐秀丽、刘重来、虞和平等学者就20世纪30年代声势浩大的全国性"乡村建设运动"进行综合考察与个案分析外，[②] 王先明、李伟中、宣朝庆、魏本权等学者进一步着眼于社会建设、县政建设，并从思想层面对民国时期的乡村建设做了深层次的探讨。[③] 尽管如此，学界对现代化进程中乡村建设的研究，多限于个案研究，仅王先明对近百年来乡村建设思想及实践发展演进的历史轨迹和思想脉络进行了较为全面的研究。[④] 但将民国乡村建设置于近代以来中国现代化历史进程中，从时代的高度和历史的深度对其进行系统深入考察则较为缺乏，而该项研究确是具有现实理论意义与实践意义的重要研究，也是极富时代意义的深度挖掘。

---

① 王先明：《试论城乡背离化进程中的乡村危机——关于20世纪30年代中国乡村危机问题的辨析》，《近代史研究》2013年第3期。
② 郑大华：《关于民国乡村建设运动的几个问题》，《史学月刊》2006年第2期；徐秀丽：《民国时期的乡村建设运动》，《安徽史学》2006年第4期；刘重来：《卢作孚与民国乡村建设研究》，人民出版社，2007；虞和平：《民国时期乡村建设运动的农村改造模式》，《近代史研究》2006年第4期。
③ 王先明、李伟中：《20世纪30年代的县政建设运动与乡村社会变迁——以五个县政建设实验县为基本分析样本》，《史学月刊》2003年第4期；宣朝庆：《一九四〇年代中国社会建设思想的形成》，《中国社会科学》2009年第6期；魏本权：《合作运动与乡村建设——以20世纪前期社会各界的乡村改造方案为中心》，《历史教学》2013年第2期。
④ 王先明：《近代中国乡村建设思想的再思考》，《史学月刊》2013年第11期。

中国建设协会研究（1929~1949）

在中国现代化进程中，国家建设的动力更多源于建设者的引领及社会团体组织的助推，尽管这方面的研究成果较少，但它所体现的学术价值和方向却令人关注。宣朝庆、刘晔考察了知识分子在农村乃至整个国家现代化建设中的作用。① 王先明、欧阳哲生、周兴樑、赵立彬、李芳清、林家有、翁有为、李永芳等学者则围绕孙中山的建设思想做了各有侧重的论析。② 赵兴胜、谭备战主要对张静江在主持建设委员会期间的建设思想及活动进行了探析。③ 令人遗憾的是，在现有的关于张静江建设思想的研究中，对其所发起并组建的中国建设协会至今几乎无人问津。殊不知，组建中国建设协会并致力于助推中国建设的各种思想与实践探索的经历，对张静江等中国建设协会的发起者和组织者的建设思想的形成与发展演变，确曾起到不可忽视的重要作用。

如坎贝尔所言，"范式"会起到"认知之锁"的作用。④ 受"革命史观"这一传统史学研究范式的局限，学者们在对民国建设团体组织的研究中，多将关注点集聚在国民政府建设委员会、资源委员会等官方建设组织机构，以及代表工农与资产阶级利益的行会组织上。如谭备战、陈杏年、王卫星对建设委员会及其在煤矿与电业方面的建设工作，以及资源委员会

---

① 宣朝庆：《突破农村公共品供给的困境——民国知识分子参与乡村建设运动的时代意义》，《山东社会科学》2013 年第 2 期；刘晔：《迈向现代国家：知识分子与近代中国国家建设》，博士学位论文，复旦大学，2002。

② 王先明：《建设告竣时 革命成功日——论孙中山建设思想的形成及其时代特征》，《广东社会科学》2013 年第 1 期；欧阳哲生：《近代国家建设之路——孙中山建国思想的历史解读》，《河北学刊》2012 年第 2 期；周兴樑：《孙中山的中国近代化思想与实践》，《中山大学学报》（社会科学版）1997 年第 1 期；赵立彬：《孙中山政治设计中的社会建设考量》，《广东社会科学》2008 年第 1 期；李芳清：《孙中山思想与民初广东社会建设》，《广东社会科学》2012 年第 5 期；林家有：《论孙中山铁路建设的思想和主张》，《近代史研究》1991 年第 5 期；翁有为：《孙中山铁路建设思想初探》，《河南大学学报》（社会科学版）1991 年第 4 期；李永芳《孙中山农会思想探析》，《河南师范大学学报》（哲学社会科学版）2011 年第 4 期。

③ 赵兴胜：《1928—1937 年的张静江》，《近代史研究》1997 年第 1 期；谭备战：《张静江与近代浙江陆上交通建设》，《中国社会经济史研究》2011 年第 2 期。

④ 〔美〕约翰·L. 坎贝尔：《制度变迁与全球化》，姚伟译，上海人民出版社，2010，第 106 页。

绪　论

在抗战时期的作用及影响进行了探析;①李永芳、魏文享对近代农会进行了考析;②王翔、朱英、冯筱才、魏文享、彭南生对近代手工业行会、商会及工商同业公会进行了研究。③

国外学者对民国建设团体的研究也不多见,目前可见到的少数相关研究成果仅限于对国民政府经济建设的宏观考察。如美国学者吉尔伯特·罗兹曼主编的《中国的现代化》采取跨学科和多角度的方法,全面系统考察了近代以来中国社会在现代化发展历程中的变化。④ 杨格（Arthur N. Young）的《中国经济建设之路》与 China's Nation-building Effort, 1927 – 1937: The Financial and Economic Record, 易芬逸（Lloyd E. Eastman）的 The Nationalist Era in China, 1927 – 1949, 以及田弘茂（Hung-Mao Tien）的 Government and Politics in Kuomintang China, 1927 – 1937 主要对南京国民政府在经济建设方面的举措及其成效进行了客观评析。⑤ 巴克尔（John Earl Baker）的《论中国的工业化问题》与田中忠夫的《中国农业之电气化》分别着眼于中国现代化进程中的工业化与农业电气化建设,论述了中国在追求实现工业化以及农业现代化过程中所遇到的问题及其解决方法。⑥

---

① 谭备战:《南京国民政府时期国营煤矿事业经营的典型——以建设委员会与淮南煤矿为例的考察》,《安徽史学》2010年第2期;陈杏年:《再论资源委员会在抗战中的作用》,《史学月刊》1994年第5期;王卫星:《资源委员会与中国抗战的经济准备》,《民国档案》2003年第4期。

② 李永芳:《近代中国农会研究》,社会科学文献出版社,2008;魏文享:《农会与农政:近代农会组织与农业建设（1927~1949）》,《华中师范大学学报》（人文社会科学版）2008年第5期;魏文享:《乡村控制与农业建设——试论南京政府时期湖北省的农会组织》,《中国农史》2006年第4期。

③ 王翔:《近代中国手工业行会的演变》,《历史研究》1998年第4期;朱英:《转型时期的社会与国家——以近代中国商会为主体的历史透视》,华中师范大学出版社,1997;冯筱才:《中国商会史研究之回顾与反思》,《历史研究》2001年第5期;魏文享:《中间组织——近代工商同业公会研究》,华中师范大学出版社,2007;彭南生:《近代工商同业公会制度的现代性刍论》,《江苏社会科学》2002年第2期。

④ 〔美〕阿瑟·N. 杨格:《抗战外援:1937~1945年的外国援助与中日货币战》,李雯雯译,四川人民出版社,2019。

⑤ 〔美〕易劳逸:《流产的革命:国民党统治下的中国（1927~1937）》,陈谦平、陈红民等译,钱乘旦校,中国青年出版社,1992。

⑥ 〔日〕田中忠夫:《中国农业之电气化》,刘寿浦译,《社会杂志》第1卷第1期,1931年,第2页。

尽管近年来国内外学术界对于民国现代化建设的研究已取得显著进展，但不足之处也显而易见。首先，研究视角需要转换。学界对这一段历史的研究依然偏重于经济史、现代化史、革命史与乡建史领域，缺乏对建设群体的关注，导致民国建设问题的研究空间越来越受限。其次，研究内容有待拓展。对社会团体尤其是建设团体的研究可以说仍是民国建设研究领域的一个薄弱环节，对民国建设的演进历程、建设团体的思想与实践探索及影响缺乏系统深入研究。最后，研究方法亟待多元。现有研究成果较少借鉴其他学科的研究方法，与理论、方法、视角日益多元的近代史研究总体发展走向渐趋脱节。

大体而言，在探讨民国建设问题上，无论是出于意识形态方面的考虑还是研究范式的规囿，现有研究成果大多集中于建设个案及个体研究，对民国建设进程中力促建设的社会团体的专研凤毛麟角。因此，要推进民国建设研究需要进一步拓展问题意识、研究视角、研究主题并吸收新的研究理论与方法。从社会团体的视角展开研究，研究特殊历史情势下中国现代化建设的演进历程，关注建设团体的发展演变及其在建设探索中与政府的互动及影响，无疑是史学研究中不容忽视的重要内容，亦可谓史学研究的学术旨归和现实吁求的完美呈现。

本书试图基于近代社会史研究中对社会团体的关注，开拓建设团体研究的新视野，以社会团体的视角从微观层面切入，探讨中国建设协会及其他民国建设团体在不同历史情势下对中国建设路向的选择与探索，多角度、全方位地勾勒出民国建设多重复杂的历史图景，尝试在弥补学界研究空白和宏观泛论模式研究不足的同时，增加对民国建设整体情状的认知；并将中国建设协会等建设团体置于整个中国近代历史发展脉络与时代演进情势下，从时代的高度和历史的深度审视以中国建设协会为代表的社会力量对民国建设乃至后来中国现代化建设历史发展的影响，以为我们今日审视社会团体在国家现代化建设中的作用提供参考。对社会团体与国民政府互动模式的考析与认知，则有助于探寻社会与国家良性互动的契合点。此外，实事求是地总结处于中国现代化建设初期的民国建设探索进程中的历史经验与教训，亦可为当代中国现代化建设提供借鉴。

在研究方法上，运用实证与比较的历史学方法及工具解析中国建设协会的建设主张和时代特征；借助经济学中计量分析、数据统计等研究方法，以及经济发展相关理论知识，评析在中国建设协会等建设团体助推下国民政府制定实施的建设方策在不同阶段对中国农工商各业发展的作用及影响；同时，适当借鉴和运用政治学、社会学等学科的有关理论与方法阐释相关问题，譬如运用社会学中有关群体分析、观念分析等方法探究中国建设协会等建设团体的建设主张及建设探索，"组织制度化""捐客化""认知范式"等政治学、社会学理论亦被用于分析以中国建设协会为代表的社会团体与政府之间的互动模式。此外，本书综合运用宏观鸟瞰与微观聚焦、"分体"剖视与整合研究、静态观照与动态追踪、纵向梳理与横向比较有机统一的研究方法，在具体操作中注重档案与其他文献资料的相互结合、相互印证及相互补充，多角度、深层次、全方位地对中国建设协会进行研究，并以此窥察民国建设的整体走向与演进历程。

在资料的发掘与整理方面，曾被中国建设协会期许为"中国建设之明灯"的《中国建设》以及同时期发行的其他各种关于建设的刊物，荟萃了民国时期各大主流建设思潮，在很大程度上诠释了中国建设的时代走向与演进历程，同时也留赠给后人考鉴中国建设协会等建设团体的建设思想主张与实践探索的重要线索。本书全面搜集《中国建设》《建设》《建设公报》《乡村建设》《社会建设》《农村建设》《村治》《经济建设》《文化建设》等143种建设团体组织和建设机构出版的刊物、调查报告，《全国经济委员会会议录》《资源委员会档案史料初编》《建设委员会法规汇编》《张静江先生文集》《吴敬恒先生传记》《李石曾先生文集》《李石曾传记资料》《蒋梦麟传记资料》《谭延闿传记资料》等文集和文史资料汇编，并发掘利用中国第二历史档案馆所藏社会部档案（1938~1945）（全宗号11）、农林部档案（1940~1949）（全宗号23）等，以及江苏、山西、台湾等地方档案馆所藏民国建设团体相关档案材料，重点考察中国建设协会的产生背景、建设主张及其践行情况与成效，尤其是对中国现代化建设进程的影响。试图通过对建设言论的解读、对建设事例的评析、对实践成效的研判，在关于以中国建设协会为代表的建设团体的建设思想、实践探索、社会作用和历史地位等方面，做出认知上的推进与突破。

第一章　中国建设协会的成立

中国建设的发轫可上溯自"中华民国成立之前几十年",这几十年的建设历史诠释了一个深刻的道理:"建设事业决不是徒尚空言所能成事的",应该发动全社会"齐心协力的去办才可有相当的成绩"。自民国成立至20世纪二三十年代,中国社会"产业不振,民生凋蔽,饿殍载途,盗匪充斥,无在不显其萧条惨淡之气象",[①] 无不在表露亟须重建的社会需求,更似在召唤着引领时代潮流、担负建设使命之社会力量的襄助。在此历史情势下,中国建设协会筹组成立,会员们怀揣建设国家、复兴民族的理想,毅然承担起会聚建设人才、博引建设经验等助推中国建设的重任,致力于各种现代化建设的研究与宣传。此后,在因时应需涌起的现代建设浪潮中,各种建设团体、建设报刊、建设言论争相面世,"图存之道,惟有建设"已成共识,在中国建设协会等建设团体的努力促推下,现代化建设汇聚成一股强有力的时代潮流。[②]

第一节　民国现代建设的兴起

从20世纪伊始直到20年代末30年代初,在跌宕起伏的社会潮流中,建设的诉求虽已萌芽,但"建设的主张往往不能受民众的帮助"。随着时势的转变,在中国建设协会等社会力量的呼吁下,中国民众方开始正视中国社会之情势。20世纪30年代初,"建设"已成为"流行语""时髦话",国

---

① 《发刊词》,《中国建设》第1卷第1期,1930年1月1日,第1页。
② 蓝田:《中国铁路建设之我见》,《中国建设》第1卷第1期,1930年1月1日,第39页。

民政府有建设委员会,各省有建设厅,各级政府有建设机关,"谈建设的有专门杂志,报纸上也注重建设消息,做官的也天天谈建设"。①

一 民国现代建设兴起的必然性

辛亥革命虽然已经把清政府推翻,但中国民众的生活依旧甚至更加困苦,"不惟自由幸福之难期,即求目前生活之安适亦不可得"。因此,北伐之后,国民政府提出"一切建设未曾成功,即一切使命尚未达成",往后亟须努力于建设,并应以解决民生问题为首要。②

1. 势所必然:北伐后亟须建设的社会情状

建设是一种时代潮流,更是一种社会需要。盖能成时代潮流者,皆为应社会需要者,必合于时代与社会之共同吁求。民国时期中国建设之兴为社会演变的产物,亦为社会改进的必需品。它兴起于国民党北伐告成之后,中国"社会因进化之故",又有建设的要求;③ 产生于中国社会经济状况凋落、各行业一蹶不振之秋。20世纪20年代末的中国社会"受了国外数十百年的侵略,经过了国内长期的战争,百业停顿,满目萧条",④ "有日陷穷蹙的农村,日渐萧条的都市,有每年六万万以上的入超","有未能免除完的苛捐杂税","有甚多的人无职业,更多的人无知识","有在城、在乡的土豪劣绅","有只知破坏、不知建设的官吏"。⑤ 当时中国各种亟待解决之问题环周皆是,"任何事业,需要建设之迫切,殊非楮墨所能形容"。⑥ "唯建设乃可自立,亦唯建设始得图雄。"⑦

"国以民为本,民以食为天",不足食即无以"养民",无以"立国"。⑧ 自民国成立直至北伐结束,中国"农工日就废弛",⑨ 尤其是"最幼稚之新

---

① 徐敦璋:《谈谈建设问题》,《自由言论》第1卷第4期,1933年,第14页。
② 戴传贤:《革命使命在建设成功》,《中央党务月刊》1930年第24期,第187~188页。
③ 戴传贤:《革命!何故?为何?》,《建设》第1卷第3期,1919年10月,第3页。
④ 六波:《现在的建设问题》,《革命》1929年第77期,第214~215页。
⑤ 《中国应该怎样办》,凌耀伦、熊甫编《卢作孚文集》,北京大学出版社,1999,第457页。
⑥ 李晋:《建设之真谛》,《新纪元周报》第1卷第1期,1929年,第3页。
⑦ 《北平晨报社论:努力建设之前提》,《尚志周刊》第2卷第22~23期,1933年,第45页。
⑧ 朱子爽:《中国国民党农业政策》,国民图书出版社,1940,第14页。
⑨ 朱子爽:《中国国民党农业政策》,第12页。

兴工业"及"最贫弱之农业生产"陷于倾覆破产,"大多数之工农民众的痛苦,更失其解除之道,而同陷于澌灭之深渊"。① "欲从帝国主义者经济压迫之下,而得国民生活之苏生,实以经济的建设为最要之图",尤须"以强毅而坚忍之决心,与不断的努力,以发展中国之农业工业者裕中国国民之生活,建国家富强之基础"。②

民国成立后的二十年间,新建设的事业几乎"毫无可数",而民国以前仅有的少数建设亦"几破败至于不可救",如京汉、津浦两铁道桥梁铁轨枕木朽败不堪,招商局之轮船亦破坏将尽,各省会议厅之建筑除旧谘议局之外,二十年来无新建设。③ 曾几何时,革命勇士"为求人民之幸福,而不惜牺牲其身者,既造其因于前,不可不终其事于后"。正如中国建设协会会长张静江所言:"为人民求幸福之道,莫如使人民知自求之。"④ 反观民初中国社会,最令人担忧的是人们"明知现局之坏",却"甘沉酣于现局之中为所左右",不知道且不考察其缘故,亦不能摆脱现局或改变现局。⑤ 由此,孙中山在《建国方略》中所设计的建设方案成为中国建设前行之向导。

2. 思想引领:孙中山的建设思想

德国社会学家、知识社会学的创始人曼海姆认为:"思想纲领的出现标志着一种成熟的社会思潮的正式形成。"⑥ "建设"一词,最早出现在梁启超的《新中国建设问题》一书中,但仔细考析,可以发现该书虽选取"建设"为主题,全书内容却主要集中于政治议论,侧重于探讨政体建构,故此"建设"并非现代意义上的"建设"。换言之,"现代建设"之命题于

---

① 颂华:《国际劳工局宣布的中国十年建设计划》,《东方杂志》第28卷第20期,1931年,第1页。
② 朱子爽:《中国国民党农业政策》,第47页。
③ 戴传贤:《本年应做的建设工作》,《社会杂志》第1卷第1期,1931年,第2页。
④ 《民德杂志缘起——民国元年》,国民党中央党史委员会编《张静江先生文集》,台北,中央文物供应社,1982,第339页。
⑤ 《四川人的大梦其醒》,凌耀伦、熊甫编《卢作孚文集》,第68页。
⑥ 林建成、黄漫娥:《知识社会学对社会思潮形成演变的考察及其意义》,《北京邮电大学学报》(社会科学版)2009年第1期。

第一章 中国建设协会的成立

此时尚未被真正提出。① 孙中山著《建国方略》始正式彰明"建设"之思想纲领,标志着"建设"作为一种社会思潮的形成,由此开启了漫长而曲折的现代建设理论的探索征途。

以"三民主义"、《建国方略》为代表的孙中山建设思想理论,成为引动中国现代建设肇兴的关键因由。在以张静江为首的中国建设协会会员的倡导下,孙中山建设计划中所强调的铁道、电气、水利等实业建设计划不仅得到社会各界的认同和努力实践,亦成为国家建设事业之重心。张静江定电气、水利"与铁道事业同为建设之中心",认为同时发展这三项事业于国计民生大有裨益。在论及为何要以电气建设为中心时,张静江开宗明义引孙中山言说证明电气事业之重要。孙中山在《民族主义》第六讲中讲道:"中国物质建设要学外国长处,起首便应该不用煤力而用电力,集中全国之动力建设一个大原动力的发电厂供给全国。"又在《建国方略》中讲:"今日人类之文明已进于电气时代矣,用电之事以日增加。"② 在言及水利建设之重要性时,张静江亦以孙中山所言为口号:"中国现在有许多荒田不能耕种,因为地势太高,没有水灌溉,用机器抽水,把低地的水抽到高地,便可以耕种,已开辟的良田,没有旱灾便可以多生产,向来不能耕种的荒地,既是都能耕种,粮食的生产自然大大的增加,其在低洼地方讲求水利,便可免田禾的淹没。"③ 号召"积极兴办水利",以达孙中山所期望的"农业的生产至少可以加多一倍"的目标。

北伐之后,时代诉求与社会吁求的合鸣从根本上引动了建设的潮流,孙中山的建设理论亦为中国建设昭明了方向,关于建设问题的讨论和思考汇聚为社会思潮。而现代化建设浪潮之所以骤然涌起于中国大地,并得到社会的广泛关注,甚至成为一个极具号召力的时代命题,亦离不开官方及各种社会力量的宣传倡导。

---

① 参见《新中国建设问题(1910~1912)》,《梁启超全集》第8卷,北京出版社,1999,第2211~2530页。
② 《提议以铁道电气水利事业为建设中心案》,《张静江先生文集》,第56页。
③ 《提议以铁道电气水利事业为建设中心案》,《张静江先生文集》,第57页。

二 现代建设中涌现的建设团体

杜赞奇（Prasenjit Duara）认为，20世纪以后，中国各级行政组织虽日益膨胀，但在基层社会不得不依靠"各类非正式组织"（informal structures）发挥"中介者"的作用，以便有效遂行各项行政机能。[①] 因政府尚未获得人民信任，国民政府的建设举措必恃社会团体为"纽带"发动全社会积极推进，始可落实见效；必须借助社会团体的力量，做建设的宣传与动员，使全社会同趋赴于建设一途，全国建设事业一一见诸施行。

1. 率先组建的交通、工业建设团体

"自民国肇兴，执事者莫不提倡铁路建设"，国民政府亦将此作为建设重点。地方政府如贵州省建设厅以交通建设与商业繁荣、民智进展、实业振兴、矿业开发关系殊为密切，尤注重交通建设；[②] 福建省"全力兴建公路"，其1931年岁出概算中用于兴建公路的建设经费所占比例位居第一，1931年至1937年全面抗战爆发前公路建设成为"福建交通建设中的最重要工作，亦是当时全国交通建设的主要措施"。[③]

其间，社会上涌现出不少专注于交通建设的团体。早在1921年，海外留学归来的王正廷为改善中国交通落后状况，即在上海与孔祥熙、郑洪年等邀请"道路工程专家"发起筹组"中华全国道路建设协会"，[④] 努力"促路政之革新与建设，规划全国汽车路线，调查各省实施状况，绍介工程技师，派员分赴东西洋实地考察，并分赴各省市宣传劝导"，且受交通部与宣传部委托，拟订全国道路建设计划与实施方案。北伐结束后，该会以"军事告终，建设是务，训政开始，筑路为先"为口号，号召全国上下共同努

[①] Prasenjit Duare, *Culture, Power, and the State: Rural North China, 1900–1942* (Stanford, Stanford University Press, 1988), pp. 73–74. 参见沈松侨《地方精英与国家权力——民国时期的宛西自治（1930~1943）》《中央研究院近代史研究所集刊》（台北）第21期，1992年6月，第374页。

[②] 《贵州省建设厅之工作报告》，《中国建设》第8卷第2期，"贵州省建设专号"，1933年，第11页。

[③] 李国祁：《民国时期福建财政的初探（1912~1937年）》，"中央研究院"近代研究所编《抗战前十年国家建设史研讨会论文集（1928~1937）》下册，台北，1984，第263、266、270页。

[④] 胡：《闻名遐迩的中华全国道路建设协会》，《交通与运输》1994年第3期。

力于路政建设，以致整个20世纪20年代国内"筑路风潮，极为高涨"。①

到1930年，"全国已造成之公路，计有八万五千余里"，交通建设所需人才和经费随之急剧增加，"经济困难"与"人才缺乏"日益成为全国路政发展之障碍。为根本解决铁路建设人才短缺问题，中华全国道路建设协会从学校着手，函请教育、铁道两部通令所属院校添设道路、市政两科以培养人才，并通函"各省建设机关与市政府公路局及各长途汽车公司"按名委聘道路、市政专门学校的毕业学员。②如该会曾协订合同介绍其会员陈树棠与刘士琦等工程师往任襄沙等汽车线路与泉州市政局工程师。③为联络铁路建设人才从事调查统计、编纂、研究设计及改进工作，王正廷、郑洪年、孔祥熙等复于1929年专门组织成立"中华全国铁路协会"。④

全面抗战爆发后，交通建设更是刻不容缓。国民政府根据国防需要竭力推行交通建设，《抗战建国纲领》亦着重全国交通系统之整理。但因"国家多故国民未能普遍注意"，交通建设的进行颇为迟缓。⑤为整合全国交通专业人才协助政府推进交通建设，柳靖宇、邹思元等人于1940年组织成立"中国交通协进会"，专事"研究交通学术、设计交通方案及兴办现代交通事业"，以促进交通事业发展。⑥

张静江对交通建设的提倡亦是不遗余力，他坚信"发展中国必要修造铁路"，因此把铁道与电气、水利定为"建设中心"。蓝田等中国建设协会会员亦认为，中国交通之建设，铁路等运输机关，关系"国家之命脉，不可一日而稍事顿塞，至贻忧戚"，亟应本孙中山"规划周详"之铁路等交通建设计划，"分期实行"，使之"与年俱进"，若干年后"铁路之设"能百

---

① 中华全国道路建设协会：《十周年纪念征求会员大会宣言》，《道路月刊》第29卷第3期，1930年，第15页。
② 《函请教铁两部培植交通人才》，《道路月刊》第29卷第2期，1930年，"会务"，第1~2页。
③ 中华全国道路建设协会：《十周年来所办重要事由摘录（1921~1929）》，《道路月刊》第29卷第3期，1930年，第31页。
④ 《中华全国铁路协会章程》（1929年），中国第二历史档案馆藏，11-07284-0006。
⑤ 《中国交通协进会成立宣言》（1940年3月3日），中国第二历史档案馆藏，11-07277-0038。
⑥ 《中国交通协进会缘起》（1940年），中国第二历史档案馆藏，11-07277-0007。

倍于今,"普遍于国中,而成为交通路网"。① 孙中山早年提倡东方大港无人注意,唯有张静江首派陈懋解成立"东方大港筹备处"筹划设港工程并修建铁路以开港,"立愿修一条铁路通达乍浦,要把安徽的米由东方大港出口运粤"。时人曾这样评价:"假如说张先生(张静江)是新中国交通事业的领导者,我毋宁说他是中国新铁路之父,因为假如没有张先生,抗战的中国,便没有江南、淮南、浙赣、湘黔、湘桂各铁路与当时服务全国铁路人们的新精神!"②

在交通建设团体日增、筑路风潮日盛之际,工业、市政建设亦渐发达。为集中技术人才,共同推进工业建设,时任南开大学校长的张伯苓于1932年召集天津各团体——南开大学、河北省工业试验所、渤海工业社、黄海化学工业社(塘沽)的化学界同人组织"化学工业建设协会",面向全国召集科学技术人才"研究及建设中国化学工业",此被誉为"中国技术人才集中的先声"。③ 国民政府方面,于1938年在行政院下设工业合作协会,并在西北区、西南区、东南区、川康区、云南设立办事处,④ 从事战时军民日用必需品的生产。⑤ 至1942年5月,"全国工合共有1596社,社员共有二万二千人,股本四百万元,贷款一千三百万元,每年产品价值约值一千七百万元",对战时大后方手工业建设贡献较大。⑥

同时,国民政府对市政建设尤为注意,蒋介石曾有言:"建设之事万端,唯市政最为先务。"⑦ 30年代初,社会上涌现出不少诸如"中国市政工程学会""中国都市计划学会""市政问题研究会"等专研、规划与推进都

---

① 蓝田:《中国铁路建设之我见》,《中国建设》第1卷第1期,1930年1月1日,第37页。
② 周贤颂:《中国新铁路之父——张静江先生》,《张静江先生文集》,第375、373页。
③ 马杰:《介绍〈化学工业建设协会〉》,《工业中心》第1卷第4期,1932年,第59页。
④ 《中国工业合作协会西南区办事处工合业务代营处暂行章程》,中国第二历史档案馆藏,11-00645-0005。
⑤ 《中国工业合作协会1942年度工作报告》,中国第二历史档案馆编《中华民国史档案资料汇编》第5辑第2编,江苏古籍出版社,1994,第486页。
⑥ 张来仪:《战前、战时与战后的中国工业》,《中国建设月刊》第3卷第1期,1946年,第35页。
⑦ 贺幼吾:《市自治问题》,《中国建设》第2卷第5期,"市政专号",1930年,第79页。

市建设的团体。① 全面抗战时期，为有效联络集中市政人才、协助政府在各前线城市进行"事前之防空疏散，及事后之整理改进"，市政方面的专家、学者以"联络市政人材研究及促进市政建设"为宗旨，于1940年成立"中国市政建设协会"。②

2.30年代乡村危机催生乡建团体

在国民政府与路市、工业建设团体的共促下，20世纪30年代前期的国家建设表现出明显的城市化、工业化取向，对乡村建设的忽略显而易见。从1928~1935年经教育部查核备案的学术团体数量来看（见表1-1），农林类团体明显较少。因此，民国以后尤其是20世纪30年代初，作为国民经济建设根基所在的乡村经济濒临破产，占中国人口大多数的农民生活困苦至极，中国经济危机尤其是乡村危机非但没有得到解决，反呈愈演愈烈之势。

表1-1 1928~1935年经教育部查核备案的学术团体数量

团体类别	普通	理科	农林	工程	医药	文艺	社会科学	教育	体育	总计
数量	25	15	6	12	18	12	26	20	10	144

资料来源：陶英惠《抗战前十年的学术研究》，《抗战前十年国家建设史研讨会论文集（1928~1937）》，第72页。

鉴于乡村建设工作之迫切，1933年，梁漱溟、晏阳初、黄炎培等人联合各地乡村工作者成立"中国乡村建设学会"，研究乡村问题，讨论解决办法，以推进乡村建设运动。③ 同年12月，"中国农村经济研究会"在南京成立，以"研究农村经济，推进乡村工作"为宗旨，由著名农村经济学家陈翰笙担任常务理事，农业经济专家吴觉农任理事兼总务部主任，经济学家千家驹任理事兼编辑部主任，其他理事诸如研究部主任王寅生、联络部主

---

① 《中国市政工程学会之筹备及成立》(1943年9月)，中国第二历史档案馆藏，12（2）-2406-0008；《中国都市计划学会会章草案》，中国第二历史档案馆藏，12（6）-18881-0008。
② 《中国市政建设协会章程及有关文书》（1940年），中国第二历史档案馆藏，11-07310-0001。
③ 《中国乡村建设学会会章》，中国第二历史档案馆藏，11-2245-0005。

任孙晓村、服务部主任冯和法均为研究农村经济的知名学者。① 此后，乡建团体日益增加，乡村建设运动一时蔚为大潮，"社会上关于农村问题的研究，既如雨后春笋怒发，而农村救济、农村复兴等呼声尤复高唱入云"。②

到 30 年代中期前后，乡村建设运动受到政府注意与统制，由之前的社会运动转向政府农政。国民政府设立的相关组织有"农村复兴委员会""农村建设委员会""农村创造委员会"等，其中尤以 1933 年在行政院下特设的"农村复兴委员会""计划最大，魄力最厚，网罗人才最多"。③ 该委员会主要负责"计划复兴农村方法，筹集复兴款项并补助复兴事业之进行"，④由行政院院长汪精卫任委员长，并集合了中央大学农学院邹树文、南京中央研究院陈翰笙、北平华洋义赈会章元善、北平燕京大学许仕廉等众多农学专家相与讨论复兴中国农村问题。⑤ 但农村复兴委员会就"农村经济、农业技术以及农村组织"议决的许多方案未能尽合农村需要，于农村复兴的实际效力很"微薄"。⑥

在乡村危机日益严峻的情势下，要使凋敝的农村"焕然重振"，使"奄奄垂毙"的民众"自拔更生"，问题的复杂与困难程度非言可喻。恐怕只有切实了解农村实际的学术研究与实施机构、指导训练农民的农村建设人才与相关学术研究人才通力合作，才有望挽救中国农村的衰弱与穷乏。⑦ 因此，在行政院"农村复兴委员会"之外，亦有一些专门设计与实施农业及农村建设的社会团体成立，其中以"全国农业建设委员会"最为突出，尤

---

① 《中国农村经济研究会会务报告》（1940 年 10 月），中国第二历史档案馆藏，11-07359-0006。
② 曾济宽：《怎样解决中国农村问题》，《中国建设》第 8 卷第 5 期，"农村复兴专号"，1933 年，第 19 页。
③ 曾养甫：《农业改良失败之原因及今后应采之方法》，《浙江省建设月刊》第 8 卷第 6 期，"农业改良专号"，1934 年，第 1 页。
④ 《农村复兴委员会章程》，蔡鸿源主编《民国法规集成》第 34 册，黄山书社，1999，第 12 页。
⑤ 《农村复兴委员会成员表》，中国第二历史档案馆藏，23（1）-03098-0055。
⑥ 曾济宽：《怎样解决中国农村问题》，《中国建设》第 8 卷第 5 期，"农村复兴专号"，1933 年，第 19 页。
⑦ 曾济宽：《怎样解决中国农村问题》，《中国建设》第 8 卷第 5 期，"农村复兴专号"，1933 年，第 19 页。

第一章 中国建设协会的成立

其在沟通政府与社会方面。该委员会由"主持全国建设和农矿的最高当局"张静江与易培基于1930年发起成立,主要负责与政府"沟通贯串"协同办理"农业之兴革、农学之倡导、农会之组织、农民之扶助"等事项。①

在农村建设人才培育方面,1936年,晏阳初、梅贻琦、张伯苓、谢家声与中华平民教育促进会、清华大学、南开大学、燕京大学、协和医学院、金陵大学等联合组织成立"华北农村建设协进会",期以集青年"聪明才智"贡献"学术方法材料工具与实施机构"于乡村建设。为使学生充分了解农村实况、习于农民生活,该会以广大农村为各校各科学生研究与实施农村建设的"实验室与工作场",组织学生"深入民间,躬就田舍",在学术史上可谓一大创举。② 如美国社会学家坎贝尔所言,新技术的推广使用"必须与现有的认知和规范性限制"相适应,才可以获得更多的、可靠的理解,"如果这些程序不能适应,那么它们不可能有效",农业知识技能的推广亦不例外。③ 民国初年,现代农学技能常因农民无法接受而不能在乡间推广生效,致使农业无法振兴,农民生活不能改善。当时的农业专家认为,农民不但缺乏智识,而且"性质顽固,风气闭塞",假设提到"轮栽""选种",他们以为是"洋话","听了会招失败",不如旧法稳当,故"置之不闻不问"。如果没有相当办法开通农民智识、改变现状,他们将无法得到改良生活的工具。④

虑及农业推广的重要性,金陵大学农业经济系主任兼农产促进委员会技术组主任乔启明、江西垦务处处长唐启宇、金陵大学农学院院长章之汶、经济部农林司科长毛雝、经济部农林司司长钱天鹤、经济部中央农业实验所所长谢家声、四川省农业改进所所长赵连芳,于1939年在国民政府农产促进委员会内成立"中国农业推广协会",以"联络同志研讨农业推广问题共谋中国农业推广事业之发展"为宗旨,调查农业推广状况、策进农业推

---

① 《中国农业前途之曙光》,《农讯》1930年第12期,第14页。
② 《华北农村建设协进会发起人名单及工作大纲》(1939年5月),中国第二历史档案馆藏,11-09009-0001。
③ 〔美〕约翰·L. 坎贝尔:《制度变迁与全球化》,姚伟译,上海人民出版社,2010,第116页。
④ 林孔唐:《振兴我国农业之管见(续)》,《新农》第1卷第4期,1926年,第4页。

019

广运动,并受各机关委托研究与协助解决推广方面的问题,或就有关农业推广的发展建议于行政机关,答复关于农业推广的咨询,以及办理农业推广人才之登记及介绍等。①

全面抗战期间,农村经济的重要性更胜于前,"就军队言,无农民则兵无来源,就经济言,无农业生产,则别无基础可说"。由此可见,提高农业生产与改进农民生活对于抗战至为重要。② 为"研究农民经济,促进农村建设",史维焕、郑寰宇、刘光华、黄厚端、冷融、罗益增、李汶等人于1940年发起组织"农民经济研究会","广事调查搜集材料并发行刊物,对整个农民问题从理论与实际各方面作切实而具体的研究",拟具"整备而完善的实施方案"贡献于政府,以解决农民经济问题。③ 此外,为改变中国农民"一盘散沙"无法合作共谋农业改进的困局,中国建设协会发起人李宗黄与赵棣华、侯哲荞、顾毓琼、邹树文、章之汶、乔启明等人于1940年共同发起成立"中国合作事业协会",④ 联合全国农业界、海内外农业专家,并聘各地最有经验的老农为特别会员,以合作的方式运用适合于本地情形的科学方法改进中国农业并普及农学知识。⑤

3. 30年代中期以后政治建设团体的涌现

自国民政府"颁行县各级组织纲要,推行新县制",⑥ 至抗战结束,兴盛于30年代中期的乡村建设运动渐与"县政建设打成一片,变成了县单位的建设",由此乡村建设运动从社会运动导入政府"农政"轨辙。⑦ 与此前

---

① 《中国农业推广协会章程会员名册及有关文书》(1938~1939年),中国第二历史档案馆藏,11-07773-0001。
② 《中国农民经济研究会申请许可组织呈文》(1940年),中国第二历史档案馆藏,11-07271-0006。
③ 《中国农民经济研究会章程草案》(1940年),中国第二历史档案馆藏,11-07271-0008。
④ 《中国合作事业协会章程及有关文书》(1940年),中国第二历史档案馆藏,11-07827-0001。
⑤ 林孔唐:《振兴我国农业之管见(续)》,《新农》第1卷第4期,1926年,第5页。
⑥ 《中国县政学会简章会员名册章程等及有关文书》(1940年),中国第二历史档案馆藏,11-07722-0001。
⑦ 《乡建运动总检讨》,陈侠、傅启群编《傅葆琛教育论著选》,人民教育出版社,1994,第408页。

第一章　中国建设协会的成立

社会自发组织的建设团体相异，1935年以后新生的乡村建设团体多以政府为主导，政治色彩日益浓厚。如前所述在国民政府农产促进委员会内成立的中国农业推广协会，以及孙慕迦在1940年发起组建的中国县政学会，皆具有较浓郁的政治色彩。以后者为例，首先，其成立即是出于政治需要。该会集合"有志研究县政"的人士研究县政理论与实际，其目的在于"协助新县制之推行"。其次，从会员亦可窥出其与官方的密切关系。时任国民党主席的蒋介石为该学会名誉会长，国民政府重要行政人员如孔祥熙、戴传贤、陈果夫、李宗黄等任名誉副会长，孙慕迦、林竞、庞镜塘、陈成等担任常务理事。①

1935年以后还有一些专门研究与促进国家政治建设的团体成立，与之前相比这亦是一大明显变化。北伐后的中国尚未完全建立现代政治制度，故对"改善行政促进效率"的需求较其他国家更为迫切。② 1938年4月中国国民党临时全国代表大会颁布的《抗战建国纲领》曾有"改善各级行政机构，使之简单化合理化，并增高行政效率以适合战时需要"的提示。同年7月，国民参政会第一次大会复有"改善各级行政机构案"的决议。国民政府行政院亦曾专设"行政效率研究委员会"与"行政效率促进委员会"，以促进中央及地方行政效率。③ 但"行政问题关系繁复，决非少数人之才力或枝节片段之贡献所能得其圆满之解答"，"学者既有缺乏把握客观事实之苦，公务员本身之研究改善复为环境与时间所不许"，"非多方研究，群策群力不为功"。④ 因此，"中国行政问题研究会"于1938年成立，主要研究"如何改善行政制度及增高行政效率"，以助"政府官厅励精图治，及私营事业整顿革新"。⑤ 40年代又有"中国政治建设学会"这一综合性政治

---

① 《中国县政学会简章会员名册章程等及有关文书》（1940年），中国第二历史档案馆藏，11-07722-0001。
② 《中国行政问题研究会缘起》，中国第二历史档案馆藏，11-07307-0013。
③ 《行政院行政效率促进委员会组织规程》，中国第二历史档案馆藏，422-645-0003。
④ 《为呈请拟组织中国行政问题研究会请鉴核备案由》（1938年），中国第二历史档案馆藏，11-07307-0003。
⑤ 《中国行政问题研究会简章》，中国第二历史档案馆藏，11-07307-0006。

建设团体的成立。①

尽管30年代后期已有不少人意识到政治建设的重要性，并通过组建社会团体襄助政治革新与完备，但为挽救"已就崩溃"的国民经济，使中国经济由"农业时期"进于"工业时期"，尤其在抗战爆发的形势下，整个国家建设仍着重于以工业化为中心的经济建设。蒋介石于1935年3月首先在贵州发起"国民经济建设运动"，复于1936年4月成立国民经济建设运动委员会，从事国民经济建设运动的研究与宣传。②但直到30年代末40年代初，国民经济建设运动的成效并不明显，"举国都沉浸在国难严重与生计危迫的彷徨里面"。③

面对如此窘困的现实，中国建设协会在其会刊《中国建设》上刊载相关学者的学术对话或争辩，研讨反思以往国民政府城乡对立的建设路向的合理性，使人们对中国现代化建设中的工农城乡关系有了更清晰的认识：过去城乡对立的现代化建设路向使中国经济难有进步，故在工业化声中农业建设不仅不应忽略，而且要与工业建设亦步亦趋、相得益彰。中国建设协会由此开始呼吁从根本上逆转倚重工业、城市建设的趋向，将建设重心转向国家经济根基所在的农村。会长张静江与副会长李石曾更以实际行动促进中国农村建设。早在30年代初，他们就在中国择"各处名胜而交通方便"的"附近农村"先行着手建设以做示范。1931年，李石曾在北平西山温泉一带提倡农村建设；1933年，张静江在南京汤山成立振兴农村实验区，发起农村建设运动。④1947年元旦，李石曾"分别在沪杭两处举行农村问题座谈会，讨论并创议发刊《农村》半月刊"。在其发动下，"中国农村建设协会"成立，并"与江南铁路公司在芜湖成立合作农场"，在农林部与安徽省政府的支持和中国农民银行的财力配合下，该会主导的农村建设不断向

---

① 《社会部备案关于中国政治建设学会补助费的文书》（1940年5月），中国第二历史档案馆藏，11-7152-003。
② 《国民经济建运委会成立》，《银行周报》第20卷第27期，1936年，"国内要闻"，第1页。
③ 《介绍〈嘉陵江〉》，凌耀伦、熊甫编《卢作孚文集》，第58页。
④ 郭颂铭：《汤山附近农村建设运动的回忆》，《农村月刊》第1卷第2期，1947年，第15页。

前推进，日益走向"社会化"。①

在中国建设协会等社会团体及全国性乡村建设运动浪潮的推动下，30年代后期国民政府逐渐意识到乡村建设的重要性，蒋介石于国民政府迁出南京后告国民书中有云："中国持久抗战，其最后决胜，不但不在南京，抑且不在各大都市，而实寄于全国之乡村。"② 在加强战时军用工业建设的同时，国民政府开始着手加强农业建设，但受战事影响，其农建举措多以国防军需为本位，甚少注意民生问题的解决。抗战后期国民政府的经济建设渐趋全面化，而非此前纯然关注道路、市政及工业建设，社会上涌现出一批致力于国家整体经济建设的团体。其中较具代表性的有穆藕初、邹秉文、黄伯樵等人在1939年组织成立的中国经济建设协会。该会集合专家就经济建设各部门的范围及关系加以彻底研究，草订彼此间能呼应而有联系的整个建设计划，贡献于中央以备采择并协助实施，成为当时研究与实施各种工程、各种经济与各种建设团体机关的"集合体"。③ 与中国建设协会颇为相似，成立于1944年10月的中国建设学会亦是较典型的综合性建设团体，主要致力于中国心理、伦理、社会、政治、经济各种建设问题的理论与实践研究，以协助政府推行中国建设事业。④

在各种建设团体成立并致力于对国家建设的研究、宣传及动员的情况下，国内关注与研究建设的人日渐增多，建设的范围也越讲越宽。建设团体在探索中国建设之路的过程中，从以孙中山的建设思想为指导对交通建设的关注，到对市政、工业建设的注重，逐渐扩展到对包括政治、经济在内的整个国家建设的全面探索，尤其在30年代中期日益凸显的乡村危机刺激下，乡村建设的呼声从无到有再到高涨如潮，乡建团体纷纷组立，致力于挽救中国日益严峻的乡村危机。其间，中国建设协会的许多会员曾参与各专业建设团体的发起和组建，与各专业建设人才一道以团体之力助推中

---

① 常宗会：《中国农村建设协会如何建设中国农村》，《农村月刊》第1卷第7期，1947年，第6页。
② 《我努力的是什么——抗战以来自述》，《梁漱溟全集》第6集，山东人民出版社，2010，第262页。
③ 《组织中国经济建设协会理由》，中国第二历史档案馆藏，11-09010-0022。
④ 《中国建设学会章程》，台北"国史馆"藏，019-030510-0041。

国各项现代建设,从理论鼓吹到实际进行,从局部发动到全部开展,不仅使现代化建设的时代诉求得到回应与彰显,更使建设的时代意义有了相当充实。

三 现代建设浪潮中建设刊物及言论纷呈

在民国"建设"浪潮兴起与社会团体组织的共同关注下,各种建设刊物如春笋初发,相继问世。其主办者集于"建设"一途,通过见刊发表之建设言说,就中国应行之各项建设进行研讨,将当时纷呈的建设要观凝练整合为现代化建设之科学理论,以助推中国走上科学化的现代建设之路。

1919年8月,孙中山领导下的中华革命党(后改组为中国国民党)在上海创办建设社,发行《建设》月刊,此后,建设日益成为国内舆论界之主调。作为民国首发之建设理论刊物,该刊"意在从精神上物质上谋国家及社会之革新,号召当代学者本其研究所得就于思想上制度上应行改革之点,指出受病原因,提出救济方法"。[①] 就刊行内容而言,民国时期关于建设的刊物与前述建设团体的发展一致,呈先公路、市政,后乡村的趋势。在孙中山建设思想理论的引导下,以交通、市政为中心的现代建设首先成为全国上下的关注焦点。其中较具代表性的是中华全国道路建设协会于1922年发行的《道路月刊》,及其搜集国内外市政著作与各市法规章则计划编印的《市政全书》。[②]

在市政建设方面,"城市的进步,直接可以扶助农村的建设;同时农村的建设,更不能离去市政的活动,如卫生,教育,道路等的实施,人材物质的供给,都形成市政上的任务"。但中国传统建设"对于城市,向不去计划经营,任其自然发展,所以城市老不进化,国家无法文明,以致农村破产,人民贫困"。市政建设的目的是"一面促进大城市繁荣,一面还要扶助小城市(也可说乡镇)的建设,以大城市为孕育小城市之母。以小城市为供养大城市之子"。即如日本人池田宏所言:"都市与健全之农村相对待。

[①] 建设社:《征稿启事》,《建设》第3卷第1号,1920年12月,正文前。
[②] 中华全国道路建设协会:《十周年来所办重要事由摘录(1921~1929)》,《道路月刊》第29卷第3期,1930年,第31页。

而支配一国之商运，形成一大社会之组织，俾多数国民得以安居，成一大经济组织，为一国国力之中坚，又为政治之中心、文化之魁首。"尤其是在急求复兴农村以及城市化建设之中国，关于"建设大本营——都市——的研究团体和刊物，当有急起直追的必要"。30年代初期，在市政建设团体纷纷成立的同时，亦有许多相关刊物出版，以做都市建设的宣传与促进工作。如中国市政问题研究会于1934年发行的《市政评论》，即是为在现代都市学术上有所建白。该刊设置了社会、教育、公安、卫生、财政、工务、公用、自治等栏目，"期图国内各大都市的市政专家，共同团结，合力工作，使今后新都市的建设，日向光明灿烂的途径"。①

20世纪20年代末30年代初，"全国农村几濒于破产，而大多数的农民生活则不免于流离失所、冻饿死亡问题之严重"，已引起各方人士之注意与探讨，"例如土地分配问题、减租问题、合作问题、贷款投资问题、生产技术问题、乡村建设问题、农民组训问题、农村教育问题等"，发表于报章杂志，相关刊物亦随之日众。但此时的乡村建设刊物多是由社会团体自创发行，如1929年"应乎中国之趋势，社会环境的需要"而诞生的《农村月刊》，即为社会自创以为关心农村建设之士提供"努力于根本的改良农村的工作"之平台。② 其后诸如山东乡村建设研究院于1932年在邹平发行的《乡村建设》③、乡村建设设计委员会1933年于青岛发行的《乡村建设月刊》以及同年由会聚众多国内知名农学家的中国农村经济研究会在南京发行的《中国农村月刊》，都是社会力量自行主办的乡村建设刊物。

在社会团体的关注与宣传下，民众对于农村建设的呼求愈发强烈。"自抗战以还，农村生产与农民生活各方面均已受到巨大的影响，因而发生种

---

① 体扬：《本刊的过去和将来》，《市政评论》第2卷第1期，1934年5月25日，第1页。
② 若珉：《本社为什么要跑到北平来！》，《农村月刊》1929年第2期，第1页。
③ 由该院研究部主任梁漱溟编辑，分乡村建设理论、乡村建设具体方案及实施报告、本院消息、各地乡运消息及状况、法令规章、书报介绍及通信等栏，有时出特大专号，如"乡农学校专号""农品展览会专号"等（项定荣：《山东邹平之乡村建设事业》，《地方自治》创刊号，1935年3月30日，第76页）。

种的变化。"① 当此农村经济恐慌之际，民众要求对中国经济尤其是农村经济有一种正确的认识，"明确地认识他们日常生活中的一切社会现象"，而那些"枯燥的统计表册和庞杂的经济理论"并不能满足这种要求。为弥补这种缺陷，中国农村经济研究会于1935年1月发行《农村通讯》，"力求纯客观地将农村的经济生活表现出来，使得复杂的农村社会易于认识和分析"，② 以利于农村问题的根本解决。另外，福建省农业改进处于1942年发行的《农村通讯》，也是以"发扬农业学术要通俗化"与"研究农村问题要深刻化"为使命，致力于农学的普及，以"根本解决民生问题"。③

1935年以后，由于乡村建设由社会运动逐渐转向政府"农政"，建设刊物亦多由之前的社会自发转为政府或官方建设机关主办，"各机关各法团各学校发行刊物，成为一时风尚"。④ 如附录表3所列之1936年由嘉兴县政府合作事业推广委员会发行的《农村建设》、1938年由四川省温江县乡村建设委员会发行的《温江乡村建设》、1940年国民政府农林部发行的《农业推广通讯》以及1943年由中国农村建设协进会发行的《农村建设》等。

再就民国时期各时段所发行的建设刊物数量而言，以年为单位加以统计，即可得出图1-1，从图中可以直观看到，20世纪20年代初期，中国国内所发行的建设刊物寥寥无几。但自20年代末以后，这种状况发生了明显改变，建设刊物之数量陡然增高，而且在1929年到1933年间持续走高，甚至在全面抗战爆发后，一直居高不下。其间，作为中国建设协会机关会员的各省建设厅，如浙江、江西、湖北、河南、安徽、云南、山东、四川、陕西、广西、湖南等，甫一成立即开始发行省级建设公报或月刊。此后，在中国建设协会的号召与策动下，各种中央及地方性建设团体如中央农业推广委员会、华北水利委员会、江西农村改进社、广东建设协进会、福建省农业改进处、浙江省农业改良总场、湖北棉业改良委员会试验总场、晋

---

① 《中国农民经济研究会申请许可组织呈文》（1940年），中国第二历史档案馆藏，11-07271-0006。
② 中国农村经济研究会编《农村通讯》，中华书局，1935，"序"，第1页。
③ 《本刊的使命》，《农村通讯》创刊号，1942年1月，第1页。
④ 《发刊词》，《贵州农矿公报》创刊号，1930年，第1页。

第一章　中国建设协会的成立

绥农村建设协进会、四川省温江县乡村建设委员会、琼崖建设研究会、贵州省经济建设设计委员会、贵州建设协会、河南省农业改进所、江苏建设协会、中华平民教育促进会定县实验区等，各学术教育机构如国立中山大学农学院、山西农业专门学校推广部、四川乡村建设学院等，以及各出版社如北平励志笃行社、北平世界日报社、经济建设出版社等，皆出版了大量建设刊物，"建设"声浪由此高涨，成为20年代末30年代初社会言论的主导话语。此后，由于抗战，国内舆论焦点转向战事及国际局势，专注讨论建设之刊物的数量遂呈持续下降之势，直到1945年抗战胜利后才有所回升。

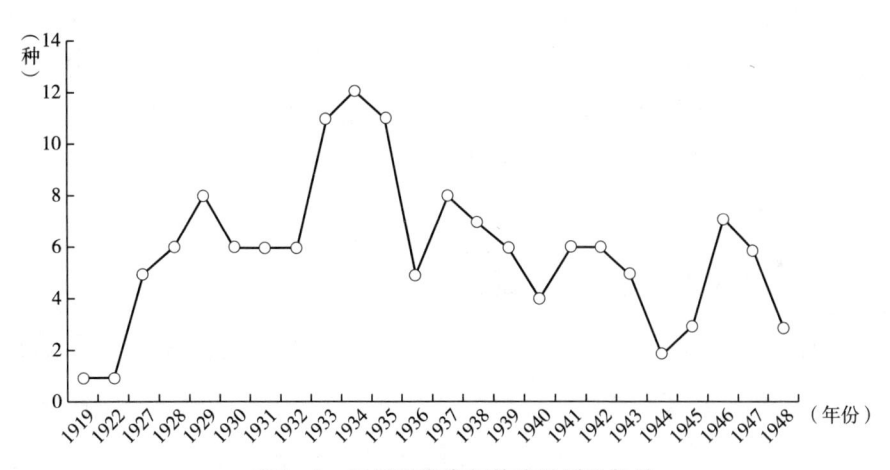

图1-1　民国时期发行的建设刊物数量

"一切建设事业的成功，决不能单靠政府的力量，社会有关机关团体力量的集中运用，是主要条件之一。"[1] 20年代末，在建设团体竞相组建和建设言论纷呈的情势下，建设的声浪已充满于国中，但建设事业的开展实施"犹待全体国人之努力"，尤其是在彼时财政困难、百废待举的中国，要在短时间内"百废俱举"似乎不可能，必须"提纲挈领，择其尤要者数事，同时并举，以全力促成之"。[2] 中国建设协会应此时势之需成立，作为建设

---

[1] 乔启明：《试论我国战后农业建设之轮廓》，《农业推广通讯》第4卷第7期，1942年，第4页。

[2] 毕云程：《建设》，《生活》第4卷第9期，1928年，第81页。

潮流的促兴者、建设事业的策划者与推动者，与其他专业建设团体一道致力于中国各项建设事业，对民国现代建设的肇兴与发展产生了重要影响。

第二节　中国建设协会成立缘起

民国肇始尤其是在北伐结束后，"盖非积极建设，不足以救百业凋敝之中国，更无以跻中国于物质文明之境域"，"建设"成为最紧要的工作。但在民国建设起步之时，因经验的匮乏而举步维艰，加以"中国各项人才向极缺乏，而建设人才，更为稀少"，[①] 建设事业更觉无助，陷入始而未兴的困境。因此，欲在此时此境行建设，"非广觅建设人才博采周咨不为功，非有长时间详细计划与充分准备不能举办"。[②] 应时代与社会之需求，中国建设协会起而召集海内外各专业人才，汲取各先进国之现代化建设经验，结合中国国情，专志于研究与宣传中国建设，并为之设计具体实行方案，以弼成事功。

一　中国建设经验与人才的匮乏

当建设思潮争相涌现、风行于世之时，何种建设路径更适合于中国，"其孰优孰劣，孰速孰迟，似皆须求决于历史之经验，而非设想所能断定者"。[③] 自辛亥革命以后，中国并没有积极的建设事业，已有事业亦未"积极的经营"。而在北伐后，欲将急需的建设事业骤然积极地经营起来，可以说困难重重，首先即在于人才的缺乏。彼时"所谓人才，大抵工于对人，而忽于做事，他们没有经过做事的训练，对于事业没有志趣，自然因循而不振；就有志趣的，也多浮夸而无实"。其次难在方法及经验极其不足。尤其是在建设中需经营的以前没有的事业，则其所用方法是否经济、有无成效很难判断，因为没有经验。

[①] 《建设委员会曾副委员长工作报告》，《云南建设公报》1930年第7期，"工作报告"，第10页。
[②] 《建设委员会工作报告书》（1929年3月），《张静江先生文集》，第205页。
[③] 李石曾：《社会革新之两大要素》，《建设》第2卷第3期，1920年4月1日，第578页。

第一章　中国建设协会的成立

由于建设人才与经验的匮乏，20年代后期开始的建设事业颇感彷徨无措。直到30年代初，国内始可闻见建设事业之开展，就当时较为先进的广东建设来看，"到黄埔两旁边看，各处都在那里做开发的起点"。中山大学在那里办农场，市政府也在那里办林场、贫民教养院，将要完成的总理纪念堂，还有新造的图书馆、"平民公寓"，以及将来造成以后居世界上第三位的自来水厂的工程，总计广州市的建设已开展1600万，计划中要做的有2000万。可是这些建设都是1930～1932年两年来的事情，"以前的建设很少"。而其他省份在30年代之前大多"没有什么建设工程"，如"南京中央党部的房子是从前谘议局的地方，浙江省党部湖北省党部的房子也都是以前谘议局的地方，其他各省的情形都是差不多。各地学校的房子都是因陋就简把旧房子修改的，用新的计划重新建造的实在可以说绝无仅有。铁道也是满清末年做开的……"直到1930年后"方才见到一点建设的机运"。[①]

进入20世纪30年代以后，全国各地新举办的建设事业以日加增，惟事属初创，经验薄弱，人才又异常缺乏，"欲求在本国人才中，悉得可以独立负责胜任快愉者，即觉难乎其难"，[②] "将欲举农工商矿森林水利电气交通及其他各种事业而悉举办之，则需才之殷，可以想见"，[③] 于是事冗人稀之困相因而至。直到30年代中期，国民政府建设机关要找一个专门人才仍属不易，因此政府"暂时准予专门的人才——技正、技佐、技士等，兼任学校的教授及其他机会之职"。[④] 人才稀缺的原因虽不止一端，但综而观之，与教育落后不无关系，"近百年来，中国的文明一天残破一天"，尤其是自民国以后，"政治紊乱，教育无确定计划，人才之造就，并无一定方针"。[⑤] 长此以至20世纪二三十年代，在中国亟须建设之时，因为过去"没有训练出有办法的人来，供给各种事业上的需要"，"一种事业，到处找人，

---

① 戴季陶：《中国的经济建设与教育建设》，《新亚细亚》第4卷第3期，1932年，第5页。
② 曾养甫：《本会之使命》，《中国建设协会成立纪念专刊》，第31页。
③ 曾养甫：《建设人才的出路及其应有之认识》，《中国建设》第1卷第1期，1930年1月1日，第1页。
④ 邓彦华：《纪念总理与建设》，《前锋》1930年第35期，第13页。
⑤ 曾养甫：《本会之使命》，《中国建设协会成立纪念专刊》，第31页。

找不着人"。①

尤其是在建设经验不足的建设初期，各项建设事业对于专门建设人才的需要更显迫切。所以，正如中国建设协会发起人之一曾养甫所言"今日谈建设，自以培植人才为第一要义"，解决一切问题之先，在于解决人的问题。如能培植建设所需之专门人才，以诸种具备相当的专门知识与能力的人才从事于建设之进行，自当事半而功倍。② 建设方始"即虞无才"，"仅有之才""或以感于政治之混浊，或以怵于事业之艰难，苟且因循，有其才而不尽其用者，比比然也"。寻其病根确在：当时"社会没有秩序，便使得许多人生活不安定，到处找事，找不着事"，③"有些虽具有渊深的学问都无法子去运用他的才能"；④ 政府对于"已成之才，尤无精确统计，往往听其投网置散，自生自灭，致负建设之责者。每有才难之叹，而有建设之才者，反穷愁潦倒，未由自达，相需之殷，而相遇之疏，已成为今日之大难题"。⑤

对此，卢作孚在1930年赴上海办事时，曾深切地感慨道：中国急需一个能够辅导各种建设事业并可做各种事业顾问的团体，这种团体及其成员"需要养成公共事业和公共生活的兴趣，认为自己是为公众服役的"。⑥ 在建设事业初兴之时，需要具有一定建设经验的人才，更需要一种既能招揽建设人才，又能提供建设参考意见，且具有较高思想觉悟和国家观念的社会团体。其实，这种社会公共团体之功用不限于此，更重要的任务在于与全国人才"互相砥砺"，"打破数千年来知之非艰行之维艰之脆弱心理，使建设人才，咸有建设勇气"，且"知天下无不可为之事，亦无不可竟之功，有志者，事竟成"，使"人人勇往精进，百折不回"，一致趋赴于建设事功之成就。⑦

---

① 戴季陶：《第一建设》，《中央半月刊》第2卷第24期，1930年，第20页。
② 曾养甫：《本会之使命》，《中国建设协会成立纪念专刊》，第31页。
③ 《四川人的大梦其醒》，凌耀伦、熊甫编《卢作孚文集》，第81页。
④ 邓彦华：《纪念总理与建设》，《前锋》1930年第35期，第13页。
⑤ 曾养甫：《本会之使命》，《中国建设协会成立纪念专刊》，第31页。
⑥ 《东北游记》，凌耀伦、熊甫编《卢作孚文集》，第107页。
⑦ 曾养甫：《本会之使命》，《中国建设协会成立纪念专刊》，第31页。

二 舆论宣传与心理建设之急需

"事业进行,须有推动之力量,此种力量之发生,不在政府,即在社会。"① "政府做事,有许多地方都是需要民众的共同合作始足以圆功",② "单靠政府是不够的(现在的国情和现在的政府)。可以说,促进一个国家的建设事业的根本力量是人民建设精神;而经济、技术及政治组织等条件尚属其次"。③ 国家建设,非全国民众"自觉自动起来,有组织的要求,有改造的信仰,不足奠基于永固"。调动广大民众的积极性,使之从思想上行动上一致趋赴于建设,实为建设事业能够顺利开展之关键因由。④ 因此,在建设发端之时,尤需努力于建设的广泛宣传与动员,设法得中国人民之信仰,使其热心匡助建设,人尽其力,力尽其用,才能收良好之功效。

如孙中山所言,"革命必先革心","心理不改革,革命终究不能成功"。⑤ "建设的工夫"尤其要"从心理建设做起"。"政府固然要负提倡计划的责任,也要民众同时感觉到这个要求,共同合作,努力实行,才有一个着落。"当此满目疮痍、民不聊生之际,最紧要的是通过心理建设,"彻底把破坏趋向纠正过来,把建设的思想,传布开去",让民众感觉到建设之重要与亟亟必要,使人心趋向"确实认真建设""做建设的工夫",⑥ 则建设成效必可日就月将。时代诉求与社会需求昭示着建设之势在必行,更诠释了建设宣传与心理建设的急迫性,中国建设端赖"全国人心之倾向,仁人志士之赞襄"。⑦ 不久中国建设协会中的一批有志于建设的专家学者,起而"鼓动风潮,造成声势",肩负起宣传研究建设之使命,以鲜明有力的笔触为中国现代建设史写下重要的篇章。

---

① 曾养甫:《农业改良失败之原因及今后应采之方法》,《浙江省建设月刊》第8卷第6期,"农业改良专号",1934年12月,第2页。
② 王正廷:《国民与建设》,《教育周刊》1934年第179期,第5页。
③ 翟象谦:《建设问题》,《独立评论》1933年第98期,第8页。
④ 乔启明:《试论我国战后农业建设之轮廓》,《农业推广通讯》第4卷第7期,1942年,第4页。
⑤ 刘振东:《国民革命与心理建设》,《长风》1930年第2期,第23页。
⑥ 戴季陶:《第一建设》,《中央半月刊》第2卷第24期,1930年,第22页。
⑦ 孙中山:《建国方略》,辽宁人民出版社,1994,第1页。

第三节　中国建设协会的正式成立

在时代与社会的共同吁求下,"建设"已然成为一种亟待实行的历史使命。南京国民政府成立后,时人称已经是时候开始建设了,此时急宜有先知先觉之士"认清环境,振刷精神,以坚毅果敢之意志",做建设的宣传促动工作。①

一　中国建设协会的组建

为求"人才之集中,趋向之一致",使"国内外同志各竭其聪明才力,从事于建设之途,坐而言起而行,庶得借收集思广益之效",② 国内建设专家筹组成立"中国建设协会",于中国应行之建设研讨擘画、努力宣传,设法助成建设之事功,一时间"闻风倾慕,相率而加入者踵于门"。到1929年12月底,入会会员人数已由3月初成立时的34人增至165人,且多为"国内外大学毕业有建设事业之专门学术者",或"曾受中等以上教育并经办建设事业三年以上著有成绩者"。③

1. 协会宗旨与指导思想

"世无万能之人才,亦无只手独举之事业",④ 中国的现代化建设非聚合"千万人之力乃至全国民众之力"以共赴之不为功。北伐战争结束后,在时势吁求下国民政府虽已将建设事业提上日程,分设各部从事建设,复设建设委员会以专其职,"惟建设大业,包含甚广",政府与人民须"通力合作,共谋建设事业之发展"。正如中国建设协会成立宣言所强调:"建设事业,经纬万端,苟非合全国人之聪明才力以赴之,将无以图其始而观其成。"⑤ "心理建设尤为一切建设之根本",中国建设协会之所以组织,即在于"使举国

---

① 张人杰:《本会创办之缘起》,《中国建设协会成立纪念专刊》,第29页。
② 《中国建设协会成立宣言》,《中国建设协会成立纪念专刊》,第27页。
③ 《中国建设协会章程》(1929年),江苏省档案馆藏,1004-002-0112-0022。
④ 陈茹玄:《训政时期建设刍议》,《中国建设》第2卷第2期,1930年8月1日,第13页。
⑤ 《发刊词》,《中国建设》第1卷第1期,1930年1月1日,第1页。

民众咸晓然于建设之重要,人人耳所闻目所视口所言心所思,一致趋于建设化"。①

如果说心理建设与宣传动员是要在精神方面为中国建设之开动鼓气作勇、坚志定议的话,那么建设人才与建设经验的整合筹集,则是为建设事业之开展排忧解难。唯有鼓其劲助其行,中国建设方能日起而有功。面对建设人才与经验缺乏的现状,中国建设协会自成立之日起即以"联合同志研究及宣传物质的精神的各种建设以促进其发展"为宗旨,② 召集各方建设人才,为各项新建设介绍专门人才,并汲取各先进国之建设经验,结合中国情势为之设计切实可行的建设方案。

为使全国上下皆感知建设之重要,并全力趋赴于中国现代化建设,中国建设协会诸会员以孙中山建设思想为宗旨,声应气求于孙中山的遗志,且拳拳服膺于新建设的完成,同时期成立的其他建设团体亦多以孙中山的"三民主义"建设思想及国民政府以工业化为导向的"抗战建国纲领"为指导思想。③

为使国民"可以晓得新努力的方向",南京国民政府甫一成立,即根据孙中山"三民主义建国方略实业计划及建国大纲的诏示"拟定《建设大纲草案》,标明今后物质建设工作的主要内容及应遵循的重要原则。大纲草案开篇明定的第一个建设原则即:"国民政府对于中华民国之物质建设,当根据总理所著建国之实业计划为原则,集中全国财力,期于最短期间实现之。"④ 而专司建设的国民政府建设委员会更是"仰体总理为建设而革命之精神,秉承国民政府所付予之职责,依据总理建国方略、建国大纲、三民

---

① 《中国建设协会成立宣言》,《中国建设协会成立纪念专刊》,第27页。
② 《中国建设协会成立宗旨》,《中国建设协会成立纪念专刊》,第28页。
③ 如中国县政学会在其章程中明定:"违背三民主义之言论或行动者","违背抗战建国纲领之言论或行动者"不得为其会员(《中国县政学会章程》,中国第二历史档案馆藏,11-07722-0020)。中国经济建设协会亦将其主要工作定为:"按照中国国民党总理建国方略及廿七年三月中国国民党临时代表大会议决之抗战建国纲领"所涉及之经济建设为目标进行彻底研究、草订计划"贡献于中央以备采择,并协助其实施"(《抄拟组织中国经济建设协会理由书》,中国第二历史档案馆藏,11-090010-0022)。
④ 孙科:《建设大纲草案》,《广东建设公报》第3卷第4期,1928年,第14页。

主义，计划全国建设，经营国有事业，并指导各省建设之实施"。① 地方上如广东省建设厅"所定造产初期之物质建设纲领等，均系根据先总理之建国方略而定"。②

如中国建设协会发起人之一王正廷所言："我们翻开建国方略建国大纲三民主义一看，好像一部建筑师设计下的工程图案，我们要根据着这个图案以建设新的国家。"③ 民国时期，与建设相关的社会团体及个人时刻谨记"总理遗教"，处处依从孙中山的《建国大纲》。中国建设协会的会员"皆为海内专门名家，有志建设，且于总理遗教拳拳服膺者"。④ 自北伐结束之后，顺革命潮所趋归，诸会员秉承孙中山遗教，肩负起促推革命建设的历史使命，致力于"三民主义"以民生为首要的各项建设事业的研究与宣传。

"建设为艰难巨大之事业，其进行自有赖于人才。"然而，"成才矣，而其所以自用其才者，与择其才而用之者，皆非甚易"。深感于建设人才养成与择才而用之困难，为解救中国之建设人才"缺乏""散漫"之弊，"以起颓风而振士气"，⑤ 中国建设协会将"如何而可培植人才，使人才不至于缺乏；如何而可振奋人才，使人才不至于销沉；如何而可网罗人才，使人才不至于散漫"作为其于人才建设方面"所欲努力以赴之者"。而此"培植人才，振奋人才，网罗人才"之使命，又以"三民主义"为依归。综言之，中国建设协会之任务，即在于"以三民主义，灌输建设人才，复以建设人才，实行三民主义"。即如曾养甫在阐述中国建设协会之使命时所言："凡非三民主义之建设理论，皆非本会所愿闻，此则其一贯之主旨矣。凡我同志，合兴乎来。"由此以观，"三民主义"无疑成为中国建设协会研究、宣传及促进中国建设的最高指导思想。⑥

---

① 《建设委员会民国十九年三月至九月政治工作报告书》，《张静江先生文集》，第278页。
② 邓彦华：《造产初期物质建设纲领之解释》，《新建设》1929年第4期，第1页。
③ 王正廷：《国民与建设》，《福建教育周刊》第179期，1934年，第5页。
④ 张人杰：《本会创办之缘起》，《中国建设协会成立纪念专刊》，第29页。
⑤ 曾养甫：《建设人才的出路及其应有之认识》，《中国建设》第1卷第1期，1930年1月1日，第1页。
⑥ 曾养甫：《本会之使命》，《中国建设协会成立纪念专刊》，第31页。

2. 会务范围与宣传刊物

自入会以后,中国建设协会会员深知使命艰巨,担负非易,时刻"以革命建设为职志"勇往直前,致力会务、倡导建设,相与协助而促其发展,"颇极一时之盛"。① "举凡各地分会之组织,新旧会员之团结,经费之巩固,组织之扩充",以及"建设学理,宜如何而使之阐明广大;建设宣传,宜如何而使之深入民众;建设计划,宜如何而促其实现;建设人才,宜如何而使之切取联络;建设人才与建设事业,宜如何沟通而使之供求相值",皆被中国建设协会"引为最切要之责任"。② 为专职责而收实效,以应现时代需要,中国建设协会根据其所担负的责任定如下事项为会务。

一是为各项建设拟具切实可行的计划。即通过"研究并讨论各种物质的、精神的建设事业之进行",为其谋划进一步发展与筹集建设经费的方案。

二是辅助建设计划的实施。具体而言,即通过"函托各省会员或派员分赴各省实地调查一切建设状况,并考察其需要及应行兴革等事以便促其进行"。

三是通过"编译及发行建设刊物"宣传建设事业之需要,同时受公私各机关委托,研究及解决建设事业中的一切困难、问题。③ 如建设协会在成立当年,即着手对各省建设厅及其他建设机关在采购建设所需之机器材料时所遇到的"购置不易或选择之难精"等困难,予以相当之协助。④

"建设事业经纬万端,决非一人或一团体所能独任,必赖群策群力共促其成。"因此,中国建设协会除研究、宣传建设,以及为建设事业拟具计划并促其实施外,亦通过登记、介绍并联络建设人才,在沟通政府与建设人才方面起到关键作用。⑤ 中国建设协会专门设立"职业介绍部","凡有一学一技之长者",皆为之登记并负责介绍职业,以"广罗专门人才储为国用,

---

① 《会务报告》,《中国建设协会成立纪念专刊》,第77页。
② 陈国钧:《回顾感言》,《中国建设》第6卷第6期,"江西省建设专号上",1932年12月1日,第2页。
③ 《会务范围》,《中国建设协会成立纪念专刊》,第76页。
④ 《中国建设协会最近工作计划草案》,《中国建设协会成立纪念专刊》,第87页。
⑤ 《会务范围》,《中国建设协会成立纪念专刊》,第76页。

并与国内各大学各报馆及其他社会团体如工程银行铁路经济协会等多方联络"，俾收"集思广益"及"野无遗才"之效。① 此外，中国建设协会还通过"派代表分赴各团体演讲"及"举行联欢会或聚餐会"等方式聚合建设人才。②

为助推建设事业发展，中国建设协会会员除以高亢呼声宣传建设外，还著文发表其所研发的建设良方，努力将其转化为中国建设的实际推动力。洞鉴及此，中国建设协会于1929年发行《中国建设协会成立纪念专刊》后，从1930年1月开始正式出版《中国建设》，作为该会会刊，每月发行一期，协会会员以及其他有志建设之士在对各项建设进行调查研究的基础上，将其探讨所得撰文刊行《中国建设》之上。③ 为调查、研究及宣传全国各地建设事业之现状，中国建设协会"函请各省建设厅邮寄各该省关于建设上一切刊物"，亦将各省建设之进展报道于《中国建设》上，并设法助其成。此外，如附录表1所示，该刊还通过揭载除会员以外的海内外专门名家之著述，给予各种建设事业精到翔实之指导。

3. 组织结构与运作体系

中国建设协会自1929年3月30日于上海开成立大会后，由会员大会公推张静江、李石曾、吴稚晖、蔡元培、易培基、叶楚伧、魏道明、陈立夫、曾养甫九人为理事，组成理事会。复由理事会推张静江与李石曾为正副会长，并分别由会长聘委总干事、副总干事、财务委员，及文书、编辑、庶务、登记各干事办理会务，筹策进行。④ 一切会务皆由会长总理，副会长协助，"总干事率同干事承会长副会长之命办理该会一切事宜"，"副总干事襄助总干事督促各职员"办理该会一切事务。由曾养甫任总干事，陈国钧任副总干事，胡永葵任登记干事，陈荫藩任庶务干事，夏赓英任编辑干事，曹晖甫任文书干事。

协会内设理事会，负责决议该会重要事务及决选入会会员。另设财务

---

① 曾养甫：《本会之使命》，《中国建设协会成立纪念专刊》，第31页。
② 《中国建设协会最近工作计划草案》，《中国建设协会成立纪念专刊》，第87页。
③ 《中国建设协会章程》（1929年），江苏省档案馆藏，1004-002-0112-0022。
④ 张人杰：《本会创办之缘起》，《中国建设协会成立纪念专刊》，第29页。

委员会，由陈笔霖、齐致、萧文熙等充之，负责筹划及保管该会一切财产并须将财务状况报告于事务会议。事务会议由总干事、副总干事、财务委员会及其他各委员会主席委员组织，以总干事为主席，主要决议该会预算决算之编制，并预算以外之开支及其他重大事件。该会亦设征求会员委员会，由萧文熙、陈笔霖、刘贻燕、陈国钧、霍宝树、杨公兆、刘驭万组成，负责征求并登记会员。① 协会内部运作体系，如图1-2所示，在会长总领下，由总干事率同诸干事具体负责处理会务，重要事务及会员之决选均由理事会负责。常务理事会议月开一次，由会长主持召集；理事会议每半年开一次，由常务理事召集；每年开一次由全体会员参加的年会。

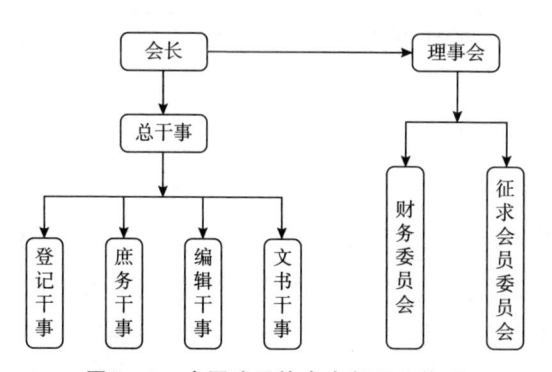

图1-2 中国建设协会内部运作体系
资料来源：《中国建设协会暂行办事细则》，《中国建设协会成立纪念专刊》，第85页。

在具体运作中，中国建设协会主要在国民政府建设委员会、各省政府或建设厅的资助下，受其委托辅助各项建设事业之开展。全国各地建设机关团体及各大学、专家，皆与中国建设协会往来密切。② 如表1-2所示，中国建设协会自感"所负使命既重且大，特征求各省政府市政府建设厅及其他建设机关"加入该会，成为其机关会员，以汇集众多省市政府、建设厅及其他建设机关之力，"收广益之功，庶共同舟之济"。③

---

① 《中国建设协会暂行办事细则》，《中国建设协会成立纪念专刊》，第85页。
② 《中国建设协会最近工作计划草案》，《中国建设协会成立纪念专刊》，第87页。
③ 《中国建设协会机关会员名表》，《中国建设》第7卷第2期，1933年2月1日，正文前。

表 1-2　中国建设协会的机关会员

类别	机关会员名
省政府	江苏省政府、浙江省政府、广西省政府、宁夏省政府、贵州省政府、福建省政府、山西省政府、山东省政府、广东省政府、安徽省政府、甘肃省政府、湖北省政府、安徽省政府、江西省政府、青海省政府
市政府	天津市政府、青岛市政府、上海市政府
省建设厅	浙江省建设厅、河南省建设厅、湖南省建设厅、湖北省建设厅、山东省建设厅、安徽省建设厅、云南省建设厅、江西省建设厅、四川省建设厅、陕西省建设厅、贵州省建设厅、宁夏省建设厅、广西省建设厅
省水利局	浙江省水利局

资料来源:《中国建设协会机关会员名表》,《中国建设》第5卷第6期、第6卷第1期、第6卷第4期,1932年。

此外,中国建设协会也与其他专注建设的社会团体及政府机构交相为助,尤其与国民政府建设委员会联系较为紧密。中国建设协会会长张静江同时又为建设委员会委员长,协会17名发起人中有14人同时又在建设委员会中任职,如总干事曾养甫时任建设委员会副委员长,副会长李石曾亦为建设委员会常务委员,其他发起人及理事诸如吴稚晖、陈立夫、孔祥熙、易培基、叶楚伧、郑洪年、魏道明皆为建设委员会常务委员。[1] 据《中国建设》所登录的会员情况统计,包括李宗黄、蔡元培、谭延闿、戴传贤诸位发起人在内,中国建设协会近20%的会员系建设委员会委员。[2]

而且《中国建设》所刊发的许多文章或直接由建设委员会委员所作,[3]

---

[1]《建设委员会民国十七年九月至二十年五月工作概况》,《张静江先生文集》,第238页。
[2]《中国建设协会成立纪念专刊》,"会员",第57~69页;《中国建设协会新会员一览》,《中国建设》第1卷第1期,1930年1月1日,"会务",第3~5页。
[3] 如吴祥骐《浙江公路与铁路新建设之概况》(第1卷第2期,1930年2月)、李心庄《急须解决的国民衣食住行问题》(第1卷第1期,1930年1月)、张景芬《冶矿琐言》(第4卷第5期,1931年5月)、文名升《发展中国电气工业之学术上的努力》(第2卷第3期,1930年9月)、曹理卿《创设人造肥料厂计划》(第1卷第6期,1930年6月)、洪绅《水力问题》(第2卷第4期,1930年10月)、张范村《森林与民生》(第1卷第2期,1930年2月)等,作者建设委员会委员。

或间接涉及建设委员会所经办的建设事业,① 或为报道建设委员会建设事业及政策,② 从中可以看出中国建设协会与建设委员会在建设取向上颇多趋同。在民国建设进程中,两大机构相协互助,共同致力于计划、指导、提倡及经营建设事业。就具体职能而言,作为国民政府机构的建设委员会与作为社会团体的中国建设协会显有区别。自1930年起,建设委员会"直隶于国民政府,主重设计工作,并办理各种模范事业"。③ 建设委员会内专设"征集建设计划委员会",主要负责为全国建设事业做规划,并"向国内外专家征集各项建设计划"。④

综上可知,作为国民政府专司建设之机构,建设委员会不独为计划、指导及提倡建设之机关,且以孙中山的建设思想为指导,在研究及计划"一切国有事业"的同时,就其经济能力所及次第举办一些建设事业,"力矫昔日官办事业之弊,以增加国家资本,而裕民生"。⑤ 相较之下,中国建设协会的职责主要在于为国家建设事业的开展做宣传与社会动员,会聚专

---

① 如《电气建设进行秩序之商榷》(第1卷第1期,1930年1月),蔡源高《对于发展中国电力之我见》、曾心铭《如何使首都电化》(第2卷第3期,1930年9月),张景芬等《长兴煤矿安全设备说明》(第1卷第3期,1930年3月),张范村、毛庆祥、刘汝璠《设立江浙皖三省国营垦务局》(第1卷第6期,1930年6月),张范村《经营国有林计划》(第2卷第6期,1930年12月),徐世大《平东模范灌溉场建设意见》、张自立《总理实业计划中之水利建设》、陈泽荣《水利与民生》(第2卷第4期,1930年10月),孙莱忱《太湖流域农田水利概况及其整治方策之商榷》(第1卷第5期,1930年5月),夏庚英《中国土地制度与农业建设》(第1卷第1期,1930年1月),唐启宇《农业建设中之灌溉及排水事业》(第1卷第6期,1930年6月)等,对建设委员会经办的电气、农林、水利等各项建设事业有所论及。
② 如赵松森《电气水利应与铁道同为建设之中心——呈建设委员会议文》(第2卷第3期,1930年9月),《建设委员会之利农政策》(第1卷第1期,1930年1月),《建委会电气事业公债条例》《建设委员会过去工作与今后计划》(第1卷第2期,1930年2月),张自立《建设委员会本届委员大会关于水利之重要提案》(第1卷第4期,1930年4月),《建设委员会之水利工作》(第1卷第4期,1930年4月),张自立《我国灌溉问题及建设委员会关于灌溉事业之工作》(第1卷第5期,1930年5月),陈良甫《建设委员会无线电制造厂之过去及将来》(第6卷第2期,1932年8月),《建设委员会指导下之建设事业近况》(第13卷第1期,1936年1月)等,以建设委员会及其建设事业为主题进行探研。
③ 《建设委员会民国十七年九月至二十年五月工作概况》,《张静江先生文集》,第237页。
④ 《建设委员会工作报告》(1929年3月),《张静江先生文集》,第225页。
⑤ 《建设委员会工作报告》(1929年3月),《张静江先生文集》,第236页。

门学者设计建设方案以供当责者参考与采纳,并通过介绍专门人才到建设机构辅助建设计划之实施。

二 中国建设协会会员概况

在民国建设中顺势成立的中国建设协会,之所以能对国家各项建设做出精确的分析与计划,与其会员自身所具备的知识学养关系甚大。其会员大多曾在国内外高等教育机构进行专门的科学理论学习,爱国心切的他们学有所成后,即投身于国家现代化建设事业,竭其所能襄助中国建设之事成。这些各有专长的建设人才之所以能够齐聚共赴于建设事业,与他们的教育背景、人生经历及其所处的社会、政治环境息息相关。

首先,在所学专业方面,中国建设协会的会员以在日本及欧美留学者占大多数(如附录表5所示)。副会长李石曾于1902年赴法国求学,在法国留学期间曾入蒙达顿农校学习农业,之后又入巴斯德学院及巴黎大学理学院随柏尔唐教授攻读生物化学,专注于大豆等的研究。吴稚晖在1901年东渡日本,进入东京高等师范学校读书,并于1906年到法国巴黎,同李石曾、张静江共同发起组织"世界社",作为沟通和传播中西文化的机构。[1]蔡元培在1907年赴德国学习德语一年,后入莱比锡大学专攻哲学、文学、进化史、人类学等科。又于1913年到法国巴黎学习法文,并与汪精卫、李石曾等组织"中法学会",创建劳工学校,此即后来的"勤工俭学会"。[2]孔祥熙曾留学美国,毕业于欧柏林大学,后入耶鲁大学得硕士学位。[3] 陈立夫早年亦留学美国,得匹兹堡大学硕士学位。[4] 蒋梦麟曾在"加里弗尼亚大学研究法学,四年卒业,得法学士学位",[5] 1909年入美国加州大学农学院学习教育学,1912年完成学业后,又到哥伦比亚大学师从著名哲学及教育

---

[1] 朱汉国、杨群主编《中华民国史》第9册,四川人民出版社,2006,第276页。
[2] 厂民编《当代中国人物志》,沈云龙主编《近代中国史料丛刊续编》第50辑,台北,文海出版社,1977,第180页。
[3] 厂民编《当代中国人物志》,沈云龙主编《近代中国史料丛刊续编》第50辑,第202页。
[4] 厂民编《当代中国人物志》,沈云龙主编《近代中国史料丛刊续编》第50辑,第230页。
[5] 朱传誉主编《蒋梦麟传记资料》第1卷,台北,天一出版社,1979,第244页。

学家杜威。1917年获博士学位后,回国从事于推动中国新教育的发展。① 留学的经历既开阔了他们的眼界,也使他们深切地体会到中国与西方的差距,爱国心切的他们为能使"中国赶上世界前进的步伐"而思考探索着,并将其所见所学悉付于中国建设,在各个领域程度不同地助推民国建设向现代化方向发展。

张静江联合李石曾、吴稚晖等共同发起成立中国建设协会后,即努力从各方面广罗专门人才为会员。学术进步,分科愈繁,在中国建设协会召集的将近200名会员中,就其专业而言,可以说对民国建设的各个方面无有不涉及(如图1-3所示)。但通过具体统计,不难窥出部分专业学有所长者在会员中占比较大,如建筑工程类占会员总数的17%,化学占12%,采矿冶金科占11%,机械工程占8%,农林占6%。从知识结构分布来看,在与工业、城市建设相关的工科、化学、机械、矿业等领域较为集中,农林方面的人才则较少,这就在客观上使中国建设协会在会务开展与促进国家建设过程中不可避免地向工业方面倾斜。其实就民国时期整个中国来讲,"学农业的人数本来极少,参看教育部所编的全国高等教育统计,民国十九年度全国大学各院科学生数之公私立比较,九个彩圈,'农'为最小,就可想而知了"。②

其次,会员的人生经历亦与其建设思想的形成演变息息相关。被称为国民党"四大元老"的张静江、李石曾、吴稚晖、蔡元培,均为中国建设协会主要发起人。因志同道合,吴稚晖与蔡元培等人早在1902年10月,即合作成立爱国学社,宣传革命。民国成立之初,"四大元老"率先合作发起"改良社会的运动",先后成立"进德会""社会改良会"。他们对国家建设无不悉力以赴,不约而同地志业于中国现代化建设,在民国建设史上产生了重要影响。

早在1919年,李石曾就大声疾言化兵为工,以建设求统一。"民国以来,以武力解决政争者数次,南北调和亦数次,若长此以往而无根本之解

---

① 朱汉国、杨群主编《中华民国史》第7册,第431页。
② 刘运筹:《农业部农学会农学院与农村复兴》,《中国建设》第8卷第5期,"农村复兴专号",1933年11月1日,第61页。

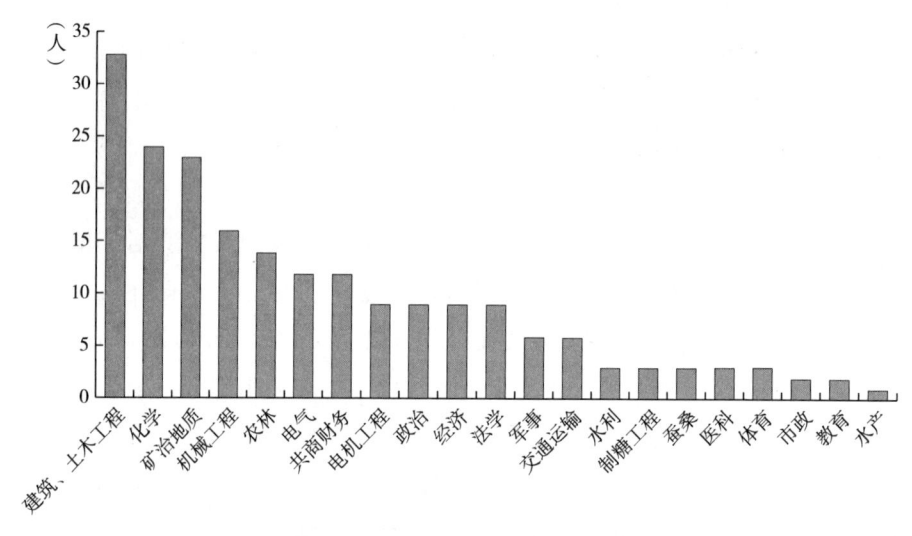

图1-3 中国建设协会会员专业分布

资料来源：《中国建设协会成立纪念专刊》，第71页。

决，恐武力解决与南北调和，尚不知有若干次。每有一次，则中国之实力与积极之事业（如教育事业）必随之减少一次，此最可危之显像也。今当世界和平与南北调和之际，中国似有绝好之机会以图根本之解决"，即"裁兵以事建设"。① 南京国民政府成立后，李石曾始有机会随同张静江从事于国家建设。中国建设协会会长、国民政府建设委员会委员长张静江虽生活在政权纷争的年代，但他完全将心思投注于济世救国的建设事业中。

蒋梦麟在赴美入加州大学农学院深造时的想法是："中国既然以农立国，那么只有改进农业，才能使最大数的中国人得到幸福和温饱。"后来他又改学教育，从"研究如何培养动物和植物"转向"研究如何作育人才"。在此后的四十七年中，他不但实现了"作育人才"的心愿，竟也实现了"改进农业"的初志。蒋梦麟认为中国的乱源是"贫"与"愚"，对症下药的办法便是"养"与"教"。所谓"养"，首先要"利用科学耕种，增加农产"，使"地尽其利，人果其腹"。"等到农村繁荣，农人的购买力增加以后，便

---

① 《化兵为工计划》，中国国民党中央委员会党史委员会编印《李石曾先生文集》上册，台北，1980，第225页。

须立即从事于工、矿同运输事业的开发。""总之,舍农而谈工,是本末倒置,若只顾发展农林渔牧,而忽视制造、运输,则仍将不能富国裕民。必须使农、工、商业得其平衡,自用和外销,国防和民用都维持着合理的比例,然后能使国家民族立于不败之地。"①

孔祥熙在出国留学时,就抱定"提倡教育,发展实业"的主义,相信"提倡教育,可以唤起民众,颠覆满清,拯救中国。发展实业,可以解决民生疾苦,使人民饱食暖衣。回国之后,就在山西一方创办学校,一方致力于工商事业"。②20世纪20年代末30年代初,中国"农村凋敝,工业萎缩,国内生产日形短少,贸易入超之巨,年达七八万万元,不独工业制品仰给外人,即所需粮食亦复不能自给,经济崩溃迫在目前"。孔祥熙协同其他五位中央执行委员提请国民政府"以国民自救之精神实行经济自给之政策","确定生产建设计划督励人民兼程并进",最大限度地集中全国人民之财力人力从事于生产建设,并提出"加强生产教育,推进劳资合作,倡导兴办重工业,促成工业之合理化,提倡家庭工业,利用荒废土地"以及严加限制"婚寿丧祭各种礼仪及酬赠宴会",尽量利用"民间庙产祠产","提倡节俭储蓄俾用之于生产事业"等具体办法。③

蔡元培早在1894年维新运动失败后,毅然弃官归里,主持教育以启发民智,走上了教育救国的道路。南京国民政府成立后,蔡元培担任教育行政委员会委员,仿效法国教育行政制度提议设立大学院和大学区制,以使教育学术化,反对官僚化。1929年,大学院与大学区制被撤销,教育部恢复,蔡元培的教育理想宣告失败。辞去大学院职务后,他转而提倡义务教育和职业教育,继续致力于教育事业。④

吴稚晖在教育方面亦颇多建树。为"提高一般平民的智识水准",吴稚晖致力于"统一国音,展开国语运动"。同时,吴稚晖大力倡导社会教育。

---

① 沈刚伯:《我所认识的蒋梦麟先生》,朱传誉主编《蒋梦麟传记资料》第1卷,第59页。
② 孔祥熙:《西南经济建设问题》,《经济动员》第2卷第5期,1939年,第232页。
③ 孔祥熙等六委员:《努力生产建设以图自救案》,《国民党中央执委会议事录》(1934年),中国社会科学院近代史所档案馆藏,乙J14。
④ 朱汉国、杨群主编《中华民国史》第9册,第556页。

在他看来，"无论如何文明之国，学校教育如何兴盛，对于社会教育"，都应倍加重视并"悉力以赴"，"因为人生自二十至七十八十，既离学校之门，而欲其人与世界相见的常识，永永趋合于完全的状态，不至感觉过于窘乏，就非借助于社会教育不可。社会教育的重要是不待言的"。① 在吴稚晖的努力与提倡下，1919年北京政府教育部有"国语统一会"的筹设，此后吴稚晖一直对此项工作尽心尽责，各种推行国语的法令，如各省市推行注音符号办法，促进注音国字推行办法等，都有他的努力。1941年，吴稚晖"更手制汉字拼音表及注音符号歌，全国诵习，洋洋盈耳"。吴在语文方面的最大贡献在于"使汉字现代化，保留历史的优点，增加使用的便利"。②

三 主要会员的建设探索与贡献

民国肇建以后，张静江、李石曾等率先起而号召建设，以"开社会之风气，树伟大之规模"。③ 他们于1912年创办《民德杂志》，针对彼时中国之"时势人心"，进行建设的宣传动员，以"统一吾人之意志"，使"人民知自求幸福"，"立此为的，趋而赴之"。④ 为培养中国建设急需的人才，并学习借鉴外国建设经验，张静江、吴稚晖、李石曾、陈仲英等"热心劝学者"在北京、上海先后发起组织留英、留法俭学会，以"为人指导既省节又适当之旅行及留学法"为主旨，坚持"以节俭费用，为推广留学之方法；以劳动朴素，养成勤洁之性质"的宗旨，帮助更多的中国人出国学习。⑤

南京国民政府成立后，"即分建各部"从事建设，但如此繁复之建设事业"非设最高机关以综其成，殊亦难奏效"，⑥ 因此建设委员会于1928年成立，专司建设。但建设委员会在成立之初，明显感觉到建设事业除面临经费、人才诸种困难以及外国经济压迫外，亦受散乱懵懂之社会环境的影响，因宣传认识不到位与人才尚未集中，组织难期完美，事业难以开展。

---

① 张文伯：《吴敬恒先生传记》，第27页。
② 张文伯：《吴敬恒先生传记》，第30~31页。
③ 《会务报告》，《中国建设协会成立纪念专刊》，第84页。
④ 《民德杂志缘起——民国元年》，《张静江先生文集》，第339~340页。
⑤ 《民德杂志缘起——民国元年》，《张静江先生文集》，第341页。
⑥ 张静江：《建设委员会工作之过去与未来》，《银行周报》第13卷第2期，1929年，第10页。

第一章 中国建设协会的成立

上述种种情形使中国建设在起步阶段遭遇重重困难而举步维艰，于是中国建设协会成立后，便将"转移社会风尚，变更人民心理"作为建设宣传第一要义，期能"使宣传普遍，人民之心理一新，则人才辈出，建设之进行，自事半而功倍"。[①] "热心会务，努力建设"的会员们不但陆续将其"探讨所得发行于各种关于建设上之刊物，以为广大之宣传，而供群众之研究，庶使举国民众，咸晓然于建设之重要"，[②] 还就当时中国应行之各项建设搜编成系列专号（如表1-3所示），所刊之作"类皆专门名家学问经验之结晶，而各具其独到之精义"。[③]

表1-3 《中国建设》各种专号出版统计

专号名称	主编者	编排卷期	出版时间
水利专号（上）	张自立	第1卷第4期	1930年4月
水利专号（下）	张自立	第1卷第5期	1930年5月
农业专号	张范村	第1卷第6期	1930年6月
化学专号	曾义	第2卷第1期	1930年7月
化学专号续编	曾义	第5卷第5、6期	1932年5月、6月
电气专号	周兹绪	第2卷第3期	1930年9月
土木工程专号	陈懋解、洪绅	第2卷第4期	1930年10月
市政专号	董修甲	第2卷第5期	1930年11月
自来水专号（上）	朱有骞、邹恩泳、孙广义	第3卷第1期	1931年1月
自来水专号（下）	朱有骞、邹恩泳、孙广义	第3卷第2期	1931年2月
水产专号（上）	黄文沣	第3卷第3期	1931年3月
水产专号（下）	黄文沣	第3卷第4期	1931年4月
水产专号第三编	姚焕洲	第7卷第2期	1933年2月
水产专号第四编	黄文沣	第7卷第2期	1933年3月

---

① 曾养甫：《本会之使命》，《中国建设协会成立纪念专刊》，第35页。
② 张人杰：《本会创办之缘起》，《中国建设协会成立纪念专刊》，第29页。
③ 陈国钧：《回顾感言》，《中国建设》第6卷第6期，"江西省建设专号上"，1932年12月1日，第2页。

续表

专号名称	主编者	编排卷期	出版时间
教育专号	郑延谷	第4卷第1期	1931年7月
动力专号	李法端	第4卷第3期	1931年9月
矿冶专号	胡庶华	第4卷第5期	1931年11月
度量衡专号（上）	吴承洛	第4卷第6期	1931年12月
度量衡专号（下）	吴承洛	第5卷第1期	1932年1月
无线电专号（上）	赵曾珏	第6卷第1期	1932年7月
无线电专号（下）	赵曾珏	第6卷第2期	1932年8月
有线电专号	赵曾珏	第8卷第3期	1933年9月
农村复兴专号	陈国钧	第8卷第5期	1933年11月
铁道专号	石志仁	第8卷第6期	1933年12月
建筑工程专号	康时振	第9卷第2期	1934年2月
公路专号（上）	赵祖康	第10卷第1期	1934年7月
公路专号（下）	赵祖康	第10卷第2期	1934年8月
机械工程专号	张可治	第10卷第4期	1934年10月
航空测量专号	参谋本部陆地测量总局航空测量队	第12卷第1、2期合刊	1935年7月、8月
地质专号	林文英	第12卷第4期	1935年10月
化学工程专号	欧阳毅	第12卷第6期	1935年12月

资料来源：《本刊已出版之各种专号》，《中国建设》第13卷第1期，1936年1月1日，正文前，第4~5页。

从中国建设协会出版发行的各种建设专号，不难看出其对整个中国建设进行研究与宣传的同时，于交通、矿业、电气、水利、化学、工业、市政、教育、农村、农业及渔业等诸项建设皆尽力倡扬，促其一一"建之设之，以底于成功"。此外，为对全国各省的建设实际状况"作普遍而详明的调查"，中国建设协会"约请各省建设厅长，分担主编各省建设专号"，陆续出版（见表1-4）。[①]

[①] 《陆续发行各省建设专号》，《中国建设》第3卷第5期，"湖北省建设专号上"，1931年5月1日，正文前。

表1-4 《中国建设》的各省建设专号

专号名称	主编者	编排卷期	出版时间
湖北省建设专号（上）	方智达	第3卷第5期	1931年5月
湖北省建设专号（下）	方智达	第3卷第6期	1931年6月
江苏省建设专号	孙鸿哲	第4卷第2期	1931年8月
河南省建设专号	张斐然	第5卷第2、3、4期	1932年2月、3月、4月
陕西省建设专号	李协	第6卷第4期	1932年10月
宁夏省建设专号	魏鸿发	第6卷第5期	1932年11月
江西省建设专号（上）	龚学遂	第6卷第6期	1932年12月
江西省建设专号（下）	龚学遂	第7卷第1期	1933年1月
山东省建设专号	张鸿烈	第7卷第4期	1933年4月
河北省建设专号	林成秀	第7卷第6期	1933年6月
云南省建设专号	张邦翰	第8卷第1期	1933年7月
贵州省建设专号	陈国钧	第8卷第2期	1933年8月
湖南省建设专号（上）	余籍传	第9卷第1期	1934年1月
湖南省建设专号（下）	余籍传	第9卷第3期	1934年3月
福建省渔业专号第一编	黄文沣	第10卷第3期	1934年9月
福建省渔业专号第二编	黄文沣	第10卷第6期	1934年12月
福建省渔业专号第三编	黄文沣	第11卷第1期	1935年1月
安徽省建设专号（上）	刘贻燕	第11卷第3期	1935年3月
安徽省建设专号（下）	刘贻燕	第11卷第4期	1935年4月

资料来源：《本刊已出版之各种专号》，《中国建设》第13卷第1期，1936年1月1日，正文前，第4~5页。

自中国建设协会创刊《中国建设》，并陆续发行各种专号进行建设宣传与动员，各种建设团体及建设言说勃然兴发，现代化建设浪潮俨成风行一时之势，研究与宣传中国建设之重要"更为从事建设人所了解"。[1] 由此，中国建设协会不但将自民初以来酝酿的建设诉求推向高潮，而且在与其他

---

[1] 《定县社会概况调查·序》，宋恩荣编《晏阳初文集》，教育科学出版社，1989，第51页。

专门建设团体的一同努力探索下,使建设开始由思潮向事功进展,尤其是在对交通、市政、化学、工业、农业、农村等的研究中,贡献了不少实用性、科学性意见,亦使相关现代学科获得发展机运。

近代以来,世界"科学昌明于兹已一世纪,在这一世纪期间里面",中国却一直固守"数千年来旧有的学问艺术和社会全体的文化","仅稍稍吸收外国学术的输入,不论文化科学自然科学中国人何尝有所树立,即学术专门团体的创设,尚未闻及,何况各地所办的大学以及教育机关也不过讲书授课而已。殊非能担任研究学术的中心"。① 中国"欲在二十世纪科学进化的世界舞台上,博得一独立自存的地位,舍科学的救助不为功"。② 然而,民初中国科学发展情况,"研究科学者虽日多",但"只知取法欧美,而对于沟通此科学关键,以为国用之设备,一无所有"。且"科学界出版之书籍,寥寥无几","即学校中所采稍高深之科学教本,亦全为外国文字之书籍"。"虽造成出类拔萃之人才,亦不过为外国式之学者","以此欲求吾国科学之发达,诚难上加难矣"。③

"一国之所以兴盛,在于教育之平衡发展,与各类人才之齐备。"但"中国数千年来,偏重文学、哲理,而忽略了科学、工业",④ 尤其是矿冶等"冷门"学科,人才十分缺乏。当时"做矿工程事业于中国,酬劳极微",远不及习商业政法者,加之中国习矿工程者,多"抱拜金主义,或则病其学肤浅",或"求进过急,在事一年,则欲为总经理",在在皆致习矿者虽多,真正从事矿冶者却寥寥。据矿学社黄伯达调查,民初"国内外大学专门毕业之矿冶专家,为数都千七百余人",但"服务于矿业界者,乃不及十分之四,得志者尤少,于是过数年,学矿者渐少,又数年,学矿者竟成广

---

① 程祥荣:《建设时代的建设计划》,《一般》第7卷第1~4期,1929年,第157页。
② 谭星辉:《科学教育与中国建设》,《中国建设》第4卷第1期,"教育专号",1931年7月1日,第15页。
③ 文名升:《发展中国电气工业之学术上的努力》,《中国建设》第2卷第3期,"电气专号",1930年9月1日,第23页。
④ 李文能:《吴敬恒对中国现代政治的影响》,台北,正中书局,1977,第195页。

陵散矣"。①

就此问题，中国建设协会会员张景芬曾提出暂时及长久解决之策：暂时办法，为习矿者"在学生时期，即从事习劳苦下层之经验，借此与矿山管理人员及劳工接触熟习，增加经验资格，于毕业后，较易得实在工作之机会。为学生者，抱实习志愿，酬劳稍低，要自无妨，为矿主经理者，亦得从容考察，择优雇用，各得其所"；长久解决之策，为采用现代科学技术，"引用机械，增加生产，以提高工人生活"。② 不只矿业学科如此，一切科学人才之培养皆可循此路径，即多开学堂，多派留学生，同时广罗各国实业人才以救急。

中国建设协会成立后，开始运用现代学科技术研究促进中国建设，尤其是对现代农业技术的引介与推广，不仅相当程度上推动了现代农建的肇兴，更拉近了现代"农学"与农业生产的距离。"近世人文进化，科学昌明，向之所谓农业者，今更进一步为科学的研究而成农学矣。农学者，易言而难精，本诸学理，征之实验，孜汲将事，犹恐不足，盖其受天然之支配者大故也。"因此，近代农学自19世纪末兴起以后，③ 于农业发展所起到的实际推动作用并不显著，农业衰落之脚步未曾放缓，反有日益加速之趋势。中国建设协会会员开始从农学实际入手，用现代科学的眼光究其症结，对症下药。他们认为，近代以来中国农业之所以日趋衰落，只因农学研究与农业实际相脱离，未能起到切实促进农业生产之作用。农林为应用科学生产事业，欲谋技术改进，重在学理与经验相辅而行。"单是从事于高深学理之研究，而不经实地之试验，则技术无由熟达。单凭实地工作得来之经验，而不参以学理之应用，则事业无由进步。"必须从应用学理到获得实际

---

① 张景芬：《冶矿琐言》，《中国建设》第4卷第5期，"矿冶专号"，1931年11月1日，第23页。
② 张景芬：《冶矿琐言》，《中国建设》第4卷第5期，"矿冶专号"，1931年11月1日，第24页。
③ "1896年，罗振玉等人在上海组织成立了中国近代最早的民间性质的农业学术研究团体——上海农学会，亦称务农会，创办《农学报》，开中国农学研究风气之先。"见章楷《务农会、〈农学报〉、〈农学丛书〉及罗振玉其人》，《中国农史》1985年第1期。

经验，而后技术之发展、事业之成功乃可期。①

其实，农业学术并非完全出于书本，大部分来自农田之试验。如中国建设协会会员黄伯樵所言："夫人才之造就，既要训，又要练，训是学校之能事，练则非恃诸实地经验不可。"②"人才自历练而成"，"阅历愈久者，其识愈充，而其知益真"。③因此，在"教作用合一"的理论下，农学院有必要"附设一个或多个试验场，以做各种饲养及栽培的比较与观察，获得优良成绩，乃从事于推广"，④使学校与农场、农村的隔离完全打通，寓农学教育与农场试验于实地农业生产，在改进农村农业的同时，推动农学进步。

在中国建设协会等社会团体对科学尤其是农学研究与教育的提倡下，民国时期在农业科学改进方面取得一定的成绩，如在利用化学知识研发与培育良种方面，到30年代中期，国内"已有相当较好之种子，足以供推广者，如中央大学及金陵大学等历年改良之棉稻麦种子，及农村改进事项，由服务农村者如中华职业教育社行之于徐公桥，江苏省政府行之于黄墟，金陵大学行之于乌江，中央大学行之于江浦等地，无不成绩卓著，尽人皆知"。⑤

学贵致用，科学之所以有价值，即在于其能应实用，能为人类造福，"纯粹科学，世所同为迂而不切于事情者"。⑥"科学既不是八股文章，又不是诗词歌赋，只供少数士大夫的欣赏，他是造福人类，普及兆民的应用的实在学问，那么了解科学、从事科学的人，自然愈多愈好。如果一般人对于科学能够领会，或发生兴趣，则是科学环境大半造成，于是科学实业，

---

① 曾济宽：《怎样解决中国农村问题》，《中国建设》第8卷第5期，"农村复兴专号"，1933年11月1日，第40页。
② 《经济建设与人才训练》，《新运月刊》1936年第9期，第82页。
③ 黄伯樵：《经济原则下之人才观》，《交大经济》1934年第1期，第3页。
④ 刘运筹：《农业部农学会农学院与农村复兴》，《中国建设》第8卷第5期，"农村复兴专号"，1933年11月1日，第62页。
⑤ 金超：《复兴农村与农业推广》，《中国建设》第8卷第5期，"农村复兴专号"，1933年11月1日，第77页。
⑥ 雨生：《X光线的功用》，《中国建设》第2卷第1期，1930年8月1日，第64页。

提倡者有人，协助者有人，科学的发达，当然不胫而走了。"① 中国建设协会所提倡的科学，并非纯正科学者所说的"为学问而求学问，为求真理而研究科学"，是要利用科学来解决"民生问题"，是"应用的科学"。诸会员认为只有以"致用"为研究初衷，将科学普遍社会化，普及民众科学知识，采用机械化与科学化生产方式，科学才能由学理的进步转化为生产技术与能力的提高。

但民国初年的中国教育，存在严重的"排斥实用科学"的"新八股的倾向"，试查彼时各大报纸上"连篇累牍，百读不完"的各校招生广告之具体内容，不难发现"招生之学校，皆不外文学、哲学、法律、政治等科。关于自然科学之招生广告，则不多见"。再看各书店卖出书籍的情况，文哲之外，关于自然科学的书籍几乎"无人问津"。② 此外，在民国建设兴起之后，虽深造的工程师人数"正在迅速增加之中"，但中国的传统教育观念认为"读书人"是不宜做粗糙工作的，所谓"能写中国文字的手总是柔软而敏感的"。所以，当时中国社会"极其缺少手脑并用的工头，受过教育的人一直被积习禁止运用双手，而且劳力的人一直得不到智育"，工业的进步由此遭受严重阻碍。③

中国建设协会提倡教育的实用性和科学性。《中国建设》"教育专号"主编郑延谷主张在中国兴办职业学校，将"训"与"练"结合起来，有计划地培养造就中国建设之实用人才。具体可通过新建职业学校，或把现有的普通中学"加上实习重点"，或加重已有的工农业、医科、商业等各种专门学校的实习任务。此外，学校所用教材亦须根据各地实际有所增补，以使学校学生所学知识更切合于实际需要。④

---

① 谭星辉：《科学教育与中国建设》，《中国建设》第 4 卷第 1 期，"教育专号"，1931 年 7 月 1 日，第 13 页。
② 陈飞伟：《中国教育之不良的新倾向》，《中国建设》第 4 卷第 1 期，"教育专号"，1931 年 7 月 1 日，第 24 页。
③ 〔英〕巴克尔：《论中国的工业化问题》，从智译，《中国建设月刊》第 1 卷第 6 期，1946 年 3 月 1 日，第 18 页。
④ 郑延谷：《职业学校之重要》、周元圭：《职业教育与中国》，《中国建设》第 4 卷第 1 期，"教育专号"，1931 年 7 月 1 日，第 3、16 页。

科学之原动力为学术，造学术之要为研究。时人指出，当时中国的学术科研水平较世界其他国家落后许多。"试查英美德法日本五国研究学术的机关和每年发表的成绩，日本是比较落后一部的。"但日本在过去十年之内新设的研究学术机关及就各项专门学科所组织的学会的数量远在中国之上。"至若讲到学术上的成绩，各国都有各项专门杂志，每月发表由研究而获得的结果，以供彼此相互间的讨论，这种论文的件数，实在多得很。"但"回顾我国的情形，既没有专门研究学术的机关，又鲜闻学会的创设，若要论到学术上的研究成绩，那更是冷清清的谈不到它"。①

民国肇基以后，中国赴外国留学者日渐增多。李石曾在组织留法俭学会过程中曾感叹留法学生人数增加之快，1933年"华人之旅法者，几无一人。旋而有三数商贾，旋而有少数学生，今则愈推愈广，学生之众，已达两千。居法华侨，尤次万计，遍法国全境，无不有华人之足迹。法国各地重要学校，亦时见有中国学生肄业其中，此辈学生所求者法国之科学，所习者法国之语言文字，所期以自效于将来者，将归而有以致用于中国"。②在外国学习过程中，一些中国学者感到化学为"科学之最神奇奥妙者"，于中国建设亦殊为重要。③蔡元培亦认为："建设事业万端，无一不赖于科学之应用，应用科学万列，几无一不赖于化学。"④ 在中国现代化建设中，化学包含和应用的范围十分广泛。中国建设协会会员曾义认为，实现孙中山"实业计划"所须努力进行的物质建设"多取材于化学工业"。

此外，酸碱、煤气、钢铁等基本化学工业所包含的化学科学如冶金学、药学、农学、林学等更是数不胜数。小之极于日常生活之必需，大之推于世界战争之事业，均离不开化学制成之原料，化学效用之伟大有如是者。⑤虽然中国已有化学制造业数千年，但"行之而不知其道，并不知其

---

① 程祥荣：《建设时代的建设计划》，《一般》第7卷第1~4期，1929年，第158~159页。
② 《法国教育与我国教育前途之关系》，《李石曾先生文集》上册，第234页。
③ 孙中山：《建国方略》，第45页。
④ 蔡元培：《序》，《中国建设》1932年第5卷第5期，"化学专号续篇"，1932年5月1日，第1页。
⑤ 蔡元培：《序》，《中国建设》1932年第5卷第5期，"化学专号续篇"，1932年5月1日，第1页。

名"比比皆是。①

20世纪30年代之前的中国，对化学研究设备与人才培养极为疏忽。自民国成立至20世纪20年代末，独立的"化学专校或化学院"在中国"尚付阙如"，国立大学"向乏研究院之设备"，亦没有"化学研究之出版品"。为此，曾义等中国建设协会会员主张"我国高等教育中之学校，凡有化学科目者"，均应有"研究院之设备，使凡有志研究化学之青年"均有研究机会，②并应"于学术实业较发达之都市（如：汉口，上海，天津，广州，辽宁，首都，北平等处）酌立化学专校"，以资提倡。③

自20世纪30年代起，国内"有识之士"渐知"非新科学无以足食足兵，兵食不足，无由结信于民而奠邦本"，于是"国人相率而求科学者亦日多，而政府亦急起直追"，对于实用科学的提倡"不遗余力，上下一心，努力进行"。④教育部为提倡学术研究，于1930年制定办法："（1）国立大学酌设研究院；（2）草定学位授与法；（3）规定技术上发明发见之特别奖励及保障办法；（4）规定学术研究奖金及实习补助金办法；（5）规定国家设印刷公费补助学者印行专著办法；（6）通令学术机关或团体履行登记。"⑤此后，各省纷纷增设研究机关力求科研进步。如广西省政府设"经济委员会"，作为"全省经济问题最高之设计及研究机关"。该省工业研究机关"直隶省政府之化学研究所"专设"有机及无机化学两部"，研究诸如"造纸工程""防毒器"等问题甚多，"各地矿产之化验工作"亦由该所负责推进。关于工程技术问题，广西省政府下设"技术室"，"分水利及交通两组，

---

① 孙中山：《建国方略》，第45页。
② 曾义：《中国化学之过去及最近改进之管见》，《中国建设》第2卷第1期，"化学专号"，1930年7月1日，第13页。
③ 雨生：《X光线的功用》，《中国建设》第2卷第1期，"化学专号"，1930年7月1日，第64页。
④ 文名升：《发展中国电气工业之学术上的努力》，《中国建设》第2卷第3期，"电气专号"，1930年9月1日，第23页。
⑤ 曾义：《中国化学之过去及最近改进之管见》，《中国建设》第2卷第1期，"化学专号"，1930年7月1日，第16页。

负责审查各种工程之设计及设施事项"。① 此外,为编订更切于乡村实际需要的教材,山东省政府教育厅组织成立"小学课程编订委员会",各县市组织成立"地方教材搜集委员会",依据"幼稚园、小学课程标准各科作业要项",搜集各地实际应用的乡土教材作为补充教材,"呈请主管教育行政机关审核后,加入具体教材中"。②

《中国建设协会章程》明确规定,凡中国建设协会会员皆应"在学术上或事实上促进建设事业之发展"。③ 如上所述,中国建设协会诸会员为推动中国建设的持久进行,研求科学技术、讨论建设方案、计划实施程序,并将其研究所得通过《中国建设》发表,由此为中国建设的科学技术研究及相关学科的发展做出了重要贡献。

此外,与众多建设团体不同,中国建设协会所提之建设主张,之所以能够多数被采纳并付诸实施,与其大部分会员在政府部门担任要职分不开(详见表1-5),官员的参与和支持为协会会务的开展及其建设思想的实践提供了诸多便利。

表1-5 中国建设协会发起人任职简况

姓名	协会内职务	历任国民政府、国民党内职务
张静江	会长	浙江省主席、中央监察委员、建设委员会委员长
李石曾	副会长	中央政治会议委员、建设委员会常务委员、国立北平研究院院长
曾养甫	总干事	农矿部常务次长、建设委员会副委员长、广东省建设厅厅长、浙江省建设厅厅长
蔡元培	理事	中央研究院院长、中央政治会议委员、中央执行委员会副主席、中央监察委员
吴稚晖	理事	中央监察委员、国民政府委员
陈立夫	理事	中央党部秘书长、教育部部长、建设委员会委员

---

① 赵曾珏:《考察广西经济建设之印象》,《中国建设》第12卷第5期,1935年11月1日,第16页。
② 《山东省政府教育厅训令第1372号》,《山东教育行政周报》第234期,1933年,第1页。
③ 《中国建设协会章程》(1929年),江苏省档案馆藏,1004-002-0112-0022。

第一章　中国建设协会的成立

续表

姓名	协会内职务	历任国民政府、国民党内职务
易培基	理事	农矿部部长、国民政府委员、故宫博物院院长
叶楚伧	理事	国民党中央宣传部部长、国民政府委员兼国民政府文官长、江苏省政府主席
魏道明	理事	建设委员会常务委员、司法行政部部长、中央政治会议委员、南京特别市市长
谭延闿	发起人	行政院院长、代理国民政府主席
孔祥熙	发起人	国民政府委员、工商部部长、行政院院长、财政部部长
郑洪年	发起人	财政部次长、工商部政务次长、建设委员会委员
李宗黄	发起人	广东国防司令、国民党第一届中央候补执行委员、中央监察委员
戴季陶	发起人	国民政府委员、中央政治会议委员、考试院院长
薛笃弼	发起人	国民政府委员、卫生部部长
王正廷	发起人	外交部部长、全国公路总会会长
蒋梦麟	发起人	浙江省政府委员、教育部部长、浙江大学校长、北京大学校长、行政院秘书长

资料来源：《第四届中央委员名单》，《国民党中央执委会议事录》（1934年），中国社会科学院近代史研究所档案馆藏，乙J14。

在筹组中国建设协会之时，诸位发起人皆在国民政府内（尤其是与国家建设直接相关的重要部门）担任要职。如中国建设协会发起人之一、总干事曾养甫，自南京国民政府成立后，历任广东、浙江建设厅厅长，对于这两大省的建设事业颇尽劳力，同时还任农矿部常任次长及建设委员会副委员长，对民国建设事业的贡献颇著。[①] 另一位发起人孔祥熙，就任工商部部长期间，"除提倡民营事业外，并根据总理实业计划，制定各种国营工业计划，聘请国内专家学者，厘定工商法规，以奠立发展实业之基础"。[②] 吴稚晖在倡导国语运动之外，另一个贡献是"竭尽全力提倡科学工艺与国防建设，而以劳动及教育为其着力的根本"。其所奉行的建设要旨为："科学

[①] 厂民编《当代中国人物志》，沈云龙主编《近代中国史料丛刊续编》第50辑，第299页。
[②] 孔祥熙：《西南经济建设问题》，《经济动员》第2卷第5期，1939年，第232页。

万能，劳动神圣，国防第一，教育第一。"① 吴稚晖极力倡导"科学工艺建国"，并努力从事于科学教育与国防工业建设之推进，为"培养工学人才以为国效用，导国家工业于兴盛"，他"提倡工学，主张设立劳动大学"。② 为培养更多的科学工艺人才供中国工业化建设所用，吴稚晖提出"勤工俭学"之主张，"其主旨在以工兼学，培养手脑并用之建国人才"。1921年吴稚晖又与李石曾等人共同发起成立"里昂中法大学"于北京，"目的在以比较经济的组织，利用法国国立里昂大学及其他专校，为我国作育有志深造之人才"。③ 而时任中央研究院院长的蔡元培与任国立北平研究院院长的李石曾，对中国科学事业的发展及现代科学化建设的推进都做出了重要贡献。④

20世纪20年代末以后，各种建设团体与刊物，且"尚在不断拣择之中，未曾凝固，是以可能容纳众流，形成时代思潮一大综合"。凡同趋于建设潮流之人或社会团体组织，虽然其建设侧重点不一，"谈政治者，则曰政治建设；谈教育者，则曰教育建设；谈社会者，则曰社会建设；乃至于军事，经济，心理，无不曰建设"，⑤ 受战争时局等因素的影响，其阶段性特征亦有所不同，但建设的呼求由始至终不曾中辍。从中国建设协会等民国建设团体对国家建设的探索与努力，可以感知社会团体在中国现代化建设中不仅发挥着汇聚人才和通力合作的重要作用，对于国家政策的落实、国计民生的改善、教育科学的进步等亦贡献颇多。

---

① 张文伯：《吴敬恒先生传记》，第36页。
② 张文伯：《吴敬恒先生传记》，第171页。
③ 李文能：《吴敬恒对中国现代政治的影响》，第195页。
④ 朱汉国、杨群主编《中华民国史》第9册，第561页。
⑤ 陈懋解：《序言》，《中国建设》第2卷第4期，"土木工程专号"，1930年10月1日，第2页。

第二章　全面抗战前中国建设协会的建设主张

梁漱溟曾说过："一种思潮要具体化——成为具体的要求，具体的运动——才得明朗有力。"① 日益高涨的建设思潮只有具体化为切实可行的建设方案，并付诸实施，才能发挥效力。因此，中国建设协会认识到建设之行，要在务实。为推动建设思潮之进展，诸会员就彼时应行之各项建设加以悉心钻研探究，制定可行的建设方策。尽管由于各种因素的制约，其所提出的极具时代特色的建设方案未能全部付诸实践，但亦有建设主张被国民政府及各级政府采纳，有力地推动了各项建设事业的实际开展。

第一节　建设主张的阐述方式

在国民政府及中国建设协会等社会团体的宣传下，进入 30 年代以后，社会上普遍认为"要想救济中国贫穷，振兴中国实业，解决中国民生问题，增高中国在国际的地位"，除建设外"实在没有第二条路可走"。如时人所言："建设事业在现在中国情势下，实在要紧极了。"但在施行建设之前，应有缜密可行之计划做向导，实行建设者方可按部就班有的放矢地朝着一个共同目标努力前进。然而，全面周详的建设计划之拟具并非易事，具备专门技术的研究者，明了已有建设之弊端，掌握并运用现代化科学理论，切合当时当地之实际需求，革新政治体制与管理制度以利建设，在在均需统筹兼顾。因此，自立定建设之志后，为襄助国家建设有计划地朝着正确方向进行，中国建设协会诸会员着力于建设方案的思考与研求，对当时应

---

① 《答乡村建设批评》，《梁漱溟全集》第 2 卷，山东人民出版社，2010，第 631 页。

行之各项建设无不有所涉猎，并提出许多切实周详的建设主张，现扼举其要以窥其建设之图。

一 介绍新说以广思益

近代以来，中国人对现代化建设学说理论较少接触与了解。鉴此，凡现代学者所倡导之原理原则，以及现代国家所采用之方法制度，中国建设协会会员及相关专家都尽量通过《中国建设》介绍与国人，以广思益而树研究之基础。

"自十八世纪产业革命以还，汽机发达，交通便利，天涯有若比邻，社会状况，突呈显然之变化。城市组织，不仅为政治教育艺术文化之渊薮，且为世界的工业产品之制造场……更为世界的财货交换之中枢地。其吸收远近之人口，殆如磁石引铁，势力所及，无不吸引，设无适当之城市计划，相辅并进，一任新旧市民杂沓麇聚，势必凌乱浑浊"，故非对"工业发达之城市"做"有统系之改进"，不足以"纳民于轨物"。[①] 为促进中国城市化建设，《中国建设》特别刊载了丁紫芳所介绍的"西方现代都市设计理念"：都市设计必须"使都市工程之规划，在在有合于田园化、技术化、纪律化，然后市政之精神可期展布，而市民之乐利始获实现"。[②] 对于都市道路之设计，公路建设专家成希颐认为，在公路建设中"固当研究国内之经济交通军事种种有关事项以为道路设计之准则"，但"诸先进国之研究结果或实用标准，为道路工程司者尤宜随时注意，庶可收迎头赶上之效"。为此，他在《中国建设》上发表《现代道路定线准则之检讨》一文，介绍并比较了德国、美国、英国、法国、日本等国之道路定线准则，并希望中国"负道路建设之责者，对于道路经济问题，宜特别注意，工程准则之合乎经济原理与否，亦宜细加检察"。依此，全国经济委员会成立后，在1932年11月召开的"七省公路会议"上，明令制定《公路工程标准说明表》，分送七省政

[①]《贵阳市计划大纲》，《中国建设》第8卷第2期，"贵州省建设专号"，1933年8月1日，第69页。

[②] 丁紫芳：《青岛市工务概况》，《中国建设》第1卷第1期，1930年1月1日，"杂俎"，第16页。

第二章　全面抗战前中国建设协会的建设主张

府作为设计建筑七省联络公路之"标准"。后于1934年6月对工程标准重加厘定，"较之旧章"更加"完备"。① 随着建设事业的开展，本国水泥厂因资金短缺等困难无法大量增设，难以满足国内需求，需要增加水泥之进口量。然则这些舶来品"是否优良无假，除了实验室之化验检定外"，尚无别的较为简切精确之法。因此，中央研究院专任研究员、中国建设协会会员曾义专门研究了水泥的掺假及其鉴定法，并将"水泥性质之是否合用于某种建设"，以及"水泥是否参假及该参假物料之质量"的简便考验方法在《中国建设》上做了详细介绍。②

时任上海市政府秘书长的中国建设协会会员黄伯樵在介绍"上海电厂之计划及进行状况"时，首先向国人介绍了"世界各大都市电气事业"的三种发展程式，亦为中国"电业发展上应有之程序"："其始因需要无多，资本难集，各就一区建设小规模电厂，而给电范围狭小；继因小电厂不能应用户之需要，不合经济原则，乃由多数小电厂化为若干大电厂，而给电范围扩大；其后因更求经济，增加安全，联络各大电厂，使其给电合作，而电厂管理上营业上于以统一。"为弥补当时中国电气事业发展较快的上海已有电气公司之弊——"资本薄弱，规模狭小；各自营业，不相为谋；自身固不易发展，市民亦感受不便……至于管理上营业上，亦多不合经济原则之处"，黄伯樵提出应"详审各厂之情状，而拟统一之计划，维持各方之利益，而求共同之发展"。电厂统一不但可以减轻"发电成本"、推广"给电营业"，举凡"工业及家常用电"，将无不"取之便利，用之低廉，市政设施得以促进"，如此电业与市政兼可得到发展。③

现代生产技术发达的结果，很大程度上扩大了工业原料使用的范围。但由于缺乏现代科学知识，中国人对于许多原料在工业上之用途并不知晓，亦鲜有利用。有鉴于此，《中国建设》借专家之笔，详细介绍了许多日常生

---

① 成希颙：《现代道路定线准则之检讨》，《中国建设》第10卷第1、2期，"公路专号"，1934年7月、8月，第131页。
② 曾义：《水泥参假及其鉴定法》，《中国建设》第1卷第2期，1930年2月1日，第88页。
③ 黄伯樵：《统一上海电厂之计划及进行状况》，《中国建设》第1卷第2期，1930年2月1日，第77~80页。

活中习见之物在工业中的用途,以期引起注意并付诸实用。如人们常食用的豆油在工业上之用途即甚广,在德国、日本、丹麦、法国等国,也常被用于"制漆""制肥皂""制造防水涂料"等。又如盐除可制成精盐供人们食用外,"对于工业上之利用,其功极大,如用盐水以电分解之,于阳极可生氯气,于阴极可出苛性钠。苛性钠为化学上之重要品,亦为制造肥皂上所不可缺者"。氯气则可制造漂白粉,用于"漂白纸质或棉纱"等,直接影响纸质及棉纱工业之发达。① 此外,木头在国防建设中除被大量用于造飞机、船舶、枪杆、运输铁道、木道、桥梁外,还可用于国防化学中"火药、毒气及其原料之制造",其在这些制造中的主要用途有"干馏""炭化""活性炭""火药中之木粉""硝化木""发酵"等。②

在农业建设方面,毛庆祥介绍了欧美各国正在积极研究的"救济旱灾"最新方法——"纸底种植法";③ 张继龄介绍了一种被广泛用于化学、肥料、火药中的新式氮素获取方法——"大气中氮素之固定法"。④ 飞仙译《各国灌溉事业之概况》一文主要介绍了意大利"用离心唧筒附装油燃机或发电机"汲取井水灌溉、西班牙"大轮"取水灌溉法、埃及的坞蓄灌溉与常年灌溉法,以及日本为利于灌溉而发起的整理土地运动,等等。⑤ 中国建设协会引介的各种现代科学技术成果及"新说""新法",不仅开拓了国人的眼界,而且为中国各相关建设领域的研究与发展提供了丰富的可资汲取的异域经验。

二 抉发旧弊以利革除

建设是兴利除弊的过程,要想改变传统建设之低效,求取经济有效的

---

① 曾广方:《中央实业试验所建设之具体办法》,《中国建设》第5卷第6期,"化学专号续篇",1932年6月1日,第43页。
② 严演存:《木在国防化学上之用途》,《中国建设》第7卷第5期,1933年5月1日,第1页。
③ 毛庆祥:《介绍"纸底种植"之最新方法》,《中国建设》第1卷第6期,1930年6月1日,第107页。
④ 张继龄:《大气中氮素之固定法》,《中国建设》第2卷第1期,"化学专号",1930年7月1日,第128页。
⑤ 飞仙译《各国灌溉事业之概况》,《中国建设》第1卷第5期,1930年5月1日,第103页。

第二章 全面抗战前中国建设协会的建设主张

途径，以做真材实料的建设，就需要在制订与实施新的建设计划之前，针对传统建设起其衰而救其弊。所以，凡中国传统建设方措及其在实行上所存在的弊端，中国建设协会借《中国建设》所刊之文直接或间接地尽量抉发，以免重蹈覆辙，并试图以现代新建设办法一矫往弊。

首先，在市政建设方面，直到20世纪20年代末，作为政治、经济、文化中心的各大都市之市政，大都限于"停滞的死像"，稍有改进亦不过是"目前片段的改良"，而"无远大的整个的全盘计划相筹算"。① 到30年代初，中国城市设施"确比从前进步些，如电话、电灯、自来水（现在还有许多城市是没有的）等等的公用经营都逐渐建设起来了，他如娱乐场、公立学校、修筑马路、公共交通等也日见推广了"，但这些事业"无论是商办的与官办的，都以营业自利为前提"，结果是"电话不灵，电灯不明，饮水不洁，娱乐场无处不收很高的门票费，学校的学费反比从前贵得多，街道马路仍是狭小不平"。② 如1933年时人所披露："我国市政胎息于亡清，苗发于国军统一以后，衰落于最近两载，所谓市政一切皆剿袭自外国，论物质之进步，全国工商业中心，宜莫上海若矣，而闸北南市间，水电道路，比于租界则相隔云壤；历史上文化中心，宜莫旧都北平若矣，除若干建筑物外，道路自来水诸端皆日见落后；青岛市政举世所艳称也，而初经营之者乃为外人……"③

至于市的组织，始自广州的"市政公所"，性质是筹备举办市政，所以"拆城筑路"为其主要任务，组织极为简单。此外，各省也都有市政府的组织，但市制各有不同。直到1928年，国民政府颁布《市组织法》，规定有"特别市"和"普通市"两种，特别市"直辖于国民政府，不入省县行政范围，规定设一市长，由国民政府任命"，普通市"直辖于省政府，不入于县的行政范围，市长由省政府呈请国民政府任命"。1930年，国民政府又公布《市组织法》，规定各市均以所在地名称命名，无特别市与普通市的区别。《市组织法》虽经国民政府一再修订，但由于"财政的枯竭"、"市政知识"

---

① 朱月波：《市政问题之研究》，《中国建设》第4卷第4期，1931年10月1日，第1页。
② 朱月波：《市政问题之研究》，《中国建设》第4卷第4期，1931年10月1日，第10页。
③ 石克士：《从市政论到物质建设与精神建设》，《市政季刊》第1卷第2期，1933年，第2页。

与"科学人才"缺乏,"各省的城市大多尚未遵行"。中国市政仍"坐陷于不完不备的景象",许多社会问题无法从根本上得到解决。①

其次,在交通建设方面,亚当·斯密(Adam Smith)尝谓:"交通事业之进步为一切进步之最大者。"交通事业之"进度",可视为生计进步之"指数"。国计民生与交通事业之并行发展,有如"人体与神经系"之密切相关。举凡"民族之繁殖,交易之发展,分配消费之加益,生计组织之完成,生计功效之增进",所有一切生计条件和生活条件,无不因交通而扩大其范围与机能。但民初中国交通现状不尽如人意。以铁路为例,"四十年来仅有国营已成铁路四千八百二十一里,商办已成铁路七百九十里,外人直接投资经营铁路二千一百三十五里,较诸欧美已成铁路达二十六万里,仅为其百分之三,平均每百方里才有铁路六分之一里,每四十万民众,才有一里铁路,且此区区铁路,尚有损失路权者在焉。以言航输,仅有轮船五百二十九只,计四十万总吨,照人口平均计算,每人只有轮船二磅,每二千人才有一吨轮船,比较英美航输更觉望尘莫及。而且国内沿岸可以通航之良好江河为万国所不及者,竟以不平等条约之束缚,反为万国所公有,据最近统计:中国所得内河全年之航运费为七七六,二五九,九四四两,而各国在中国所得全年之航运费总计为二,九二六,一六〇,九二七两,此中为列强各国所购去者,实计有二,一四九,九〇〇,九八三两"。其他如航空、电报、电话以及无线电报电话等"更觉幼稚而难言"。交通事业"竭蹶如斯",则又何怪乎产业衰落,形成"今日国民经济生活之绝大恐慌。积贫成弱,积弱成愚,瞻念前途,其危险有不堪设想者"。②

再次,在机械工业及矿业方面,孙中山谓:"机器者实为近代工业之树,而矿业者又为工业之根。如无矿业,则机器无从成立;如无机器,则近代工业之足以转移人类经济之状况者,亦无从发达。"③ 但近代以来,中国的手工产品低挡不住机器产品,各国的机器制造品"一天加多一天的输

---

① 朱月波:《市政问题之研究》,《中国建设》第4卷第4期,1931年10月1日,第10页。
② 孙鹤皋:《厉行民生主义之交通政策》,《社会杂志》第1卷第1期,1931年,第2页。
③ 孙中山:《建国方略》,第258页。

到中国来"。① 20世纪初，孙中山即倡言中国应"废手工采机器"，使国家建设机械化，在《建国方略》之《发展实业计划书》中明确提出中国必须"废手工采机器，又统一而国有之，于斯际中国正需机器，以营其巨大之农业，以出其丰富之矿产，以建其无数之工厂，以扩张其运输，以发展其公用事业"。② 自近代与欧美各国通商以来，中国"新旧工业，无不受其挫折，旧工业之出品疲缓，交通困难，厘税繁重，品质不良，难与洋货竞争"，"即如新兴事业，采仿欧美在吾国创办者，最大如招商轮运事业、汉冶萍钢铁工业，历数十年之艰造，而萎靡不振，日甚一日"。洋灰、纺织、面粉等各"新起工业"也莫不受洋货之打击，"能支持得住已属幸事，欲获重利自难梦想得到"。③

随着近代工业的勃兴，与机器制造密切相关的钢铁之需求日增，加之"铁道之建筑与电气事业之兴办，必赖大宗钢铁之供给"，因此，钢铁事业之应积极发展尤为各项建设之"最先一着"。④ 但据民初调查统计，中国"每年矿产总值不过占世界总值千分之十三，以世界四分之一之土地人民，而所产矿值仅有此数，其可羞耶，抑可忧也"。⑤ 到20世纪20年代末，中国自兴办新式钢铁业已"三十余年"，所费亦"属不赀"，论其成绩却"既不能供给社会之需求，又不能抵制外货之侵入"。"全国冶铁炼钢厂所，除由日人操纵者外，无一不停止工作"，"除土法产铁约有十七万吨外，用新法所产之铁，殆等于零"。⑥ 譬如，"光绪十七年有汉阳铁厂之建设，是为中国新式铁业之始"。民初将此厂改为汉冶萍公司，考其当时情状："欠日债达五千余万元，停工已五六载，所赖以支持公司之躯壳者，惟在大冶每日开采铁砂销售日本而已。"与该公司同时创立的江南制造局亦设有炼钢厂，

---

① 戴季陶：《从经济上观察中国的乱原》，《建设》第1卷第2号，1919年9月，第8页。
② 孙文：《建国方略之一——发展实业计划书》，《建设》第1卷第1号，1919年8月，第1页。
③ 陈器：《为国人介绍化学制碱工业》，《中国建设》第1卷第3期，1930年3月1日，第21页。
④ 胡庶华：《中国钢铁业之现在及将来》，《中国建设》第1卷第2期，1930年2月1日，第1页。
⑤ 孙昌克：《矿业建设问题》，《中国建设》第1卷第3期，1930年3月1日，第45页。
⑥ 李俶：《发展我国钢铁业之重要条件》，《中国建设》第4卷第5期，"矿冶专号"，1931年11月1日，第69页。

但"规模较小"。其后有"扬子机器公司、龙烟铁矿公司、本溪湖及鞍山公司、上海和兴公司次第成立,合计每年产铁能力不过一百万吨。而龙烟铁厂费资本六七百万元,始终未曾开炉。扬子机器公司与汉冶萍公司亦停工已久,即极小之和兴铁厂亦以原料贵而停炉,本溪湖及鞍山公司虽未失败,然全为日人经营,所产生铁均运往日本炼钢,与我国工业实无丝毫关系"。由于钢铁业不振,"我国每年进口钢铁除各种机器外,钢条、钢板、钢钉、钢丝之类仅上海一隅约近十万吨,最少亦值三千万元,全国漏卮之巨,可想而知"。[1]

最后,在农业建设方面,中国农业在昔"地旷人稀,俭朴是尚",年产量尚可足民食。迨及近世,"生滋日蕃,户口增多,治生之需用,较前倍蓰,而农作物之收入,毫无改进增加"。[2] 农业经营虽有数千年之历史,却毫无进步。直至民国肇建,中国人民依然"墨守二三百年前的旧习惯,不去利用新方法,于是荒旱相继,即有广大的土地,也不见得生产额怎么样扩充,并且农产物的种类和品质反渐渐低落下去"。[3] "因地狭人稠,土地已变瘠瘦,农产品之量数,不足供人民之需用",内地农民已渐至破产地步。[4] 国内所需之粮食多购自外国,"沿海都会地方的白米往往由南洋运来的,做面的小麦粉大半是从美国运来的,建造房子的木材大都喜欢用洋松,就是饮食副品的糖也全部都是外国货……著名输出之农产品如丝、茶、桐油、棉花等反大有一落千丈之势,且国内所需之农产原料亦每因品质不能改进,致不足以供制者之要求"。[5]

国民政府对于农村及农业,虽常有"改进计划","设学校以培人才,立机关以促实现",如农会、劝业所、建设局、各种农业试验场、苗圃等种

---

[1] 胡庶华:《中国钢铁业之现在及将来》,《中国建设》第1卷第2期,1930年2月1日,第5页。
[2] 《陕西农林事业过去与现状》,《中国建设》第6卷第4期,"陕西省建设专号",1932年10月1日,第3页。
[3] 虞振镛、李献琛:《中国农业问题》,《燕大月刊》第3卷第5期,1929年,第60页。
[4] 刘和:《农业建设的我见(续)》,《中国建设》第1卷第6期,"农业专号",1930年6月1日,第18页。
[5] 内政部统计司编印《各省荒地概况统计》,1931,第2页。

第二章　全面抗战前中国建设协会的建设主张

种机关无不"以改进农业事业为职志",然多年来,农业不振如故,① 虽有广大面积土地与无限劳力,而土地"任其荒芜不求开辟,耕作牧畜之术,悉守神农以来之旧法,收获有无亦听天命"。因农产品生产有限且多恶劣,不能悉为对外贸易之商品。

有论者认为,究其根源,实在于"农政不实""农学不兴"。所谓"农政"与"农学",即如杨开道所言:"农学从品种,农具,土壤,肥料,病虫各方去增加农业生产;农政从教育,政治,经济,卫生,宗教,娱乐,美术各方去增加农民幸福。农学从改良农业到农民身上,农政从改良社会到农民身上,路径虽然不同,目标却是一样的",都是要改善农民的生活。② 就农政而言,政府的农建方针与政策,要因时因地制宜,才能适合环境,切实施行。自民国成立以后,政府并"没有切实为农民谋利益的积极政策",对于农学及农业技术的改进"差不多完全没有顾及"。③ 虽然,"我国自清季以来,对于农业之研究改良,亦已有年",但因"以前之政府,未脱封建思想,只知利官而不知利民,能一琴一鹤,两袖清风,已称循吏,与之谋改良农业,非敷衍了事,即置若罔闻。社会之力量,既因政府腐败而不能与之合作,又因彼此私利冲突,不能共同推行改良,纵有良法美意,而无力量为之推进",④ 以致"数十年之提倡改良,并未与实际农业发生关系,并未得相当之结果"。⑤ 就农学而言,自中国学习西学开始,唯独农学"未闻仿效";中国派往外国的留学生"亦未闻有入农政学堂者";"所聘西儒,亦未见有一农学之师"。⑥ 传统农业改进措施,每因缺乏植物学、气象学、物理学、化学、地质学、昆虫学等农学知识,"没有科学研究和改造,更没有政治的保护和奖励",⑦"未能与多数农民发生密切之关系",农民在

---

① 《陕西农林事业过去与现状》,《中国建设》第6卷第4期,"陕西省建设专号",1932年10月1日,第3页。
② 杨开道:《农业与农民》,《安徽农学会会报》第1卷第2期,1931年,第33页。
③ 认众:《中国农业经济凋敝的原因及其状况》,《新民》1929年第8期,第3页。
④ 曾养甫:《卷首语》,《浙江省建设月刊》第8卷第6期,1934年12月,第1页。
⑤ 曾养甫:《农业改良失败之原因及今后应采之方法》,《浙江省建设月刊》第8卷第6期,1934年12月,第1~2页。
⑥ 朱子爽:《中国国民党农业政策》,第15页。
⑦ 朱光斗:《中国农业的衰落》,《农趣》1928年第12期,第6页。

农业耕作中依旧株守旧习。①

自近代以后，中国农业非但无由进步，反有一落千丈之势。例如农业经营中最重要的灌溉排水设备，不仅毫无新的进展，甚至连国内旧有之农田水利设施亦加速衰退。中国自古以农立国，"古人于治水之法，不乏精详研究"，但"于近代科学治水之方，反寂然鲜闻"。②自民国以后，水利设施"日益窳败"，水政统系"日益纷歧"。如陕西郑渠"昔日灌溉农田不下万余顷，今则渐渐湮塞无人疏导"。又如"湖北人民灌溉田亩，大概仰给于塘堰，近年来堰之破坏者不修，塘之壅塞者不浚，以致一遇雨水过量，则无处容纳，一遇天晴稍久，则灌溉无术，此种情形各省亦多相似"。③有鉴于此，1929年国民党第三次全国代表大会决议"以各国退还庚款全额三分之一，充水利电气事业之用"。此后"虽国内水利设施，不无相当之进步，水政统系，不无相当之整理，然而河北各河之泛滥成灾也如故，陕甘各省之旱魃为虐也如故，长江流域各低区积潦之无法宣泄也如故，江北沿海区域田地之无法灌溉也如故"。至20世纪30年代，国内"水灾旱患，接踵而至，溃堤决口，时有所闻"。④

此外，苛捐杂税对农民的剥削，亦在很大程度上加剧了农村的衰落。近代以来，中国田赋税率"异常繁重"，农民所担负的地租与耕种的土地地价"比任何国任何时代还要高"，农民生产的效率"比任何国还要低"，农民破产的速度"比任何国还要快"。⑤如德人瓦格纳（Wagner）所说，"中国人所纳的田赋，较1866年普鲁士的农民所纳的田赋高十五倍，比美国1921~1922年的高四倍，比印度1923~1924年的高十四倍"，田赋之重可见一斑。1927年河北南部"每亩竟课至二十六元。此外无锡东乡，每亩平均收入二十二元，纳田赋二元半，占总收入百分之十一，四川、陕西、河

---

① 曾养甫：《卷首语》，《浙江省建设月刊》第8卷第6期，1934年12月，第1页。
② 曾养甫：《序》，《中国建设》第1卷第4期，"水利专号上"，1930年4月1日，正文前。
③ 石瑛：《最近中国建设状况及其应注意之点》，《中国建设》第1卷第3期，1930年3月，第5页。
④ 张自立：《水利建设与今后努力之标准》，《中国建设》第1卷第4期，"水利专号上"，1930年4月1日，第1页。
⑤ 认众：《中国农业经济凋敝的原因及其状况》，《新民》1929年第8期，第12页。

南等省至少要有百分之十四，广东东西江与福建兴化一带，还要高些"。在田赋正税之外，"尚有附税，附税增加，远过正税，江苏仪征忙银正税每两征一元五角，而各种附税，每两合征九元〇六分，超过正税达六倍以上；杂粮正税每石征收三元，而各种附税合征六元五角，超过正税亦二倍有余，苏省如此，其他诸省，不言而喻"。此外，"尚有田赋预征，以四川为甚，每年征三四次不等，闻营山县在民二十年八月时已纳民四十三年之粮，骇人听闻"。①民国成立后的十余年间，"因军阀争权夺利，时相火并，政局不安，达于极点，致苛捐杂税，名目繁多"。②"以前的捐税有所谓地丁、糟粮、差徭、垦务、租课、杂赋、附加税等，近年来江苏有水利捐、自治捐、户籍捐、积谷捐、教育捐等十数种，广东省以中山县而论，有沙捐、捕价、特别军费、警费、学费、自治分局费、自卫费、保安费等十六七种，其他各省，可想而知。"③

在各种苛捐杂税剥削下，"自耕农没落为半自耕农或佃农，甚而至于雇农者，加速度的增加，因借失业为流氓土匪者，也不在少数"。④因此，"减轻田赋，取缔附加税"在国民党历年制定的农民政策中都有规定，如《建国大纲》规定："严定田赋地税之法定额，禁止一切额外征收，如厘金等类，当一切废绝之。"⑤1924年第一次全国代表大会关于农民的政纲规定："严定田赋地税之法定额，禁止一切额外征收，如厘金等类，当一切废绝之。"1927年3月16日国民党二届中央三次全体会议通过的"农民问题案"，提出减轻农民负担的具体措施，如改革旧有田税法、废除苛捐杂税、从速规定与当地需要相当的划一税率、一律废除其他新税、改组收税机关等。1934年5月，经第二次全国财政会议议决，"苛捐杂税限自本年七月一日起至本年十二月底止，斟酌缓急，先后逐一废除"。⑥

各省也曾遵令进行清查并废除农村之苛捐杂税。据财政部整理地方财

---

① 董汝舟：《乡村破坏与乡村建设》，《中国建设》第9卷第6期，1934年6月1日，第3页。
② 卫挺生：《国民政府之财政建设》，《银行周报》第20卷第5期，1936年，第1页。
③ 董汝舟：《乡村破坏与乡村建设》，《中国建设》第9卷第6期，1934年6月1日，第4页。
④ 认众：《中国农业经济凋敝的原因及其状况》，《新民》1929年第8期，第12页。
⑤ 董成勋：《中国农村复兴问题》，世界书局，1935，第320页。
⑥ 董成勋：《中国农村复兴问题》，第324、288页。

政委员会报告,"各省废除的苛杂,浙江共有457种,安徽共有223种,其他各省亦多至不胜枚举。这些苛捐杂税,大都加诸农民身上,致田赋附加每超出正税数倍,甚至附加之外,还有预征的办法,有的一年数征,尤以四川一省过去在军阀时代,有些地方竟有征至民国五十年以后者"。①

三 辨别是非以免盲从

李石曾在论述中法教育时曾说,"今之言教育与学术者,殆莫不曰步武先进诸国,而滋滋焉求所以吸收欧化矣。以吾国民智之窳稚,取他人所长而师法之,是固宜也。虽然,先进诸国,各有特长,非徒一二国之文明而已。所贵乎吸收者,尤贵能择其精纯与适于己者融会而消化之,非徒强吞活剥而已",如"能尽撷其精华,兼容而并收之,则所以供滋养助发育者,愈丰且厚"。② 同理,中国建设协会会员及其他于《中国建设》发文者在汲取国外新法为中国建设所用时,特别注意对中国各地实际情况是否合宜进行严格辨别,以免盲从导致削足适履。

"建设必先有计划,计划又必有实在根据,不能凭空设想,也不能全抄外国成法。"建设事业须符合社会需要,必于社会状况有详尽的研求,而后所采取的具体措施才能无不当。无论发达工业还是振兴农业,都须经专家用科学方法详细考察实际情形,制定计划,才能收到良好的成效。③ 中国建设协会会员所拟具的建设计划多是在详细考察中国实际的基础上经反复论证而成。如徐世大等人根据1918年以后永定河洪水情形,对各处流量大小与水量多寡进行统计研究,最终制定出《永定河治本计划大纲》供当局参考。大纲对计划旨趣、内容、经费概算,以及计划实施后的收益均做了详细论述。④ 陈湛恩提议"在瓯江流域利用水力发电",同样是建立在对瓯江

---

① 朱子爽:《中国国民党农业政策》,第7页。
② 《法国教育与我国教育前途之关系》,《李石曾先生文集》上册,第231页。
③ 区少干:《单靠政府去建设便成了吗?》,《独立评论》第108期,1934年,第5页。
④ 徐世大、徐宗溥:《永定河治本计划大纲》,《中国建设》第1卷第4期,"水利专号上",1930年4月1日,第49页。

第二章　全面抗战前中国建设协会的建设主张

源流、形势、可利用水力地点、最小流量及天然水力的确切考证基础上的。①

在将科学技术运用于中国建设之时，协会会员及相关学者亦十分注重研究当时当地之实际情形。在都市建设方面，中国建设协会会员、市政专家董修甲曾对欧美各市所采取的都市改造法进行比较，认为欧洲各市"从旧市改造者其费用大，而收效迟"，南北美洲及澳大利亚各市"全系半地建筑者，其费用省，而收效多"。通过权衡各种都市以旧改新方法的难易、利弊，董修甲提出较为合理的都市建设办法："对于城市之旧部分，宜取放任主义，放任中，逐渐改良，对于旧部以外之空地，应取创造主义，通盘建设之。"并依此原则制定了周详的"大都市建设计划"。② 此外，都市公用事业政策的制定亦须参酌一国都市之实际情形。以熊方所见，"市公用事业，应采市有市营政策，抑采市督民营政策？当以财政之充裕支绌，专门人才之有无为衡"。由此衡律，中国确有采"市有经营公用事业"之必要与可能，"由市民利益、市府利益与事业本身利益三方面言之，今日中国市公用事业，有市营之必要"，而且又属可能，"中国市财政，专门人才，均无问题，又可以考试用人，则向日官吏舞弊，可以免去，现在之国营事业，如邮电，尚有成绩"。③

在农业建设方面，欲将近代引自外国之品种推行国内，尤须研究"彼邦之气候、土壤、肥料、种植及培养法"能否适宜于中国。④ 关于人工肥料的制造方法，曾广方介绍了两种"有名"的"空中氮气肥料即人造肥料"制造法，即"德国之哈扒"与"法国之苦罗多"法。在对中国经济情况做详细分析后，他认为上述两种方法虽可在制造肥料中"交涉借用"，但因其法"须款极巨"，当前暂先着手调查国内各处所产之肥料矿，然后设试验所

---

① 陈湛恩：《在瓯江流域利用水力发电》，《中国建设》第1卷第4期，"水利专号上"，1930年4月1日，第59~60页。
② 董修甲：《都市建设计划要义》，《中国建设》第2卷第5期，1930年11月1日，第147页。
③ 熊方：《今日中国市公用事业应采市有市营政策》，《中国建设》第6卷第3期，1932年9月1日，第96页。
④ 廖家楠：《发展苏省农业之实施计划》，《中国建设》第1卷第6期，1930年6月1日，第139页。

将其分析，以其有效成分之多少，作为混合肥料之用。待试验所组织较为成熟，国家经济好转，再行斟酌采用"空中氮气肥料"制造法。①

此外，中国建设协会会员对比分析了海港建设方面的现代学说与实践经验，为中国海港建设谋求合适的方案。如徐世大在详细介绍"欧美各国商港之管理与组织"后，着重对国家经营、市政机关管理、铁道或渠道公司主有、私人公司主有这几种海港经营方式之利弊做了深入分析，认为中国可顺应现代海港组织发展的新倾向，采行"由国家与其他商业航业团体，共同组织委员会之制度"。②《中国建设》亦引介了农村复兴委员会委员石瑛对于英美各国钢铁业建设方面的研究成果。通过比较中国与英美各国钢铁业之发展情况，分析中国在钢铁业建设中的优劣势，石瑛将中国传统钢铁业之缺点归纳为如下几点：可以制焦炭的煤"颇不多"；"可以制焦炭的煤，又往往距铁矿甚远，不若英美各国铁矿与可以制焦的煤矿，壤地相邻"；还有一个最大危机就是"全国的铁矿，据最近中央地质研究所切实查勘，已被日本人占据十分之八有余"。石瑛提出，今后中国钢铁业建设应对上述几点予以充分的注意与弥补。③

在中国现代建设中，不仅需要辨别国外新法是否合宜于中国，即使是在将中国国内某地先前已采取之建设方法用于其他地区时，亦须根据当时当地实际情况鉴定斟酌。如城市建设方法甚多，"有于旧城之多，建设新市，使旧城徐徐改善者，如汉口市是也；有根本放弃旧城，另于空旷地面建设新市者，如上海市是也"，但正如作为中国建设协会机关会员的贵州省建设厅制定的"贵阳市建设计划"所析，这两种方式均不适用于贵阳市。因为"贵阳为一省之政治中枢，工商各业，尚未十分发达，且贫瘠素著，公私财力，均有不逮，若放弃旧城，另设新市，不惟与中央整理旧市政之功令抵触，即能另辟新市，亦失去旧城内工商各业之赞助，决无良好之进

---

① 曾广方：《中央实业试验所建设之具体办法》，《中国建设》1932年第5卷第6期，"化学专号续篇"，1932年6月1日，第41页。
② 徐世大：《欧美各国商港之管理与组织》，《中国建设》第2卷第4期，"土木工程专号"，1930年10月1日，第76页。
③ 石瑛：《最近中国建设状况及其应注意之点》，《中国建设》第1卷第3期，1930年3月1日，第3页。

展",所以,"建设贵阳市,应采用直接整理旧市之方式,以渐推进新市区之建设"。①

第二节 工业化建设主张

广义的"工业化"指"经济的转变和改造",首须从运输、动力工业、机械工业、钢铁工业等重要生产部门着手,尤应进行计划和通盘筹措。南京国民政府建立后,日以工业化、现代化建设相号召。基于对传统建设之不足的揭露与对各国建设新法的辨析采择,并斟酌中国社会的具体情形,中国建设协会会员及相关专家学者围绕"工业化"筹划方案。他们认为中国的现代化建设,第一步应利用现代科学技术振兴农业,"借以供给人民衣食的需要";第二步"以其剩余供给工业上的原料,使由手工工业渐进而为机器工业,由家庭工业渐进而为工厂工业"。②循此轨辙,众专家学者以《中国建设》为媒介,从以工农业的现代化、机械化为主要内容的工业化建设,到开发矿产能源、便利交通运输等辅助工业化的实现,均提出具体的发展方案。

一 以农哺工:谋求农业现代化

"农业为百业之母,生活物品之产出,工商原料之供给,莫不惟此是赖。"尤其是在以农立国之中国,农村之荣枯、农业之盛衰,实为民生裕瘁之所关。③民国以后,中国农村经济崩溃摇落,农业日呈萧条衰退之势。而在以工业化为主导的现代化建设进程中异军突起的近代工业,在原料、市场等方面对农业提出新的更高的要求,当时的农业发展,却在工业化需求面前力不从心。中国农业及农村的日趋衰败惨状,表明了传统时代农业建

---

① 《贵阳市计划大纲》,《中国建设》第 8 卷第 2 期,"贵州省建设专号",1933 年 8 月 1 日,第 69 页。
② 石瑛:《最近中国建设状况及其注意之点》,《中国建设》第 1 卷第 3 期,1930 年 3 月 1 日,第 5 页。
③ 王孟昭:《农村衰落原因之研究》,《中国建设》第 11 卷第 2 期,1935 年 2 月 1 日,第 1 页。

设的效微，同时也昭示着用现代农学知识与科学技术改进农业的急迫。

为振兴农业、复兴农村，中国建设协会会员及相关学者倡导从农学实际着手，兴利除弊，应用现代农学知识、科学技术与工业机械，并召集海内外农学专家，就农业的发展提出不少主张，从农业技术的改进，到农地使用、农业组织及经营的改善，无不力求使之符合现代化、工业化建设的需求，现代性的农建思潮即在其对农建问题的研讨中涌现出来。

1. 科学业农以增农产

早在两千多年前，罗马政治家、哲学家卡图（Gato）就说过："农人的头额部比他的脊背部还有用得多。"① "凡是新事业必定要高深的科学来建设他，没有高深的科学，那么科学事业也不能够发达。"② 此不独工商业矿业如是，农业亦然，因此而有近代农学之兴。中国传统农业因缺乏"选种，施肥，以及整理加工等过程，尚有许多地方，不合科学原理，需要研究改良"。若能"建设水利以增加水源，选择良种以抗病抗旱，研究土壤以配合肥料，实行科学管理以改善经济组织"，推而广之，"所有生物、理化，以及经济、统计诸科学，莫不有利于农业经营上增加生产，改良品质，与夫用较少劳力资本，获得更多利益之原则"。③ 由此可知，现代化的农业建设，不但离不开科学，且必须科学化。

现代化新农业即"科学农业"，一切"关于农业技术的、社会的、经济的事物，均须合理化与科学化，其目的在求农业技术之改良、农业经营之改善、农民生活之向上及农村组织之改进"。现代农业振兴法，要在利用科学方法，设立农事试验场，于土壤、品种、肥料等事做严密之调查及试验，加以改善，一方面指导农民，授以科学业农之知识，以供农事之需求；另一方面由政府指导，努力宣传推广现代农学技术"改善之结果"。④ 为将现代农业技术具体化为农建方策，《中国建设》广征农建文章，博引时论，围

---

① 姜书阁译《科学与农民》，《东北新建设杂志》第1卷第8期，1929年，第1页。
② 戴季陶：《中国的经济建设与教育建设》，《新亚细亚》第4卷第3期，1932年，第3页。
③ 〔日〕田中忠夫：《中国农业之电气化》，刘寿浦译，《社会杂志》第1卷第1期，1931年，第2页。
④ 凌能夏：《东三省之农业建设》，《中国建设》第2卷第6期，1930年12月1日，第53页。

第二章　全面抗战前中国建设协会的建设主张

绕如下诸端展开深入研究与探讨。

其一，通过科学选育及交换农种以求改进。有论者指出，中国农民向来对于选种不知注意，以致无形中蒙受莫大损失，自民国以来，经农业学术机关之研究，棉花、小麦、水稻等农种改进成效显著，可知"在选种育种方面，加以改进，增加收获，允非空想"。① 此外，"作物种籽，连年培植于同一土壤，每多劣变。苟将甲地种籽，种于乙地，乙地种籽，种于丙地，互相交换，其结果必多优良，产量亦可增加。甲地所有，或乙地所无，乙地所有，或为丙地所无，一经交换，且易普及，此又一利也"。② 中国一些农村本地所产农作物，虽"不乏佳良籽种，只以限于地域无人提倡交换，遂致无竞争改良之机会"。所以，应筹设专门机关遵照一定的章程切实举办，"本诸气候、土壤、作物及农业制度之区别而将全国分为若干农业区。每区设立试验总场一所，而各区内若有在农业上占有特殊位置者，则设分场"，以专门研发与培育适合当地种植的优良农种，并将各地已有之良种进行交换试验。③

其二，不仅农业试验场须因诸地土壤、气候之特点而酌设，其他农事改进设施，尤其是作物之栽培、肥料之施用，亦须调查与参酌各地土壤、气候等实际情形，以使农事试验与生产更加科学化、专业化。所以，诸学者运用地学、化学、生物等现代科学知识，就农业土壤培肥做了专门的研究与策划。用现代地学知识与化学工艺改进栽培技术与土壤肥料，以提高地力增加农产，为农业现代化之关键所在。

作物的栽培、肥料的施用，与农区之土质气候、地形地势、农业经营历史、经营现状及所需生产物质关系至为密切。故运用科学改进农业技术，须依农业实际情形认真试验、慎重计划、区别对待，以免造成巨大之浪费与损失。中国传统农作"最大之缺点，须急谋改进者，莫如保持地力之非

---

① 文瀛：《农业建设与工业化》，《陕行汇刊》第8卷第5期，1944年，第17页。
② 《陕西农林事业之发展计划》，《中国建设》第6卷第4期，"陕西省建设专号"，1932年10月1日，第5页。
③ 刘和：《农业建设的我见（续）》，《中国建设》第1卷第6期，"农业专号"，1930年6月1日，第12页。

法，与施用肥料之失当"。① 旧时所用自然肥料供应小规模耕种之需，未为不可；而近代以来耕种规模渐趋扩大，自然肥料日益不能适应大规模农田之用。加之"农民对于土壤培肥之知识又甚薄弱，故土壤原有之肥沃度已损失其大半"。所以，欲改进土质增加生产，除"改良栽培技术"以保持地力外，尤须"多施天然肥料"，及"用人工制造之物品以补之"。②

有专家指出，中国虽系农业国家，但肥料素来缺乏。农业肥料，概分天然肥料与化学肥料两种。中国国内可做天然肥料之物，有东三省之豆饼、长江一带之兽骨以及由各地所出之棉饼，然而过去此等"贵重之肥料"，却"以廉价售诸外国，可惜孰甚"。因此，中国亟须设立研究机关切实试验研究各种天然肥料，并推广普及于各地农村，以禁绝天然肥料流失于国外。同时亦可利用堆肥绿肥等有机物质增益保水性、膨软土层、供给养料、增益温热、适良通气等方法，改进土质。③ 又因"天然之肥料，随土地利用之程度有逐渐减少而致不足之趋势"，故须应用"人工之化学肥料"，以补天然者之不足。

肥料为作物之食物，不仅其成分须切合土壤、作物之所缺，施用量亦须"洽和分际，施之过多，或施之过少，均非所宜"。④ 故对于何种肥料方为最适应用，并需多少，非就欲施肥之土壤、农作物等实际情形进行试验不得明了，由外国输入中国之化肥尤须本诸当地土壤、作物做详细试验以定准绳，方可收实效。自民国以后，外国输入中国之化学肥料固为数不少，"中国农人也渐渐用到化学肥料，可是农人施用的时候，不是合乎科学方法，并且中国各省尚未实行土壤调查，更难为正确之指导，不知土壤需要

---

① 《湖南省农事试验场业务进行计划》，《中国建设》第9卷第1期，"湖南省建设专号上"，1934年1月1日，第9页。
② 包伯度：《吾国关于肥料之二大问题》，《中国建设》第2卷第1期，"化学专号"，1930年7月1日，第122页。
③ 包伯度：《吾国关于肥料之二大问题》，《中国建设》第2卷第1期，"化学专号"，1930年7月1日，第123、124页。
④ 《云南省农牧计划》，《中国建设》第8卷第1期，"云南省建设专号"，1933年7月1日，第105页。

何种肥料及作物所需的分量，听随农人自由施用，有时过多，有时过少"。①且因外国输入之肥料大部为"硫酸亚及智利硝"，"利用此种肥料者大都限于南方稻田及桑田"，"北方各试验场亦多有试用之者，然所得增加之产量每不足偿所用肥料之价值"。可见，徒使化学肥料麇集于市场，而不研究与传授施用之法，是"于农无益"，"反为无意义"之举。② 因此，有论者提出应对各地土壤进行调查统计，"用国家之力，创设大规模之肥料制造厂"，制造适合当地土壤与作物之化学肥料。同时注意肥料的施用指导及推广，"设研究机关，随时随地切实试验，而以优良之成绩，及妥当简易之用法，表示于农民，则农民必欣然效法，乐于购用"，土地之生产力自必随之提高。③

其三，农业推广为农业建设中必要且关键之环节，无论是农学知识，还是农作技术，只有推广于乡间，为广大农民所接收采用，始能奏效。近代以后，中国农产物常感不足，"虽因天灾事变，农作或受影响，而致缺乏，要以农产之不发展不进步，为其主要原因"。④

南京国民政府成立后，行政院为复兴农村，有"农村复兴委员会"之成立，但其尚未议及农村实际工作，也未注意到农业推广的重要。⑤ 因此，有论者提出，唯有以农学研究、农业教育与农业推广三者并重，针对各地实际，在设立农业试验场之地创办相应的"实用农业学校"，除教育正式学生外，"常时召集年长及无求学机会之农民而授以新农事方法"，以传播有效的科学业农方法，"如此则试验场、专门教育机关及农民便可成为一家相谐而进"。而且，易于接近农民，农业技术推广人员应"深入农村，躬亲力

---

① 曾济宽：《土地利用与农业改良问题》，《浙江省建设月刊》第8卷第6期，"农业改良专号"，1934年12月1日，第23页。
② 包伯度：《吾国关于肥料之二大问题》，《中国建设》第2卷第1期，"化学专号"，1930年7月1日，第123页。
③ 刘和：《农业建设的我见（续）》，《中国建设》第1卷第6期，"农业专号"，1930年6月1日，第14页。
④ 陈有丰：《农器厂之重要及其设立计划》，《中国建设》第1卷第6期，"农业专号"，1930年6月1日，第49页。
⑤ 金超：《复兴农村与农业推广》，《中国建设》第8卷第5期，"农村复兴专号"，1933年11月1日，第75页。

行"，政府亦应重视农业教育，大力培植农业推广人才，并对其进行适当调度与分配。①

2. 利用机械提高效率

孙中山在《实业计划》中有言："欲开发废地，改良农地，以闲力归于农事，则农器之需要必甚多。""如果用机器来耕田，生产上至少可以加多一倍，费用可以减轻十倍或百倍。""据德国孟歆大学之试验报告，麦作改用播种机后，其同一面积之收获量加增一倍。"② 可见农器之优劣巧拙，直接影响民生。中国虽自古以"农业国"著称，但"农具之进步，甚为迟缓，数千年来仅以手的劳动，从事于耕种"，以致劳动效率无由增进，农业生产力甚弱。③

近代以后，西方研制的许多新式农业机器如抽水机、打谷机、农产加工机等已经证明比中国旧有农具效率高且经济实用。如在农田灌溉方面，"用两手劳动来灌溉稻田，每亩花费两元，若用电力，每亩仅需费一元半，但收成要比人工灌溉的多两三倍，盖未曾灌溉或灌溉不好的农田，每亩收获十元，用机器灌溉的每亩收获三十元，且土地价格自七十元增至一百三十元。从此可以证明应用机械的效力之大"。④ 张静江认为当时"农业中之急需改良者为水利"，"水害不除，水利不兴"，不仅无法挽救农业衰落之势，亦影响工商业之发达。⑤ 水利之范围甚广，而与农业发展、农产增加较为密切者，当属灌溉。

灌溉事业，在中国占据重要位置，"灌溉兴，而农田之产量倍增"，"灌溉兴，则斥卤化为膏腴，污薮变为沃壤，富国利民，诚发展农业之大本"。⑥

---

① 刘和：《农业建设的我见（续）》，《中国建设》第1卷第6期，"农业专号"，1930年6月1日，第11~13页。
② 陈有丰：《农器厂之重要及其设立计划》，《中国建设》第1卷第6期，"农业专号"，1930年6月1日，第49页。
③ 张固：《农业改良与农村教育》，《浙江省建设月刊》第8卷第6期，"农业改良专号"，1934年12月1日，第29页。
④ 文瀛：《农业建设与工业化》，《陕行汇刊》第8卷第5期，1944年，第15页。
⑤ 《提议以铁道电气水利事业为建设中心案》，《张静江先生文集》，第56页。
⑥ 张自立：《我国灌溉问题及建设委员会关于灌溉事业之工作》，《中国建设》第1卷第5期，1930年5月1日，第2页。

民国时期水旱灾害频发，以1934年为例，"旱灾方面，被灾的省份有冀鲁等十一省，包括三百六十六县，被灾田亩，统计在一万万三千三百八十万亩以上。水灾为祸，有鄂湘等十四省，包括二百八十三县。被灾田亩约三千余万亩"。① 灾害频仍，导致灾民日众。据统计，民初陕西、甘肃、河南、河北、山东等14省的灾民"总数已达五千六百余万"。"号称天堂的江浙两省也各有二十万数量的灾民，其他未列的省分决不能说没有灾民，所以再集合别省灾民的数量，中国的灾民怕已不下于一万万。"②

中国农业，向为灌溉农耕，"农产之收获，悉赖水量得宜"。因此，中国农业之机械化，当以灌溉设施之机械化为重。而灌溉设施之机械化，当以电力灌溉为重。南京国民政府成立时，江南一带虽已有8万亩农田使用电力机械灌溉，但是以全国农田的面积去比较，其发达程度还是非常低。若能普遍运用电力及机械灌溉设备，"以学理为根据，参以事实，度田亩之多寡，而定夺机器之容量，发动机之选择，与夫成本之计算"，则在不久的将来定可"共庆丰登"。③

中国建设协会会员、水利专家张自立称，欲振兴中国农业经济，除推行电力机械灌溉外，其他如耕地、种植等农具的机械化亦属"当务之急"。④ 中国建设协会会员陈有丰也认为，中国欲谋农业生产效率之提高及农业生产力之发达，"必须实行农业机械化，设立制造农具工厂，聘请专家，从事于研究及改良"，将"数千年来未经改良"的"耗力多而收效少"之传统农具，如犁、耙、除草器、水车等"依据科学原理，并参照各国新式农器，加以改良或根本改造"，适当利用机器力量，代替人工，改进动力"使由人力而畜力而汽机力，以求达到最后利用电气力的目的，以增进劳动的效

---

① 朱子爽：《中国国民党农业政策》，第9页。
② 夏赓英：《中国土地制度与农业建设》，《中国建设》第1卷第1期，1930年1月1日，第80～81页。
③ 皮炼：《农田机器灌溉设计》，《中国建设》第10卷第5期，1934年11月1日，第1页。
④ 张自立：《我国灌溉问题及建设委员会关于灌溉事业之工作》，《中国建设》第1卷第5期，"水利专号下"，1930年5月1日，第7页。

率"。①

民国成立后，社会团体及各级政府虽不乏提倡机器以代人工之议，但"皆陈义甚高，未见切合国情，致无多大效果"。② 直到20世纪30年代初，对于农器的研究改良尚少注意，"专门制造农器之厂，更属无有"。国立东南大学农科虽曾制造"少数农器"供各农场使用，但"为数甚少，不足以沾惠一般农民"；资本家方面，因"其目光短浅，仅顾自己目前之利益，以为新式农器，农民未曾习熟，且农民之经济力多半不甚充裕，销路如何，毫无把握，大都不愿投资经营"。③ "凡新的工具与技术的介绍、推广，要先有具体功用的'表证'，农人看懂了，就自然乐于使用，口语说明，固然不够，文字传播，有时更属徒然。"④

此外，"新的工具、技术，以及社会组织的方式和活动，倘若与农人固有的生活经验，相差过远，便无法接受"。⑤ 近代引自西方之现代化新式机器多与中国农民原来所使用的农具相差甚远，以致其一时难以接受。所以，中国建设协会会员黄伯樵认为，农业机械化之要在"由已能及不能""由已知及不知"，因其固有的经验引发劝导，就其原有之农具，"用机械眼光加以改良，结构务求其简，费用务求其省，使农民及一般平民乐于采用，俾可于不知不觉间增进其生产能力。待其习用既久，信仰既立，然后将他国所创制需要较广而效率较高之机器，参照仿制，逐渐推行"。⑥ 而且，在小农经营与私有零散的土地上，不能完全使用进步的技术，否则"有招致各

---

① 陈有丰：《农器厂之重要及其设立计划》，《中国建设》第1卷第6期，"农业专号"，1930年6月1日，第50页。
② 黄伯樵：《发展中国机器工业之我见》，《中国建设》第10卷第4期，"机械工程专号"，1934年10月1日，第5页。
③ 陈有丰：《农器厂之重要及其设立计划》，《中国建设》第1卷第6期，"农业专号"，1930年6月1日，第50页。
④ 陈一：《现代中国之农村建设实验运动及其前途》，《中国建设》第12卷第3期，1935年9月1日，第49页。
⑤ 陈一：《现代中国之农村建设实验运动及其前途》，《中国建设》第12卷第3期，1935年9月1日，第49页。
⑥ 黄伯樵：《发展中国机器工业之我见》，《中国建设》第10卷第4期，"机械工程专号"，1934年10月1日，第5页。

种迫束农业生产力发展的毛病"。① 因此，在农业现代化进程中，需要改善农业经营方式，开垦及合理利用土地。

3. 农地使用合理化

中国土地虽广，"或由于土壤之不良，或因缺少灌溉及排水之设备，或由于风俗及礼教之腐败"，多数可耕之地，留为荒废。"北方广大之农田，非旱即碱或沙，其能耕作者产量亦无几，其不能耕作者，则任其荒芜；南方沼泽甚多，颇可排其水而利用之，然亦无人加以过问，再加以庙宇坟场之占据，良地之废弃者在在皆有。"② "至东北西北各省，则膏腴之地，荒废无人耕种者，随处皆是。"③ 据贝克（O. E. Baker）估计，中国土地总面积244000万英亩，除西藏不计外中国可垦土地占总面积四分之一强，而现在所垦者仅占可垦地面积四分之一。张心一著《中国的垦殖事业及三大荒区垦殖计划大纲》指出，当时全国荒地合计为205794万亩，为数也多于已垦地。④

中国建设协会会员陈有丰认为，"今日中国农业上之最大要求，莫若增加生产。查增加农产之法，虽属甚多，然以开拓耕地，及增进地方为最要"。"如将废地耕种，且将已耕之地用科学方法，加以改良，使同面积之土地，可以出产更多，则不特民食不至不足，民生充裕亦可立待。"⑤ 为充分利用中国西北、东北等地之可耕而未耕之地，中国建设协会会员、《中国建设》"农业复兴专号"主编张范村主张实行"移民垦殖"，认为此举不仅可以"消纳游民灾民饥民"，而且可以开辟大片完整的土地，实行大规模机械化耕作，以"使数百里蔓草庶相望，民生因以余裕，国库因以益充"。⑥为切实从事垦荒工作，中国建设协会编辑干事夏赓英主张由建设委员会担

---

① 颜悉达：《国民经济建设之具体意见》，《中国建设》第14卷第2期，1936年8月1日，第10页。
② 刘和：《农业建设的我见》，《中国建设》第1卷第2期，1930年2月1日，第116页。
③ 陈有丰：《农器厂之重要及其设立计划》，《中国建设》第1卷第6期，"农业专号"，1930年6月1日，第49页。
④ 《乡村建设理论》，《梁漱溟全集》第2卷，第530页。
⑤ 陈有丰：《农器厂之重要及其设立计划》，《中国建设》第1卷第6期，"农业专号"，1930年6月1日，第49页。
⑥ 张范村：《农业建设》，《中国建设》第1卷第6期，1930年6月1日，第3页。

负此责,"积极开垦,增加耕地,再在新增的耕地上,施以电气化"。将开垦与电气、水利一起作为建设委员会之主要职务,在委员会内专设开垦处,负责各分垦区的开垦与农业电气化工作。①"经营农耕,农场必须有适宜之面积,盖面积广,土地整齐,配置适当,而后能经营大规模之生产,应用改进技术。"② 所以,在提倡垦荒之外,《中国建设》亦刊载了相当一部分学者有关整理耕地的论说,一定程度上体现了中国建设协会的主张。为充分合理利用现有耕地,宜针对现存的分散零碎的田地,实行"耕地整理,并讲求空地及休闲地利用法"。同时可仿照美国"无地不生产"之政策,"将废地改良以利用之"。"一面宣传废地之利用,庙宇坟场之应限制,一面聘请专门家研究利用方法",以求耕地面积之扩张,③ 并"限制或禁止嗜好及观赏植物之栽培,以免地力之空耗"。④

20 世纪 20 年代末以后,中国农村经济日趋破产,在此"农村经济大变革的过程中,中国土地问题遂益加深切,同时问题的解决,亦益加纷繁困难"。为解决彼时"土地所有权集中""耕地零碎分散"等问题,学者们提出一些具体建议:"我们要维持农村人口,复兴农村经济,则必使土地农有,即所谓'耕者有其田',对于土地投机者之兼并,应有相当之限制,对于农民土地之使用与分配,亦必须有相当之策划,所以复兴农村的第一步工作,即须树立扶植自耕农之农民政策。"⑤ 不过单是依照"耕者有其田"的原则,实行平均地权的土地政策似还不够,亦须将农业生产方式合理化为"集团农业生产",转变"传统小农经营方式"为"现代集团式合作组织经营方式"。⑥

---

① 夏赓英:《中国土地制度与农业建设》,《中国建设》第 1 卷第 1 期,1930 年 1 月 1 日,第 108 页。
② 张勘:《江西之农业生产》,《中国建设》第 16 卷第 2 期,1937 年 8 月 1 日,第 17 页。
③ 刘和:《农业建设的我见》,《中国建设》第 1 卷第 2 期,1930 年 2 月 1 日,第 116 页。
④ 缪进三:《基于国防观点之食粮统制》,《中国建设》第 14 卷第 3 期,1936 年 9 月 1 日,第 34 页。
⑤ 曾济宽:《怎样解决中国农村问题》,《中国建设》第 8 卷第 5 期,"农村复兴专号",1933 年 11 月 1 日,第 21 页。
⑥ 梁明德:《中国土地问题的症结及其解决之途径》,《中国建设》第 14 卷第 6 期,1936 年 12 月 1 日,第 52 页。

4. 农业组织现代化

如诺斯在《西方世界的兴起》一书所言，"有效率的经济组织是经济增长的关键"，① 要使农业组织高效化，就需要转变中国传统小农经营方式为现代合作经营方式，引导农民以分工互助的精神去发展农村合作社。"合作思想产生于欧洲，远在十七世纪以前。"英国人马克威姆（William Maxwem）在《苏格兰的合作史》（The History of Coperetion in Scottland）一书中写道："当十六世纪之末，一般劳动者因受生活压迫的痛苦，已有共同分配的组合，此乃合作社之滥觞。"到了 19 世纪，"合作思潮日渐蓬勃，遂由理论的思想蜕化为实际的施行"。② "当时英国社会思想家骆拔奥文（Robert Owen）氏已有合作主义的宣传"，根据其宣传，"合作"可分为广狭二义："从广义方面而言，合作乃合各个为团体，共同工作共谋各个之利益也；由狭义方面而言，合作是蓄利而非营利之一种商业组织，即合各个为团体，经营团体中各个之事业，求谋团体中各个之便利，互减消费之担负，各得平均之利益者。"③

进入 20 世纪后，合作"已经构成一种特别的超然的新的经济制度，而为多数国家所采用"。"现代经济的发展已逐渐趋向于集团经济方面，合作就是发展集团经济的唯一方法。"④ 五四运动后传入中国的合作思想，起初"并无若何的成绩表现出来"，直到 1920 年"中国发生大旱灾，各地纷纷筹赈"，在华洋义赈会的提倡下，"华北农村合作运动"风涌一时，江南一带在 1923 年以后"也有不少农村合作的组织产生"，此后"不分地域南北，合作组织已为农民一致的需要了"，彼时之"合作社多设立在农村，多是为救济农业而设的"，而且只是私人及社会团体小范围地倡办，"政府从未予以协助"。直到 20 世纪 20 年代末，面对国内日趋严重的经济危机尤其是农业危机，在中国建设协会等社会团体的倡导与呼吁下，"无论政府或人民皆

---

① 〔美〕道格拉斯·诺斯、罗伯特·托马斯：《西方世界的兴起》，厉以平、蔡磊译，华夏出版社，1989，第 1 页。
② 杨拱辰：《国民经济建设运动中之农业合作问题》，《中国建设》第 14 卷第 6 期，1936 年 12 月 1 日，第 2 页。
③ 杨任龙：《安徽合作事业计划》，《中国建设》第 9 卷第 6 期，1934 年 6 月 1 日，第 75 页。
④ 李文：《统制声中之森林问题》，《中国建设》第 14 卷第 2 期，1936 年 8 月 1 日，第 44 页。

感觉要建设国民经济，首当复兴农村，复兴农村的捷径就靠合作"，应转变零碎分散的传统农业组织经营方式为现代合作经营。①

如农学专家蓝梦九所言："以农村教育振发民气且授以改良农业的技术，依合作社方法，应用新农业技术以增殖产业巩固经济，这是目前复兴农村最根本的最紧要的办法。"而且，利用现代科学方法与工业机械改进农业技术，也必须实行"土地集中运动以扩大农业经营规模"，②否则"分散零星的小农场上，一发而不可收拾的机器将是英雄无用武之地"。③"中国农业，一般说来，都是小规模的原始的自给的经营"，"土地使用极不合理"。传统中国家族制度，使"耕地因遗产的重重分割，及田地使用权的种种复杂关系，使耕地零星散碎，单位过小，不便作有计划的利用"，既减少耕地面积，又妨碍耕作，更无以实行大规模机械化耕作，有阻农业进步，弊害甚大，④"据查此弊在北方已然，而南方更甚。地主富农所有已然，而中小农更甚。盖人口过密，又地权集散转移频繁使然"。⑤ 传统"以小农经济为基础"的农业经营方式，"互相关系之松懈，组织之散漫，力量之微弱，是不待言喻的。一受到大的有计划的帝国主义农业生产之洗礼，当然是无法立足而要开始崩溃的过程"。⑥

因此，论者认为，对于中国农业而言，"欲起其衰而救其敝，非提倡合作不为功"。"合作经营之目的，在于集合各小独立经营者之力量，而期收大组织之效果。"⑦ 要在"小农制度发达，私有土地占全土地93%"的中国应用现代科学方法与工业技术，实施"大经营或集团经营"，首先应"树立合作行政

---

① 杨拱辰：《国民经济建设运动中之农业合作问题》，《中国建设》第14卷第6期，1936年12月1日，第6页。
② 蓝梦九：《农村复兴之路》，《中国建设》第8卷第5期，"农村复兴专号"，1933年11月1日，第49页。
③ 文瀛：《农业建设与工业化》，《陕行汇刊》第8卷第5期，1944年，第15页。
④ 朱子爽：《中国国民党农业政策》，第7页。
⑤ 《乡村建设理论》，《梁漱溟全集》第2卷，第530页。
⑥ 张固：《农业改良与农村教育》，《浙江省建设月刊》第8卷第6期，"农业改良专号"，1934年12月1日，第28页。
⑦ 曾养甫：《建设人才的出路及其应有之认识》，《中国建设》第1卷第1期，1930年1月1日，第4页。

系统",运用农村合作社,重划土地以经济土地利用。①"据乔启明估计,全国土地实行重划以后,可增加土地45173724市亩,至于适合科学管理,增加作物生产,更无待言。"② 其次,"要应用科学方法,不能不先使农民均具有科学常识,要发达农村合作社,不能不先使农民均有道义上的训练"。所以,在举办合作事业的同时,还需借农民教育"灌输合作基础智识",引起农民"自动的结合"。政府应在各省农校添设合作班,或创办合作学校,以培养合作专才应实际需要,并尽量"多筹款项,扩大各合作社的借款能力",延长"借款期限",减低利率,减轻农民负担,"使农民对借来的资金充分运用"。③

论者还提出,在现代化、工业化建设过程中,"工业确占着支配的地位,在领导农业,决定社会"。"工业不断的向着社会主义的路上前进,而农业也就不得不随着它的后面作相当的形态去适应它",逐渐向"大农经营的农业工业化"转化。"大经营不仅可以减少耕地面积的损耗,节省一切有形无形的生产手段,并能尽量利用科学方法和机械,实行分业,使农业迅速的向工业化的高度发展。"④ 在农学技术日益精进的时代,"小农经营乃技术进步之最大障碍,此种经营之存续愈久,而学艺之进步又益速,则农业上可能的生产力与现实之生产力之悬隔,将不得不愈大"。⑤"合作社兼有大农经营与小农经营之长,在目前都市与乡村对立的关系下,几成为保护或创设自耕农的政府与由自耕农形成的农业区域在繁荣农村或复兴农村的警觉中,对农业经营必取的形态。"⑥

但是,"大经营驱逐小经营在农业上遥比在工业上迟缓","合作事业之

---

① 蓝梦九:《农村复兴之路》,《中国建设》第8卷第5期,"农村复兴专号",1933年11月1日,第47页。
② 文瀛:《农业建设与工业化》,《陕行汇刊》第8卷第5期,1944年,第17页。
③ 杨拱辰:《国民经济建设运动中之农业合作问题》,《中国建设》第14卷第6期,1936年12月1日,第9~11页。
④ 蓝梦九:《农村复兴之路》,《中国建设》第8卷第5期,"农村复兴专号",1933年11月1日,第44页。
⑤ K. Kantsky, *Sozialiserung deiland wirtschaft*, S. 22 – 23,何会源译述《改进农业之方策》,《新民》1929年第11期,第4页。
⑥ 蓝梦九:《农村复兴之路》,《中国建设》第8卷第5期,"农村复兴专号",1933年11月1日,第45页。

推行，不是一件容易的事，必须农民具有普通的智识，及合作利益的信仰"。①梁漱溟亦认为："农业上的事情有非单独所能办者，必靠合作去办方可，必须诱导他们使其都愿意凑到一块去合作，如此农业才能发展。"② 因此，中国建设协会会员刘汝璠等学者主张在农村建立合作组织，实行生产、购买、贩卖、信用一条龙式的合作。③ "譬如有了信用合作社，加入合作社的农民，便可以向该社借贷长期低利的资金，以应耕种上的各种需求，等到农产收获以后，又可以公平的价出售，不致为奸商市价所掠夺。此外如组织消费、贩卖、购买……等合作社，在在都予农民以多大的便利和帮助，诚为救济贫苦农民，保护个人小企业最不可少的办法。"④ 走农村合作之路，不仅是为救济农民，更重要的是要"鼓舞农民的奋发精神，且授以技术，用农村合作社培植农民的经济势力"，将传统"自给的平庸的静止的农村社会"代以合作制度，"使农民自动的联合，以谋相互的利益"，"把社会的推动机安置在它里面"，以"调节部分的全体的乃至国际与民族间的经济平衡"，并谋"整个社会的进步"。⑤

5. 农业经营资本化

现代化的农业建设，除土地、动力、技术外，尚需要资本，否则农具、牲畜、种子、肥料等无由获得。⑥ "盖凡救济与改良事业，均需相当之资本以成之。"中国因"素无政府或公家设立之资助农民机关，一般农民于需款时，均假助于有资放赈之私人，此种私人多乘机提高利率以图厚利，而政府又未设立以限制之，结果遂致一般农民因利率高，借款难，而不能尽量

---

① 张固：《农业改良与农村教育》，《浙江省建设月刊》第8卷第6期，"农业改良专号"，1934年12月1日，第29页。
② 《促兴农业的办法》，《梁漱溟全集》第5卷，第650页。
③ 刘汝璠：《设立全国农业银行及农民信用合作社之计划》，《中国建设》第1卷第2期，1930年2月1日，第99页；凌能夏：《东三省之农业建设》，《中国建设》第2卷第6期，1930年12月1日，第51~52页。
④ 曾济宽：《怎样解决中国农村问题》，《中国建设》第8卷第5期，"农村复兴专号"，1933年11月1日，第36页。
⑤ 蓝梦九：《农村复兴之路》，《中国建设》第8卷第5期，"农村复兴专号"，1933年11月1日，第48页。
⑥ 熊襄龙：《工业化之农业建设》，《广西建设月刊》第1卷第6期，1946年，第6页。

培植其土地，以增高其生产率，甚或因乏款而荒弃其土地"。在农业现代化建设中，"凡购置新农具，改良种子及肥料，建筑新渠沟，防御害虫，及革新农产物制造法等"，均需相当资本，"苟如仍无公家设立之银行，以利率低小之借款，资助一般农民，则凡所计划者，均难期其实现"。① 换言之，农业改进之关键在于创办农民银行、信用合作社以及复兴仓储制度，对呆滞的乡村金融给予有效的救济。

因此，中国建设协会会员刘汝璠主张"设立全国农业银行及农民信用合作社"，"以低率利息向农民放款"，② 目的在于"救济农民资本之缺乏，而防止资本家之从中敲剥。同时把农村流转于都市的资金，仍运转到农村里面去，以促进农村经济的发展，农民生活的改善"。且农业银行之流通金融"须与各地方信用合作社发生密切关系，使农民有余积时，或于农业经营上必需要资金救济时，得经由信用合作社转向农民银行储蓄或借贷，才不致有周转不灵，而使农村金融陷于枯竭的现象"。农业银行即成为"调剂农村金融的总枢纽，借农村信用合作社的活动"，使那些一时为农民购买力所不及的用于改进农业的良种、肥料、机械等物质，利用政府或金融机关之贷款方式获得之，以"完成其救济农民、发展农村经济的功用，复兴农村当以此为首要之图"。③

"农业生产的促进，是发展农村经济，解决国计民生，然而在促进农业生产的整个过程中，都需要农业金融的调剂，始能完成。质言之，施行促进农业生产之政策，非有充裕之农业资金，不能达成目的。"④ 为补救农业建设之资金短缺，1933年国民政府行政院副院长兼财政部部长、中国建设协会理事宋子文与美国财政善后银公司订立"棉麦借款"，引起了国内人士

---

① 《业务组织案第二十四号：减少农村过剩人口方法案》，中国第二历史档案馆藏，23（1）-00021-0107。
② 刘汝璠：《设立全国农业银行及农民信用合作社之计划》，《中国建设》第1卷第2期，1930年2月1日，第99页。
③ 曾济宽：《怎样解决中国农村问题》，《中国建设》第8卷第5期，"农村复兴专号"，1933年11月1日，第35页。
④ 翟克：《中国农业建设之基本问题》，《中国建设月刊》第4卷第2期，1947年5月1日，第16页。

的纷纷议论，赞成、反对者皆有之。对此，《中国建设》"农村复兴专号"采刊了农矿部设计委员会委员唐启宇站在复兴农村的立场所提出的平议与解决办法。唐启宇认为："农村破产，影响社会安宁，比年以还，谷价趋落，农民弃田，散之四方，甚者沟渎自轻，报端记载，时有所闻。通都大埠，游民激增，社会隐忧，莫此为甚。""邦用之亏，于今为极，农村之困，于今为甚，天灾人祸外患内忧，于今为至。则借贷外债以纾目前之难，审慎用途以致将来之利，虽一时受损，而永久收益"，倘能合理应用所借之款于农业建设，规定贷款之用途，将"棉麦易得之现金"用于"调剂供求及调节粮价"，并将一部分棉麦贷款用于购买先进机械设备，"始虑从周，使农村得以复兴，耕稼得以日茂，则农民受困于一时，而全面得复苏于来日"。"以兴办农田水利以求农产品之增加，发展重要交通事业以便利农产品之运输，为其次要之目的，蓄积既富，守土有资，收其羡余，偿还本利，则棉麦之借款，未为失也。"①

在农村经济衰落之秋，农民所受痛苦最深，因"缺乏资本，往往于秋收之后，即把其产品出售，以流通资金，一般商人遂得乘机取巧，抑勒价格，甚至垄断收买，到了米价腾贵的时候，中小农已无余粒，由生产者一变而为准消费者，由低价卖出，复又由高价买入"。况乎近代以来"农村金融集中都市，而农村资金之贫血，与夫合作运销之日趋发达"，在在无不须有调节农业生产分配之机关的设立，此"农仓"设立之所以为要。② 中国古有仓政之兴，但入民国以后，旧有仓储制度"多已废弃，仓廒倾地，积谷毫无"。③ 虽然，近代新式经济组织诸如农业银行、信用合作社亦可调剂农村金融，"不过如何使资金平稳流入农村，对于资金流入农村后的用途，及生产上的效果，以及推行合作社和银行放款的障碍物，如高利贷，苛捐杂税等先决问题，如无具体的保障方法，则农民借贷之资金，一转手又为地主资本家所夺去，而一经流入都市的资金，不会再有复回农村的希望，结

---

① 唐启宇：《棉麦借款与农村复兴》，《中国建设》第8卷第5期，"农村复兴专号"，1933年11月1日，第8页。
② 张保丰：《农业仓库统制刍议》，《中国建设》第13卷第3期，1936年3月1日，第99页。
③ 朱子爽：《中国国民党农业政策》，第80页。

果农民仍得不着实惠"。所以,在农业银行与信用合作社之外设立"农业仓库","防止农产品价格之低落,实为当前极重要的急务"。同时,亦须"对外国继续输入之农产品,厉行关税保护政策,极端限制其输入,防止其侵害国内农产品之市场,始可以言调剂农产物价格",否则"外国农产品倾销,而国内农产品之产销又漫无统制,农民受两重打击,不但其痛苦将更不堪问,且因农民经济破产,购买力贫乏,即城市工商业者亦终不免连带受困"。①

6. 农产物商品化

有论者指出,近代以来,"自给自足的区域经济已成过去,且亦成为政治不安的因素,故为工业发达,提高人民生活,必须做到农产商品化,以至专业化,如棉花、桐油、大豆、蚕丝、茶叶、烟草、苎麻等,均宜相其土壤、气候、部位之不同,精益求精,大量生产"。"无论是供给本国市场,或用以交换国外生产工具,购买外汇的物品,都必须实行合理而根据生产成本定价的等价交换,只要政府对于农产统制,工业管理均有严密的方法",极易达到"保护农民,便利工商"的目的,如此则"农民对于其产物之售卖可脱离奸商之垄断,而得其所应得之代价,以求其安乐之生活";"农业一方面对于粮食原料,可以源源供给;工业一方面对于制造物品,可以顺利销售"。②还有论者提出在实行农产商品化之初,政府应以"人工的方法"调剂农产品价格,"维持国内农产品之最低价格,保护农民利益",③"绝对禁止粮商之投机、倒把与专利",适当"提高农产物价值",以此"为工业发达之首步"。④

"工业产物之需求者,以农民为最多,因其数目众多也。我国自海禁大开以来,西洋货物输入,人民见其物美价廉乃争相用之,于是故有之手工

---

① 曾济宽:《怎样解决中国农村问题》,《中国建设》第8卷第5期,"农村复兴专号",1933年11月1日,第35页。
② 文瀛:《农业建设与工业化》,《陕行汇刊》第8卷第5期,1944年,第15页。
③ 曾济宽:《怎样解决中国农村问题》,《中国建设》第8卷第5期,"农村复兴专号",1933年11月1日,第37页。
④ 刘和:《农业建设的我见(续)》,《中国建设》第1卷第6期,"农业专号",1930年6月1日,第17页。

业乃大受淘汰。不期洋货之价目日增，而农产物之价值则几乎等于固定。"加之在现代工业的冲击下，国内手工业日益走向衰败，农民"于不知不觉中变为外国工业社会之经济奴隶"。故除努力振兴国货制造业外，在农民所急需的"价值低廉之国产货物"制成之前，应先提高农产物价值以"提高农民之买货能力，同时则又可提高工人之工资。如此则国家之产业可掌诸生产者之手中，则人民之生活程度自然的可以提高，教育亦自然的可以普及，而社会亦自然的可入于安宁状态"。① 但提高农产价值只可解一时之急，治本之道还在于重新整顿农村手工业，发展现代农村工业。"农村工业历在我国国民经济上占重要之位置。前此曾在国外市场称霸一时之丝茶，其生产则完全成于乡村之间，其制造则完全出之农夫乡妇之手。"其他"农村工业制造品如绸缎、土布、夏布、花边、草帽辫、席、稻、粉丝、纸、爆竹、桐油、生丝（非厂丝）及茶等"，在中国对外贸易中"所占输出总额之成分，每年均在百分之二十之间。若就各地方情形论之，如定县一县计有二百七十余种小工业在进行，年产值在四百三十余万元。又如据广西年鉴第一回所载：城市工业与乡村工业之年产值彼此相等，均在一千五百万元之数。复如浙江省之缫丝，其出自农家者占总产量百分之九十五，出自丝厂者仅百分之五"。② 上述种种，足以体现出农村工业在以"工业化"为中心的民国经济建设中所占的重要地位。

再者，"农业和工业之间，本来是没有什么鸿沟可划的"，但自近代以来，"因为社会经济的情况，业已转变，今非昔比，于是农工两业，背道而驰，相距日远了！农民的生活，无论在经济、在社会、在文化诸方面，都呈了穷乏、疲敝和退落的现象！""要移风转俗，因时利导，把农业和工业重新密切的联合起来，使之发生正当的关系，以农业的生产，来助进工业的发展，以工业的技术，来改进农业的生产，使农民各方面的生活，都能充实起来"，需要努力于乡村工业建设。乡村工业"实为衔接农业与工业经

---

① 刘和：《农业建设的我见（续）》，《中国建设》第1卷第6期，"农业专号"，1930年6月1日，第17页。
② 郑林庄：《复兴农村亟须提倡农村工业》，《农业周报》第4卷第9期，1935年，第285页。

第二章　全面抗战前中国建设协会的建设主张

济阶段之桥梁，为过渡时期之必然产物"。① 从横向上看，"乡村工业于地域上与农业之关系甚于工业，于实质上，则与工业之关系又切于农业。——乡村工业实在是农工两者之间的锁链"；从纵向上看，则"乡村工业之前有农业，后有工业，从农业经手艺工业到机械工业，必须以乡村工业为其过度。——乡村工业又是农业与工业之间的桥梁！"而且，从农业方面观察，乡村工业的建设在使农村工业化，充实农民整个的生活；从工业方面观察，要使乡村工业化，必先使工业普及于乡村，由工业乡村化，打开现代工业的出路。乡村工业建设之目标，即在于使乡村工业化，工业乡村化。②

因"工业产品之原料，有大部分系取之农村，经制造手续后，再返运至农村，以供农民之消费"，如此必大费周折，增加成本，而又不利于提高效率，如若于农村"就地建起工厂，从事于农产之加工制造，既省往返运输之劳，复可增加农民之收入，而促成整个农村之复兴"。③ 此外，更为重要的是，如果有乡村工业的维系，那些家乡观念较重的农民，就不至于离乡背井，远游异地，在一定程度上可调转农民离村向市的潮流。"乡村工业不但使农民不致离村，且能使离村者回村。美贝克曾谓乡村工业之发达，足使城市人口，流回乡村。"④ 鉴于上述种种乡村工业所独具的机能，论者提出，在努力建设现代工业的同时，须由政府机关采取由上而下的方式为之倡导，健全乡村组织，并予以技术方面的支持，鼓励发展乡村工业，就地获取农产原材料，就地加工成工业品以供销售，实现农产物商品化。

还有论者指出，提及农产物的加工制造，首当想到中国传统棉纺织业及其主要生产原料——棉花。中国虽以"气候温和，土质膏腴，所拥宜棉面积，较诸美国，有过之，无不及"，但近代以来，中国"出产棉额，仅及美国七分之一，无乃相距太远，诚令人出于意料之外"。考其实际，则中国棉花掺水掺杂"积习已久"，致使其非但在国际市场上滞销，中国人亦愿买

---

① 郑林庄：《复兴农村亟须提倡农村工业》，《农业周报》第4卷第9期，1935年，第287页。
② 张保丰：《中国乡村工业的理论与实际》，《中国建设》第14卷第1期，1936年7月1日，第81、98页。
③ 郑林庄：《复兴农村亟须提倡农村工业》，《农业周报》第4卷第9期，1935年，第287页。
④ 张保丰：《中国乡村工业的理论与实际》，《中国建设》第14卷第1期，1936年7月1日，第82页。

干燥不掺杂的洋棉；而且中国棉花买卖向无科学标准等级之规定，"商人容易从中渔利，故意抑价，农人受亏无穷，且不能引起农人竞争心，对于品种栽培方面，均不注意改良，虽由政府或私人任何提倡，亦虽收良效，盖因收花商人，从中把持农人费尽心力，收获优良棉花，而仍不能得获应当利益，所以不如耕种劣棉，粗放栽培之为愈也"。为"除弊兴利，褒优贬劣"起见，棉业改进之道"莫如施行棉花检验政策，以为首要之企图"。盖"铲除棉花积弊，截止无谓损失，是为检验政策消极改进棉业者"，"创设棉花等级标准，保障棉农利益，是为检验政策积极改进棉业者"。[①]

二 以工建国：倡建现代工业

中国自古以农立国，论理中国民食不当有缺乏之虑，且应当有丰富的农产物"可以担当衣食住的材料足够自给"。但事实不然，"因为不懂科学的制造法，又没有大规模的工业组织，于是现代中国人的需要竟大概仰给于外国货物，遂使中国成为世界的大商场了"。[②] 因此除谋求农业现代化以裕民生并支持工业化外，诸专家学者以《中国建设》为平台，对与现代化工业建设直接相关的机械制造、矿产能源等重要产业谆谆研讨，期能促进现代工业之发展。

1. 发展机械工业

现代工业的主要特征之一即运用机器实行机械化生产，近代以来，"纵观世界各国，早入机器工业时代"，"机械制造业，为一切工业之本源"。中国之机械工业虽自民国成立后即"急起直追"，到30年代初期国内轻工业有所发展，但其所需机械及金属原料，大部分须购自外国，产业失其独立，致受外人挟制，前途殊为可虑；少数机械工业"创建伊始，产量既少，斯成本加巨，运用未熟，斯出品难精，势不能与彼先进各国相角逐"。[③] 因此时任财政部部长、中国建设协会发起人之一孔祥熙提出，中国在努力于生

[①] 叶元鼎：《吾国棉花检验政策与棉业改进》，《中国建设》第1卷第6期，"农业专号"，1930年6月1日，第114页。
[②] 程祥荣：《建设时代的建设计划》，《一般》第7卷第1～4期，1929年，第157页。
[③] 《建设要闻选辑》，《中国建设》第13卷第3期，1936年3月1日，第126页。

产建设的同时，对于机械工业须特别注意，国家经营重要工业的同时，奖励人民兴办并设法扶助、扩充现有民营重工业。

为"建设机械制造业，使国内所需各种机械，均渐能自制"，"终至不需仰给于外国"，中国建设协会会员就机器制造业之发展提出不少见解。黄伯樵认为，在中国现状之下，欲求机器工业之发展，"不能不考量国情，循序渐进"。"当此入超激增之际，且当工业初创，万难希望本国产品可以销售他国之际"，中国政府对于国内机械工业不得不特别谋"扶持提携之策"，通过增加保护税率，设法减轻机器工业之成本。譬如可"将制造品之关税一律提高"，"惟其需要之原料，无论其为须从外洋输入，或在本国输转，均力减其税率，并设法减少其运输费"。另外，"当此银价日高之际，尤宜购进机器，则对于所需之机械，亦如近年来海关方面所施之政策，不增加其进口税，且设法酌减"。①

鉴于中国传统手工业以及农业生产"向恃人工，未有用机器者"，即人工所用之器具，亦复"制造简单，形多粗笨，既费时间，又不经济"，"若不设法改良，则生产落后，民生问题，无法解决"，②与上述中国建设协会的建议相仿，国民政府实业部计划在国内先行开办一"中央机器制造厂"，"所有厂中各部设备务求完善，管理务求科学化，营业务求商业化，生产务求合理化"，并对厂内工人"加以有系统之训练，为新厂的成立和扩充做预备，领导协助民营工厂，同时担任机器制造研究工作"。③

机械工业除可满足工农业发展之需求外，对于国防建设亦极重要。"欲求国防之巩固，必须工业之发达，早为一般之公论，而枪炮子弹飞机战车等主要兵器，无一非机械工业之产物。""现代战争，规模宏大，战时所需械弹之数量甚巨，以政府所有少数制造厂，仅能补充其小部分，其十倍或数十倍于政府工厂者。"所以，李伯芹在《中国建设》发文建议政府在兴办

---

① 黄伯樵：《发展中国机器工业之我见》，《中国建设》第10卷第4期，"机械工程专号"，1934年10月1日，第5页。
② 《陕西农林事业之发展计划》，《中国建设》第6卷第4期，"陕西省建设专号"，1932年10月1日，第4页。
③ 实业部：《中央机器制造厂计划及筹备概况》，《中国建设》第10卷第4期，"机械工程专号"，1934年10月1日，第126页。

国有军用机械工业的同时，利用民间工业力。"国家如有一种觉悟，力谋军备自给，除积极充实与推广现有厂局外，并鼓励民间制造，则各种具有直接或间接关系之工业必如雨后春笋，应时而生，为新工业界放一异彩。"①简启松等学者还建议政府在全力保护与支持民办工业的同时，对一切工业实行"标准化"与"规格化"，如"制造民生日用必需品的机械，同时可以制造飞机、大炮"；"钢铁工业和机械工业，在平时制造民用品的各种机器，在战时可以制造枪炮；化学工业，在平时可以制造民生日用必需品，在战时可以制造炸药和毒气"。待"中国工业建设妥当后，更须与财政、金融、农、工、商互相联系，才不致无补于民生，工业建设的使命，也才达到最终目标"。②

2. 利便交通

"交通是一切农工商业发展的最要元素。"如孙中山所言："道路者，实地方文野贫富之所由分也。"③ 中国"自足经济打破之后，交换经济遂告成立，工商业由是而起。古时商人，多数是贸迁，以此地剩余之工业品农业品运至彼地，互相交易，以促分工制度之发展，所以交通状况之改善和交通机关之发明，为工商业发展的先决条件"。中国建设协会会长张静江认为，"发展交通，乃为国策之急务"，"顾开发富源，增进生产之道，必先谋交通之便利，而后事业之进行无梗"。④ 尤其是近代机器工业兴起以后，"已开采之重工业原料及原有之轻工业原料"，皆需要便捷的交通运输条件，因此国家"对铁道公路之推广，不能不并力趋赴，渐次形成完密之交通网，然后工业原料之运输，能达省时省费之目的"。⑤

交通的重要性首在"沟通民生，发展工商"。有论者指出，自近代以

---

① 李伯芹：《国防与机械工业》，《中国建设》第10卷第4期，"机械工程专号"，1934年10月1日，第27页。
② 简启松、袁昂：《战后工业建设之途径》，《中国建设月刊》第1卷第2期，1945年10月1日，第67页。
③ 任树椿：《公路建设在国民经济上之重要》，《中国建设》第13卷第4期，1936年4月1日，第1页。
④ 张人杰：《序》，《中国建设》第10卷第1、2期，"公路专号"，1934年7月、8月，第1页。
⑤ 黄伯樵：《发展中国机器工业之我见》，《中国建设》第10卷第4期，"机械工程专号"，1934年10月1日，第4页。

来，"吾国幅员辽阔交通阻滞，商旅之往来，物产之运输，在在均感觉困难，居今日而谈建设，铁路与汽车路，诚居第一重要位置"。① 其余"如航轮水运，以及旧式的车辆，已有相当的用处的，也全不能失却他们的立场"。所以，《中国建设》刊载陈本端数篇关于交通建设之文章，② 意在宣扬现代交通建设应当"合铁路公路航轮水运于一炉，谋互相联络之效"等交通建设理念，以期引起相关负责者之注意，促进中国交通建设。③ 尤其是各地交通建设应取得联络，"统筹全局，划定路网，按序施工"，以免过去"人各为政，不求系统"，"县路不达省，省路不达国，甚至此县与彼县，此省与彼省，边界路线，相距非遥，亦不互谋贯通，短潢绝港"之弊。④

"交通运输之具，约为航空、船舶、铁道、公路四者，航空限于量，船舶限于水，铁道费烦而事重，求为靡远弗届，易举而效速者，其唯公路。""凡开发富源，增进生产，启导文化，调剂盈虚，国家之布政施教，人民之合力从功，相需于公路之建筑者，已亟殷切。"所以自民国成立以后，"谈交通建设的人，无不以公路为惟一法门"。在各方的努力提倡下，到20世纪30年代，国内交通建设"如航轮铁路公路等，均有相当的成绩，而尤以公路一项，独具猛进的趋向"。⑤ 然而，各省公路建设虽有进步，但"一省中各个路线，彼此不相联络，一省与一省间更形隔阂，故公路之效用，无由显著，已成路线，且有不能维持，任其破坏者"。⑥

建筑公路之最终目的，为便利客货运输，然时人考察30年代之前国内已成公路之运输情形，"没有一条路，能有可观的统计"，究其原因主要在

---

① 石瑛：《最近中国建设状况及其应注意之点》，《中国建设》第1卷第3期，1930年3月1日，第1页。
② 如《我国交通建设应有之认识》（第9卷第1期，1933年）、《我国铁路事业不振之原因》（第9卷第4期，1934年）、《开发西北声中西兰公路之进行》（第10卷第1、2期，1934年）等。
③ 陈本端：《我国交通建设应有之认识》，《中国建设》第8卷第6期，"铁道专号"，1933年12月1日，第93~94页。
④ 陈体诚：《中国公路建设政策》，《中国建设》第10卷第1、2期，"公路专号"，1934年7月、8月，第1页。
⑤ 张人杰：《序》，《中国建设》第10卷第1、2期，"公路专号"，1934年7月、8月，第1页。
⑥ 《建设情报（六则）》，《中国建设》第13卷第1期，1936年1月1日，第163页。

于:"一则汽车载运容量过小,二则运费过巨,以致商运裹足不前,往往客运亦舍此而就铁路或轮船,以图便利。"① 所以,陈本端认为,"在我国现在情形之下,以言筑路,经济适用,实为第一要义。但所谓经济,非仅指初次造价低廉已足,坚固耐久、保养省费亦须计及"。② 以"经济适用"为原则,公路建设计划首先应谋车辆及其燃料问题的解决,公路建筑应以辅助其他交通事业之不及为政策,已成之公路则应注意修养,公路工程研究工作要趋于经济,研究"最简单最便宜的工程,以适合我们目前的需要",而且公路线路不宜过长。③

然则,"复兴我国经济的衰势,启发未开的区域,仅恃公路一项,很难有实际的效力"。铁路能任重致远,对于大量及长途之运输,实较公路为优。尤其是对开发边疆,铁路堪称"开发闭塞发展经济的惟一利器","如美国当初开发他的西部,完全是铁路的力量,东三省的通辽四洮及吉敦等路的联运,可以把日本的南满铁路营业抢了大半,这全是很明了的证据"。南京国民政府成立后,"虽设铁道专部,以求铁道之尽量发展",但"因军事及各种影响,区区一粤汉铁路至今尚未能完成,其他计划虽多,亦尚未见诸事实。在这种状况之下,无怪乎内地大工商业无从产生,就是有一点土产也无从转运。类如最近报张所载中国每年猪鬃出口约值银一千万两,其中经过汉口者,每年值二百万元,假令内地运输便利,每年出口总额当远过此数。云南陕西商人之经营此业者,每次由邮局十六斤猪鬃到汉口,须付运费三元,其运费之高,诚属骇人听闻。又如陕甘各地出麦,然欲运至汉口,则每担运费必超过原价数倍无疑。而美国内地小麦经过该国铁路,再经过一万七八千海里,运到上海,每石运费不过二三角,这样一来,何怪洋面粉充斥中国"。④ 因此,"要促进农业工业商业",必须从铁路建设上

---

① 陈本端:《我国交通建设应有之认识》,《中国建设》第8卷第6期,"铁道专号",1933年12月1日,第96页。
② 沈百先:《一年来之江苏建设》,《中国建设》第13卷第1期,1936年1月1日,第36页。
③ 陈本端:《我国交通建设应有之认识》,《中国建设》第8卷第6期,"铁道专号",1933年12月1日,第96页。
④ 陈本端:《我国交通建设应有之认识》,《中国建设》第8卷第6期,"铁道专号",1933年12月1日,第93、97页。

着手。①

20世纪30年代初，中国铁路建设尚在"幼稚时期，不幸发展气象未成，而种种不景状态毕露，数十年来，相沿泄沓，遂至今日支离颓腐之境"。之所以出现如此颓败之景况，"或以政治不良，偶因技术欠善"，但主要与建筑费昂贵有关。与公路相比，非但铁道之敷设不若公路之简易而迅速，建筑铁道所需之费亦"大于建筑公路所需者不啻倍蓰"。②然而，修筑铁路不是没有"最经济办法"可以采取，只因"我国往昔铁路工事，大多委之外人，精密俭适，不代详谋"。那些外国工程师"完全把他们外国的铁路，照样搬到中国来，可以俭省的地方，他们不俭省，铁轨非重磅的不可"。③ "例如京沪铁路宝盖山洞，本可避免，而必欲虚费巨万，以显其能，迨至今日，又必拆而通之，以安行旅。"④ 加之许多铁路修筑计划因贸然进行，毫无标准政策，徒耗费人力财力而颇鲜实际成效。"像沧石铁路筹备了许久"，最终却"石沉大海"了，"在起初的时间，路还未修，那机关是成立了，堂皇又堂皇，什么督办局长顾问，弄了许多，结果用了许多钱，只成了一条断而不接的土基"。"粤汉铁路，也是时修时停，结果是沿路线的车站房屋，修的非常讲究，钱是用的不少，然而铁轨是一里未铺。"⑤

为革除上述旧弊，陈本端主张采用经济实用的方法，"把轻轨铁路作为主要的事业"，"把航线公路及改良的旧式车辆，作为辅助交通的事业"，使全国交通平均发展。⑥ 而且，除铁路修筑工程不经济外，"选线不适"亦为

---

① 石瑛：《最近中国建设状况及其应注意之点》，《中国建设》第1卷第3期，1930年3月1日，第2页。
② 任树椿：《公路建设在国民经济上之重要》，《中国建设》第13卷第4期，1936年4月1日，第1页。
③ 陈本端：《我国交通建设应有之认识》，《中国建设》第8卷第6期，"铁道专号"，1933年12月1日，第97页。
④ 陈本端：《我国铁路事业不振之原因》，《中国建设》第9卷第4期，1934年4月1日，第89页。
⑤ 陈本端：《我国交通建设应有之认识》，《中国建设》第8卷第6期，"铁道专号"，1933年12月1日，第97页。
⑥ 陈本端：《我国交通建设应有之认识》，《中国建设》第8卷第6期，"铁道专号"，1933年12月1日，第97页。

中国铁路事业不振之一大主因。"铁路之起讫,由于两地交通之需要,果能交通成功,其关于投资之得失轻重,实为极要之问题。工程人员,于施测之先,不仅于技术方面,应予考虑,而路线所经,是否经济,将来运输,能否发达,均有研究之价值。""我国铁路,固未臻于完善,而现有里程",于选线方面尤多弊处。"试观西伯利亚万里路程,完全为政治之作用,昔时侵略威力,震动宙宇,今则俄邦变政,顿使重资投于荒域,势仅维持欧亚陆路之交通而已。其运输所得,能否利偿其失?路线所经,能否繁荣各地?"他如"津浦平汉等路,纵横南北,所惜年来灾祸频仍,损失过重"。对于这些选线不适宜的铁路,陈本端认为,"若能于整顿之暇,多筑支路,深入内地富庶之区,则不仅支线本身,可资经营,而其帮助增加干线之发展,尤为可贵之事"。①

"一国文化之进步,实业之发展,均视交通为标准,而于人民生活,社会生活,尤有息息相关之势,故必国有国道,省有省道,县有县道,支干毕举,经纬并用,俾彼此互相衔接,往来日形便利,然后经济文化有所依附,流通贯注,以共剂于均平。"② 这就需要国内关心交通事业的人或团体,以及政府相关机构,斟酌中国交通现状及社会需要,"把各种交通事业,连在一条战线之上,应付一切",共同研讨制定一个"平均发展全国交通之大计划",公路与铁道等建设同时并举,周及全国,以使内地物产无濡滞之虞,而有互通之益,事业之进展方无阻梗,③ 并应顾及交通建设所急需的煤、油等矿业之开发,④ 如此中国交通才有均平发展之望,"富源可以开拓,生产可以增进,文化可以启盛,盈虚可以调剂,国家前途庶有光明之日"。⑤ 此种统筹联络之交通建设理念,后来在1932年5月全国经济委员会督造

---

① 陈本端:《我国铁路事业不振之原因》,《中国建设》第9卷第4期,1934年4月1日,第90页。
② 《宁夏之公路》,《中国建设》第11卷第6期,1935年6月1日,第151页。
③ 任树椿:《公路建设在国民经济上之重要》,《中国建设》第13卷第4期,1936年4月1日,第4页。
④ 陈本端:《我国交通建设应有之认识》,《中国建设》第8卷第6期,"铁道专号",1933年12月1日,第98页。
⑤ 任树椿:《公路建设在国民经济上之重要》,《中国建设》第13卷第4期,1936年4月1日,第8页。

"豫、鄂、皖、赣、苏、浙、湘、闽八省联络公路"中,得以付诸实践。①

3. 开发矿产资源

现代工业"恃机器为命脉,机器以矿产为原料,于是矿业之重要,遂为世所公认","建国方略谓矿业为工业根本,亦即物质文明与经济进步之极大主因"。②发展矿业,为巩固国防策进工业之要图。"工业建设必赖原料,原料无非矿藏物产,中国矿产蕴藏极丰,而已开掘利用者,却寥寥可数。"③因此孙昌克等中国建设协会会员及相关学者在《中国建设》上提出探寻开掘国内矿藏、兴办冶炼厂等主张。

钢铁为近代工业中"最重要之原质者",④是现代机械工业必需之物,制造兵器,尤不可少,故"关心建设事业者,莫不大声疾呼,以唤起政府与一般人民之注意"。⑤"我国钢铁,本不可谓为丰藏,而年来建设及军事,则需用甚殷。"⑥国内新兴之机械工业,"大凡不能制造机件者,即不能制造机件所需之原料。吾国所用之机器,固须购自外国,对于金属原料亦然"。但当时"凡机器工场所在地,大都堆有残废机件,及零碎金属,积日久者,锈蚀殆尽"。故有学者提议:若能先将此残废机件及零碎金属中可用之配件直接复用,并"积极设法,利用废料,制成可以复用之钢铁,以供制造各种配件之用,一则推行废物利用,以免弃置可惜,一则自制钢料,借以减少购用外货分量,以塞漏卮"。⑦此外,在废料复用以节流的同时,亦需大力开发富源。可择"交通便利"之矿藏地,"以大规模从事开采,设新式炼厂,从事制炼",以供国防、铁路、工业等建设之需要,同时政府对于"民

---

① 张人杰:《序》,《中国建设》第10卷第1、2期,"公路专号",1934年7月、8月,第1页。
② 孙昌克:《矿业建设问题》,《中国建设》第1卷第3期,1930年3月1日,第45页。
③ 简启松、袁昂:《战后工业建设之途径》,《中国建设月刊》第1卷第2期,1945年10月1日,第64页。
④ 孙中山:《建国方略》,第258页。
⑤ 李待琛:《设立炼铜厂之建议》,《中国建设》第4卷第5期,"矿冶专号",1930年11月1日,第39页。
⑥ 《大新官铜矿之过去及续办意见》,《中国建设》第3卷第5期,1931年5月1日,第95页。
⑦ 李维国:《平汉铁路长辛店机厂辗钢设备》,《中国建设》第8卷第6期,"铁道专号",1933年12月1日,第31页。

间此种事业"，亦须"极力保护，而从优奖励，以促其进步发达"。①

《中国建设》"矿冶专号"主编、中国建设协会会员胡庶华进一步拟具了详细的"兴建大规模钢铁厂"计划，以供政府采择。该计划对兴建钢铁厂之资本、地点、技术、销路等问题都进行了详细的策划。如在资金方面，"举办大规模钢铁厂必有雄厚之资本"，"此雄厚资本之来源"，可指望铁道部拨一部分用于修路之"庚款"，"自办或交与建设机关兴办钢铁厂"。"厂内出货以钢轨及铁路材料尽先供给铁道部，作价偿还前拨资本，是铁道部前拨巨款，无异于定货之定金，钢铁厂有此巨款既可尽量经营，而货出又毋庸顾虑销路。"关于钢铁厂地点问题，则应"依原料及交通为标准，以在煤铁矿附近为最宜"，使铁矿、煤矿、钢铁厂三者成"支线交通"，依此原则，根据中国已有钢铁厂各自所具的优势对其地理位置做重新规划与分工。关于技术问题，"外才固可借重，但必由我国人总揽其成，以免反客为主"。至于销路问题，为全力保护国内钢铁事业，应"固定销路"，如"造船所、兵工厂及所有国营事业固应承销本国钢料，而私人工厂亦当提倡国货，虽品质及价格一时不能与外货相等，亦当牺牲一切，而钢铁厂自身，尤应精益求精，以全信用"。②

有论者指出，"人生无粮食不能生存，社会无动力无法活动"，大量充足的原动力为现代机械化工业大规模生产之"第一要件"。③近世以来，虽不乏"风力、光热、地热、水力等可资利用"，但动力之源仍多惟燃料是赖，"工厂待之周转，车船待之行驶，家庭待之生活，国防待之巩固，其重要普遍，直包括人类生活之全部，几无时无地不可或缺"，尤其对于"工业改良之要图，厥惟动力经济的利用"。就燃料资源之种类而言，大体有煤炭、石油二种，中国煤炭石油之天赋虽相当丰富，但"石油几全无生产，一切仰给于输入；煤炭年产不过二千四五百万，外资经营者，占百分之五

---

① 李待琛：《设立炼铜厂之建议》，《中国建设》第4卷第5期，"矿冶专号"，1930年11月1日，第41页。
② 胡庶华：《中国钢铁业之现在及将来》，《中国建设》第1卷第2期，1930年2月1日，第9~10页。
③ 史维新：《现代燃料问题》，《中国建设》第4卷第5期，"矿冶专号"，1930年11月1日，第9页。

十，而国人新法经营之产额，不过占百分之十三四，其余皆属零星土矿，聊供地方家庭燃料"；对于资源之调查，到20世纪20年代末"国人虽稍知注意，然为日尚浅，仅黄河长江辽河流域，粗具规模，其他各处，大都未及详查"；生产方法"殊无进步"，"国人新式之矿厂电化者，不及半数，机械动力一般限于运输、排水、通风，至于机械采矿，几未之闻"；消费方法亦"极其幼稚"，"全国无一燃料试验所，化学工业更无基础采取副产物，使燃料经济化者，百无一二"；"全国水力虽曰不少，然无确切之调查，已成水力电，不及二千启罗，各种燃料，动辄取给于输入，国防资源，一无把握"。①

论者指出，要想改变中国在燃料开掘利用方面的落后状况，亟宜采取现代化、"大规模化、效率化"的燃料开发与生产方式，实行燃料"经营合理化、消费科学化"。② 就石油工业来说，虽然"石油炼品关系交通、经济、国防者至为重大"，但当时中国"尚无石油工业之可言"。为此，陆贯一曾拟具《发展中国石油工业之计划》。他认为不仅应该重视"钻掘深井""着力游探"等发展石油工业之"精华"，更应视"经济之裕绌"决定石油"采、炼、销"之实行步骤及规模大小。"裕则规模大，收效速，绌则只能逐步计划，择要举办，祈成功于长时期之后。"就中国而言，亟"宜先择定一区域，由销及炼，由炼及采，逐步发展该区域之石油工业，待其成功，然后将经营区域扩大"。③

工业机械之运转除可以燃料为动力能源外，亦多有利用电力者。"电气为百业动力供给之源，新兴之工业、崎岖之铁道、受灾之农田、待发之林矿，将无不赖之以得最大之经济。"④ 其在现代工业中的用途尤为广泛，如"现代新起之化学工业，引用铅、矽钙、铬、磁化物、蓝晶石等物，非经电

---

① 史维新：《现代燃料问题》，《中国建设》第4卷第5期，"矿冶专号"，1930年11月1日，第18页。
② 史维新：《现代燃料问题》，《中国建设》第4卷第5期，"矿冶专号"，1930年11月1日，第18页。
③ 陆贯一：《发展中国石油工业之计划》，《中国建设》第9卷第4期，1934年4月1日，第53页。
④ 《建设委员会民国十九年三月至九月政治工作报告书》，《张静江先生文集》，第283页。

炉之极高热度不易化炼"，① 他如"电解食盐以制碱，或用电弧以氧化空中之氮以制肥料，或用电热以制钢铁"等，皆为电气对于现代工业之贡献。电气在农业中的应用亦极为广泛，其中较为广泛者为电力灌溉，如国民政府建设委员会于1929年以戚墅堰火力发电厂抽水，灌溉无锡常州一带农田，予农民以极大便利。其次为制造肥料，曾有人预言："如富有水力各省，能建设相当之电气肥料制造厂，则全国农产必增加数倍以上。"②

电气事业发展与否足以影响一国农工商业之盛衰，尤其是在"地大物博，工商落后，山川险阻，交通不便，运输惟艰"之中国，"应用电气亦必较各国为广"。为促进电气事业发展，"以供给全国食衣住行一切民生事业之用"，《中国建设》刊载了众多专家学者之作，就其时中国急需之电气建设贡献了不少前瞻性见解。如蔡源高、洪绅、雷勖民等人主张水力发电，③文名升从学术角度对电气工业发表了见解，④陈良辅强调了发电厂对于用煤研究之重要性。⑤ 此外，罗世襄对中国电业进展迂缓之原因的揆发及其所提出的解决方案，更是直揭问题症结。他认为，"电业本身技术与营业方法之不良"，为阻碍电业发展之重因。"关于技术之改进，应从训练人才使具有高深之学识、丰富之经验、廉洁之操守、指挥之能力四项原则着手。至改良营业，则应从电价着手。……其价愈廉而愈公允，此关系于本地工农业

---

① 周兹绪：《电气工业之几项基本观念》，《中国建设》第2卷第3期，"电气专号"，1930年9月1日，第5页。
② 赵松森：《电气建设进行秩序之商榷》，《中国建设》第1卷第1期，1930年1月1日，第30页。
③ 蔡源高：《对于发展中国电力之我见》，《中国建设》第2卷第3期，"电气专号"，1930年9月1日，第11页；洪绅：《水力问题》，《中国建设》第2卷第4期，"土木工程专号"，1930年10月1日，第95页；雷勖民：《水力电厂之前途》，《中国建设》第6卷第3期，1932年9月1日，第37页；李法端：《南德水电厂调查记》，《中国建设》第6卷第3期，1932年9月1日，第43页。
④ 文名升：《发展中国电气工业之学术上的努力》，《中国建设》第2卷第3期，"电气专号"，1930年9月1日，第24页。
⑤ 陈良辅：《发电厂用煤经济问题之研究》，《中国建设》第2卷第3期，"电气专号"，1930年9月1日，第42页。

之发展甚巨，即谓其与技术占同一重要地位可也。"①

对于电厂之设置，中国建设协会会员赵松森着眼于全国电业之整体发展，斟酌中国实际国情制定了周详的"电气建设纲要"。他在纲要中提出："中国每省中各地分立小电厂，不如集中为一大电厂最为经济。中国面积虽较大，亦当本总理集中电厂之原则，与现在送电可能之范围，于各省之相当地点，集中电厂，输送电力于范围以内之各厂，于是各省皆有电气之中心，集合各省集中电厂，而统辖之于中央建设委员会，乃造成全国电气建设之中心。"并须"顺应世界各国由火力发电，进于水力发电之趋势"，利用中国富有水力，以水力发电为主，火力发电辅之，集中各省所有之动力，以为各该省之中央大电厂，送电于各该省之范围以内。其水力或煤量过富之省，则可将过剩之电力，"尽科学与经济原则之可能程度，互相补给相邻之各省"，以完成全国电气之建设。②

第三节 政治建设主张

制度因素对经济发展的影响至关重要。"生产方式的改革，必需配合着社会制度的改革。"③ 在现代化建设进程中，中国应在采用现代生产技术的同时，创造性地利用现代化潮流进行制度革新。如诺斯所言："技术变迁与制度变迁是社会与经济演进的基本核心。"④ "经济的建设，宜有建设的政治"，"应把握着政治设施，而政治设施，应随时适合国民经济建设之需要"。⑤ 然在"半古董半洋化"之"畸形民国"，"不合时代"之行政人员、

---

① 罗世襄：《以无功能改良电力价格刍议》，《中国建设》第12卷第3期，1935年9月1日，第115页。
② 赵松森：《电气建设进行秩序之商榷》，《中国建设》第1卷第1期，1930年1月1日，第20、27页。
③ 伍启元等：《如何建设国民经济》，《中国建设月刊》第3卷第2期，1946年11月1日，第4页。
④ 〔美〕道格拉斯·C.诺斯：《制度、制度变迁与经济绩效》，刘守英译，上海三联书店，1990年，第138页。
⑤ 颜悉达：《国民经济建设之具体意见》，《中国建设》第14卷第2期，1936年8月1日，第23页。

机关与制度,"几于触目皆是,指不胜屈"。① 中国的经济建设"从来没有经济政策","财政没有预定的办法,什么事情都是挖肉补疮,因为要打仗所以就抽税,因为要抽税所以就设局,所以财政的行政就是做到'为要钱而抽税为抽税而设局',绝没有为发展农工而打算的"。② 各地虽偶见有银行之设,"但中国银行资本只有现代化的外形,骨子里仍具有高利贷性,而且一直都是国际金融资本的俘虏"。③ 银行并没有实际做银行的事情,"农工银行不做农工的事,商业银行不做正当的商业",不过成为"上括国家下括人民"的"外国银行的经手罢了"。此外,"中国也没有仓库制度,交通机关也是没有"。④ 民国成立以后,因政局更迭,"主持路政者,此往彼来,均以军阀为转移。任用私人,收括路款,比比皆是。因之路政日坏,秩序无存,中外行旅,莫不怨声载道"。⑤

一 调整机构以裕功能

大多数制度经济学家认为,组织是制度的一部分,组织是按一定规则行事的单位。⑥ 所以,有论者认为,政治机关之设需按照一定的制度规则,经系统科学的统筹建构,方可使其组织完整化、权力集中化、责任明确化,各机关相互之关系及职属之关系简单化,以健全统一行政机构,提高行政效能。就农业行政机关而言,则须"合并现时性质相似而事业重复之机关,独立为一农林部,而不使农林行政事务与工商行政相混合"。在中央农业行政组织独立以后,次当谋"各省农厅之建置",再次则当谋"各县农业局之完成",以使农业行政机构对于全国农业改进切实担负起"指导、监督、奖

---

① 何肃朝:《盐税率真相之解剖与就场征税之商榷》,《中国建设》第2卷第2期,1930年8月1日,第18页。
② 戴季陶:《中国的经济建设与教育建设》,《新亚细亚》第4卷第3期,1932年,第5页。
③ 万典武:《从城乡对立论中国经济的症结及其出路》,《中国建设月刊》第6卷第1期,1948年4月1日,第33页。
④ 戴季陶:《中国的经济建设与教育建设》,《新亚细亚》第4卷第3期,1932年,第5页。
⑤ 陆尔康:《铁道建设杂谈》,《中国建设》第2卷第4期,"土木工程专号",1930年10月1日,第24页。
⑥ 王玉茹、刘佛丁、张东刚:《制度变迁与中国近代工业化——以政府的行为分析为中心》,陕西人民出版社,2000年,第5页。

励、劝诱之全责"。①

再就水利行政机构言，应该进行统一调整。中国"水利行政，向无统一组织，而各地方水利机关林立，以致政令纷歧，收效不宏"，水利建设未能有长足进展。国内已有之水利行政机构，"或隶国府，或属部院，或由各省自为主持。而又画疆为治，彼此不相顾恤。一堤防也，犬牙相错于数县之间，一县疏忽，全功尽弃。一河流也，蜿蜒贯注于数县或数省之间，头痛医头，脚痛医脚，或利害不同，此开彼塞，纠纷迭起。工款之筹集动支，施治之先后程序，遂难求其经济合理"。因此，亟宜设全国性主管机关以资统筹，"就各大川流，分全国为若干水利行政区，区设专局，负责主持各该区水利行政事宜"。②此外，水利行政之各种纷繁复杂的事项亦需要有统一的行政机构。晚近以来，全国已有之水利机关，"或则谓交通水利，与农田水利，漠不相属也；或则谓水利系专指农田灌溉而言，与利便航运，发展水力，垦辟荒地，亦无关也；或则谓兴办水利为一事，而防御水灾又为一事也；将整个的水利问题强为剖解支离，事权既不统一，中央政令遂呈纷歧分裂之象。甚至机关骈枝，经费虚糜，效率减低"，③影响水利建设前途者，在在皆是。

有鉴于上述诸弊，中国建设协会会员张自立主张通过设立中央水利主管机关并规定其权责，裁并水利分支机关，确定各省水利机关之统系，来统一水利行政。由中央主管机关主持全局，通盘筹划，汇集全国重要水利计划，规定施工顺序依次施行，以免轻重失当顾此失彼，并编订水利法税，培植水利人才。④ 1930年，中国建设协会会长张静江呈请行政院设立"全国水利局"，以"综理筹划全国水利事宜，并监督各省水利机关和各水利委员会的行政"，将全国划分为"华北、华南、华中、东北、西北及西南六大水

---

① 曾济宽：《怎样解决中国农村问题》，《中国建设》第8卷第5期，"农村复兴专号"，1933年11月1日，第25页。
② 吴钊：《农村复兴之途径》，《中国建设》第11卷第2期，1935年2月1日，第28页。
③ 张自立：《水利建设与今后努力之标准》，《中国建设》第1卷第4期，"水利专号上"，1930年4月1日，第6页。
④ 张自立：《水利建设与今后努力之标准》，《中国建设》第1卷第4期，"水利专号上"，1930年4月1日，第5~8页。

利区域，于水利区域划分之内，一方面有中央统治之机关，一方面有各地方分治之机关，上下相系，庶几工作协调，而效率增进"。①

"政府施政，原非因人而设，人可更调，而事继续。"除统一行政组织机构外，政府机构调整与人事调动尤应一分为二，而不应互相牵扯，影响行政组织机构效能的发挥。从政人员应以"机关为本体，其受命于长官，乃奉政府之指挥"，"如能撇开人的私见，而就事的本身着想，则一切搅扰自可免"。"政务官与事务官及事务员有别，政务官多随政策调动，或受政党之影响，月可数易"；"至于事务官及事务员则原系受国家之委任雇佣，而非受一人之委任雇佣，若其所服务之机关未撤，仍为该机关之人员，自须照常奉公执役，不能依长官以为进退"。②南京国民政府成立后，"变动剧烈的省份，几乎没有一个政府整个维持半年以上，厅长一换，县知事跟着更换一大半。换一县知事，于是警察所长警察兵也要跟着更动许多。在这样的情形下面，姑无论没有好的人材，即有好的人材，也绝对不能舒展他的本领。而且经过几次三番的变动，几次三番的打击，好的人材不是灰心便是堕落，行政的整理改革，是绝对无望的！"③

"工欲善其事，必先利其器，近世经营大规模工业之利器无他，适当之经济组织是已。"但近代以来，中国政制"每易混合行政与营业为一事，实则二者目的不同，性质殊异。行政工作不外执行法令，为一般实业谋积极之建设。其要点在于全体之治理，而不在于经济之营运。而国营目的，惟在使矿利化私为公，造成国家资本。至于经营方法，当以经济的基础，力求发展，与行政之旨趣不同，试观行政组织，鲜能具有营业机关之要素，以行政之道办营业，固属扞格不通，即将两种职务强为混合，亦无进步之可言"。因此，中国建设协会会员孙昌克提议，中国政府对于行政与经营二者，应"妥为划分"，国营事业采取企业组织，设立专管机关主持经营，

---

① 张人杰：《建设委员会过去工作的回顾与今后努力的标准》，《中央周报》1930年新年增刊，第80页。
② 张延祥：《建设与技术人员之保障》，《中国建设》第4卷第4期，1931年10月1日，第97页。
③ 戴季陶：《第一建设》，《中央半月刊》第2卷第24期，1930年，第24页。

"以免重蹈前此官办之流弊"。在国营与民营事业的统筹监管方面，亦要制定适切的管理政策并设置专门管理机构。对于民营事业，政府应切实予以鼓励提倡，以补充国营事业之不足，在矿业建设方面尤须注意此点。虽然南京国民政府成立以后即秉承孙中山《建国方略》之旨颁布中国矿业政策，规定"就中央矿质，用近代机器及最经济之办法，由政府为大规模之经营，其政府不能自办者，则鼓励人民开采，国营民营，并顾兼筹，于提倡生产之中，兼寓节制资本之意"，但在实际运行中并未能贯彻此旨，尤其是民营矿业在运行过程中问题百出。①

此外，在与外国建设机构交流以汲取建设经验方面，中国建设协会会员曾义主张中国农学研究机构应积极与外国农业组织合作，以改进农业技术。可在国内成立"国立中央研究院之农业研究所，或由农部自设之中央农业研究所"，"以担任我国农业之调查，研究，指导，国际交换等事，并于国际农院，亦有相当之能力，去吸收邻邦之贡献。对于国内农业之根本建设工作，亦可开始进行"。"我国农界与国际农院合作，不但要政府与之合作，最要紧的还是我国农界能群起与之切磋，方期实效。""各地之农业试验场，亦当有与国外农界交换之必要。"②

二 整饬政制以振纲纪

"今日而谈建设，必须在'假设'的前提下。一个贪污腐败、专爱内战的政府下，一种括钱、图私的经济政策下，怎能谈得上建设呢？真正从事建设，要有一个政治清明、励精图治的政府。"③ 为整饬纲纪、廓清积弊起见，李石曾与蔡元培等中国建设协会发起人在1927年向国民政府提出"处理营私舞弊公务员"之建议："近年以来，我国政权为军阀官僚（夺）取操纵，遂致廉耻道丧，贿赂公行"，提请政府依照"党员背誓条例八条"，对

---

① 孙昌克：《矿业建设问题》，《中国建设》第1卷第3期，1930年3月1日，第48~49页。
② 曾义：《中国农业建设与罗马国际农院》，《中国建设》第1卷第6期，"农业专号"，1930年6月1日，第82页。
③ 伍启元等：《如何建设国民经济》，《中国建设月刊》第3卷第2期，1946年11月1日，第4页。

中国建设协会研究（1929～1949）

所有军政各机关人员包括未加入国民党者，凡有犯此八条者，均照党员背誓条例拟处，将政府机关内"营私舞弊之情事"，"严刑峻罚以绳其后"。[①] 除此之外，国民政府各级机关在人事管理、公文处置、会计制度等方面亦有诸多弊端应予革除。

首先，在人事管理方面，有论者认为，政府职员与工厂工人之工作，若无适当之考核准则，则工作勤惰、成绩良否，将无以定赏罚而资激励。如制定并实行严密之考察制度，成绩优良者，则予以适当之奖励，其不努力者，则予以惩戒，国家建设事业之进展自必从速。因此，"中国的工业在对待劳工时应该不拘泥于西洋方法，并且要改良传统的中国方法，以便应用于现代工业"。[②] 可通过厉行功绩制与奖惩制等适当的人事考察制度，杜援引私人之弊，立公平待遇之基，收激励奋发之效。在工赁制度方面，"契约制"与"步增制"，在增进劳动能率以促建设事业之发展，以及缓和现代经济组织之下雇主与职工之冲突方面，实较"日工制"效优。如中国萍矿之工赁制度概系"日工制"，其"劳动能率异常恶劣"，故此后中国工业化建设应依"规定之进步程度"，悉用专门人才酌采"升级制"或"步增制"或"出品差别制"为恰切。[③]

其次，民国以后，政府机关"内部公文的格式沿用旧法，殊多不便"，办公效率极难增高，故"检讨公文程式，求其简易明了，编纂行政法典，使之整齐统一，研究统计，调查，报告，表册等之格式或手续，期其简明便利，以助长行政之效能"，对于提高公文处置效率尤为切要。[④] 在中国建设协会总干事曾养甫等的提议下，建设委员会将旧有的公文格式"改为科学化的格式"，还"制成各种表格，如水利、电气及各省建设厅之组织、经

[①] 《李石曾与蔡元培等提议处理营私舞弊公务员案》（1927年6月27日），《李石曾先生文集》上册，第250页。
[②] 〔英〕巴克尔：《论中国的工业化问题》，从智译，《中国建设月刊》第1卷第6期，1946年3月1日，第18页。
[③] 周道隆：《整理萍矿工程之意见》，《中国建设》第2卷第2期，1930年8月1日，第98页。
[④] 《中国行政问题研究会工作纲要》，中国第二历史档案馆藏，11-07307-0018。

费、人才等共十余种,分发各省填报"。① 此外,"田赋为地方政府之命脉,关系国计民生,至重且巨",地方政府在田赋征收与管理方面亦须努力改善,如"过去粮柜书吏制度,应即根本取销,另于各县设立田赋总征收处",采用"土地陈报法",测定地籍经界,"将各种不同之科则税率加以彻底整顿,务使人民易于明了每亩应纳税额",并"改进征收方法",则田赋整理之目的可达。②

再次,会计制度作为一项"公共事业"与民众有特殊关系,"往往因事业之性质,而发生垄断。若政府不加监督,任少数人之吸取厚利,而不顾一般人民之便利及生计,则为害莫大焉"。虑及此,中国建设协会会员、建设委员会设计委员、浙江省电气局会计科科长陈鸣一认为,在"我国诸事业正待建设"之时,应"统一会计制度",以便"划一账目,明了手续,以防内部舞弊"。同时"规定账目款项之定义,以资统一","综合分析之研究及谋改良之道"。陈鸣一并以电气事业为例,对其科目进行"简单明了"且"有统系,有秩序"的编号,对账簿、主要表格、应有记录以及办事手续分别做了详细的统一规划。又因会计制度属于财政范畴,所以他认为在统一简明会计制度的同时,亦须对中国财政制度加以改革。③

三 革新管理以增效率

"管理"是"组织(联系之意)事业各部分,使其向同一目标工作,而以费用最少,效率最高之方式出之。他表现在外表的,为一个适合于事业而又推动此事业之制度"。在现代国家建设中,管理与技术同样重要,并"有着科学的法则"。"证之中外工商实业,其失败于管理不良者多,而失败于技术者甚少,可见管理之不可不重视。"④ 加之"新的生产形态,又必具

---

① 曾养甫:《建设委员会曾副委员长工作报告》,《云南建设公报》1930年第7期,"工作报告",第3页。
② 薛春浦:《田赋征收改制之商榷》,《中国建设》第14卷第2期,1936年8月1日,第85~90页。
③ 陈鸣一:《电气事业会计制度之商榷》,《中国建设》第1卷第2期,1930年2月1日,第13~24页。
④ 潘六三:《略论工业人才之缺乏》,《民主论坛》第2卷第1期,1947年,第10页。

有新的科学管理方法。有效的合理的管理技能配合着新型的机械设备,才能充分具备工业化的条件"。①"大规模生产与集中经营"为现代工业之一大特色,由此对于工厂之管理,就成为主管当局所"疾首蹙额,最感困难者"。②为革新管理方法提高工业化建设之效率,中国建设协会会员致力于研究专业化、技术化、科学化、规范化之管理方法,庶使紊乱无序之应付,成为条理井然之部署,以求处理事务上之敏捷化、经济化与功能化。

　　在求建设事业之科学化与技术化的同时,更须配以现代管理方式。20世纪30年代初,中国"国内工业虽略具萌芽,但多以管理不得法、技术不精良或其他缺点,以致成本过重,不足与外货竞争,且多有停闭者"。③各工厂"分属各路,向乏统筹之机关,故一切规划,无系统而欠整齐,有善各不相师,有事各不相助,颇极凌乱之象"。④对此,孔祥熙等人认为,"亟应由主管机关对其进行调查、改进或代为管理或彻底改组,使趋于合理化,俾得减轻成本增加产额以扶国产而利推销"。⑤为改善国内工厂之管理现状,亦可组设"工厂指导委员会"等专门机构,运用现代管理方法对国内各大工厂进行彻底整顿、全盘规划,变更工厂组织,厘定制度标准,实施厂务之改进,治标治本分途并进,借收近效。⑥具体而言,应从"组织及管理二项"着手改善工厂运营,工厂组织"贵有统系,其宗旨不外分工合作,责任分明,善同趋,恶同除,得互相切磋观摩之效"。工厂管理"非仅依样葫芦,抄袭欧美之成法,所能尽事",须"在合乎国情环

---

① 伍启元等:《如何建设国民经济》,《中国建设月刊》第3卷第2期,1946年11月1日,第4页。
② 部派机厂考察团报告:《对于整理国有铁路机厂之建议》,《中国建设》第8卷第6期,"铁道专号",1933年12月1日,第43页。
③ 孔祥熙等六委员:《努力生产建设以图自救案》,《国民党中央执委会议事录》(1934年),中国社会科学院近代史研究所档案馆藏,乙J14。
④ 部派机厂考察团报告:《对于整理国有铁路机厂之建议》,《中国建设》第8卷第6期,"铁道专号",1933年12月1日,第43页。
⑤ 孔祥熙等六委员:《努力生产建设以图自救案》,《国民党中央执委会议事录》(1934年),中国社会科学院近代史研究所档案馆藏,乙J14。
⑥ 部派机厂考察团报告:《对于整理国有铁路机厂之建议》,《中国建设》第8卷第6期,"铁道专号",1933年12月1日,第43页。

第二章　全面抗战前中国建设协会的建设主张

境之下，向商业化科学化的目标前进"。"工厂管理法，尤贵乎专而达。减少浮烦之规程，增益精当之定法，以求普通而切于实用之准则。"①

在现代工业建设中，电气"以其功用大而且广"被广泛应用，工厂"倘能利用电气为原动力，则设备费可以减省，管理便利，出品优良，成本低廉，工业当然可以巩固"。② 是故自入近世以后，对于电气事业，"欧美各国尽量发展不遗余力"，中国却"独为落后"。究其原因，"大多由于组织与施设之不完善，如设厂时购用电气材料，既无精确之检验，设厂后，对于各项电具，又无相当之管理，每多物不称用，危险毁败迭见不穷。而电厂与用户间，亦无一定法规，电厂则供给电压不足，用户则舞弊盗电，营业方面则缺少宣传，经纪方面则无有指导"。为革除旧弊，以利初兴未艾之电气事业的发展，对于"中央电气厂"等大规模的电厂，国家应计划筹建并实行统制经营。民营电气事业则因其"设置之处所，非偏诸一隅，即星散各地，既未集中，复极凌乱"，③ 加之其事务较为繁复，主管者非悉"事业管理之要领"，不能收指臂之效。其次，经营管理电气事业，"不可有丝毫投机性质，以博一时之厚利。一切之设施，应有远大之目光，而不为一时之计划，俾事业有稳固之基础，而谋逐渐之推进，斯为管理电业者之总决"。④ 此外，亦应参考各地习惯以及各国法律原则编订法规，以加强对电气、水利等公用事业的规范化管理。⑤

现代建设事业"若管理不得其法，易致事业之失败，经营未尽其善，难企事业之发展，其甚焉者，且有破产之虞"。欲管理得法、经营有方，即须有专门人才施以科学得当的管理方法。⑥ 虽然在农田灌溉与农产品的

---

① 陆增祺：《整顿铁路工厂之我见》，《中国建设》第9卷第4期，1934年4月1日，第84页。
② 奚永龄：《国民经济建设与电气事业》，《中国建设》第14卷第3期，1936年9月1日，第21页。
③ 恒山：《非常时期电气统制刍议》，《中国建设》第14卷第5期，1936年11月1日，第34页。
④ 余平：《电业管理与推广营业》，《中国建设》第13卷第3期，1936年3月1日，第90页。
⑤ 唐启宇：《农业建设中之灌溉及排水事业》，《中国建设》第1卷第6期，"农业专号"，1930年6月1日，第38页。
⑥ 熊方：《今日中国市公用事业应采市有市营政策》，《中国建设》第6卷第3期，1932年9月1日，第89页。

制造运输中利用电气,"非特可以减省费用,避免水旱灾患,并且能够增加收获,提高品价",①但惟有以专业灌溉人才对电气灌溉事业施以科学化的管理才能见实效。加之"办理灌溉排水事业必须有精确测验之基础,明了该区域内所有河道之平面断面、地势之高低、雨量及蒸发量之多寡、流速及流量、水位之高下、沙量之多少、地质之变化等。然后计划方能精确,工事坚固,款无虚糜",因此,在兴建水利灌溉设施之前,须大力培植灌溉技术人员,广泛"征集水利基本资料",以便水利事业顺利开展。②

"近世主持建设者,必采标准化。""举凡科学之研究,工程之设施,农业水利之开发,交通运输之便利,工业之制造,贸易之周旋"无一不可无"规定之标准",③"作为物体长短多寡轻重"的标准,可以"度量衡"三字概括。为促进中国度量衡之统一,中国建设协会特编辑发行《中国建设》"度量衡专号",诸专家学者悉心致力于度量衡的学理与事实上之研究。如萧复初提出采用"渐进"的统一及推行方法,即先做普遍之宣传,使一般民众"明了万国公制之利便",以及"改革旧制"采用"万国公制"之必要,并制定了划一度量衡之具体方策。④他如"新制度量衡器,必须经过检定所鉴印方准施行"、⑤成立"度量衡检定所"、⑥注意"度量衡行政"、⑦训练"度量衡检

---

① 奚永龄:《国民经济建设与电气事业》,《中国建设》第14卷第3期,1936年9月1日,第21页。
② 唐启宇:《农业建设中之灌溉及排水事业》,《中国建设》第1卷第6期,"农业专号",1930年6月1日,第38页。
③ 吴承洛:《度量衡专号发刊词》,《中国建设》第4卷第6期,"度量衡专号上",1931年12月1日,正文前,第10页。
④ 萧复初:《统一中国度量衡推行之我见》,《中国建设》第4卷第6期,"度量衡专号上",1931年12月1日,第5~9页。
⑤ 裘国群:《我国度量衡除旧布新之概观》,《中国建设》第4卷第6期,"度量衡专号上",1931年12月1日,第18页。
⑥ 李景参:《怎样着手划一度量衡》,《中国建设》第4卷第6期,"度量衡专号上",1931年12月1日,第24页。
⑦ 廖定渠:《试论度量衡检查行政之重要》,《中国建设》第4卷第6期,"度量衡专号上",1931年12月1日,第31页。

定人员"、制造"检定用器"① 建立中央集权制的度量衡行政系统等,② 均不失为度量衡统一之良策。

综观上述中国建设协会诸会员及相关学者提出的各项建设主张,或介绍新说以广思益,或掘发旧弊以资借鉴,或创制新法以辟利源,或改进旧规以祛弊窦,中国建设协会对彼时中国应行的工矿、农业、交通、政治等各项建设竭力提倡、潜心研究,以做有程序之建设,以在民食、民衣、民住、民行四大建设进行中"树其规范,启其途径,促其小试,期其大成",③最终建成现代化的中国。以上诸端虽不过为中国建设协会建设主张之荦荦大者,但其视野之广、研究之专、思虑之周、策划之详,已昭然可睹。

---

① 江光泽:《度量衡检定杂谈》,《中国建设》第4卷第6期,"度量衡专号上",1931年12月1日,第40页。
② 丁文渊:《建立中国度量衡行政系统的讨论》,《中国建设》第4卷第6期,"度量衡专号上",1931年12月1日,第58页。
③ 魏鸿发:《发刊词》,《中国建设》第6卷第5期,"宁夏省建设专号",1932年11月1日。

第三章 中国建设协会建设主张的落地生效

事业的进步和成功非有"相当而永久"的组织予以助推,不足以收"集思广益,众擎易举"之效。① 民国时期,国内不乏助推中国建设事业的社会团体组织,其中亦不乏当世硕彦,但"国内所组织的会社,无论是学术的,或是救国的,率皆有始鲜终,或多名存实亡"。② 而中国建设协会则是为数甚少的自始至终都专志于国家建设,并能于各建设领域进行较为全面研究的建设团体,会员诸君着眼于国家整体利益,惟建设是重,凡"有利于国,有福于民"之事,皆尽力促成之。③ 他们对中国建设的研究与宣传并不是公益性、附带性、时办时辍的,他们以助推国家建设事业为终身职志,随时随地都在思索力谋中国建设的良善之法,并通过各种路径努力付诸实践。

第一节 建设主张的实践路径

民国时期,在建设浪潮中涌现的交通、工业、农业等专业建设团体虽为数甚多,但在其探索中国建设之路的过程中往往"重研究而不重推广,重宣传而不重实做,以为与其到处碰壁,自寻苦恼,不如自由自在,从事著述,随意挥洒,斐然成章"。其所提之办法,固亦为提倡建设之一端,却

---

① 文名升:《发展中国电气工业之学术上的努力》,《中国建设》第2卷第3期,"电气专号",1930年9月1日,第25页。
② 马杰:《介绍"化学工业建设协会"》,《工业中心》第1卷第4页,1932年,第59页。
③ 姚琮:《张人杰先生家传》,《张静江先生文集》,第352页。

第三章　中国建设协会建设主张的落地生效

大多"不能由口头纸上而移至实地",亦鲜能助成建设事功。① 因此,中国建设协会会员在为中国各项建设制定建设方案的同时,通过宣政建言、荟萃人才、亲身参与等方式,努力将其建设主张在民国现代建设中付诸实践并发挥实效。

一　宣政建言以做智库

中国建设协会"罗致"各领域建设专门学者的"见地",通过《中国建设》"于各种建设问题,随时作系统之研究,并提供具体之意见",为政府献计献策充当智库,且"尤注重于各地建设实况之报告与批判",② 俾使其动向与现实之需要"保持紧密之联系"。③ 此外,自1936年始,中国建设协会在《中国建设》上特别增开"建设要闻选辑"与"建设消息日志"两大专栏,宣传解析各级政府的建设政策、办法及进展,以供关心建设者了解中国建设之动向。④ 尤其是国民政府建设委员会在水利、电气建设方面所制定的计划方策、实施进展情况及各项调查统计等,不时刊载于《中国建

---

① 曾养甫:《农业改良失败之原因及今后应采之方法》,《浙江省建设月刊》第8卷第6期,"农业改良专号",1934年12月,第3页。
② 《中国建设》除前文所述约请各省建设厅主编刊发省建设专号,其他刊次经常对各地建设做实时报道,比较集中报道者如《中国建设》第13卷第1期(1936年),分别对国民政府建设委员会、上海市、江苏省、安徽省、福建省、广东省、湖北省、江西省、甘肃省、河南省的公路、水利、电信、农林、工矿等重要建设的进展情况做了扼要叙述与分析比较。
③ 《本会征稿启事》,《中国建设》第13卷第1期,1936年1月1日,正文前。
④ 如周凤九对《湖南省建设厅实施七省筑路方案征工办法》《湖南公路局各工程处暨各县征工委员会征工筑路办法》的揭载(《湖南省之公路建设》,《中国建设》第10卷第1、2期,"公路专号",1934年7月、8月,第49页);王之翰对首都铁路轮渡筹备经过及设计要点的介绍(《首都铁路轮渡筹备经过及设计要点》,《中国建设》第8卷第6期,"铁道专号",1933年12月1日,第23页);成希颐对《铁道部国道工程标准及规则》中关于道路定线部分的摘录与分析(《现代道路定线准则之检讨》,《中国建设》第10卷第1、2期,"公路专号",1934年7月、8月,第131页);林文英对南京碎石路之"未能尽合理想者"分别指出,并详细分析了原因(《南京碎石路路面建筑材料刍议》,《中国建设》第10卷第1、2期,"公路专号",1934年7月、8月,第245页);等等。

设》，以广宣传与思益。[①]

  建设为"时势之必需"，亦为"国民之出路"，因此，"不但要令其认识，应替大多数人想出路"。[②] 中国建设协会在充当智库的同时，对与民生相关的各项建设无不尽心尽力研究宣传，并为民众答疑解惑。如对与民生相关的土地问题，曾将行政院向乃祺基于实地调查所拟具的《土地政策纲要》转载于《中国建设》，足资政府在制定土地政策时参考借鉴，亦可使民众预先了解相关土地政策。[③] 在答疑解惑方面，金涛曾在《中国建设》"铁路专号"对"中国今日修筑新路，应否采用标准轨距，铺设重轨，抑或采用较窄轨距，铺设轻轨"，"中国新路建筑桥梁，应采用何种材料及式样"，"中国各铁路，无论已成新筑，其购置轨枕，应采用何种材料，如用木枕，应否加以制炼"等问题，进行了详细分析与解答。[④]

  有些中国建设协会会员是来自政府建设机关的，他们可将其在中国建设协会研究探讨所得，直接向政府相关机构建言，或者将其本职建设工作之进展近况与心得体会刊告世人，以集思广益。如时任农矿部法规委员会委员的余焕东将其奉令起草的新"矿业法"登载于《中国建设》，期望"海内专家能抒伟见，促其尽善尽美"。[⑤] 中国建设协会发起人之一李宗黄曾以

[①] 关于建设政策、工作进展之专载如国民政府《电气事业法规》（包括《电气事业条例》《电气事业注册规则》《民营公用事业监督条例》《电气事业人检查窃电及追偿电费规则》）（第2卷第3期，1930年9月1日，第98~112页）；《建设委员会之利农政策》（第1卷第1期，1930年1月1日，第138页）；《建设委员会过去工作与今后计划》（第1卷第2期，1930年2月1日，"杂俎"，第1页）；《建设委员会之水利工作》《建设委员会本届委员大会关于水利之重要提案》（第1卷第4期，"水利专号上"，1930年4月1日，第22、30页）；《我国灌溉问题及建设委员会关于灌溉事业之工作》（第1卷第5期，"水利专号下"，1930年5月1日，第1页）；《建设委员会指导下之建设事业近况》（第13卷第1期，1936年1月1日，第1页）；等等。调查报告有建设委员会经济调查所对安徽歙县茶叶的调查（《安徽歙县茶叶》，《中国建设》第11卷第5期，1935年5月1日，第111页），以及对浙江农产、四川煤铁、苏浙皖经济等的调查（《建设委员会指导下之建设事业近况》，《中国建设》第13卷第1期，1936年1月，第21~22页）。

[②] 胡汉民：《国民的出路在建设》，《广东党务》1929年第28期，第3页。

[③] 《中国建设》第9卷第4期，1934年4月1日，第31页。

[④] 金涛：《我国铁路重要问题答五则》，《中国建设》第8卷第6期，"铁道专号"，1933年12月1日，第13页。

[⑤] 余焕东：《矿法起草后个人之陈述》，《中国建设》第1卷第2期，1930年2月1日，第35页。

建设委员会之名义，向国民政府提请"建设钢铁厂、硫酸厂、水力发电厂等基本工业以裕国计民生"。① 时任全国经济委员会公路处副处长的中国建设协会会员张祖康，工作之余约同志陈体诚、周凤九、张维和等为《中国建设》编纂"公路专号"，对全国经济委员会在公路建设方面的举措进行了评析，并提出一些建设性的改进措施。如该专号所刊登的夏宪讲《中国公路路面问题》即以全国经济委员会所筑公路为例，对其在路面的选择方面做出了较为公允的评判与建议。时任安徽省建设厅厅长、中国建设协会征求会员委员会委员的刘贻燕，曾将1934年安徽在路政与电政方面的建设情况详述于《中国建设》上，以示范并求教于各界。②

除了直接向政府相关部门建言，更多的中国建设协会会员将自己的建设意见及初步计划，通过《中国建设》等公之于世，以推动中国各项建设的开展。③ 中国建设协会对现代无线电通信技术的研究与宣传，在很大程度上推动了民国无线电事业的进步。国民政府交通部成立之初，即"设立无线电管理处，负责筹办，并制定全国无线电通信网，以期逐步推行。同时军事委员会，建设委员会，见于无线电应用之利便，亦各设立短波电台，收发电报"。在张静江的领导下，建设委员会专设无线电管理处，坚持服务民生的宗旨，对国内公益电报一律免费，如"报告灾情，筹办赈务，防止瘟疫，以及其他各种公共慈善事业所发之电报"。④ 建设委员会管理下的无线电事业受到社会各界的称赞，《大公报》称其"发报敏捷，手续简利，实

---

① 李宗黄：《拟建设基本工业以裕国计民生案》，《中国建设》第2卷第6期，1930年12月1日，第29页。

② 刘贻燕：《安徽一年来交通事业之推进》，《中国建设》第9卷第4期，1934年4月1日，第1页。

③ 如徐世大《平东模范灌溉场建设意见》（第1卷第5期，"水利专号下"，1930年5月1日，第75页）；赵松森《电气水利应与铁道同为建设之中心（呈建委员会议文）》、蔡源高《对于发展中国电力之我见》、曾心铭《如何使首都电化》（第2卷第3期，1930年9月1日，第8、11、82页）；朱延平《修筑河北省黄河石坝之意见书》（第2卷第4期，"土木工程专号"，1930年10月1日，第155页）；侯朝海《中央及各省应有之水产教育设施》、陈谋琅《水产增殖之根本的方策》（第3卷第3期，"水产专号上"，1931年3月1日，第47、70页）；等等。

④ 《公益电报免费章程》，《无线电新报》第1卷第3期，1929年，第53页。

有新兴事业之气象,成绩卓著,中外共称,此系事实,无可否认"。① 1929年,"建设委员会无线电归交通部,事权渐趋统一"。无线电建设事业此后发展较为迅速,1929年"一年内完成27座(电台),可以通达33处,各方称便"。② 截至1932年,"交通部所属国内通信电台五十余处,国际通信电台三处"。③

尤其是在农业建设方面,中国建设协会的"农业技术科学化、农场耕种机械化、农业组织现代化"等诸多农业现代化建设主张,相当程度上促成了民国现代农建的肇兴。为改进农业技术,国民政府于1931年筹设农业研究所进行农种试验,并设立龙山、凤怀区等实验场"办理各种农事试验"。④ 各地方政府亦有相关举措,如湖南棉业试验场研发优良棉种供农民试种,"农民请求领种者,络绎不绝"。⑤ 为推行因地施肥,国民政府实业部于1933年督饬各商品检验局认真检验,并使各地方农村机关负责试验,明定施肥标准,又令地质调查所分区调查土壤,以便生产及施用合适的化肥。⑥ 江西省建设厅亦令该省农业院对各县所使用之进口人造肥料进行严格检验,经化验其中所含成分合格,方许推销。⑦

为推广现代农业技术,国民政府农矿部于1929年设立中央农业推广委员会,并督促与协助各省酌设实验与推广机构。如山西省农矿厅专设农业推广委员会,分研究、宣传、指导、教育四股,以"普及农业科学知识,增高农民技能,改进农业生产方法"。⑧ 此外,国民政府建设委员会亦在各

---

① 《无线电转移管辖以后》,《大公报》1929年8月14日。
② 蒋永敬:《张人杰》,秦孝仪主编《中华民国名人传》第2册,第388页。
③ 钟锷:《中国之无线电事业》,《中国建设》第6卷第1期,"水利专号上",1932年7月1日,第4页。
④ 《建设委员会指导下之建设事业近况》,《中国建设》第13卷第1期,1936年1月1日,第19页。
⑤ 《湖南棉业试验场推广计划中之三年合作计划》,《中国建设》第9卷第1期,1934年1月1日,第17页。
⑥ 行政院农村复兴委员会秘书处编印《一年来复兴农村政策之实施状况》,1934,第5页。
⑦ 周承考:《江西国民经济建设之过去与未来》,《中国建设》第15卷第3期,1937年3月1日,第30页。
⑧ 《山西省农矿厅农业推广委员会简章》,《农矿季刊》1929年第4期,第7页。

省市成立模范灌溉区，推广电力机械灌溉。① 中国建设协会提倡的现代农业合作经营方式，亦被作为国民经济建设的基本办法，得到各级政府的极力推进。1934 年，国民政府颁布合作社法。1935 年 3 月，全国经济委员会、行政院农村复兴委员会与实业部召集全国合作事业讨论会。同年 9 月，全国经济委员会设置合作事业委员会，实业部亦成立合作司。此后，"国内合作事业有日渐发达突飞猛进之势"。② 到 1935 年，全国十九省市皆有合作社之设立，其总数达 26224 个，此外尚有预备社及互助社共 5332 个。③

二　荟萃人才推行建设

"徒法不能以自行，必赖人为之运用，雇才难之叹，古今同慨。"尤其是在以"现代化建设"为主题的时代，无论哪一种建设事业或建设机关，需才之殷、求才之切都胜乎以前。"即以农业人才而论，每多方访求，而无一人可以应聘者，或有一二知识之士，恒为数方所争请者。"④ 民国时期，"学具专长在建设上卓然有成者，固历历可数，然谓人尽其才，则事实昭示又不然也；用非所学，湮没以终者，比比皆是，其甚者并觅一噉饭地而不得，竟至委顿以死……""谁为为之，孰令致之，则政治失轨，产业凋敝，国家当负其责，而有才不能自用，得其才而不能善用，个人方面亦不能辞其咎。"⑤

自清季以至民国，"固尝历练之于中西专门学校，先后滕踔，实繁有徒"，⑥ 但正如中国建设协会会员黄伯樵所言，许多人才因无从夤缘，缺乏援引，而致怀才不遇，"英雄无用武之地"。旷观民初之建设事业，已然陷入一种"人浮于事"，"事在找人"，有才之人没机会出头的矛盾局势，故

---

① 金超：《复兴农村与农业推广》，《中国建设》第 8 卷第 5 期，"农村复兴专号"，1933 年 11 月 1 日，第 77 页。
② 杨拱辰：《国民经济建设运动中之农业合作问题》，《中国建设》第 14 卷第 6 期，1936 年 12 月 1 日，第 7~8 页。
③ 《湖南棉业试验场推广计划中之三年合作计划》，《中国建设》第 9 卷第 1 期，1934 年 1 月 1 日，第 17 页。
④ 鲁泉：《专门人才之缺乏》，《农林新报》1929 年第 158 期，第 1 页。
⑤ 陈茹玄：《训政时期建设刍议》，《中国建设》第 2 卷第 2 期，1930 年 8 月 1 日，第 11 页。
⑥ 刘惕庐：《建设人才之品核》，《浙江省建设月刊》第 4 卷第 12 期，1931 年，第 50 页。

"苟无爱才者临其上,留心而提携之,则人才亦终无自见之日"。"人才之出,必恃乎爱才者之汲引,盖世惟爱才者能识才,见有才焉,量其才而器使之,察其意而激励之,度时机以登进之,畀事权以倚重之,故人才感激而乐于自效,于是才者日出,而不才者日退。""今日我国一切事业之有待乎人才而举者万端,而默察社会中爱才者则甚鲜。"①

中国建设协会以协助政府完成建设为职志,为思补济之方,在协会内部专设"征求会员委员会",将登记介绍专门人才作为其主要工作。一方面,函寄委托介绍书于各机关,征求专门人才登记。凡曾由国内外大学毕业有建设事业之专门学术者,皆为其"尽量登记,然后设法分别介绍工作","使其生活安定,而有发展其所学及精益求精的机会"。② 如1930年,中国建设协会将其登记之专门人才(见附录表4)向江苏省政府介荐,"以期各展所长,而为国用"。③ 另一方面,中国建设协会躬负重托,代为各建设机关征求专门人才。协会成立之初,即受宁夏省建设厅厅长之托,代征"办理交通工程以及农工商矿造林垦荒各项建设事务"之"专门人才四五人"。④ 亦受教育机构委托代征高级教育人才,如湖南大学曾委托中国建设协会"代征数学、物理、教育教授各一人,以在欧美大学毕业能用英文教本,有教授经验者"。⑤

此外,作为中国建设协会机关会员的各省建设厅为召集建设人才,亦实施了人才登记与职业介绍。如广东省建设厅在1936年会同教育厅制定《广东省各种专门人才登记规程》,规定"凡在广东省内愿受政府委用或存用而具有各种专门之学识者",皆得依据规程呈请建设、教育两厅核准登记。呈请登记后"经建设厅或教育厅审查认为合格者,发给登记证并将其姓名年龄籍贯资历公布之"。"呈请省政府遇有所属各机关需用各种专门人才时,酌量委用。各机关团体或私人有需用各种专门人才时并得请建设厅

---

① 黄伯樵:《经济原则下之人才观》,《交大经济》1934年第1期,第4页。
② 《中国建设协会征求专门人才启事》,《中国建设》第1卷第3期,1930年3月1日,第44页。
③ 《建设协会介荐专门人才》,《江苏省政府公报》第453期,1930年6月2日,"杂述",第19页。
④ 《中国建设协会征求专门人才启事》,《中国建设协会成立纪念专刊》,第10页。
⑤ 中国建设协会:《征求教授》,《中国建设》第3卷第5期,1931年3月1日,正文前。

或教育厅荐用。"①

三 参与建设助成事功

建设是人为的，社会成员的活动交织着建设历史的演进。中国建设协会不仅努力宣传倡导建设，荟萃政府机关与社会名士、经济专家，研究、策划并推动全国各项建设事业，他们还用实际行动尽力地促进中国建设。

首先，在交通建设方面，交通运输为经济命脉。因此，中国建设协会会员于交通建设方面做了许多实际工作。

为助成成渝铁路之修筑，时任杭江铁路第二测量队队长的中国建设协会会员蓝田对该路线进行了实地踏勘。勘测途中，"既觅地图以为参考，复请乡人以为引导"，以路线短及坡度缓和为原则，总期所勘定之路线"于经费及时间能省，而又无碍于将来之发展"。经过综合勘察，蓝田选定成都为该铁路之终点及将来的铁路中心，并对重要车站之设定地点、各段路线、建筑收支等做了详细论证和规划。②

1916年8月9日孙中山在浙江省做《道路为建设着手的第一端》演讲后，浙江省上下意识到道路建设对于经济发展的紧迫性与重要性。时任浙江省省长的吕公望于同年10月提出修筑浙江省道的议案，并获得省政府会议通过，但由于吕公望半年后辞职南下，加之政局不稳和经费无着，道路建设计划一直无法实施。③ 1923年，中华全国道路建设协会浙江分会成立，并通过发行《浙江道路》杂志，宣传道路建设的重要性。浙江省社会各界由此进一步意识到道路建设"其事其功，不在禹疏九河，秦筑长城，隋凿运河之下"。④

1928年10月担任浙江省主席后，张静江提出加快公路建设以带动全省

---

① 《广东省各种专门人才登记规程》，《广东教育厅旬刊》第2卷第25、26期，1936年，第7页。
② 蓝田：《成渝铁路踏勘报告书》，《中国建设》第8卷第6期，"铁道专号"，1933年12月1日，第1页。
③ 谭备战：《国家与建设：南京国民政府建设委员会研究（1928~1938）》，社会科学文献出版社，2019，第230页。
④ 凌独见：《修建浙江省道的计划》，《浙江道路》第1册，1923年，第23页。

经济发展的方针。1929年2月，浙江省公路局颁布《浙江省各县修筑道路暂行章程》，明确规定了公路干支线的划分及道路宽度与各县修筑的公路里数。① 1929年6~10月，张静江以"发展经济建设和工农业生产"为名，在杭州举办"西湖博览会"，并为此在杭州市内铺筑柏油路。"这次博览会耗资巨大，吸引了众多的中外人士，可谓盛况空前。"② 张静江在主浙期间，"以浙省东南之交通与闽赣等省里程虽相距无几，而山川阻隔，无异于荒壤绝域，于是以二十万元之资金，以杭江路之江边与萧山一段为其发轫，开工以后，逐渐发展"。到1936年，已由杭兰至杭玉极短之一段延伸至"由玉山而至南昌"，里程由几十里而三百余公里以至于六百余公里，资产亦由几十万而至"四千余万元"。更为可贵的是，在张静江主持下浙江省筑路的工程技术"完全由国人创立"，一切设施亦"不以已往之国营铁路为其标准"，而且其筑路经费十分低廉。③

1932年，浙江省政府再次改组，曾养甫调任浙江省建设厅厅长。到任后，曾养甫在张静江主浙期间修筑的杭、嘉、湖、宁、绍一带公路的基础上，把全省公路重新规划为沪杭、京杭、杭徽等9大干线与46条支线，总长达4820.24公里，④ 在缩短线路长度的同时更加符合实际。此外，曾养甫认为，"省县之合作，厥为建设道路之要图"，提出把省县之间的公路连接起来作为全省公路建设的关键，并组建公路工程处负责施工落实。⑤ 从此，浙江省的公路建设开始进入良性发展时期，民众对此项建设亦极为热心，如苏州至嘉兴的公路通车后，"所经各县、镇、市、村，居民无不喜形于色，大都扶老携幼，沿线参观"，并鸣放爆竹以示庆贺。⑥ 在张静江和曾养甫的共同努力下，浙江省公路建设在当时的中国公路建设中获得"开风气

---

① 详见浙江省建设厅《浙江省各县修筑道路暂行章程》，《浙江建设月刊》第21期，1929年2月，第7~9页。
② 朱汉国、杨群主编《中华民国史》第7册，第251页。
③ 《建设要闻选辑》，《中国建设》第13卷第2期，1936年2月1日，第157页。
④ 黄鬻如：《浙江省公路建设之研究》，《浙江省建设月刊》第4卷第6、7期合刊，1931年1月，第2页。
⑤ 省公路局：《省县合作完成省公路干线之初步工作案》，《浙江省建设月刊》第4卷第11期，1931年5月，第2页。
⑥ 《苏嘉路沿途观感记》，《中央日报》1933年7月1日。

之先"的殊荣,并为后来南京国民政府提出苏、浙、皖、宁、沪五省市互通公路政策奠定了基础。①

其次,在建设人才的培育方面,李石曾等中国建设协会发起人的贡献颇丰。

自1928年至1937年,在蔡元培等许多教育家以"温和而积极"的态度的"居中领导"下,中国教育建设的成就"尤为惊人",举凡"学制的整理、课程的指订、教科书的编纂、师资的培育、学校的管理、学风的整饬"均能井然有序,逐步实施。十年之间,小学教育、中学教育及社会教育的建设成就主要表现为量的扩充,在扫除文盲、提高国民素质方面发挥了较大的作用,"小学自212385所增为320080所,普通中学自945所增为1956所,师范学校自236所增为814所,专科及大学自74所增为108所,而民众学校及识字班,自10000余所增为121000余所"。高等教育的重点则在于"质的提高,以造就建国人材",甚至在全面抗日战争爆发后,高等教育仍"力求发展",至1945年抗战胜利时,全国专科以上学校在学学生人数达83498人,比1936年的41922人,增加近一倍,其"艰苦努力之情况"概可想见。② 在"国家需要建设事项的专门知识极殷"的情况下,蔡元培毅然辞去其他职务出任中央研究院院长,把主要精力放在组建中央研究院上,以期"推广科学之应用","普遍科学风气于全国,促进科学的迅速发展"。③

中国建设协会副会长李石曾在担任国立北平研究院院长期间,先后于研究院内设立"物理学、雷学、化学、药物、生理、动物学、植物学、地质学等八研究所,史学、字体、经济、水利四研究会,及测候所、博物馆、测绘事务所、自治试验村事务所等机构",使北平研究院与中央研究院一同成为"国家最高学术研究机构",在学术研究方面为民国建设做出了较大贡献。在

---

① 程文勋:《对浙江省公路建设的回忆》,世界社编印《张静江先生百岁纪念集》,台北,第89页。
② 吕士朋:《训政时期的高等教育》,《抗战前十年国家建设史研讨会论文集(1928~1937)》,第50页。
③ 陶英惠:《抗战前十年的学术研究》,《抗战前十年国家建设史研讨会论文集(1928~1937)》,第79页。

李石曾等人对中国学术研究的努力推动及国民政府的大力提倡下，中国"学术空气日趋浓厚，各种学术研究机关及团体，也纷纷成立，成绩颇为可观"。据统计，1928~1935年，"经教育部查核备案之学术团体，普通类二十五，理科类十五，农林类六，工程类十二，医药类十八，文艺类十二，社会科学类二十六，教育类二十，体育类十，总计为一百四十四团体"。① 从当时学术团体之数量来看，农林类团体明显较少，学界对"农"之轻视显而易见。

近代以来"偏重工商之经济制度"，导致农建人才的缺乏。"优秀人才，既为时尚职业所引去，强壮劳工，亦为富庶工商所诱置"，由此加剧了农村的衰落。② 此外，因农学"淡泊劳苦"，"非诚笃朴茂之士，鲜能久而习之"，更加剧了农学人才的短缺。但经济建设实有赖于"养成农业人才"，进行农业的改进与推广，"培植农业人才关系国家经济建设之前途甚大"。因此，在推进各项建设事业的过程中，张静江对建设人才尤其是农建人才的培植十分重视。张静江在主政浙江期间针对当时浙江省"高中以上之学生，有志于工商事业之深造者颇多，而志愿精研农业者甚少"，以及农业学校虽"以农家子弟为相宜"，"而农家子弟，大都家境贫寒，虽欲入大学而志未遂"的情形，决定通过"由公家酌予补助奖励"的方式，提高农业教育之"造就"，以应本省之需要。从1929年起，浙江省政府拨款补助中央大学农学院及专修班浙籍学生与浙江大学农学院学生。③ 除此之外，浙江省建设厅于1930年在杭州设立"浙江省建设人员养成所"，以"造就专门技术，培养实用建设人才"。④ 由此可见，在张静江领导下，浙江省政府及建设厅对于农业等方面人才的培养十分重视。

此外，为方便各省相互交流经验，并将各地农业及农村建设实况之各项资料搜集于中央，以备全国之需求，中国建设协会发起人之一李宗黄于1934年初夏组织"江宁自治实验县社会教育考察团"，赴江宁、邹平、青

---

① 陶英惠：《抗战前十年的学术研究》，《抗战前十年国家建设史研讨会论文集（1928~1937）》，第72页。
② 王孟昭：《农村衰落原因之研究》，《中国建设》第11卷第2期，1935年2月1日，第4页。
③ 《浙省府培植农业人才》，《中央大学农学院旬刊》1929年第34期，第5页。
④ 《一月来之建设事业——浙省进行养成建设人员》，《时事月报》第2卷第3期，1930年，第172页。

第三章 中国建设协会建设主张的落地生效

岛、定县考察当地的乡村运动,并将其所见所得写成《考察江宁邹平青岛定县纪实》一书,由正中书局出版。当时,关于全国各地乡村建设情形,除在杂志上时有短论发表,以及各乡建团体单独发行的刊物有所刊载外,像《考察江宁邹平青岛定县纪实》这种能够综合比较叙述各方面乡村建设,且"足够供给关于国内各乡村运动团体的理论与实际上的基础知识"的专著,并不多见。①

其他方面诸如矿业建设,中国建设协会相关会员亦极为尽心地加以推进。"矿业为各种工业之基础事业,欲求各种工业之发达,不能不先谋矿业之振兴。"但"环顾国内各处所用之煤油,石炭,铜锌,钢铁,及其他各种金属,多系舶来之物","此时设仍高谈学理,不顾事实"。②因此,中国建设协会会员、《中国建设》"矿冶专号"主编胡庶华"以致力钢铁事业为职志",③任上海炼钢厂厂长期间,"在经费支绌之际,得能竭力整顿,维持厂务,其成绩斐然可观"。因炼钢厂"所有旧式机械炉锅已不堪适用",胡庶华遂将"全部炉锅决计拆换,改装引擎,施于电力"。"自改用电力引擎,比诸燃煤可省去五吨煤数","每炉出钢较前尤为迅速,计每日每炉可出钢料十五吨奇,除供给兵工厂及江南造船所购用外,尚可供给沪上各公司及厂商定铸农具用品"。④

由于旧的矿业条例不能适用于现代矿业发展之需,而"新矿法迄未制定",20年代末30年代初,"奉行机关,无所适从,纠纷时起,于是矿业所受打击,遂较他业独重"。⑤"如全国煤油之专办而不办,铁钨两矿之国营而不营,采金局虚设而旋停,矿务监督署甫立而复撤,中央减轻矿税,而各省则任意增加,凡此种种措施,莫不为矿业发展之障碍。"为加强矿业管理,使之有章可循,时任农矿部法规委员会委员的中国建设协会会员余焕东,主持起草了新矿法。为规范矿业方便商民,该法在"确定矿产国有,

---

① 《中国乡村运动》,《政治经济学报》第4卷第1期,1935年,第217页。
② 余焕东:《矿法起草后个人之陈述》,《中国建设》第1卷第2期,1930年2月1日,第35页。
③ 胡庶华:《中国钢铁业之现在及将来》,《中国建设》第1卷第2期,1930年2月1日,第1页。
④ 《整顿上海炼钢厂》,《中国建设》第1卷第1期,1930年1月1日,"建设新闻",第2页。
⑤ 孙昌克:《矿业建设问题》,《中国建设》第1卷第3期,1930年3月1日,第48页。

特定石油、铜铁及煤为国营矿质，主设矿业权，尊重优先权，统一矿业行政于中央，规定私营矿业年限，改定矿区计算法，中外合办矿业由政府主持，保护劳动并增进其利益"等方面，对原有矿业条例做了修订。[①]

在农业灌溉方面，中国建设协会会员、水利专家张自立和孙辅世的贡献较大。张自立在担任《中国建设》"水利建设专号"主编，进行水利灌溉事业的研究与宣传外，还参与组建了中国土木工程师学会和中国水利工程学会，后与孙辅世先后担任建设委员会模范灌溉管理局局长，致力于提高灌溉技术与推广灌溉事业，有力地推动了农业灌溉事业的发展。1932年担任建设委员会模范灌溉管理局局长后，身兼三职（武锡区办事处主任、庞山湖实验场主任）的孙辅世以"救济农村"为宗旨，在普及机力灌溉排水、办理新式农场、举办各种实验，以及与灌溉事业相关的筑路、浚河、识字、军训、防疫、发电等方面，无不尽心竭力。全面抗战爆发前夕，模范灌溉管理局提出："拟将本会主办之模范灌溉事业极力推行至各省市内，建树楷模而资仿效，以企国内农业于积极方面能兴修水利，增加生产，于消极方面能阻遏水灾防患未然。"[②] 建设委员会也曾有"于各省设立模范灌溉机关，以资提倡"的宏愿，但由于经费缺乏而未能实现。总体观之，在模范灌溉管理局的努力下，建设委员会通过模范灌溉事业达到了对农业进行"实验、灌溉增加产量及增辟耕地"的目的，更为重要的是，农田机灌的观念逐渐在乡村民众中形成，对农村经济的发展大有裨益。[③]

在中国建设协会的研究、宣传及探索，以及各方力量的共同助推下，中国建设的现代性路向取得了一定的成效。如1936年一年中，"中国的经济界……于对外贸易方面，输出输入额都增加了，农业的收成，也是增加，物价的指数渐高，工业商业都呈现了得未曾有的好气象"，以当时中国的工

---

① 余焕东：《矿法起草后个人之陈述》，《中国建设》第1卷第2期，1930年2月1日，第38~44页。
② 《丛永文签注》（1937年4月5日，）台北"中央研究院"近代史研究所藏国民政府建设委员会档案，23-03，28-（2）。
③ 《建设委员会拟办理电力灌溉经过情形》，中国第二历史档案馆藏，46-79-005。

商业中心上海为例，其工商业界的变动大体为"创业数是逐期的增加，缩小、改组、关闭的则逐期减少"，这种变动的确具有工商业界发展的意义。但是其去繁荣兴盛之途尚远，因为改组关闭之数较创业扩充之数仍然"超出许多"。①

第二节　建设主张的实践成效

言之有物，必在见诸实践。中国建设协会所提出的诸种建设主张在实际建设中适用与否，能否有效推进民国建设，还有待于实践之检验。尽管许多建设主张曾被吸纳统摄于国民政府以及各地方政府的建设措施中，在相当程度上推动了民国现代建设之进展，但亦有一些建设主张因其自身的局限性以及客观因素等的限制而未被采纳，或虽被付诸实践却未能奏效，或较著成效但仅限于某时某地，如此种种问题皆致其效果大打折扣。有鉴于此，本节主要对中国建设协会建设主张之实践情况及其成效做一总体考察与客观呈现。

一　国民政府建设事业的实践情状

在中国建设协会等社会团体组织的呼吁、宣传下，1928 年以后，"建设"如涌如潮骤然聚为时代主题，从政府到社会各界莫不为建成现代化的中国而努力探索着。受中国建设协会的影响，以前政府不闻不问的事业，变为政府极为关注的事业。中国建设协会的建设主张在国民政府及建设委员会等机关颁行的政令中时有体现，由此获取实践与生效之机缘，下文主要就其实践情况及效应做提要叙述。

首先，为建立现代工业体系及建设现代化工业强国，国民政府将工业建设作为建设之主要，实行了一系列旨在促进工业化的措施，如"发行兴业公债，以筹办基本工厂，拟定奖励工业技术条例，设立工业标准委员

---

① 〔日〕岛屋进治：《中国经济建设已达复兴的阶段吗？》，胡侗译，《中国建设》第 15 卷第 4 期，1937 年 4 月 1 日，第 70、74～76 页。

会"等。①

19世纪后期以后,中国为"适应现代世界生活"之首要"重大变革",开始"兴办现代工业"。②"自五口通商以后,中外贸易日繁,振兴工业之风因此而起。"③ 洋务时期,是中国新式工业"局部的慢启动"阶段。④ "清政府所创办的造船厂,制造局和机器局等,实际上就是中国官营的军用工业的开端。后来因为兴发军用工业,需要煤和铁,更创办煤铁工业和铁路工业,其后则转入纺织工业和五金工业,中国的新兴工业,就在这时候开始发展起来。同时列强各国也在这时期,利用政治上的力量,开始在中国境内建立新工业的基础,因此在农业经济的中国社会,也产生了新兴的工业经济的组织。"从1905年到1914年"欧战发生前,中国工业便从萌芽时期而到发达时期"。其间,华商自办的新兴工业逐渐增多。从1914年一战发生到1922年,"因列强忙于战事的应付,和战后的休息,正是中国工业独立发展的机会。因此新工业更有显著发达的趋势,专以上海一埠论,在这时期,纺织工厂的兴起共有十五家"。"其他各种工业和各地的情况,也是有很发展的事实。"这些新工业,虽因后来列强经济侵略的加紧和其他种种原因旋起旋灭,但"中国的经济组织,却从这时起,已渐渐地趋入了新工业的时期"。⑤ 此后中国的现代工业日盛一日,大量新工厂建立。到1936年9月底,"实业部核准登记之工厂计1993厂,截至十二月底止,计2949厂,三月来共增加956厂"。⑥

南京国民政府成立后,现代工业之进展更加迅速。"抗战前几家中等大小的炼钢厂正在着着扩充范围。好几处出产丰富的煤矿完全是中国自有的。中国的纺纱厂在国内也可以和英日分庭抗礼。所有面粉厂全是中国人自有自营的。化工厂,油漆厂,硝皮厂,和许多其他的厂家都在中国人经

---

① 《国内之实际建设》,《新亚细亚》第2卷第1期,1931年,第231页。
② 罗荣渠:《现代化新论续篇——东亚与中国的现代化进程》,北京大学出版社,1997,第108、106页。
③ 吴兆名:《中国民族工业之没落》,《中国建设》第13卷第4期,1936年4月1日,第61页。
④ 罗荣渠:《现代化新论续篇——东亚与中国的现代化进程》,第109页。
⑤ 邵元冲:《三十年来中国社会建设之演进》,《东方杂志》第31卷第1期,1934年,第32页。
⑥ 《国民生计之建设——工厂之登记》,《革新与建设》第1号,1937年10~12月,第17页。

营之下工作着。"随着工厂的增多,作为现代工业之基础的机器,需求量日益增加。"每年输入机器之价值,皆逾数千万元。"中国建设协会曾提出创办中央机器制造厂,发展国内机器工业。国民政府实业部成立后,决议"以英庚款黄河水利及电气事业百分之四十中改以三分之一拨充兴办基本工业之用,于是此项机器制造厂遂开始筹备进行",实业部于1931年"成立筹备处,并委派主任及专门人员分组负责进行。对于该厂之出品种类,以适合社会之需要,不能与民营机器厂争利,曾为详细斟酌规划第一步出品种类标准,并曾派技正顾毓琇前往津、沪、吴县、无锡、武进等处,分别调查所有机器厂及其他各厂所需之机器,俾将来实行制造时,供求相应"。① 1936年,实业部于上海所创办机器厂、酒精厂等。为利用现代科学机械发展国内棉丝等轻工业,经济委员会于1933年设"棉业统制委员会",从事"育种繁殖,推广棉种","取缔原棉掺水掺杂","组织棉运合作,以减轻运输成本,提高棉农收入"等工作。并于1934年设立"蚕丝改良委员会","在杭州南京设试验场,培育良种,训练人才,且资助江浙丝厂联合运销"。②

自现代新式工厂勃然兴建,劳动者人数随之日众。据1930年"工商部调查九省二十九城市的统计,中国劳动者人数有一二〇四三一七人,又俄人托格雪夫于同年估计中国矿工人数约有二二八九〇〇〇人,关于交通工人,据铁道部交通部的统计,民国十九年铁路工人的总数为九九七五四人,民国十七年电报电话工役的总数一〇三八一人,无线电台工役一七六六人,邮务工役一八七六二人"。随着劳动者人数的增多,工人为维护自身利益而进行的劳动运动日渐高涨,从20世纪20年代到30年代,各种劳动团体纷纷组立(详见表3-1),"在旧式的公所会馆公行等工商组织以外,新式的工会,便成了社会的重要团体"。③

---

① 实业部:《中央机器制造厂计划及筹备概况》,《中国建设》第10卷第4期,"机械工程专号",1934年10月1日,第127页。
② 陈国钧:《中国近年建设概况》,《中国建设》第15卷第1期,1937年1月1日,第3页。
③ 邵元冲:《三十年来中国社会建设之演进》,《东方杂志》第31卷第1期,1934年,第32页。

表 3-1 20 世纪二三十年代中国国内工会及会员数统计

年份	工会数	会员人数
1925	165	140000
1928	117	1773998
1930	741	576250
1931	621	不详
1936	1093	不详

资料来源：1925～1931 年数据来自邵元冲《三十年来中国社会建设之演进》，《东方杂志》第 31 卷第 1 期，1934 年，第 32 页；1936 年数据来自《国民生计之建设——工会之核准备案》，《革新与建设》第 1 号，1937 年 10～12 月，第 18 页。

工业发展以及工厂、工人数量的增加，一定程度上带动了商业的繁荣。为减少国人对外国货物的依赖，促进国内制造业发展，国民政府实业部准令"公司厂商仿制洋式货物，得呈请援照机制洋式货物税法减税，以资鼓励"。在政府的鼓励支持下，国内公司数量日渐增多，截至 1936 年 10 月底，实业部核准登记之公司"计为三千三百四十二处，截至 12 月底止计为三千四百九十一处，三月来共增加一百四十九处"。商业公司的增多，直接促成商会及工商同业公会等团体的兴起，到 1936 年 9 月底，经实业部核准备案的商会共有 650 处，到 12 月底增至 679 处，短短三个月的时间增加了 29 处，工商同业公会更是从 9 月底的 7310 处增至 12 月底的 7734 处，三个月增加了 424 处。① 此外，其他各行业之团体数亦有所增加，但与工商业团体相比，略显势弱。如据统计，截至 1936 年 9 月，"经实业部核准备案之渔会计为 43 处，截至十二月底止计为 50 处，三个月来共增加 7 处"。②

其次，在努力发展现代工业的同时，为满足工业建设需求，国民政府将与之相关的其他产业，如作为工商业之资借的矿业及农业的建设提上议事日程。

如孙中山所言，"矿业者，为物质文明与经济进步之极大主因"，"开发

---

① 《国民生计之建设——商业》，《革新与建设》第 1 号，1937 年 10～12 月，第 19 页。
② 《国民生计之建设——渔牧》，《革新与建设》第 1 号，1937 年 10～12 月，第 23 页。

新富源，以应中国之特别需求者，势则然也"，① 否则"中国十年建设计划""全部所需的钢均须购自外国，而煤亦须购自外国至二万万吨之多"。因此，开发矿产资源"为发展中国实业计，是很重要的"。② "制铁、炼钢工厂者，实国家之急需，亦厚利之实业。"③ 自晚近世界现代工业发达以来，钢铁、石油等矿产资源需求量日益增加。南京国民政府成立后，"鉴于石油类的消耗日益增加，而由国外输入的逐年加多，拟正式开采四川油田和陕北油田，发展长江工业，以塞漏卮"，拟订开采计划，由实业部分四年逐步完成。④ "为切合中国工业发展对开发矿产与兴办钢铁厂的需要，国民政府主要通过建设委员会淮南煤矿、浙江省常山煤矿等国营煤矿以助矿产之增采，并在建设委员会内专设矿业试验所以促矿业之试验，通过研究、化验矿产，引进国外先进冶炼机械等来推动矿产的深加工。"⑤ 听取中国建设协会会员关于"由铁道部拨款创办大型钢铁厂"的建议，国民政府铁道部"以铁道建设所需钢铁材料，从前皆取给外洋，漏卮甚大"，于1930年定"自给办法"，"在直隶开办龙烟铁钢厂"，⑥ 并添设炼钢厂，制造钢轨，以供铁路建设之需。⑦

由建设委员会经营的长兴、淮南两处煤矿，则以中国建设协会提倡的经济化为原则，"凡井下抽水绞车运煤及井上用水，均改用电力，省却人工不少。并加购车辆，整理输运，以增进营业效率，扩充营业范围"，煤矿产煤量因此日有加增。⑧ "电力可为一切机器的动力，如要全国制造工业发达，电力的需要，自然关系重要，也要增加。"前述中国建设协会关于"统一全

---

① 孙中山：《建国方略》，第258页。
② 颂华：《国际劳工局宣布的中国十年建设计划》，《东方杂志》第28卷第20期，1931年，第2页。
③ 孙中山：《建国方略》，第125页。
④ 吴兆名：《我国石油之供求问题》，《中国建设》第15卷第5期，1937年5月1日，第36页。
⑤ 《国民生计之建设——矿业》，《革新与建设》第1号，1937年10~12月，第21页。
⑥ 《铁部筹备钢铁厂》，《中国建设》第1卷第1期，1930年1月1日，"建设新闻"，第1页。
⑦ 石瑛：《最近中国建设状况及其应注意之点》，《中国建设》第1卷第3期，1930年3月1日，第3页。
⑧ 曾养甫：《建设委员会曾副委员长工作报告》，《云南建设公报》1930年第7期，"工作报告"，第9页。

国电厂""发电力源因地情择取""完成大电网"以电化全国的主张，亦得到"主管全国电气行政"的建设委员会的采纳。① 建设委员会自1930年起开始"积极调查全国接近水道、燃料价廉及可发电的水力，以便划分电区，设立大发电厂，成电力供给的整个系统"。以五年为一个周期"通盘筹划"，分期实现全国电力发展计划，"第一期之发展完全侧重煤力电厂，第二三期始能渐次进及水力"。② 首先在国内改组成立的电厂有首都电厂、戚墅堰电厂、西京电厂，以及电器试验所、电机制造厂等。③ 此外，为加强电气事业管理，在中国建设协会会员陈鸣一的建议下，建设委员会对电气事业的会计制度分步实行统一，"第一步，为编制一电业公司会计规程、会计制度，并加以详细说明，然后分发全国电气公司，不论私营官办，均当遵照；第二步，为派员审查指导，或由电气公司派员至各地已实行新制之各厂实习"。④

为使电气事业技术化、规范化，建设委员会"计划设一全国电气标准局，对于电压周波工程装置材料品质等，无不参照各国法规及国内情形，规定一定标准，用以指导各民营电气事业，使之逐渐改良，以臻于完善之境"，⑤ 还陆续编制并颁发了一系列电气法规，包括《屋内电线装置规则》《电气事业法》《电气事业法施行细则》《民营电气事业注册暂行规则》《电气事业取缔窃电及赔偿规则》《线路安全规则》《统一营业章程原则》等。建设委员会亦聘请专人对发电厂及电气线路进行设计，力求电气事业发展的科学化、经济化。⑥ 曾养甫在1930年所作的"建设委员会工作报告"中，特别肯定了"经济化"这一精神在戚墅堰等电厂中的贯彻落实情况。一位

---

① 《建设委员会过去工作与今后计划》，《中国建设》第1卷第2期，1930年2月1日，"杂组"，第5页。
② 《建设委员民国十九年三月至九月政治工作报告书》，《张静江先生文集》，第283页。
③ 《全国电气事业之指导与监督》，《革新与建设》第1号，1937年10~12月，第35页。
④ 陈鸣一：《电气事业会计制度之商榷》，《中国建设》第1卷第2期，1930年2月1日，第26页。
⑤ 《建设委员会过去工作与今后计划》，《中国建设》第1卷第2期，1930年2月1日，"杂组"，第5页。
⑥ 曾养甫：《建设委员会曾副委员长工作报告》，《云南建设公报》1930年第7期，"工作报告"，第4页。

美国电学专家参观戚墅堰电厂后赞叹道:"世界上没有比戚墅堰电厂还要便宜的电力。"建设委员会亦创办电机制造厂,从制造无线电机及其他零件,逐渐设法自制发电机,"自从电机制造厂自制无线电机之后,外国无线电机已无进口,以前每架无线电机值洋五千两至一万两,现在只需一千七百两"。①

自南京国民政府成立并从事建设以后,政府及社会各界对于水利灌溉特别注意,电力灌溉由此成为国民政府建设委员会电气建设的重要内容之一。建设委员会于各省适当地点创设模范灌溉区,"举凡堤闸沟渠引水泄水各种设备,均采用最经济最科学方法,以广观摹而资提倡"。② 1929年,在"江苏无锡常州一带成立第一灌溉区。于察哈尔阳原县境桑干水两岸及河北宁河县境内筹设模范灌溉区"。③ 此后依次增设灌溉区于南京附近及湖北、安徽、浙江各地,如"首都附近栖霞山一带灌溉区,安徽皖南灌溉区,河北平东灌溉区"等。到1930年,第一模范灌溉区"引用电力灌溉之田已达三万六千亩,每亩年需灌溉费约一元五角左右,较用旧式灌溉方法可节省三四倍,成效卓著"。④

在水利灌溉之人才培植与资料征集方面,国民政府建设机构亦有相关举措。1929年夏,"华北水利委员会及华洋义赈会均有灌溉班之设,其所授课程有土壤学、简易测量法、水象学、水力学、灌溉学、灌溉计划、凿井术、抽水机排水学、工程常识等"。为培养电力灌溉人才,模范灌溉管理局于1931年设立灌溉职工训练所,招收20人,培训一年,讲授灌溉常识以及电力知识,学员毕业后被分发至各灌溉管理站,在推进地方灌溉事业方面成绩甚佳。⑤ 此外,1930年,建设委员会在天津举办暑期灌溉讲习所,向农

---

① 曾养甫:《建设委员会曾副委员长工作报告》,《云南建设公报》1930年第7期,"工作报告",第6页。
② 张自立:《我国灌溉问题及建设委员会关于灌溉事业之工作》,《中国建设》第1卷第5期,"水利专号下",1930年5月1日,第2页。
③ 唐启宇:《农业建设中之灌溉及排水事业》,《中国建设》第1卷第6期,"农业专号",1930年6月1日,第37页。
④ 曾养甫:《建设委员会曾副委员长工作报告》,《云南建设公报》1930年第7期,"工作报告",第6页。
⑤ 《建设委员会指导下之建设事业近况》,《中国建设》第13卷第1期,1936年1月,第18页。

民传授农田水利知识并将现代灌溉技术推广于乡间，"河北、山东、河南三省各县均资送学员来津受学……所授课程，有土壤学、简易测量法、水象学、水力学、灌溉学、灌溉计划、凿井术、抽水机、排水学、工程常识等十项"，毕业的160余名学员中"多有在本县兴办水利事业者"。① 建设委员会还"就灌溉讲习所所用讲义，加以补充，编为农田水利丛书，以资参考"。② 为征集水利基本资料，"除直辖各水利机关，如华北太湖两水利委员会，已在其所辖区域内设立雨量天文测站外"，建设委员会"通令各省建设厅，至少每县须设立雨量站一所，并酌设水文测站若干处，以期得有长时间继续不断之记载"。③

张静江认为，灌溉设计"固须求详"，但实地试验"尤居重要"，因此"必须广设场所，树以楷模，使人民知所取法，逐渐推广，其利自溥"。④ 在张静江的领导下，建设委员会从1930年开始依据《建设委员会第一灌溉区委员会组织章程》，以武进、无锡两县县境为范围，设立第一灌溉区委员会，专司指导改良农田灌溉方法，办理苏省常镇一带机力灌溉事宜。⑤ 为推广电力戽水法，建设委员会"就戚厂历年来业已办有成绩之电力戽水情形，即日汇编成册，分送各处，以资宣传，俾农民明了电力戽水之利益"，且"在常锡两邑，另组灌溉指导所各一处，以便就近指导"。⑥ 电力灌溉事业因此进展较速，收效颇丰。武进一带的田价因电力灌溉的推行而骤增，由过去30余元每亩增至200元每亩，"农民信仰日深，纷纷要求加入受戽"。⑦

---

① 《建设委员会有关电力灌溉事业的计划、组织章程宣传广播稿等》，中国第二历史档案馆藏，46-78-13。
② 张自立：《我国灌溉问题及建设委员会关于灌溉事业之工作》，《中国建设》第1卷第5期，"水利专号下"，1930年5月1日，第3页。
③ 唐启宇：《农业建设中之灌溉及排水事业》，《中国建设》第1卷第6期，"农业专号"，1930年6月1日，第38页。
④ 《张人杰呈国民政府》（1931年4月），台北"国史馆"藏，012071/15875。
⑤ 《建设委员会有关电力灌溉事业的计划、组织章程宣传广播稿等》，中国第二历史档案馆藏，46-78-03。
⑥ 《建设委员会之利农政策》，《中国建设》第1卷第1期，1930年1月1日，"建设新闻"，第1页。
⑦ 《建设委员会有关购料规则汇编灌溉计划等总务事项的文书》，中国第二历史档案馆藏，46-296-16。

第三章 中国建设协会建设主张的落地生效

戚墅堰电厂成立之初,"引用电力戽水之田,已达一万六千余亩,每亩年需灌溉费约一元二角左右,较用旧式灌溉方法可节省三四倍"。为进一步推行电力戽水,建设委员会于江苏设立"庞山湖灌溉实验场,办理农田戽水事宜",又拟在浙江、河北、山东各省择定相当地点创设灌溉区以树模范,"如安徽之青草湖、江西之赛湖、湖南之洞庭湖各流域"。①

随着建设委员会在各地设立的灌溉试验场和示范区逐渐增多,张静江认为"非设立专局不足以专责成而利推行",②遂于1931年呈请国民政府并经批准,于同年7月正式成立"模范灌溉管理局",由时任建设委员会灌溉室主任的中国建设协会会员张自立任局长,1932年改由武锡区办事处主任兼庞山湖实验场主任孙辅世兼任局长,该局下设总务课(由建设委员会设计委员杨传渭兼任课长)、工务课(张自立自兼)与农务课,同时规定在模范灌溉管理局认为有必要时,可经建设委员会核准设立办事处与实验场等。③模范灌溉管理局"以救济农村为宗旨",一方面通过"提倡普及机力灌溉排水","使农民减少生产费用,复使农作物不受旱涝之影响";另一方面通过"办理新式农场,举办各种试验,推行民间,使人尽其力,地尽其利",先后设立江苏省锡武区灌溉管理处、庞山湖实验场和安徽凤怀区实验场三处模范灌溉区,实行水力灌溉,造福于当地。④

此外,鉴于中国水利"向无成文法,历年来人民因水量分配,水渠线路问题,争执涉讼者甚多,关系灌溉事业,甚为重要",建设委员会专设水利法规委员会,"参考各地习惯,以及欧美各国水法原则,编订水利法草案,送立法院核定公布施行",如《水利法》《水利委员会组织条例》《省水利参事会组织条例》《水利合作社组织规程》《水利发展条例》等,对于水利灌溉

---

① 张静江:《建设委员会民国十七年九月至二十年五月工作概况》,《张静江先生文集》,第255页。
② 《张人杰呈国民政府》(1931年4月),台北"国史馆"藏,012071/15075。
③ 《建设委员会模范灌溉管理局组织章程》(1931年4月),《建设委员会公报》第16期,1931年5月,第237~238页。
④ 《公函安徽省政府(第413号)》(1934年8月24日),《建设委员会公报》第44期,1934年9月,第111页。

事业的管理和推进大有裨益。①

南京国民政府成立后,有感于统一水利行政的必要性和重要性,于1934年召开中央政治会议,颁布统一水利行政及事业办法纲要和统一水利行政事业进行办法,规定"以全国经济委员会为全国水利总机关以资统筹,所有各部会有关水利的事项,统归全国经济委员会办理";②"中央原设各河流域水利机关,经全国经济委员会整理以后,直隶该会的水利机关计有:导淮委员会、黄河水利委员会、广东治河委员会、扬子江水利委员会、华北水利委员会"。③ 水利行政统一以后,全国经济委员会主要着手推进"导淮计划",并在黄河及长江流域增设水文气象测量站,发展西北灌溉和整治主要航运。其中成效较著者,为1932年完工的陕西泾惠渠,当年灌溉8万亩,至1934年增至42万亩。④ 1938年"经济部成立,接管全国水利,于部内设水利司"。1941年9月"行政院于院内设水利委员会,经济部水利部分移交水利委员会办理,水利特设机关,是以此为始"。⑤

其三,为扭转农业衰落之势并支持工业,南京国民政府成立后,将农业建设提上日程,着手以现代化手段解决农业危机。

1929年召开的国民政府第三届中央执行委员会第二次全体会议,确立了"振兴农业为发展工商业之基础"的政策,并拟定四个方案依照实行:"一为关于奖励农业及奖励农产者,二为关于发展林业者,三为关于兴办水利者,四为关于提倡农村合作者。"根据此案,中央成立"民食委员会"与"农业推广委员会"两机关。⑥ 此外,国民政府农矿部在举行垦务林政两次特种会议后,为"解决全国民食的问题""计划农业改良的办法",于1930年召集全国农政会议。前述中国建设协会的农建主张,多被纳入农政会议决议要点之列,包括"改良品种""开垦荒地""振兴水利""改进土壤肥

---

① 《建设委员会曾副委员长工作报告》,《云南建设公报》1930年第7期,"工作报告",第6页。
② 薛笃弼:《我国之水利建设》,《行政院水利委员会季刊》第2卷第3期,1942年,第4页。
③ 朱子爽:《中国国民党农业政策》,第69页。
④ 朱子爽:《中国国民党农业政策》,第70页。
⑤ 薛笃弼:《我国之水利建设》,《行政院水利委员会季刊》第2卷第3期,1942年,第4页。
⑥ 张自立:《我国灌溉问题及建设委员会关于灌溉事业之工作》,《中国建设》第1卷第5期,"水利专号下",1930年5月1日,第2页。

料及农具""提倡合作事业",以及合理利用耕地加强废地利用、"提倡公墓"、"禁种有害作物"、"筹办粮食合作仓库"、"改进贮藏方法"等解决民食问题的办法;"筹设中央农业研究所及分所,以从事于大规模的研究及改进的工作","筹设全国农事试验场管理处,以整理全国农业试验场","设立农具制造所,以制造并改良农具","设立肥料改良委员会,从事于肥料之利用、制造等工作","设立土壤调查委员会,以调查并改良土壤","设立中央及各省农田水利指导委员会,从事振兴水利消弭水患的工作"等调整农业改进组织机构的办法;"拟具整个农业合作制度,厘定关于农业合作之法规以提倡组织各种合作社","设立农业金融委员会,并筹设中央及省县农业银行贷放长期中期短期放款","注重农业教育以增进农民知识","派遣学生出洋专习农业以培植专门人才","广设农产实验学校以造就改进农业之实行的人才","设立农业推广委员会并筹拨农业推广经费以进行农业推广事业"等农业推广计划。①

振兴农业,首在改进农业技术。"改良种籽,推广种植,使农作物品质优良产量增加,则农村经济自然活泼。"② 农业技术之改进又有赖于农事试验,而"农事试验必有目的,然后始可有成绩"。1930年,刘和在《中国建设》发表的《农业建设的我见(续)》一文中,提出政府"应有一种组织专为决定各地国立试验场之试验目的,及监督其工作,以期一致而利进行"。③ 1931年,国民政府中央临时会议通过的《六年期内实业建设程序》即明令:"关于农业生产之增进,应以农业科学化为原则,除水利电气等项重要建设外,应一并注重农产之实验改良,与造林事业之推进,并于每省划定实验县区之作改良农业之模范,其详细计划,由国民政府切实制定推行。"④ 遵此令,实业部于1931年正式成立中央农业实验所,专事稻麦的改

---

① 《农矿部派员讲演全国农政会议经过》,《中国建设》第1卷第2期,1930年2月1日,"建设新闻",第3~4页。
② 余籍传:《湖南建设之现况》,《中国建设》第13卷第2期,1936年2月1日,第12页。
③ 刘和:《农业建设的我见(续)》,《中国建设》第1卷第6期,"农业专号",1930年6月1日,第13页。
④ 《六年期内实业建设程序》,《中国建设》第3卷第5期,"湖北省建设专号上",1931年5月1日,第60页。

进与推广、肥料的试验与施用、农具改良以及选种育种等各种农业改进方法的示范。① 1938年，该所正式开始进行良种试验，检定农作物地方品种，派工作人员赴各省推广示范，并协助办理粮食生产之改进与各地试验工作，如品种肥瘠田适应性比较试验、肥效及用量试验、灌溉需水量试验等。该所对于全国农事试验技术之划一与调整，亦尽力倡导。② 除通过试验改进农产籽种外，国民政府设立农产物籽种交换所，在中央会议上颁布《农产物籽种交换所章程》，督促鼓励各地交换良种，以求产量之增加。③ 战后，农林部复设中央农业实验所，指导督促并协助"农林部所属农业试验机关各省省立农业改进机关或其他公私立农业改良场所之技术工作"，并"与各大学农学院及其他公私农业组织合作"，受公私团体之委托代为训练农业改进技术人员或协助解决特种农业问题。④

在农业技术推广方面，1929年，农矿部会同内政、教育两部组织成立"中央农业推广委员会"以"指导全国农业推广事务"，"制定各种方案及有关农业推广的规章，为全国实施农业推广的准绳。关于各省市的推广组织，均加以考核与指导。每年派遣人员，分赴各省市视察推广行政，举其得失，以资参考。并举办推广实验区两处：一为中央模范农场推广区，一为乌江农业推广实验区，与金陵大学农学院合作办理实地试验，借作示范"。⑤ 1933年3月，"实业教育内政三部复会令公布修正农业推广规程，并由行政院通令各省遵照办理"。通过在各省举办各种农业展览会、农产品比赛会、农产品陈列所、农具陈列所、巡回展览、各种农业示范、农业讨论周、农民参观日、农民谈话会、农村示范人才之培养等有关农业指导与提倡事项，以及举办乡村农林讲习所与扶助设立乡村公共书报阅览处及巡回文库等，

---

① 朱子爽：《中国国民党农业政策》，第60页。
② 《农林部中央农业实验所稻作系三年来之工作概况》（1941年），中国第二历史档案馆藏，23（1）-03098-0018。
③ 《黔各县交换农产籽种》，《中国建设》第3卷第5期，"湖北省建设专号上"，1931年5月1日，第96页。
④ 《农林部中央农业实验所组织条例》（1944年10月11日），台北"国史馆"藏，015-020300-0162。
⑤ 朱子爽：《中国国民党农业政策》，第66页。

第三章 中国建设协会建设主张的落地生效

增加农民知识与技能。1937年后，行政院农产促进委员会为适应非常时期需要，拟具《全国农业推广实施计划纲要》，推进农业推广工作。农林部亦于1944年专设农业推广委员会，办理全国农业推广事业。为实验示范农业推广制度，农林部农业推广委员会在各省协助地方政府办理中心县农业推广所与模范推广区，并组织农业推广巡回辅导团，辅导各省农业推广工作。①

在垦殖建设方面，南京国民政府成立后，即设农矿部，并"于农政司特设一科，专司垦务，该科职掌，分垦务、保护、监督、奖励及教育事项，灌溉排水及垦业工程事项，垦殖运输事项，边省之移垦事项，屯垦设计事项，及监垦事项诸大端"。② 1929年，又于农矿部内设立中央垦殖委员会，直接指挥监督垦殖工作。③ 自1931年1月农矿部与工商部合并为实业部后，"把林垦事业，扩充为林垦署，负监督指导全国垦务的责任"。④ 至20世纪40年代，垦殖建设所取得的成效有："屯垦方面，如绥区五原等县的兵垦试办。移垦方面，如九一八以后，绥区的和硕公中垦区与河北村及广东西北区移垦。盐垦方面，如江苏淮南盐垦等。"⑤ 成效较著者，为东北吉林、黑龙江两省之垦务。⑥

在农产商品化方面，吸纳中国建设协会关于农产物尤其是进出口农产品检验定级之议，国民政府"在上海，汉口，天津，宁波，沙市，济南等地，成立棉花检验处或分处，从严检验"，并"规定根本铲除棉花掺水办法，期以五年，将掺水弊病，扫除殆尽。五年之后水分检验，即以告终，另由政府颁布取缔法规，以防后患"。此外，还有生丝、棉花等出口检查所

---

① 《农林部农业推广委员会组织条例》(1944年10月9日)，台北"国史馆"藏，015-020300-0162。
② 朱子爽：《中国国民党农业政策》，第56页。
③ 《建设要讯——中央垦殖委员会近讯》，《农矿通讯》1929年第19期，第2页。
④ 朱子爽：《中国国民党农业政策》，第56页。
⑤ 朱子爽：《中国国民党农业政策》，第56页。
⑥ 《吉黑两省垦务发展》，《中国建设》第1卷第2期，1930年2月1日，"建设新闻"，第10页。

之设立。① 各省亦设有相关检查取缔机关，如山东省建设厅鉴于省内"一般棉商，在棉花中掺水掺杂过多，以致在商场失去销路"，于1934年成立"山东省棉花掺水掺杂取缔所"，并在各地设立分所，添设查验处，以期挽此陋习。② 1930年，浙江省建设会议议决通过《纺织界收买棉花，应按会水量定价案》与《严禁棉商雇佣掺水作为工人案》，以期规范棉业生产秩序，提高棉花品质及其商品之市场竞争力。③

除农产品的检验定级外，其他物品的检验机构也在中央及各地逐步筹设。自1929年1月起，农矿部令沿海及内地各省对当地之人造肥料、动植物病虫害及各种农产物品质实施检查，对劣质肥料及农产严行取缔。④ 1936年1月，实业部成立广州商品检验局，由粤海关监督协助，主要"举行蜜蜂人造肥料进口检验，生丝出口检验，植物病虫害进口及敷面粉类检验"（见图3-1）。⑤

图3-1　广州商品检验局进出口商品检验组

资料来源：《国民生计之建设——广州商品检验局与各分处之成立》，《革新与建设》第1号，1936年10~12月，第19页。

---

① 叶元鼎：《吾国棉花检验政策与棉业改进》，《中国建设》第1卷第6期，"农业专号"，1930年6月1日，第114页。
② 张鸿烈：《山东一年来之建设》，《中国建设》第13卷第2期，1936年2月1日，第106页。
③ 《浙江省建设会议纪详》，《中国建设》第1卷第1期，1930年1月1日，"杂俎"，第21页。
④ 《建设要讯——农矿部推广检查肥料区域》，《农矿通讯》1929年第19期，第2页。
⑤ 《国民生计之建设——商业》，《革新与建设》第1号，1937年10~12月，第19页。

为解决农业资金短缺问题，国民政府采纳中国建设协会筹谋的设立农民银行、兴办合作社、复建农业仓库等农业金融调剂办法，力求农业经营资本化。近代以来，社会政治的变动导致经济组织的畸形发展，农村经济日益凋敝，由此引发合作主义和合作运动的发展。这种新式的社会经济组织运动，经历了从鼓吹合作主义思想到试行合作社的发展历程。合作社的最早提倡者为薛仙舟，1919 年他首创上海国民合作储蓄银行——中国第一个有规模的信用合作组织，并于 1920 年发行《平民周刊》，"作文字的鼓吹，以唤起民众的注意"。自此以后，研究合作与组织合作社的人渐渐增多，合作社数量随之增加（见表 3-2）。

表 3-2 1924~1928 年合作社发展情况统计

年份	县数	社数	人数	放款（元）
1924	6	7	342	1815.00
1925	16	44	1482	10240.00
1926	24	97	2291	22275.00
1927	25	129	4366	21612.67
1928	28	144	4846	36891.24

资料来源：邵元冲《三十年来中国社会建设之演进》，《东方杂志》第 31 卷第 1 期，1934 年，第 35 页。

孙中山对合作运动也热心提倡，认为"合作事业为地方自治团体所应举办的一种重要事业"。1928 年以后，南京国民政府"一面在中央经济设计委员会之下，设立合作运动委员会，为宣传和推行的机关。更颁布七项运动纲领，列合作运动为七项运动之一"，[①] 一面"设置合作事业指导委员会，制定计划，训练下级党员，指导推行合作"，"使各级党部和各地政府共同努力于合作的推进"。[②] 1929 年，工商部"草拟消费合作社条例。农矿部亦拟就农村合作暂行规程，并对于合作社放款利率、合作教育及合作社的奖励和推行等，都订有详细办法"。1931 年，实业部公布《农村合作社暂行规

[①] 邵元冲：《三十年来中国社会建设之演进》，《东方杂志》第 31 卷第 1 期，1934 年，第 36 页。
[②] 朱子爽：《中国国民党农业政策》，第 77 页。

程》。①

与此同时，自1928年"江苏浙江各地农民银行成立以后，各地方合作社的组织和实行，更有实际的发展"。由于农民银行放款只以合作社为限，因此合作社尤其是信用合作社随着农民银行的设立而兴起。以江苏省为例，自农民银行成立后，1928年至1931年上半年，合作社的数量从309个增至1545个，社员从10971人增至45893人，已缴股金额从46371元增至290968元。浙江省农民银行虽未成立，但委托杭州农工银行放款计有30余万元。各县设立农民银行的有衢县、海宁、嘉兴等三县，其他崇德、德清等县则有农民借贷所等。据该省建设厅统计，从1929年到1932年，浙江合作社数量从30个增至647个，社员从452人增至17220人，股本总额1931年为55789元，1932年增至77920元。两省合作社，都以信用合作社最多。江苏省信用合作社占合作社总数的88%，生产合作社次之；浙江省信用合作社占合作社总数的95%以上。②

至1932年，据中央统计处发表之全国合作社总数，"已向政府注册之合作社，计19省市，共为2763社，社员总数为78778人，合作社股972919元。从全国分配的状况研究，以江苏、浙江、河北、山东四省为最发达。江苏全省合作社，占全体总数58%，浙江为25%，河北次之，为10%，山东又次之，为4%；从合作社的分类说，据中央统计处所编制，计分信用、生产、利用、消费、购买、运销、贩卖、供给、保险九项。其社数股数及人数，均以信用合作社居多数，在2763社中，信用合作社占75%"。③

仓储制度是中国旧有的备荒平价的合作制度。但清末以后，传统仓政即已废弛。南京国民政府建立后，"鉴于仓政之兴废，关系国计民生得失"，开始复兴仓储积谷。④ 1928年国民政府内政部着手规划恢复整理的办法，同时公布《义仓管理规则》。后又颁布《各地方仓储管理规则》，规定积谷仓之设立，有县仓、市仓、区仓、乡仓、义仓五种，且县乡镇各仓为必设仓。

---

① 邵元冲：《三十年来中国社会建设之演进》，《东方杂志》第31卷第1期，1934年，第36页。
② 邵元冲：《三十年来中国社会建设之演进》，《东方杂志》第31卷第1期，1934年，第37页。
③ 邵元冲：《三十年来中国社会建设之演进》，《东方杂志》第31卷第1期，1934年，第37页。
④ 《国民生计之建设——粮食之调剂》，《革新与建设》第1号，1937年10~12月，第1页。

到1932年底，各省市共计积谷230余万石，积存谷款50余万元又钱17万串。① 1933年，实业部制定、立法院公布《农仓业法》，新式仓储制度开始推广。不久，实业部令中央农业推广委员会会同宁属农业救济协会举办中央模范农业仓库。"依照《农仓业法》的规定，农业仓库的目的直接在调剂农产品的产销，间接即流通农村金融，以经营农产品的堆藏和保管。"② 新式农业仓库制度施行以后，"以江苏省农民银行主办的仓库成绩为最好，安徽，浙江，湖南，河北，陕西各省农业仓库，或由政府设置，或由银行及公共团体设立"，但"各仓库初办时大多只注意于抵押放款，对于制造运销尚多忽略"。③ 截至1936年3月底，全国各省市所设积谷仓数共计29926个，共计积谷770余万石，积存谷款180余万元。④

对于农业建设资金短缺问题，国民政府虽通过兴办农民银行、农村合作社与农业仓库等农业金融组织予以一定的救济，如为"普及江苏、浙江的电气灌溉，设定了许多计划去进行，所有新式的改良农具和机械都由政府用廉价供给，设立农民银行和农民合作社，以供给农民的资本，同时奖励农业合作社的设立"，⑤ 但就整个中国金融分配而言，"农业金融在全国金融体系中地位太低微，力量太薄弱。据查全国农民银行和农工银行仅三十二家，实收资本三千三百万元，不及商业银行一家之资本"。而且，许多虽"号为农业金融机关，而其中颇多从事于商业放款或证券买卖者。至于一般商业银行之从事于农业金融业务者，大半在利用其游资求取利润，其目的更觉不纯"。所以，农业金融"差不多是附属于商业金融"，"所谓农业金融者多系短期通贷而已，中期已绝少，长期更无有"。⑥

在补救农业资金短缺的同时，国民政府亦曾着手整改农业税，试图减轻农民负担，使其将资金投入农业生产。1930年，裁撤厘金。后又于1935

---

① 邵元冲：《三十年来中国社会建设之演进》，《东方杂志》第31卷第1期，1934年，第38页。
② 朱子爽：《中国国民党农业政策》，第80页。
③ 朱子爽：《中国国民党农业政策》，第81页。
④ 《国民生计之建设——粮食之调剂》，《革新与建设》第1号，1937年10~12月，第1页。
⑤ 〔日〕田中忠夫：《中国农业之电气化》，刘寿浦译，《社会杂志》第1卷第1期，1931年，第7页。
⑥ 梁漱溟：《乡村建设理论》，山东邹平乡村书店，1937，第526页。

年第二次全国财政会议上决议废除苛捐杂税。"同时其他各主要税源如关税盐税等，亦已加以简单化与合理化。"①

此外，在度量衡的划一方面，南京国民政府成立之初，以中国建设协会所主张的"万国公制"为权度标准，颁布《中华民国权度标准方案》及《度量衡法》。② 在度量衡行政方面，设立"全国度量衡局"总绾其成，并设"各省市的度量衡检定所，各县市的度量衡检定分所"，从事度量衡之检定。③ 工商部亦根据《度量衡法》颁布度量衡各法规，且于1930年11月，"召集全国度量衡会议"，对于"制造、检定、推行"诸问题详加讨论，确定划一之方针。④ 1931年起，实业部开设"中央检定人员养成所"，培育度量衡检定专才，在各省开班进行训练，毕业学员将被分发到度量衡检定所及分所，并规定国内所有度量衡器具，均须经检定所检定后才可推行。到1936年底，"实业部全国度量衡局训练毕业之一、二、三等度量衡检定人员，计一等检定员74人，二等检定员295人，三等检定员1618人，合计1987人"。除此之外，国民政府还通过颁发标准器及检定用器，以及对各地度量衡营业者核发度量衡许可证等措施，来加快全国度量衡的统一步伐。⑤

二　地方建设的试验推广成效

北伐之后，"各省政府仍大多独立于中央政府"，南京国民政府"能毫不含糊地控制的只是很有限的几个省"。就建设机关而言，当时中央设建设委员会，各省则有"各省之建设厅，各市之工务局，各县之建设局"。省县之建设机关并不受中央直管，而是直接受命于省政府，"如农业推广处、公路局、矿务局、电气局、长途电话处、航政局、渔业局、土地局等等，各

---

① 卫挺生:《国民政府之财政建设》,《银行周报》第20卷第5期,1936年,第2页。
② 萧复初:《统一中国度量衡推行之我见》,《中国建设》第4卷第6期,"度量衡专号上",1931年12月1日,第5页。
③ 江光泽:《度量衡检定杂谈》,《中国建设》第4卷第6期,"度量衡专号上",1931年12月1日,第46页。
④ 何岑:《划一全国度量衡之蠡见》,《中国建设》第4卷第6期,"度量衡专号上",1931年12月1日,第11页。
⑤ 《国民生计之建设——全国度量衡之统一与推行》,《革新与建设》第1号,1937年10～12月,第18页。

省均自为系统"。① 一些省份虽在政局迭替、财政困难、帝国主义侵略等客观因素的影响下,许多应行之建设尚未及之,但在中国建设协会的协助与建设委员会的督促下,"如江苏、安徽、湖南、湖北等省亦已有相当之成绩,尤以修造公路暨设置长途电话,进步特为迅速"。②

1. 交通建设

"道路为文明之母,财富之脉。交通最便之地,即实业最盛之区,道路最多之国,亦即文化最发达之邦。"③ 在中国建设协会的倡导与全国经济委员会、建设委员会以及地方建设机关的共同努力下,进入20世纪30年代后,各地建设事业"日新月异,突飞猛进,尤其是对于公路之兴筑,更形积极"。许多省建设厅内专设公路局,公路建设由此颇有进展。"盖公路之效用,不惟对于农产之调节,原料之转运,物殖之贸迁"有相当之辅助,即在"国防上,政治上,文化上,亦具莫大之使命",因此,"各省对于公路事业,进行不遗余力,若浙江,若湖南,若广西,突飞猛进,大有一日千里之势"。江苏省于1928年11月正式成立公路局,1931年,"省政厉行紧缩,遂将公路局裁并建设厅,所有省道工程,由建设厅直接设立工程处负责办理"。且各县均设有建设局,负责建设县道,并协助省公路局办理征工修筑土基事宜。到1934年,该省所筑公路已通车者,近2000公里。④ 江西省于1927年冬成立公路局,到1931年底,"共计完成赣粤线之南昌新淦段,赣浙线之莲塘进贤段,赣闽线之温家圳临川段,以及广张经玉山至藻萍镇等线,总延长为224公里"。此后的一年中,在该局领导下,江西省新建公路"不下750公里,共计1389公里"。截至1934年5月底,该省"公路已完成者,共计3374公里"。⑤ 1929年湖南省政府"重视交通,终以公路

---

① 张延祥:《建设与技术人员之保障》,《中国建设》第4卷第4期,1931年10月1日,第99页。
② 《建设委员会民国十九年三月至九月政治工作报告书》,《张静江先生文集》,第279页。
③ 任树椿:《公路建设在国民经济上之重要》,《中国建设》第13卷第4期,1936年4月1日,第1页。
④ 吴时霖:《江苏省公路建设之过去现在与将来》,《中国建设》第10卷第1、2期,"公路专号",1934年7月、8月,第133~136页。
⑤ 张惟和:《江西省之公路建设》,《中国建设》第10卷第1、2期,"公路专号",1934年7月、8月,第68页。

分局兴修，计划设施，未能统一，遂开党政联席会议，决议取消中西南三路局，改组为湖南公路局直隶建设厅。并以田赋附加，颇嫌病民，通令取消，筑路费由政府统筹支配"。到1934年5月，该省新筑公路"完成通车路线五百七十九公里"，"完成路基涵桥路线三百四十公里"，正在修筑中之路线"共长一千〇三十公里"。① 广西省则在公路局之外设有管理局，"关于公路之建筑，则公路局属之，关于公路之管理，则管理局属之"。在两局的努力配合下，1934年该省省道"已完成者，共达四千余公里"。② 又如河南省公路局主持修建"开郑（由开封至郑州）、开周（由开封至周家口）、开许（由开封至许昌）、开考（由开封至考城）、开安（由开封至安阳）"五大公路，作为"省垣四面往来孔道"，"关系全省交通，异常重要"。③

其他各省公路建设在省建设厅的领导下亦取得了显著成效。为"图众擎易举，使公家无经费困难之虑，而人民有集资兴利之机，道路无荒弃之虞，交通无梗塞之患"，湖北省建设厅对民办汽车路之兴修极为提倡，为此特在《县道修建计划》内明令："准私人集资兴修，许以专利若干年，再收归公有。"依此令，到1931年，湖北省内由商民修筑完成并开车营业的汽车道，有武豹路、广武路、洞赵路、仓水窖路、向浠路、武金路，"云梦县至孝感县之云孝路，亦已由该两县人民集资募股，从事创办"，"其他各乡村镇道路，拟即筹划兴办者，亦纷纷继起有人"。④ 民众不仅可在公路等交通线路的修筑中发挥较大作用，亦对道路的维护贡献颇殊。河北省建设厅除在铁路沿线各村设"铁路爱护村"外，又在公路管理处下设"爱路委员会"及"各县爱路委员会"，"与铁路爱护村取得相当联络"，以便更好地借用民力推进交通建设。⑤ 此外，该省建设厅一面将原有之路政机关接收管理

---

① 周凤九：《湖南省之公路建设》，《中国建设》第10卷第1、2期，"公路专号"，1934年7月、8月，第4页。
② 李子庶：《广西公路纪略》，《中国建设》第10卷第1、2期，"公路专号"，1934年7月、8月，第159页。
③ 《河南公路局之新政策》，《中国建设》第1卷第1期，1930年1月1日，"新闻"，第7页。
④ 《湖北民办汽车路概况》，《中国建设》第3卷第5期，"湖北省建设专号上"，1931年5月1日，第17页。
⑤ 《各县爱路委员会组织章程》，《河南省路政概况》（1942年），中国社会科学院近代史研究所档案馆藏，乙K42。

第三章 中国建设协会建设主张的落地生效

并进行改组,① 一面"统筹全省省路,计划兴修",就该省原有道路,"若者利于工商,若者利于农矿,若者关系文化教育,若者关系政令军情,察其用途,权其轻重,抉其首次,分期兴修"。②

自 1930 年浙江省建设厅通过"铁路航路公路之线宜筹划联络规定交通计划网,以便循序建设"一案后,③"浙江的经济建设主要沿着两条路线走,一是建设铁路和公路,一是发展公用事业,诸如电话和电力等"。④ 在公路方面,浙江省拟订"全省公路网之计划,以杭州、乍浦、宁波、永嘉为干路之中心,其县与县联络之道路为支路,从此支干既分缓急有序,拟分四期建筑,期限六年"。自此之后,浙江省的公路建设"十分猛进",到 1933 年该省已建成之公路共"一千六百四十五公里",此一年所修筑之公路"已驾已往六七年所成之总数而上之"。⑤ 为"收交通互相扶助之效",在公路建设之外,浙江省于 1928 年决定按铁道部干路标准修筑一条北连浙皖、南接京粤的标准轨铁路——杭江铁路,以此为浙江铁路之总干线。⑥ 而且,杭江铁路以中国建设协会所提倡的经济实用原则为标准,"首先提倡轻轨不用八十五磅的轨,而采用三十五磅,预备慢慢的因运输之演进而渐渐的增加轨重,所有桥梁,除巨大者外,载重全用 Cooper E-35,而最可钦仰的,是全路车站房屋,因陋就简,有民房的,他们或是修改,或是利用,决不在这里虚费金钱,所以从前修铁路,每公里要二十万元或三十万元,现在他们只用五六万元,这是何等经济实用的政策"。⑦ 该铁路于 1934 年完成全线,

---

① 《河北省省路之状况》,《中国建设》第 7 卷第 6 期,"河北省建设专号",1933 年 6 月 1 日,第 101 页。
② 《河北省修治省路计划》,《中国建设》第 7 卷第 6 期,"河北省建设专号",1933 年 6 月 1 日,第 105 页。
③ 《浙江省建设会议纪详》,《中国建设》第 1 卷第 1 期,1930 年 1 月 1 日,"杂俎",第 21 页。
④ 《何廉回忆录》,朱佑慈等译,中国文史出版社,1988,第 87 页。
⑤ 陆逸志:《浙江省公路现在建筑概况》,《中国建设》第 10 卷第 1、2 期,"公路专号",1934 年 7 月、8 月,第 101 页。
⑥ 吴祥骐:《浙江公路与铁路新建设之概况》,《中国建设》第 1 卷第 2 期,1930 年 2 月 1 日,第 96 页。
⑦ 陈本端:《我国交通建设应有之认识》,《中国建设》第 8 卷第 6 期,"铁道专号",1933 年 12 月 1 日,第 97 页。

"总长约三百六十公里，建筑费为一千三百余万元，平均每公里连同总务费在内，约须三万六千余元"，系中国该年"铁道建设之一大收获"。①

自杭江铁路全线通车后，"交通顿称便利，且以该路在军事、交通、及商业上之重要，有展筑新路线之必要，以联贯浙赣之交通"，于是交通部会同浙江、江西两省政府联合组织浙赣铁路联合公司，积极进行修筑，终于1935年全部竣工，1936年通车。而自清末即已计划修筑的"联络长江珠江流域，而握湘鄂粤三省交通枢纽"之"粤汉铁路"，在国民政府的力促下，于1936年正式全线通车。此外，1934年底陇海路自海州大浦至西安一段通车，京粤线、京芜线及芜孙段亦于1934年通车，由建设委员会兴筑的淮南铁路于1936年正式通车，并与江南铁路联运。② 东三省之交通建设成绩，"尤以建筑铁路为最"，1930年，除吉海齐克等路定于当年2月底完工外，吉同密穆等路同时筹备建筑，此外尚有九张铁路、兴抚铁路、齐黑铁路、呼鹤铁路等多条铁路在计划修建中。③

中国建设协会所提之拟具"平均发展全国交通之大计划"与求交通事业合理化、系统化之主张，在各地交通建设尤其是公路建设中亦有所体现。自1932年起，全国经济委员会"正式成立公路处，聘请专家计划公路建设"。全国经济委员会成为全国公路事业之中央主管机关，负责制定建设计划，并督促各省分别建造，必要时予各省建设机关以技术上及经济上之辅助，中国公路建设由此进入"中央督造时期"。1933年，"全国经济委员会督造江浙皖三省的公路"，后又"由三省扩充到七省公路，就加上豫鄂赣湘四省"，并推近及远设法将各省以前支离零碎之道路连成一有系统之公路网。至1934年底，"苏浙皖三省互通公路已正式通车者，计有一千六百十七公里。在江浙境内者各六百余公里，安徽境内者三百余公里，"④ 七省公

---

① 白力策：《近年来我国铁道建设之检讨》，《中国建设》第16卷第2期，1937年8月1日，第19~20页。
② 白力策：《近年来我国铁道建设之检讨》，《中国建设》第16卷第2期，1937年8月1日，第20~29页。
③ 《东北之筑路计划》，《中国建设》第1卷第2期，1930年2月1日，"建设新闻"，第6页。
④ 鲍远：《苏浙皖三省互通汽车各公路之调查》，《中国建设》第10卷第1、2期，"公路专号"，1934年7月、8月，第211页。

路建设亦均有"确定的计划,干线七条,支路有六十余条"。统观中央补助各省建筑的路线,"长有七千余公里",各省自造的也有"一万三千公里左右"。① 截至1935年12月底,"已可通车路段,共达二万零八百余公里"。同时,全国经济委员会"应各省当局之请求,协助办理各项特殊工程,以协测路线为最著,总计派赴江西福建陕西甘肃四川湖北等省测勘之路线,长一千四百公里有余"。②

从1932年到1934年,"公路通车里程最多之省份,首推广东,计有一万一千二百余公里,次为山东,计有五千五百余公里,江西计有四千六百余公里,安徽有四千二百余公里,广西、外蒙古、福建、江苏、湖北、浙江、辽宁等七省,各有三千余公里,宁夏、吉林、四川、黑龙江、热河、察哈尔、河南、湖南、山西等九省,各有二千余公里,河北、陕西、云南、贵州、新疆、绥远、甘肃、西藏等八省,各有一千余公里,青海有九百余公里,西康有五百余公里,共计八万四千八百余公里"。③ 在铁路建设方面,自1932年国民政府实行"各铁路与水路联络运输,结果铁路收入突然增加,政府认为有利可图,遂着手整理各线及敷设新线,中国铁路之建设乃次第举行"。铁路新线日渐增加,如粤汉铁路、陇海铁路、正太线的支线、南京—芜湖线等,皆为该时期新建之路线。④ 据铁道部统计,1935年度国有铁路"营业路线较上年增长145.513公里","营业进款净数增7.11%"。⑤ 为加强铁路与公路之联系,行政院于1936年正式通过"铁道与公路联络办法"。⑥

2. 电气建设

电气事业范围至广,国民政府1930年3月公布之电气事业条例第一条

---

① 康时振:《国内公路近况》,《中国建设》第10卷第5期,1934年11月1日,第118页。
② 康时振:《全国经济委员会办理公路事业之概况》,《中国建设》第13卷第2期,1936年2月1日,第2页。
③ 杨得任:《中国公路运输概况》,《中国建设》第11卷第5期,1935年5月1日,第120页。
④ 刘选民:《最近中国之铁路新建设》,《中国建设》第12卷第3期,1935年9月1日,第70页。
⑤ 《中国建设》第15卷第3期,1937年3月1日,"建设消息日志",第150页。
⑥ 《中国建设》第14卷第2期,1936年8月1日,"建设消息日志",第165页。

规定:"凡应一般需要,以供给电光电力电热者,谓之电气事业。"但电气之应用显然不止于此,"电气事业,关系国防、工业、交通,至为密切"。① 自南京国民政府成立后,在建设委员会等的督导协助和中国建设协会的宣传研究促推下,国内"电气事业,较有进展","南北较发达之各省,其事业亦有蒸蒸日上之趋势"。据建设委员会《中国电气事业统计》第4号所载,1933年全国发电容量,较1932年"计增一万五千余瓦,约加6.4%,实在发电度数,亦增九十余万度,约加20%"。② 1934年,全国"发电总容量为二十七万瓦弱",较1932年约增14%;发电度数1934年为630余兆度,较1932年增加36%"。③ 由上可见,进入20世纪30年代后,国内电气事业确有发展。而且,电器制造"在国内已有相当市场",各地纷纷设厂制造。如1934年,湖南省建设厅采取"官商合股"的方式,在长沙组设"湖南电气制造股份有限公司","专事制造无线电机及各种电器"。④ 安徽省建设厅自成立后,即着手对其省会所设之电厂添置设备,整顿厂务,于1934年开始正式送电。此外,该省尚有多家民营电厂,如桐城光明电气公司、舒城电灯公司、合肥耀远电气公司、临淮关光华电灯公司、怀远光怀电灯公司、蚌埠耀淮电灯公司、宿县耀宿电灯公司、广德广明电气公司等,共29处。⑤ 此外,该省建设厅亦对旧有无线电电台进行整顿,对于拟设之台则竭力促成,到1935年已有短波电台共23处。⑥

与此同时,对全国电气事业"负取缔指导之责"的建设委员会,"对于

---

① 《河南全省长途电话整理计划及进行情形》,《中国建设》第5卷第3期,"河南省建设专号",1932年3月1日,第37页。
② 罗世襄:《以无功能改良电力价格刍议》,《中国建设》第12卷第3期,1935年9月1日,第115页。
③ 《建设委员会指导下之建设事业近况》,《中国建设》第13卷第1期,1936年1月1日,第5页。
④ 《湖南电气制造公司筹备近况》,《中国建设》第9卷第1期,"湖南省建设专号上",1934年1月1日,第103页。
⑤ 《安徽电厂概况》,《中国建设》第11卷第3期,"安徽省建设专号上",1935年3月1日,第51页。
⑥ 《安徽之无线电》,《中国建设》第11卷第3期,"安徽省建设专号上",1935年3月1日,第82页。

各电厂无不严加督促,力求改善"。"见有资本缺乏无力整顿者,则责令经济公司,招徕投资,并助其筹措,以资整理";"见有缺乏技术人员,一任工头把持,致工程设施,错误失当者,则责令聘任相当人才,主持技术,或聘用顾问工程师,以备咨询";"见有设备简陋,线路腐败,灯光暗淡,常生危险者,则责令添购机器,充实电力,整理线路,保障安全";"见有业务废弛,经济信用不固者,则责令整顿收入,撙节开支,摊提充分之折旧及公积,以固基础"。① 在建设委员会的督促下,到全面抗战爆发前夕,一些省开始着手整理电气事业,如广西省在梧州设省营电力总厂,督察及指导全省电力厂,派工程师驻各分厂进行指导,省内新电力厂"亦由总电厂派员负责筹备兴建,如此则对于人才、机件及材料三者,总厂得统筹办理,获到最经济的支配,实为一最合理化之政策"。② 此外,亦有"一些电气事业人因办理棘手,难见成效",请求建设委员会代为整理。如1936年"九江映庐电灯公司,即由建设委员会派员与公司订立年限,组织整理处,借拨款项,从事整理"。除督导全国电气事业外,建设委员会"复自行办理首都电厂、戚墅堰电厂及电机制造厂,以为全国电气事业之模范,创立电气试验所,以求全国电量检定之统一与准确"。③

在电信建设方面,自民初创办以后,"电报电话不甚发达,进步亦见迟滞","民间对于电信之知识,尚未普遍,对于电信之利用,多存观望"。在中国建设协会的宣传下,进入30年代后,各省政府逐渐意识到电信事业之重要,尤其是"长途电话,为灵通消息之利器,关系政治军事商业交通至为重要"。一些省份在电信建设方面尤其是对长途电话之装设,"详加擘划,积极进展,报纸所载,新增通报通话之处,时有所见"。与此同时,"电信传递之迅速,所得效果之美满,已渐深入于社会人士之脑海中,不只通都

---

① 《建设委员会指导下之建设事业近况》,《中国建设》第13卷第1期,1936年1月1日,第3页。
② 赵曾珏:《考察广西经济建设之印象》,《中国建设》第12卷第5期,1935年11月1日,第15页。
③ 《建设委员会指导下之建设事业近况》,《中国建设》第13卷第1期,1936年1月1日,第3页。

大邑使用者增加，即穷乡僻地，亦莫不就近乐用"。① 因此趋势，河北省建设厅于1928年颁布"长途电话装设办法"，饬令各县积极装设长途电话。到1933年，全省已装设长途电话并能通话者，共计90余县。其余不能通话各县分，亦在进行筹设中。② 河南省亦于1933年设立长途电话工程处，聘请工程师，计划分三期架设完成，到1936年已完成两期，收入颇为畅旺。③

"长途电话为近代新兴事业"，到20世纪30年代前后，长途电话业务在各省的努力建设下"已有相当成效"。④ 山东省建设厅曾拟订长途电话架设计划，并于1929年开办电气训练班，以培养电信工程及管理人才，"向美商订购大批铜线，准备架设材料"。为"总揽全省省有长途电话管理事宜"，建设厅成立长途电话管理处，下设各县分局，负责局部管理工作。到1930年底，山东全省已架设长途电话线路实现通话者，"计有六十五县"，较1929年"增加四十七县，亦即百分之二百六十一"。⑤ 湖北省建设厅为促进省内长途电话之建设，特"开办长途电话传习所，招取学生一班，专门教授电话学科及架设方法，三个月毕业，实地训习，时间虽短，差幸皆能致用，尚无人大缺乏之感"。⑥ 安徽省建设厅于1935年着手，对该省旧时仓促架设、用于公路行车及军事通信之长途电话进行"整理路线，划一管理"与"推广用途，普及公用"，"并展延已成线路，联络贯通，而成一长途电话网，分布全省各地，以灵消息"。⑦ 此外，交通部又有架设"九省长途电话网"与"国际及国内无线电话"之工程计划，到1936年，前一个工程已

---

① 施亦威：《一年来之电信建设概述》，《中国建设》第15卷第5期，1937年5月1日，第1页。
② 《本省长途电话概况》，《中国建设》第7卷第6期，"河北省建设专号"，1933年6月1日，第115页。
③ 余籍传：《湖南建设之现况》，《中国建设》第13卷第2期，1936年2月1日，第10页。
④ 施亦威：《一年来之电信建设概述》，《中国建设》第15卷第5期，1937年5月1日，第10页。
⑤ 《山东省长途电话概况》，《中国建设》第7卷第4期，"山东省建设专号第三编"，1933年4月1日，第157页。
⑥ 《湖北筹设长途电话计划及进行情形》，《中国建设》第3卷第5期，"湖北省建设专号上"，1931年5月1日，第53页。
⑦ 《安徽长途电话网之分布》，《中国建设》第11卷第3期，"安徽省建设专号上"，1935年3月1日，第87页。

完成十分之六七，后一个工程已完成过半。① 就全国长途电话建设情况言，到 1936 年"已有相当发展"。1935 年底，"长途电话通话处所，计有 705 处"；至 1936 年底，"一年内已陆续增加 104 处"，每月通话次数较 1933 年约增 93%。② 截至 1937 年 2 月底，通话处所"共有 911 处，所有全国各重要城镇，大都均已有长途电话之联络"。③

3. 市政建设

"市政之在地方，犹人身之仪饰也，觇人国者，恒以市政之良窳，判政治之美恶。"④ 因是，国民政府建立后，积极进行市政建设，如青岛市在市政建设中成绩斐然，关于"教育及乡区建设"，市政府都不遗余力地推进，在"注重人才，讲求效率，及市政公开"三方面，亦颇可称道。⑤ 为谋市政之刷新，宁夏建设厅组织成立市政委员会。江西省南昌市亦设立市政厅，对市内街道、桥梁进行重修与改造，整顿、完善教育系统，加强社会教育，并设立各业同业公会及工会，以谋工业发达。⑥ 到 1935 年，南昌市市政建设已较著成效，国联专家哈斯赞言："南昌及近郊市政工程，进展甚速，已备具近代都市之规模。"⑦

除上述少数城市外，大部分省市因财政拮据，在市政建设方面进展缓慢。如安徽省因资金支绌，"对于市政设施，未能大举，仅于省会及芜湖两处，稍有工务设施"。⑧ 河南省之市政建设，亦主要在其省会开封市进行了些许设施。对于开封市之建设，中国建设协会主张从市政组织、行政区划

---

① 俞飞鹏：《我国交通事业状况（选载）》，《中国建设》第 13 卷第 4 期，1936 年 4 月 1 日，第 108 页。
② 施亦威：《一年来之电信建设概述》，《中国建设》第 15 卷第 5 期，1937 年 5 月 1 日，第 10 页。
③ 《中国建设》第 15 卷第 5 期，1937 年 5 月 1 日，"建设要闻选辑"，第 120 页。
④ 《宁夏之市政》，《中国建设》第 11 卷第 6 期，1935 年 6 月 1 日，第 155 页。
⑤ 沈观准：《青岛市政调查实况》，《中国建设》第 7 卷第 5 期，1933 年 5 月 1 日，第 119 页。
⑥ 《南昌市政现状》，《中国建设》第 7 卷第 1 期，"江西省建设专号下"，1933 年 1 月 1 日，第 131 页。
⑦ 〔英〕哈斯：《中国建设事业进行近况（续）》，《中国建设》第 13 卷第 2 期，1936 年 2 月 1 日，第 151 页。
⑧ 《安徽市政撮要》，《中国建设》第 11 卷第 3 期，"安徽省建设专号上"，1935 年 3 月 1 日，第 99 页。

及交通等各种建设着手,将这一由政治需要而成之城市改建成适合"新式工商业经济社会需要"的城市。① 与此计划相似,河南省建设厅在开封市组设"市政工程委员会",后改为"省会市政委员会",统一办理开封市之修筑马路、整理水道、修筑城防、整理公园、兴办公墓等各项市政工程建设,以期将其建成现代化新都市,促进现代工业之发展。② 但到20世纪30年代中后期,国内经济"不景气之高潮澎湃及于各地,都市之工商业,日趋衰落",③ 市政建设也因之无力谈及。

4. 水利建设

在中国建设协会的倡导与谋划下,各地开始重视水利建设,以中国建设协会所提之水利建设主张为施行办法。如建设委员会及各地水利机关开始着手测量地形水文,酌情制订水利设施修建计划。华北水利委员会据徐世大所提供的"永定河治本计划大纲","拟定永定河治本大纲,并附带计划,引用永定河水,以灌溉其南北两岸附近之田"。④ 1930年浙江省建设会议通过的"调查荒山荒地,实行造林培植建设用料,并消弭水旱灾"决议,亦为中国建设协会主张的水利建设治本之策。⑤ 各省水利建设多由省水利局统筹实行,其中尤以湖北水利局与浙江水利局之水利建设成效显著。湖北水利经费之丰裕为各省之最,提倡水利亦为各省之冠。其治标工程所费平均每年在150万元以上。关于治本计划,设有地形测量队两大队,水文站6处,水标站30余处,雨量站每县一处,每月经费在2万元上下。浙江水利局对于水利亦极注重,1933年筹划以飞机测量钱塘江,还设有浙西浙东水利议事会,专司保管水利经费,监督其用途,并建议关于水利应兴应革事项,行之有年,成效显著。

其他各省水利局在水利建设方面亦对中国建设协会的建设主张进行过

---

① 陈士型:《开封市建设计划》,《中国建设》第13卷第5期,1936年5月1日,第77页。
② 张静愚:《河南建设之回顾与前瞻》,《中国建设》第13卷第2期,1936年2月1日,第57~59页。
③ 林择之:《青岛一年来之建设》,《中国建设》第13卷第3期,1936年3月1日,第14页。
④ 张自立:《我国灌溉问题及建设委员会关于灌溉事业之工作》,《中国建设》第1卷第5期,"水利专号下",1930年5月1日,第5页。
⑤ 《浙江省建设会议纪详》,《中国建设》第1卷第1期,1930年1月1日,"杂俎",第21页。

第三章 中国建设协会建设主张的落地生效

不同程度的践行，略见成效。如江西水利局"积极举办水文测量，设立雨量站，并拟具各项疏浚计划，筹款举办，成绩斐然"。湖南虽未设水利局，但亦组织湘滨阮澧四水之测量队着手测量。山西水利局"利用汾河流水以资灌溉，成效彰著"。河北"虽无水利局之设，然对于各河防灾，颇极注重"，河北省建设厅"连年召集河务会议，关于治河根本方策，彻底研讨，如某堤应急修补，冀免泛滥，某河应事疏浚，俾畅水流，悉经妥切筹议"。① 另设有永定河、北运河、大清河、黄河等河务局，后来还成立"农田水利委员会，亦颇注意于水利"。为使河务工程建设规范化，河北省建设厅特订定"施工规范"，对工程界址、尺度、维护均做了详细的规定，并颁布《河北省建设厅各河防范抢险办法》，以利防范抢险工程之切实有序推进。②

"国之本在农，农之命脉在水利。"③ 山东河务局对于黄河防务及运河疏浚极为注重，于1930年成立山东全省河工委员会，制订引水灌溉、发展水力之计划。为发展水力电以振兴工业，省建设厅曾有筹设乌河水电厂之计划。④ 此外，整理小清河工程亦在省建设厅的督饬下按计划进行。⑤ 宁夏省建设经费虽不甚充裕，但"各渠经建设厅督饬疏浚，水量充足，年谷丰收，又相度地势，新开支渠数道，颇有裨益民生"。⑥ 此外，湖南省建设厅内专设水利委员会，并于1933年在建设厅内组设全省水道测量队，测量各处水道之地形流量以及所含泥沙量、水文水准等项，以之为根据，由水利委员会拟具计划大纲，整理全省水道。⑦

---

① 《河务概说》，《中国建设》第7卷第6期，"河北省建设专号"，1933年6月1日，第1页。
② 《永定黄河南运北运大清子牙河春工防范抢险之追述》，《中国建设》第7卷第6期，"河北省建设专号"，1933年6月1日，第97页。
③ 《湖南水利进行概要》，《中国建设》第9卷第3期，"湖南省建设专号下"，1934年3月1日，第88页。
④ 《筹设乌河水电厂计划书》，《中国建设》第7卷第4期，"山东省建设专号第三编"，1933年4月1日，第55页。
⑤ 《整理小清河工程计划大纲》，《中国建设》第7卷第4期，"山东省建设专号第三编"，1933年4月1日，第3页。
⑥ 戴恩覃：《宁夏省办理河渠水利陈规述略》，《中国建设》第6卷第5期，"宁夏省建设专号"，1932年11月1日，第40页。
⑦ 《湖南水利进行概要》，《中国建设》第9卷第3期，"湖南省建设专号下"，1934年3月1日，第87页。

5. 工业建设

"工业革命后，各国皆以发展机器工业，增加生产，为国际经济竞争之基础。"[①] 鉴于中国工业之落后，为抵制外国先进工业对中国传统手工业的冲击，中国建设协会会员主张运用现代科学、机械振兴本国工业，以大规模的现代工厂及其所产物美价廉之国货抵制洋货。顺此思路，贵州省政府组织国货振兴委员会，并拨款扩充模范纺织工厂，举办电力机织，该厂出品"销路渐觉畅旺，有供不给求之势"。[②] 湖南省建设厅为"提倡国货奖励工商企业"，"转饬各公司工厂连同专用商标依法注册后，会同财厅审查其所制出品，凡可以替代外货者，分别豁免统税，或特别减轻税率，以示提倡"，并成立工业试验所，搜集省内各种物产，"考察性质，改良土法，创造新法"，以期"由试验而生事业"，"于民生经济，两有裨益"。[③]

近代以来，中国新式工业所使用的机器大都系舶来品，而机器所需之燃料，亦多仰给外洋，每岁漏卮，为数甚巨。1936年，采纳中国建设协会发展本国机器工业与开发利用燃料之建议，湖南省政府"斥巨资建筑一规模宏大之国货陈列馆"以提倡国货，"该馆因鉴于煤油柴油进口数量之巨，特设法使用国产燃料发动机"。"适湖北汉阳恒顺机器厂长周茂柏氏发明自制煤气发动机成功，售与国内各工厂之马力已达三千匹以上，试验均为满意，乃向该厂定制一百三十五匹马力立体式三汽缸煤气发动机一座，并托代办国产一百一十维爱三相交流发电机一部，所有电板、电表、皮带等附属零件，概采国货，可称国内第一部国产煤气发动机发电厂，装置完竣后，几经试验，成绩甚佳。"[④] 河南省建设厅成立后，首先着手整顿省立农工器械制造厂、县立民生工厂，"以期组织生产合理化科学化"，经调整后各厂"制品营业均较往昔为佳"。次于各县筹设工业倡导委员会，以"提倡指导

[①] 张静愚：《河南建设之回顾与前瞻》，《中国建设》第13卷第2期，1936年2月1日，第87页。

[②] 《贵州省模范工厂扩充计划》，《中国建设》第8卷第2期，"贵州省建设专号"，1933年8月1日，第51页。

[③] 《湖南省工商行政实施概要》，《中国建设》第9卷第1期，"湖南省建设专号上"，1934年1月1日，第77页。

[④] 《中国建设》第13卷第5期，1936年5月1日，"建设要闻选辑"，第148页。

全县工业之改进与发展","设立农工产品陈列馆,俾资观摩","提倡国货,而奖优民"。"为推广工业教育,增进工业知能起见",复于1933年12月创办家庭工艺传习所,"以备训练平民妇女,从事习艺"。①

为振兴现代工业,各地创办了一些新式工厂,且工厂类别具有独特的地域性。如陕西为"中国产棉最著之区",故该省对于纺织厂的开办较为注意。1932年初,省建设厅决定设立"陕西第一纺织工厂",拟具计划,并召集"长安,临潼,华县,华阴,潼关,富平,高陵,三原,泾阳,咸阳,礼泉,兴平等产棉各县商会代表,及熟悉棉业之棉商,并纺织专家等",在建设厅开"第一次筹备会议,讨论纺织厂性质及基金各问题",旋经决议实行"官督商办",纺织基金纯取招股方式,不加官股,厂名定为"陕西官督商办民生纺织厂股份有限公司"。②宁夏省"以提倡工业应先从试验入手",1930年春于省城创办工业试验厂一处,"以所有土产物品,逐一试验,精研制造,成立三年,即一袜一带至小之物,亦莫不受各界之热烈欢迎"。③广东省则以蔗糖工业为重,由建设厅制订复兴糖业三年计划,致力于改进制炼技术,发展植蔗事业。经努力振兴,该省产出之糖,"其品质与色泽,远胜于爪哇之二十五号糖,为吾人始愿所不及,则又证明其技术上业告成功"。④

江西省建设厅于1928年在南昌市内设立工业试验所。该所在成立之初仅偏重皮革等个别试验,而忽略工业原料之化验,殊远其设立之初衷,以致"开办经年,毫无成绩"。直到30年代初,该省"工厂寥若星辰,所有出产,多系手工业品",⑤仅有之机械工业,"除商办之久兴纱厂,裕生火柴

---

① 张静愚:《河南建设之回顾与前瞻》,《中国建设》第13卷第2期,1936年2月1日,第89页。
② 《陕西益民纺织厂开办计划与进行现状》,《中国建设》第6卷第4期,"陕西省建设专号",1932年10月1日,第27页。
③ 王谊:《宁夏省工业试验厂办理之经过与现在进行之概况》,《中国建设》第6卷第5期,"宁夏省建设专号",1932年11月1日,第86页。
④ 冯锐:《复兴中之广东蔗糖事业》,《中国建设》第13卷第1期,1936年1月1日,第99页。
⑤ 《江西省工业品及原料概况》,《中国建设》第6卷第6期,"江西省建设专号上",1932年12月1日,第11页。

公司，及电灯公司外"，惟有建设厅"就固有之造币厂及兵工实习厂"改组而成的"民生工厂"。① 1932年，建设厅厅长任工业试验所所长后，"以提倡化学工业为主旨"，在所内"增设实业股，注重化验"，该省工业有了发展之机。② 此外，就全国机械工厂而言，广西机械厂之实力较为雄厚。该厂资本40余万元，"自备有一百匹马力之蒸汽机，及五十四瓦之发电机"，"专从事于飞机之修理与配造，及炸弹之制造"。③

"近世科学发达，一切工业仰赖机器，而机器之原料与运用，又仰赖矿产，故矿业遂有左右世界工商之权势。""一国之强弱，地方之贫富，物质文明之表现，工商经济之进展，胥可以矿业之盛衰消长决定之。"④ 因此，各省对于矿业之发展尤为重视，在官矿与商矿协调发展方面做了许多改进工作。安徽省建设厅鉴于此前该省"官矿办理之不善，商矿规模狭小"，遂于1929年订定"官矿章程"，"设局专司其事，另委专门人才，负责办理"，并拟定《安徽省开发矿产办法大纲》及"官让与商办章程"，在"原定各官矿区内，除保留若干区计划开采外，其余各矿一律开放，准予商人承领，以免货弃于地"。并以"提倡保护指导监督，使人民自由发展，尽量开发本省矿产"为原则，"凡官矿经营不善者，规划彻底解决办法，商矿规模狭小者，予以便利，促其发展"。⑤ 为振兴中原煤矿公司，河南省建设厅组织成立"整理委员会"，以"监督指挥公司现时之措置设施"。⑥ 湖北省建设厅除致力于官铁矿、铜矿、煤矿等建设外，亦制订并通过"复测矿区""催缴

---

① 《江西民生工厂概况》，《中国建设》第6卷第6期，"江西省建设专号上"，1932年12月1日，第7~8页。
② 《江西省工业试验所实施状况及计划》，《中国建设》第6卷第6期，"江西省建设专号上"，1932年12月1日，第3页。
③ 赵曾珏：《考察广西经济建设之印象》，《中国建设》第12卷第5期，1935年11月1日，第13页。
④ 《整理河南矿务计划》，《中国建设》1932年第5卷第3期，"河南省建设专号"，1932年3月1日，第93页。
⑤ 《安徽之矿冶》，《中国建设》第11卷第4期，"安徽省建设专号下"，1935年4月1日，第74页。
⑥ 《河南省中原煤矿公司整理委员会工作概况》，《中国建设》第5卷第4期，"河南省建设专号"，1932年4月1日，第9页。

第三章　中国建设协会建设主张的落地生效

矿区税""查明废矿""取缔私矿""清理旧案""印刷矿业法"等法，对民矿进行整理，①并组织湖北全省矿产调查队，"分区调查"该省矿产、矿业、矿政。②"鉴于地质调查工作，关系于矿业发展前途者至为重大"，河南省建设厅于战事刚过即着手恢复并于1932年正式成立地质调查所。③

各省矿产开采工具及方法亦较以前有明显进步，主要是以机械开采代替土法。如广西省较大的锡矿开采公司，"均已采用机械开采法"，其中"布置与管理最佳者，当推济华公司。以少数机械力，可产多量之锡"。④ 此外，在开发水力电方面，湖北省曾于1936年筹建武昌水电厂，并聘请电气工程师对市内水电事业进行设计整顿。⑤ 在农业机械化方面，陕西省建设厅自成立之始即谋求"利用机器"，特设"农具制造厂"于省城，"购置欧美新式农具，按照地方情形，依法改良，仿制推行，以利农用"。⑥ 河南省建设厅将河南农具制造厂整理扩充为河南省建设厅农工器械制造厂，专以"制造农工机器"为主旨，在制造"凿井机、灌田机、新式农具、柴油机、引擎织布机、榨花机以及其他社会上必需之机器"的同时，亦具有"教养"功能，"能培养工业界必需之人才"。⑦

6. 农业建设

中国建设协会所提议的诸多改进农业技术方法中，在各地农业建设中运用较多的实属设立"农事试验场"一项，多是在省建设机关健全后，由省建设厅倡导督促，获较大进展。如河南省的农业机关，自1912年至1929

---

① 《湖北省整理民矿办法概要》，《中国建设》第3卷第5期，"湖北省建设专号上"，1931年5月1日，第105页。
② 《组织湖北全省矿产调查队计划》，《中国建设》第3卷第5期，"湖北省建设专号上"，1931年5月1日，第107页。
③ 《河南省地质调查所恢复计划及进行情形》，《中国建设》第5卷第4期，"河南省建设专号"，1932年4月1日，第1页。
④ 赵曾珏：《考察广西经济建设之印象》，《中国建设》第12卷第5期，1935年11月1日，第4页。
⑤ 刘寿朋：《湖北建设近况述略》，《中国建设》第13卷第1期，1936年1月1日，第121页。
⑥ 《陕西农林事业之发展计划》，《中国建设》第6卷第4期，"陕西省建设专号"，1932年10月1日，第4页。
⑦ 《改设河南省农工器制造厂计划》，《中国建设》第5卷第4期，"河南省建设专号"，1932年4月1日，第79页。

年,"仅开封设有农事试验场一处,嗣虽于开封洛阳分设一二棉场,但不久即废",其他蚕业、林业试验场亦甚拮据,"成绩因之不振"。1929年春,河南省建设厅合并开封原有的农林蚕等机关为河南农林试验总场,并先后于尉氏、信阳、洛阳、汲县、商丘、辉县、南阳七处,改设一、二、三、四、五、六、七等区农林试验场,将登封、辉县、延津三处,收归建设厅直接管理。1931年,建设厅又以"原有农林试验场内部组织范围过广,博而不专,难期进展","审度各地实况,复将农林机关划分,各就气候土宜,分别规定单纯业务",各试验场由此进展更速。① 陕西省各县农场在省建设厅成立以前并未筹设,建设厅成立后,"始经规定面积,令饬各县限期成立,切实试验期收实效"。到1932年,该省已有50余县成立农场,进行农事尤其是棉产之试验。②

宁夏省亦根据当地实际情形在各县设立农事试验场及苗圃,作为"指导全县农林之实施机关","各就该地之情形利弊得失,认真改良,以求贯彻而期普及"。在此基础上,由省选适宜地方,进一步设立模范农场,组织省县农林协会,建设模范新农村。③ 山西省以提倡棉业、改良棉质、推广棉田、增加棉产为宗旨,派种棉指导员往各县与各村小学教员接洽并说明种棉之方法及利益,详为调查各地之风土使农民于适宜植棉处种植之,凡风土宜棉而人民尚未种植之各村应协同村长设立示范场。④ 在化肥的制造与施用方面,各地亦有相关举措,如浙江省曾于1936年筹建肥料制造厂,生产适合的化肥以满足农业增产之需。⑤ 鉴于"化学肥料,输入日多,农民施用适宜,往往未见其利,先受其害",江苏省于1933年订定并公布《管理化学肥料规则》,并委托金陵大学化验该省土壤,以便因地施肥。"为保证混

---

① 张静愚:《河南建设之回顾与前瞻》,《中国建设》第13卷第2期,1936年2月1日,第62页。
② 《陕西各县农棉试验场统计表》,《中国建设》第6卷第4期,"陕西省建设专号",1932年10月1日,第21页。
③ 王荫三:《宁夏省农林设施计划》,《中国建设》第6卷第5期,"宁夏省建设专号",1932年11月1日,第2页。
④ 《山西省建设厅二十四年份各县种棉指导员指导办法》,《山西公报》1935年第36期,第25页。
⑤ 《中国建设》第13卷第6期,1936年6月1日,"建设消息日志",第124页。

合肥料成分之准确及防止商人之掺假作伪计,复自行设厂配置混合肥料",自施行以后,"颇著成效,化学肥料为害之现象,已不复发生"。①

浙江"素以产棉著称,乃因选种栽培各法,不加研究,产量日减,品质日劣"。为图改进,浙江省建设厅于1928年"将余姚原有之改良棉种试验场,改为省立棉业改良场",扩大棉田范围至一百亩,并在附近之新浦沿地方增辟一百亩,作为全省棉业改良推广之总机关,更于各产棉区域设立分场,提倡新式打包,防止奸商掺水,并"将宁波商办之棉花验水所,收归省办,改为棉花检验所,设分所于杭"。②江西省的农业试验场亦颇著成效,如该省建设厅所设的南昌农业试验场特别注意运用现代化学工艺试验与改进农业,在试验场内特设农艺化学部,负责研究土壤与化肥成分及合理施肥方法。③ 其他如湖口农业试验场,为改进棉稻两作品种,曾派技士前往各农村对"农民栽培旧法及棉稻品种"进行实地调查。为推广良种及栽培技术与施肥方法,该试验场除"将试验所得优良品种,分给于各农家,广为栽培,以求普及,而加增产额,贯彻试验之目的"外,还"派遣技士向各农村讲演棉稻两作之栽培智识,并实地指导应用科学新法","印刷试验报告,广为散布,以灌输农民智识","举行农作物展览会,陈列优良生产,引起农民竞争心而知图改良之"。④湖北省建设厅亦曾在省会附乡一带选定交通便利之处举办农事改良试验区,普及农学知识,并与乡村小学共谋农业技术之改进与推广,以"增高农民技能,改善农业生产,促进农民合作"。⑤

中国建设协会会员所提育种换种以改进籽种之议,亦在一些省得到推行。湖南省"农事试验场数年之经营,即以研究改良稻种为主,所征集之

---

① 沈百先:《一年来之江苏省建设》,《中国建设》第15卷第1期,1937年1月1日,第12页。
② 佩佩:《新浙江建设考察记》,《中国建设》第1卷第2期,1930年2月1日,"杂俎",第13页。
③ 《江西省立南昌农林试验场工作概况及计划》,《中国建设》第7卷第1期,"江西省建设专号下",1933年1月1日,第2页。
④ 《江西省立湖口农业试验场工作实施计划》,《中国建设》第6卷第6期,"江西省建设专号上",1932年12月1日,第94页。
⑤ 《湖北全省农林计划》,《中国建设》第3卷第6期,"湖北省建设专号下",1931年6月1日,第2页。

稻种，本省计一百七十八种，外省计五十种，日本、安南、缅甸三国计十七种，已分期播育，得到相当结果者，以崇德广籼改良曲玉及红毛谷等数种"，当地农民领种播种者络绎不绝。① 在换种方面，贵州省农矿厅以"交换籽种，足以改进农业，增加收益"，"订定交换条例"，筹设"厅省县之农产籽种交换所"，以行交换农种之举措。② 湖北省建设厅亦在厅内附设"农产物种子交换所，以为交换种子之总机关，并分令各县一律组织"，以期收"改进农产增加收获之效"。③ 但只顾交换种子，不求改进，其失败仍多。于是，宁夏省建设厅令该省种子交换所将农种"经改良之后，再行交换"，如此则收效自著。④

因"土壤之肥瘠，与农产物之丰歉有密切之关系"，对"矿质土壤之分析检验亦属急不容缓"，浙江省政府在矿产调查所内附设农矿化验室，"专从事于分析矿产土壤肥料并检验其来源种类，以为冶业及农业之指导"。⑤ 河南省在对各区农林试验场进行改组时，亦曾"就各地土质，及农民需要，确定主要作业，试验研究，推广改良"，"务求达到农业科学化，技术化，实际化之最终目的"。⑥ 为使农学试验与研究更切合各地农业实际，除实行土壤调查外，尤宜对当地气候进行预测与分析，因此，河北省建设厅于1933年创设天津测候所，"购置仪器，应用学理，推测报告"。此后并在全省各地普遍设立测候所，实时"观测其地质之气压、温度、风向、风力、日照、云向、云量、雪量以及蒸发量等各种测候"。⑦

---

① 余籍传：《湖南建设之现况》，《中国建设》第13卷第2期，1936年2月1日，第12页。
② 《黔各县交换农产籽种》，《中国建设》第3卷第5期，"湖北省建设专号上"，1931年5月1日，第96页。
③ 《湖北全省农林计划》，《中国建设》第3卷第6期，"湖北省建设专号下"，1931年6月1日，第2页。
④ 王荫三：《宁夏省农林设施计划》，《中国建设》第6卷第5期，"宁夏省建设专号"，1932年11月1日，第4页。
⑤ 佩佩：《新浙江建设考察记》，《中国建设》第1卷第2期，1930年2月1日，"杂俎"，第15页。
⑥ 《河南省各农场改组计划及进行情形》，《中国建设》第5卷第3期，"河南省建设专号"，1932年3月1日，第51页。
⑦ 《河北省测候所创办情形及扩充计划》，《中国建设》第7卷第6期，"河北省建设专号"，1933年6月1日，第133页。

第三章 中国建设协会建设主张的落地生效

增加农产之方法除上述改进农业技术外,亦可进行垦荒以增加种植面积,对此各地亦不遗余力地予以推进,其中西北、东北地区的成绩较为突出。"垦荒移民开发西北"为孙中山"实业计划"之一。南京国民政府成立后,即着手开发建设西北,西北各省亦"积极注意于垦务"。宁夏省曾以"发行工券"之法筹得垦荒经费,并"派员调查全省各县荒地多寡计划渠道之长度官民合作,庶几易举"。待垦务完竣之后,即以此项工券"交价领地"。① 而垦务最盛之地当属东北地区,"垦荒之多,首推吉黑二省"。如吉省"富锦密山东宁等地","每年增加熟地二十万亩";黑龙江省在1927年、1928年两年中,"垦成熟地一百二十万亩"。其垦荒进展迅速之原因主要在于:省政府施行"抢垦",规定"凡领荒而不垦者,过期得令他人垦之"。且"因利用机械开垦,每日垦地额数甚多"。而"直鲁移来之人民"亦为当地垦务提供了大量的劳动力。由此,耕地与农民增多,村镇随之增密,家庭工业亦随之发达,加之已开垦之地,皆"移筑汽车路,开发实业",故在发展垦务、增加农产的同时,促进了东北地区工业发展与城市建设。②

在谋求农业现代化的同时,中国建设协会亦十分提倡发展乡村工业。各省在增进农产、振兴农业之时,为挽救濒临破产之农村经济,也十分注重发展农村工业及其他副业。河南省曾通过"倡办乡村工业合作社,以团体名义,由政府协助向银行界以低利贷款",并由合作社代为"购置机器,运输原料,及聘请技师",以使当地农民"利用农暇,制造产品,增加收入"。③ 江苏省建设厅对于农村副业之提倡也不遗余力,"订定推进江北农村副业方案,通令各县积极提倡,俾农民利用暇时隙地,以其他资本,从事生产,而增收益。其事业种类,如养畜种植,以及手工业等等,分门别类,视各县环境,择其推行易而获利较丰者,责令提倡举办"。在其提倡下,

---

① 魏鸿发:《宁夏省各县开垦荒地办法》,《中国建设》第6卷第5期,"宁夏省建设专号",1932年11月1日,第95页。
② 《吉黑两省垦务发展》,《中国建设》第1卷第2期,1930年2月1日,"建设新闻",第10页。
③ 张静愚:《河南建设之回顾与前瞻》,《中国建设》第13卷第2期,1936年2月1日,第94页。

1936年省内一部分农民"已获相当之收益"。①

进入30年代，各省建设当局在从事建设中，愈加深刻地认识到农业及农村建设实为发展经济、繁荣地方之基础，调整与增设省农林机构以提高农业行政效率至为切要。中国建设协会会员刘贻燕担任安徽省建设厅厅长后，首先即着手整改省立农业机关，"所有不甚急要及形同骈枝各场，均经酌量裁并。减少机关开支，增加事业经费，用一钱必收一钱之效，办一事务期一事之成"。规定农业机关组织"应重系统化，其业务应趋科学化，并应先行从事稻、麦、棉、茶及蚕桑之改良与推广"。"本教建合作之旨，使农业机关与职业学校联络合作，俾机关学术化，业务科学化。同时更以地力农业为对象，各地农民为主体，使农业机关与农村联络合作，切实推广，扶助发展。"②贵州省建设厅划定农业专款，"不准挪作别用，务须支一费有一费之成绩"，饬令省内农事试验场务须"择要试验，决不务广而荒"。③山西省制定的"十年建设计划案"，亦"以村建设为基础"，并设村政处负责督促建设事宜。1942年，为收村经济建设之宏效，该省政府决定设立村经济建设董事会为主持全村经济建设之总机关，由村长任董事长，负责进行"村生产之调查、登记、统计及指导""村经济事业之设计、提倡及整理""村经济建设资金之筹措""村土地之整理""村民借贷储蓄汇兑以及本村金融活动""村民职业之介绍及工作之分配"等事项。④同时，一些省市亦采取了中国建设协会会员所提倡的设立农民银行等农村金融调剂办法。如安徽省"除由农村合作委员会主办之农村合作社办理贷款外"，该省建设厅复督饬各县"设立农民借贷所、农业仓库，办理耕牛贷款等项"。⑤青岛市当局于1933年创设"市农工银行，资本十万元，政府三成，工商界七成"，后又于1935年"照成另增资金十五万元，共合二十五万元，实放乡区款项

---

① 沈百先：《一年来之江苏建设》，《中国建设》第13卷第1期，1936年1月1日，第43页。
② 《安徽省农业机关之过去与现在》，《中国建设》第11卷第4期，"安徽省建设专号下"，1935年4月1日，第102页。
③ 湛湛溪：《贵州建设事业之策进》，《中国建设》第13卷第2期，1936年2月1日，第38页。
④ 《晋省设立村经济建设董事会》，《银行周报》第19卷第43期，1942年，第8页。
⑤ 刘贻燕：《最近安徽建设之实况》，《中国建设》第13卷第1期，1936年1月1日，第64页。

第三章 中国建设协会建设主张的落地生效

已达十二万元"。①

此外，在中国建设协会提倡下，各省对于从事农业建设等的专门人才的培植也更加注重。卢作孚在四川倡导乡村建设之初，计划在全省举行普遍的农业调查，但囿于农业技士之极度缺乏而无从开展。当时"就全川各县的技士言，各县府已经请委的，只有七十余人，就中学农业的只有四十几个"。为解决此问题，他在四川"开办技训班，一部分是调训各县现任技士，一部分是招收学农的人才，准备在训练之后，分派到各县去分别担任农业调查工作、农业的指导工作"，以"把全川一百四十八个县的农业技士补充起来"。② 陕西省政府"为养成本省农业实际工作及乡村领导人才起见"，从1933年开始对"考入金陵大学农学院农业专修科之陕籍学生，特别供给用费"，受资助的学生"毕业后，须回陕服务"。③ 为推进农业教育，弥补过去农业学校所教授之科目"不切农村实际情形"之弊，浙江省教育厅于1933年以"适应实际，注重实验"为宗旨，开办省立初级农科职业学校，聘请由北京农业大学毕业，并在日本东京帝大农艺化学系研究三年、东京农事试验场实习三年，曾任北京大学农学院教授的蓝梦九担任校长。④

中国建设协会所主张的适宜行政考勤制度，曾在汉口市政建设中得以施行。汉口市政府自1930年起，"对于职员之考勤，极其重视"，对办公时间、考勤方法、请假制度、奖惩办法等均做了详细规定与严格执行，并计划实行考试、审查、试用三种办法选用职员。在工商业、公用事业、社会事业、卫生教育以及划一度量衡等方面，汉口市政府的建设工作亦较著成效。⑤ 自国民政府颁行度量衡新制以后，各省"纷纷设立度量衡检定所，积极推行新制，都有相当的成绩"。到1931年底，"江苏浙江等省检定所，已经设立各县三等检定人员训练班，毕业学员各有百人"。"江苏各县检定分

---

① 林择之：《青岛一年来之建设》，《中国建设》第13卷第3期，1936年3月1日，第14页。
② 《四川建设施政纲领》，凌耀伦、熊甫编《卢作孚文集》，第430页。
③ 《陕省培育农业人才》，《农业周报》第2卷第28期，1933年，第408页。
④ 《浙教厅决定设立省立实验农业学校》，《农业周报》第2卷第28期，1933年，第409页。
⑤ 刘文岛：《汉市之现状与将来》，《中国建设》第2卷第5期，"市政专号"，1930年11月1日，第16页。

所，也陆续呈报成立。上海市检定所并设度量衡制造厂一所，成绩颇佳。"①山东省济南市在1932年初即已实现度量衡之统一。② 安徽、江西、云南等省份，虽亦成立省度量衡检定所，但因经费拮据，统一度量衡之计划"一再拖延"，难有切实进展，"大半成纸上谈兵，无补于实际"。③

上述对各省建设事业之情况的考察，固无法遍及全国每一个地方，但据已搜集之各地较具代表性的建设实况，亦可略知梗概。如为改进棉业生产，浙江省与宁夏省曾实行跨省合作，组织棉业联合研究之团体。④ 宁夏省建设厅成立之初，即在省城西"辟建四十余亩之农场一处"，"由甘肃聘请甲种农业学校毕业生司文俊等充作技术员，所有每年试种之农产种籽，俱采自外省名埠，凡本省昔日所无者，至此时而尽有"。1932年复由天津专雇园丁张有财一人赴宁夏省，"筹设温室，凡一切蔬菜果花卉及隆冬不能生存之物，均一一培育得活，本地土人及少见者，莫不翘首欣羡，诧为巧夺天工。又筹设气象测候所，由外埠采办各种最新测具，按时观测，以预定全省天气之现象，而为一般农民作业之标准"。凡此皆为跨省交流与合作的前所未有之举，为该省农业建设注入了不少新活生机。⑤

此外，为促进当地建设事业之开展，民国时期，各省政府及民间自发组织成立了许多全省性建设团体，如孔庚等热心农村建设事业同志及专家于1934年成立湖北农村建设协进会。⑥ "为促进乡村建设起见，以唤起湖北人士，对于农村建设之认识与研究，促进农村建设事业为宗旨"，该会于

---

① 孙启昌：《中国度量衡之标准及推行之经过》，《中国建设》第5卷第1期，"度量衡专号下"，1932年1月1日，第15页。
② 李景参：《划一济南市度量衡之陈述》，《中国建设》第5卷第1期，"度量衡专号下"，1932年1月1日，第40页。
③ 蔡复元：《安徽度政之过去与将来应有之工作》，《中国建设》第5卷第1期，"度量衡专号下"，1932年1月1日，第46页；《江西省度量衡检定所概况》，《中国建设》第6卷第6期，"江西省专号上"，1932年12月1日，第69页。
④ 佩佩：《新浙江建设考察记》，《中国建设》第1卷第2期，1930年2月1日，"杂俎"，第13页。
⑤ 杨堃㮊：《宁夏建设厅近年办理农林之概况》，《中国建设》第6卷第5期，"宁夏省建设专号"，1932年11月1日，第13页。
⑥ 《湖北农村建设协进会进行概况》，《湖北农村合作》1934年创刊号，第89页。

第三章 中国建设协会建设主张的落地生效

1934年10月25~31日在武汉举行农村建设运动大会,邀请国内著名从事农村建设工作及研究农事改良的专家讲演农建经验,包括来自定县的中华平民教育促进会干事长兼河北县政研究院院长晏阳初、无锡教育学院院长高践四、镇平自治促进会委员王扶山等,并由各讲员随带已见成绩之图书表册进行展览。① 此外,广东亦有社会建设团体之组立,如1930年胡毅等"以人民力量为中心,以在民生主义之下协助政府建设,及进行直接经营生产事业为原则",为唤起人民对"间接生产之建设"的注意与支持,发起组织广东建设协进会。② 1946年,曾养甫偕同陈立人、梅友卓、余俊贤等人在广州成立广东建设协会,同时在美国纽约及中国各地设立分会,目的在于"团结国内外同乡,集中力量,促进广东的建设事业,并以协助海外华侨实业的发展"。③

地区性的社会建设团体,有为促进西南建设,1935年由川、滇、黔等省旅京人士发起成立的"西南建设协会",由陈长蘅任常务理事。④ 1939年,中国西南实业协会在重庆成立,"以集合工商农矿金融各业协助开发川桂滇黔等省资源,增进后方生产巩固抗战力量为宗旨"。⑤ 在华北地区则有"华北农业合作事业委员会",张伯苓任主席,蒋梦麟等为委员,并创办《华北合作》月刊。⑥ 市县级政府及社会人士组立的建设团体有1935年山西省在各县建设局内附设的"建设讨论委员会",以"讨论及促进一切建设事项"为宗旨,以建设局局长、技士及农工商会会长为委员及常务委员,并聘请本县富有实业技术经验之士绅5~7人为委员。⑦ 1932年太原绥靖公署晋绥两省政府共同组织"太原经济建设委员会",分置设计组、考核组、财

---

① 《湖北农村建设运动大会》,《湖北农村合作》1934年第3期,第81页。
② 《拨给建设协进会筹备费案》,《广东省政府公报》1930年第108期,"建设",第44页。
③ 《广东建设协会正式成立》,《华侨评论》1946年第3期,第34页。
④ 《西南建设协会呈报会务状况的有关文书》(1938年10月8日),中国第二历史档案馆藏,11-07301-0003。
⑤ 《中国西南实业协会章程草案》,中国第二历史档案馆藏,11-09007-0006。
⑥ 《华北农业合作事业委员会报告书》(1943年),中国第二历史档案馆藏,23(1)-02289-0003。
⑦ 《山西省各县建设讨论委员会组织规程》(1935年4月6日),《山西公报》1935年第36期,第24页。

务组，负责办理关于晋绥经济建设之调查测量统计、设计、统辖监督创设、财务筹措等各项工作。① 还有1934年在孔祥熙的支持下，由西京筹备委员会、陕西省政府、经济委员会、西北办事处于陕西西安共同组织成立的"西京市政建设委员会"；② 同年浙江各县政府为筹议及审核全县建设事宜并保管建设经费设立的"浙江省县政府建设委员会"。③

上述地方建设团体的设立，不同程度地促进了当地建设事业的发展。惜乎这些散于各地的建设团体或组织，既缺乏联络与合作，又工作效率不宏。因此，中国建设协会以调查并报道各地方建设团体之建设动向的方式，使分散的社会团体组织渐趋于联合互动。各地建设也主要是在各省建设厅的领导下，参考中国建设协会的各种建设主张，如"关于河务，应如何兴利剔弊，电业应如何筹备扩充，公路宜如何兴修，航运宜如何整顿，其他测量气象，新市新村，何者应兴，何者宜革，何者应后，何者宜先，未竣工程，或半施计划，应如何赓续进行，以求贯彻"。④ 但因中国建设协会对时局的影响有限，就整个民国建设而言，中央与各省未做密切之联络，各地建设难以均齐进展，仍是各自为政。

第三节 未实践或未生效的建设主张及其原因

在以现代化为目标的民国建设中，中国建设协会所提出的诸多建设主张有些未能付诸实施，有些虽被采纳实施，但受客观环境的影响及自身的局限，未能很好地贯彻始终，或因存在种种缺陷，其实施效果大打折扣。

一 未付诸实施的建设主张

在工业建设方面，中国建设协会虽有"在发展现代工业时亦需注重农

---

① 《太原经济建设委员会组织大纲》，《山西公报》1932年第2期，第41页。
② 《西京市成立建设委员会》，《时事月报》1934年第11卷，第116页。
③ 《浙江省县政府建设委员会规程》，《新农村》第1卷第3期，1934年，第254页。
④ 林成秀：《序言》，《中国建设》第7卷第6期，"河北省建设专号"，1933年6月1日，第1页。

第三章　中国建设协会建设主张的落地生效

村工业建设"之主张,但到20世纪30年代中期,"格于资本、人才、国际情势,及其他落后国家工业发展诸种条件之限制,所谓新兴工业,不仅未有树立工业之雏形,且将整个经济权断送于外人掌握之中"。①

在农业建设方面,中国建设协会中的大多数专家学者都有留学的教育背景,所提之农建主张多参照现代化的欧美国家,此外来之农业改进方法因与中国农村社会实际疏离而难以实行。如为提高农村废地利用率以增耕地,曾有人主张仿照美国"无地不生产"的政策,限制中国农村的庙宇坟场用地。② 殊不知,这一措施有违中国农村传统习俗,故其施行之难自不待言。各地农事试验场之设置亦未按照"气候、土壤、作物及农业制度之区别"划分农业区,依旧是"以省分为单位"。"盖我国行省之分界虽多本诸地势,然亦有纯为人工者,故每行省未必为一农业单位。例如河南一省有河北省之南角,陕西省之一部,及山东省之一隅插于其间。若四省皆作同样之试验,则不免有重复之虞。"③

关于"移民垦殖"的提议,政府虽也极力赞同,但"每逢说起这件事,都以为需要经费很大,束手无策,不敢再谈",所以也就没有像中国建设协会所主张的那样:"先决定一种实行的计划,把移民的办法,垦殖的地点和利益,详细表白出来,日久也能有成。"④

关于"农业机械化",除了在农业生产方面"尽量应用械力来代替人力的劳动外,尚包含着控制天然,讲求效率,以最小的投资获最大的报酬的意思"。⑤ 而各地所制造的一些新式机械农具,因无法切合实际需要,在推行过程中并不被农民认可,无多少农民去购买使用。如1932年江西民生工厂,"制造各种新式农具,计有十匹马力、四匹马力发动机两种,抽水机一种,此外关于耕作、剪草、施肥、喷雾、碾米各种农具机械,共计十四种,惜购用者少"。到1936年,该工厂"业已停工"。"江西农业院亦附设有农

---

① 郑林庄:《复兴农村亟须提倡农村工业》,《农业周报》第4卷第9期,1935年,第285页。
② 刘和:《农业建设的我见》,《中国建设》第1卷第6期,1930年6月1日,第11页。
③ 刘和:《农业建设的我见(续)》,《中国建设》第1卷第6期,"农业专号",1930年6月1日,第12页。
④ 张范村:《农业建设》,《中国建设》第1卷第6期,"农业专号",1930年6月1日,第3页。
⑤ 秦寒僵:《农业机械化是什么意思》,《农村月刊》第1卷第2期,1947年,第28页。

具工厂,制有各种新式农具十余种,销售亦感困难。"究其原因,则在于"江西田地受丘地地形限制及小农经营影响,故与其侈谈全盘农具近代化,不如就原有农具中,择其较适用者,加以部分改良,既易推行,又能适应农民薄弱之经济能力"。①

二 付诸实践却未生效的建设主张

由于国内局势的变化,一些建设主张在付诸实施过程中掣肘颇多,而未能善始善终,难以发挥实效。

民国时期为振兴现代工业所创办的工厂,多因抗战被迫停闭,或迁到大后方。如在钢铁工业方面,资源委员会曾以"钢铁工业为重工业之母,亦为国防建设及经济建设之根本",在成立初期,即着手于钢铁事业之筹办,择定湖南湘潭下摄司为厂址,委托德国克房伯厂等四厂承造新式钢铁厂。但筹办不久,即"以战起而停止,改与军政部兵工署合作,将上海兵工厂、大冶厂矿、汉口六河沟炼铁厂,及汉阳钢铁厂所有之钢铁生产设备,拆迁至重庆,交由钢铁厂迁建委员会创设后方最大之钢铁厂,以供军事需要"。此外,资源委员会于1936年开始着手创办中央机器厂,不幸"在机器尚未运达国门之前,抗战即起,被迫迁往昆明,继续经营,并在后方各地,同时举办若干小型机器厂(宜宾机器厂、甘肃机器厂、江西机器厂、江西车船厂),以应抗战之需要"。② 在农业建设方面,中国建设协会主张依土壤、气候、作物之特殊性在中国创办化肥制造厂,生产适切当地需要的肥料以增农产。20世纪30年代,"国内从事肥料制造之工厂,民营之永利硫酸铵厂,战前年产约四万五千吨,然以设备于战时受损,未能全部开工,尚未达到此数"。国营方面,惟资源委员会与"台省府合办之台湾肥料公司,专制氰氮化钙(氮肥)及过磷酸钙(磷肥)",该公司下设各厂在战时"损坏甚巨",未能满足当地肥料需要。③

---

① 周承考:《江西国民经济建设之过去与未来》,《中国建设》第15卷第3期,1937年3月1日,第30页。
② 程玉凤编纂《资源委员会档案史料初编》上册,台北,"国史馆",1984,第274、276页。
③ 程玉凤编纂《资源委员会档案史料初编》上册,第314页。

第三章 中国建设协会建设主张的落地生效

许多在官方支持下兴起的建设事业，后期因当局注意力的转移而被搁置，陷于进退两难之境地，终致搁残停顿。如1936年"行将开工之某重要化学工业厂，银行最初允许大量投资，政府允竭力帮忙。但是到了现在工厂建筑，快要完工的时间，银行投资忽然表示谨慎起来，对于利息之多少，看得特别严重，纵然厂方人员，担保利息之照付，而银行界仍然表示怀疑。至于政府之帮助，可谓口惠而实不至。这种工业大家却认为非常重要，而承办的人员，又是国内负有声誉，并富有经验的人才，到了紧要关头，对其成功、失败，反而漠视不管"。① 这种态度，对于建设之开展，显然是有相当妨害的。

某些建设主张虽被采纳并全力付诸实施，亦因不符合生活习性或不适合于社会实际，与客观情势呈方枘圆凿之势，未能全部生效。如一般人士虽主张移民垦殖，国民政府行政院也于1934年饬令各省市清理荒地，统限于1936年底完成，② 但因中国农民的家族宗族和乡土观念深刻，移民垦殖的难度较大，如若处理不当，极易招致民怨。"据江苏省救济旅外失业青年委员会调查，在武汉一批江苏难民10636人口中，自耕农占6.05%，佃农占12.46%，共计农民仅占18.51%，其中尚须除去老弱妇孺，再即使我们不问其他职业者的难民，能不能从事耕种，愿不愿去学习耕种，而将全数10636难民都强迫移垦，这种结果所反映到增加农产效率上，其成绩的恶劣可想而知。"③

农业机械化在推行过程中也因不能切合实际需要而问题百出，"近年来较为进步之农人亦有用机械耕种者，但所用者皆来之于西洋各国，其售卖价值乃本诸西洋各国之工资及投资利息与夫西洋各国之农业经济状况而定，其输入于我国后，不但不能按照我国农民之投资薄弱力而减其价格，乃反增之以输运费与关税，故能利用之者，只限于东北三省之大农户"。④

---

① 杜长明：《关于建设》，《是非公论》1936年第7期，第15页。
② 行政院农村复兴委员会秘书处编印《一年来复兴农村政策之实施状况》，1934，第12页。
③ 穆藕初：《垦荒和增加农产的捷径》，农产促进委员会，1939，第5页。
④ 刘和：《农业建设的我见（续）》，《中国建设》第1卷第6期，"农业专号"，1930年6月1日，第14页。

中国建设协会研究（1929~1949）

在运用欧美农业发达国家的现代灌溉设施及方法时，也因"所选择之线路不得当、计划及建筑有错误、材料有不坚固等"，出现"灌溉排水事业之失败"。①

"盖实际事业与凭空之学理有别，学理可以离开人事而独存，事业则受时代、地域、社会经济诸条件之限制，常有甲县甲地之事业极好之办法，移用于乙县乙地而失败者，此我国所累见之抄袭式改良法也。中国亦曾设许多农业专门学校，办了许多新农政，不过成绩甚少不能谓之为改良。""中国幅员宽广，南北之气候与土性不同，东西之习俗与社会有别。"② 在农业教育方面，此种不适与不符更是显而易见。"农业教育之程度应与农业社会之生活程度相随，然后教育始可用于实际。"到20世纪30年代，中国"农业教育之提倡已有数十年之久矣，此数十年内农业学校之毕业生为数亦不为渺，然服务于农业界者有几何人？农事试验场之成立亦几各处皆有，然其试验成绩何在？考其弊病，不外乎与农业社会隔膜太甚。学农业者大半为书香子弟，农业学校大半立于繁华之市，而农事试验场大半为美术的而非经济的"。③

某些建设主张虽得到采纳并付诸实践，但因负责建设者无通盘筹划仅系枝节之计，未能推广于全国，或因实施范围仅限一隅，或因筹办未久，其效果未宏。

中国向来"县以上的政治机关，都在城市里边"，这种政治机构布局在现代化建设进程中非但没有发生根本性的变动与改善，反而更加严重。近代以来，中国"政治上的种种经营，往往集中于城市"。于是，城市的地位日益重要，"甚重要的乡村地位反因此降低"，逐渐形成一种"以城市为中心"的建设趋势，一切现代化的建设设施皆集中于城市，乡村建设日益被

---

① 唐启宇：《农业建设中之灌溉及排水事业》，《中国建设》第1卷第6期，"农业专号"，1930年6月1日，第35页。
② 曾义：《中国农业建设与罗马国际农院》，《中国建设》第1卷第6期，"农业专号"，1930年6月1日，第72页。
③ 刘和：《农业建设的我见》，《中国建设》第1卷第6期，"农业专号"，1930年6月1日，第11页。

第三章 中国建设协会建设主张的落地生效

忽略。①

对于"各项建设事业",宜分"先后急缓",分时分区制订统筹全局之建设计划,并应努力付诸实施,"以期合于事实之需要,及国民经济之原则"。②自南京国民政府成立至 30 年代末,虽然"各地小规模的建设亦时有所闻",但因"政府方面,对于一事之处理,每枝枝节节为之,而无通盘筹算整个计划","一切建设都是支离破碎残缺不完"。"甲看见这事重要,于是立刻成立一个甲局,乙见那件事重要,于是立刻成立一个乙会,各机关的成立,各部相谋,人才分散,徒见糜费,于是建设还未开端,步骤已先凌乱。"③

此外,各地建设"步调之不一致",亦为建设成效不彰之重要因素。以中国建设协会提倡复兴的农业仓制为例。农仓制"首先提倡者为苏省,渐及于鲁皖浙豫各省"。1931 年"实业部始颁农仓草案,组中央模范仓库,以资提倡,然而省自为政,事权难期统一,系统紊乱,弊窦尤属易见,且也纷然孤立,活动殊难充实"。④

在国民政府推行的各项农业建设措施中,发展较速者实属农村合作社。然而,由于负责创办合作社的机关各自为政,缺乏一贯的行政系统,办事多无联络,步调不一,不仅"农民莫知所从,以致各省各县合作社的发展,不能均衡","效用未见,而弊端先兆",亦有一些投机者乘机从中牟利,致"投资紊乱"。⑤对此时人曾批评道:"我国合作运动的兴起,是由于政令的迫促,或是由于借款的诱引……自上而下制造出来的。"⑥还有一些人认为:"我国合作事业的发展,是非意识的,不是意识的,是无计划的,不是计划的,是病态的,不是常态的。"因为,在 30 年代,合作社

---

① 《乡村建设》,凌耀伦、熊甫编《卢作孚文集》,第 90 页。
② 姚傅法:《训政时期物质建设事业实施程序原则之商榷》,《中国建设》第 2 卷第 2 期,1930 年 8 月 1 日,第 17 页。
③ 张保丰:《农业仓库统制刍议》,《中国建设》第 13 卷第 3 期,1936 年 3 月 1 日,第 100 页。
④ 张保丰:《农业仓库统制刍议》,《中国建设》第 13 卷第 3 期,1936 年 3 月 1 日,第 100 页。
⑤ 杨拱辰:《国民经济建设运动中之农业合作问题》,《中国建设》第 14 卷第 6 期,1936 年 12 月 1 日,第 6 页。
⑥ 《益世报·农村周刊》第 111 期,转引自杨拱辰《国民经济建设运动中之农业合作问题》,《中国建设》第 14 卷第 6 期,1936 年 12 月 1 日,第 9 页。

往往因发展过速根基不稳，在历年总数中，"皆以信用合作占最大多数"，如1934年"信用合作社占全数76%，生产运销等合作皆在4%以下，为数甚微"。

此外，关于国民政府以及各级政府所较为重视的水利灌溉，在建设委员会与中国建设协会的研究、宣传、倡行下，国民政府虽也意识到水利建设之重要，在"审查议案中已通过积极导淮治河，导淮工程并限于二十三年底完成"，"惟只限于一部而忽于全部，只限于消极防灾而忽于积极生利"。① 在各省的灌溉事业进行中，一些现代化的灌溉设施常常因"地方绅董之反对或营私"而难以推行。"地方绅董，多拥有大部分之土地，或则惧举办灌溉排水事业所需之经费须由彼等摊，认而受其惠者则为佃农。或则惧举办灌溉排水事业时须用彼等一部分之地面，使彼等实际受有损失，故不愿灌溉或排水区域之成立。甚或借兴办水利之名而行敲诈之实，谋彼等少数之利益，支民众多数之金钱。"②

鉴于"过去教育制度，缺漏甚多，办理亦殊乏成绩，关于培养农林人才之教育设施，尤觉不甚完备"，中国建设协会曾建议完善教育系统，拟订教育方针，应各地需求适当增设农业教育研究机构，培植各级农业技术人才。到30年代中期，国内虽不乏农业教育机构之设，如"高等农业教育机关属于国立者，有中央（南京）、中山（广州）、北平、浙江、山东等大学农学院五所；属于省立者，有河北农学院、四川农学院及河南大学农学院三处；属于私立者，有南京金陵大学农学院、广州岭南大学农学院及南通学院农科三处，计共有十一处，其他尚有江西、察哈尔等一二农业专科学校"，"每年虽可以造就若干农林专门人才，供给发展全国农业的需要"，但因国民政府于发展全国农业"无通盘计划"，"各省关于农林机关的组织，既感非常缺漏，而已有者，又复频频改组，人事纷扰，迄无宁息，以致大学农学院或农业专科毕业生，不得用其所学"，影响于"学风之颓败，招生之困难"，致使国内农业高等教育"不能蓬蓬勃勃的发达"。"中等农业教育

---

① 《提议以铁道电气水利事业为建设中心案》，《张静江先生文集》，第57页。
② 唐启宇：《农业建设中之灌溉及排水事业》，《中国建设》第1卷第6期，"农业专号"，1930年6月1日，第34~35页。

机关，各省省会及重要城市虽有设立，但因无确定之教育方针，而各种设施，多未能适切地方之需要，且各省厄于经费，设备既感不足，而事业之推广扩充，亦不能普遍达到于农村实地，仅不过养成一批服务公家机关之事务人员，而缺乏实地工作之素养。"所以"不但具有专门学识之技术指导员深感缺乏，就是从事实地经营之业务家，亦不曾广为培植"。①

农事试验场原为以技术与化学为主要手段改进农业、增进农产而设。"场内一切设施计划，自应本诸本地风土，参照科学方法，拟定进行大纲，依次推行，方克有济。"民国时期，虽有许多地方设有农场，但不曾有一个农场解决农业实际问题，大部分农场"徒存其名"，对于改进农事毫无裨益。如在四川"每县有农业试验场，实际是没有试验，完全是有名无实的"。②云南省"第一农事试验场"，自设立后"一因限于经费，设备大半付诸缺如，一因无具体计划，故办理多年，仍无效果可言，不特违背设场本旨，且因以引起社会之非难"。③ 有些农业试验场虽有相当良好之试验结果，但因农业推广不到位，现代农业改进设施不仅不能发挥实效，反而扰乱了乡间社会秩序。如"浙江建设厅为推行蚕种改良，临时派员下乡劝导，致被农民殴打，即其显例"。④ 由此，现代农业新方法纵然很好，但因推行有限而未能解决中国农业问题，亦未使农民受益。

同样，在许多地方都有工厂，却不曾有一个工厂解决工业问题。工厂之开设，"须根据国内情势，经济之推移，需求之缓急，原料之多寡，性质之优劣，然后再加以科学之方法，始能谓之完璧"。⑤ 民国时期之中国"天然物产"，能适合于现代工业者"比比皆是"，但因"学术不兴，人才消乏"，"国内人士对于工业，徒知空言而不知振兴之道，即规模较大之工厂，

---

① 曾济宽：《怎样解决中国农村问题》，《中国建设》第 8 卷第 5 期，"农村复兴专号"，1933 年 11 月 1 日，第 39 页。
② 《四川建设施政纲领》，凌耀伦、熊甫编《卢作孚文集》，第 431 页。
③ 《云南省农牧计划》，《中国建设》第 8 卷第 1 期，"云南省建设专号"，1933 年 7 月 1 日，第 103 页。
④ 《村学乡学释义》，《梁漱溟全集》第 5 卷，第 446 页。
⑤ 曾广方：《实业兴国方策》，《中国建设》第 5 卷第 5 期，"化学专号续篇"，1932 年 5 月 1 日，第 44 页。

亦徒知墨守旧法，无策改进"，陷入"既有工业而无法改进，物弃于地而不知利用"之窘况。① 国内已设之工厂，"多无相当之预备试验，随即集资开办，既无试验于其先，又无指导于其后"，"缺乏科学"的经营与指导，加上"技术不精"，"如斯非赖侥幸，安得不致失败哉"。②

中国建设协会会员陈国钧曾对民国各地建设做出深刻反思："以处境既艰，时机又迫"之中国言建设，"每为财力及环境所不许"，因是"非于轻重缓急之间，斟酌施行，殊不足以收救急之效，例如各官署之伟大建筑，虽其外观壮丽，但徒逞享受，无补时艰，此或由于一二人之虚荣，兴之所至，不惜糜费巨币，而不为一般民众之所需，当此民穷财尽之时，此种裱糊工作，亟宜绝对屏除；反之，关系大众之福利，社会经济之荣枯，国防安危之所系，则虽财力竭蹶，亦应集中力量，黾勉以赴，庶几国力可复，同情可靳"。此外，凡创办一事，应求均衡发展，如此才可切实有效，"即以筑路一项而论，与其集中一地，曷若发展平均"。"国中类此情事，不只一端"，"甚愿当局统筹调节，毋使偏枯"。③

当现代化的建设措施行于中国"村落社会"时，犹如"利刃莫能操而自伤身手"，每每因"消化运用之不能"而"未有不反受其殃者"。④ 乡村及农业建设的滞后毋庸置疑，直至抗战结束后，中国"虽有若干方面之表现与改革，然而立国要素之工业建设，仍极幼稚可怜，乃至岌岌不保。推进科学研究，充实科学设备，尤多力不从心之苦"。⑤ 陈国钧等中国建设协会会员曾对此问题有所洞析："惟有就其个别之环境，固有之事业，倾注全力，加以扩整，以渐及于重大之工业，例如西北之开垦、畜牧，江西之瓷器、钨矿，江浙之纺织、丝业，山东湖北之棉，安徽之茶，广东之糖，以

---

① 中华工业化学研究所：《中华工业化学研究所概况》，《中国建设》第 5 卷第 6 期，"化学专号续篇"，1932 年 6 月 1 日，第 89 页。
② 曾广方：《实业兴国方策》，《中国建设》第 5 卷第 5 期，"化学专号续篇"，1932 年 5 月 1 日，第 41 页。
③ 陈国钧：《卷首语》，《中国建设》第 13 卷第 1 期，1936 年 1 月 1 日，正文前。
④ 《河南村治学院旨趣书》，《梁漱溟全集》第 4 卷，第 906 页。
⑤ 柳克述：《新青年与新建设》，《三民主义半月刊》第 9 卷第 9 期，1946 年，第 7 页。

第三章　中国建设协会建设主张的落地生效

及沿海各省渔盐之利，凡此多属已具基础，毋须巨大资金，而皆可收速效者也，倘能由国家力量及地方政府扶助，积极经营，不仅国民生计裨益匪浅，即减少入超以渐入于自足自给之境，亦非难事。"① 诸如此类精到见解，在中国建设协会的建设主张中并不乏见，我们可从中掘发出许多共趋性的识见及其蕴含的极具时代特色的思想。如巴克尔所言："使中国工业化的许多问题只能以随试随改的方法（trial-and-error method）来解决。"② 中国建设协会的建设主张不仅在此过程中得到完善，也在与同时期其他建设思想的交流与碰撞中渐趋成熟。

---

① 陈国钧：《卷首语》，《中国建设》第 13 卷第 1 期，1936 年 1 月 1 日，正文前。
② 〔英〕巴克尔：《论中国的工业化问题》，从智译，《中国建设》第 1 卷第 6 期，1946 年 3 月 1 日，第 18 页。

第四章 中国建设协会建设思想的特征与成熟

在人类历史长河中，建立在社会认同基础上的社会思潮从产生到成熟，会经历一次次从认知、认同到转向的蜕变。随着客观历史情势的演进与社会结构的变动，社会思潮之取向会应时代诉求与社会需求不断发生转变，最终在回观反思历史问题、寻求更合宜的未来进向中走向成熟。正是在南京国民政府肇建并亟待建设的时势需求下，中国建设协会成立并开始对中国的建设进行研究与宣传，其对孙中山三民主义建设的宣传、对民生问题的思虑，以及就此提出的富有时代特征的建设主张，在相当程度上引动了现代建设的肇兴。而随着各项建设事业的发展，中国建设协会的建设思想逐步走向成熟：从对工业化、现代化建设路径的宣传，到反思，再到试图改变，这一思想转向无论是对当时还是对后来的中国建设都具有重要的启示意义。

第一节 全面抗战前中国建设协会的建设思想特征

中国建设协会及其建设主张的时代意义与社会价值，不仅体现在其于国民政府及各地建设中的实践与功效，更为重要的是诸位专家学者在为中国建设做长远规划过程中，对中国社会情状与建设需求做的精到分析，以及对现代科学技术和西方现代建设理论与经验的巧妙汲取。从这些独具时代特色的建设主张中，我们不仅能够强烈感知现代科学与工业技术对于中国现代化建设之切要，尤可窥察中国建设协会诸会员对于国家前途与社会民生的忧虑，更不难看出学者们对国外建设经验的广识。

第四章　中国建设协会建设思想的特征与成熟

一　以现代化工业建设为主导

孙中山在《实业计划》中，对"为工业上供给原料之主要源泉"——矿业与农业，"近代工业之树"——机器，"近代工业之主要物"——煤，以及"工业生产制造场所"——城市等种种于工业发展至关重要的建设项目十分重视，[①] 以工业建设为中国现代建设之重心与中心，认为现代化建设的实现以现代工业的发达为目标。孙中山的这一建设蕴意在国民政府从事的现代化建设中得到充分彰显。南京国民政府以孙中山《实业计划》中所提及的铁路、水利、筑港、公路、电气、钢铁诸项建设，制定了具体的建设计划与目标。其建设大纲说明书明确指出："物质建设，从纯经济方面而言，即资本的建造。产业革命的特征，亦即巨量工业资本的建造。"

从1928年南京国民政府拟订的《建设大纲草案》中所列各项建设所需经费之预算分配比例，可以大概推断南京国民政府建设事业之总体朝向。表4-1列出了各项建设在国民政府主导的建设事业中所占的分量，从中不难看出用于交通建设的经费明显高于其他建设，足见国民政府之建设偏向；其对农业发展之投入明显低于工业及市政建设，又充分印证了民国时期国家建设的工业化、城市化导向。

表4-1　南京国民政府《建设大纲草案》中的各项预算

单位：元,%

建设项目	预算经费	所占比例
交通开发	21900000000	87.6
商港开辟	400000000	1.6
市街公用建设	300000000	1.2
水利发展	100000000	0.4
工业发展	300000000	1.2
矿业发展	200000000	0.8

[①] 《节录总理的话》，《中国建设》第1卷第3期，1930年，第51、73页；《贵阳市计划大纲》，《中国建设》第8卷第2期，"贵州省建设专号"，1933年8月1日，第69页。

中国建设协会研究（1929~1949）

续表

建设项目	预算经费	所占比例
农业发展	200000000	0.8
蒙古新疆灌溉	500000000	2
北中部造森林	100000000	0.4
移民	1000000000	4
预算总计	25000000000	100

资料来源：孙科《建设大纲草案》，《广东建设公报》第3卷第4期，1928年，第19~20页。

国民政府在《建设大纲草案说明书》中，更明确了工业化的经济建设目标，指出这些经济措施之目的有三。一为"解放及发动所以发展经济的势力"，"交通的设备，尤其货物运输的设备为重要"。二为"改良占最大部份的农业经济"。"人口过剩的农业的效济，一方面以发展工业，边地移民，以舒生产递减律之困缚。他方面改善其公用设备，如治河灌溉造林等。"三为"树立基本矿业工业"。很显然，这三大经济目的均以建立"近代规模的工业"、实现工业化目标为准绳。[①]

20世纪中期"最卓越的"组织理论家菲利浦·塞尔兹尼克（Philip Selznick）认为："组织并非总是理性的，即组织并非总是独立于环境而行动并实现其正式的目标，相反，组织常常会进行变革，以因应其环境中那些强有力的支持者所施加的各种压力和价值观。随着组织逐渐被灌输这些价值观要求，组织的实际运行目标会逐渐偏离其正式目标，并逐渐为那些支持者的价值观和利益服务。"约翰·迈耶（John Meyer）和布赖恩·罗恩（Brian Rowan）在组织会因应其环境中的规范和价值观而行动的思想基础上进一步指出："组织往往会不得不把根据主流的、起支配作用的组织运行理性化概念而界定的实践和程序，与环境中的规范与价值观整合起来，并在实践中制度化。这样做的组织，往往会增加其合法性，进而增加其生存前景。"[②] 遵循此规律，受官方政府的价值取向之影响，中国建设协会在现代化建设初期的建设旨趣即是步趋于国民政府的建设指向。

---

① 孙科：《建设大纲草案说明书》，《广东建设公报》1928年第3卷，第4、24页。
② 〔美〕约翰·L.坎贝尔：《制度变迁与全球化》，第16~17页。

第四章　中国建设协会建设思想的特征与成熟

以国家工业化建设为重，中国建设协会在《中国建设》上所刊载的农业类文章主要专注于研讨棉花、蚕丝、烟草等工业农产品的改进，如叶元鼎《吾国棉花检验政策与棉业》、张宗成《中国之烟草事业》、李铸九《中国蚕丝改良复兴之我见》等文，对米麦等民食农产物则很少谈论，只有金超《大小麦的重要病害和实用的防治方法》一文有所涉及。另外，中国建设协会关于提高农产物价格、加征粮食进口税以及减免田赋捐税等主张，也是为提高农民购买力与工人工资，以完成"工业发达之首步"。① 在国民政府农业建设举措中，亦不乏棉、丝、茶、糖等可作工业原料之农作物的改进办法。如国民政府建设委员会在其成立后的一年半中，除致力于电气建设、采矿筑路、水利造林外，于农业方面仅有在震泽、南浔等处倡行饲育秋蚕这一项。② 农矿部在全国农政会关于改进农业办法的决议中，亦特别强调要改进糖业及烟茶艺果树等。③

而且，国民政府以及中国建设协会等各种社会力量开始倡行农产物商品化以后，"各地农民所种植的作物，大部分已由自足植物，改为原料植物，由多类的种植，改为分工式的单纯种植"。如山东、陕西等省"奖励棉花、烟叶等原料作物之种植，实为农产本身商品化之有力的推动"。但在农业商品化过程中，"农产物的贸易发生了很大的矛盾，一方面，是商品化的农产物，必需流通市面，他方面，因国内市场的分裂，而阻止畅销。因之农民所增加农作物的生产量，不仅被商业高利贷者操纵，并且促成了农民'丰收成灾，谷贱伤农'的呐喊"。此外，单纯偏重于工业原料农产物的增产，势必使民食农产物减产，如此又导致国内粮食产量不能自足，不得不仰赖于大量进口，中国农业失去自给自足的独立性。④

20世纪30年代，在国民政府现代化建设朝向的引导下，"工业化""成

---

① 刘和：《农业建设的我见》，《中国建设》第1卷第6期，1930年6月1日，第16页。
② 《建设委员会过去工作与今后计划》，《中国建设》第1卷第2期，1930年2月，"杂俎"，第4页。
③ 《农矿部派员讲演全国农政会议经过》，《中国建设》第1卷第2期，1930年2月，"建设新闻"，第3页。
④ 黄耕野：《从中国农村经济的本质上来观察目前农村建设》，《中国建设》第13卷第3期，1936年3月1日，第61页。

为一个非常时髦的口号","无论在那一个角落里,无论在那一群人里面,我们都可听到'工业化,工业化'的呼声。大群的中学毕业生,不管自己的才能和兴趣,都涌向工学院。教育派遣留学生,非工科所占的百分比,是万绿丛中一点红,仅资点缀而已"。① 由于当时人们对现代化的认知范式多囿于"工业化",在此影响下,运用机械、电气、化学等现代科学技术谋求现代工业建设之发展,实现工业化、现代化的目标,显然成为中国建设协会及国民政府推行建设之共同趋向。其对现代农建的倡行,固然是为改善农民生活,但在某种程度上其实是为增加农民购买力,以促进城市工商业的振兴与发展。

"现代化"的内涵丰富,罗荣渠从历史进程立论,对现代化进程做出广义和狭义两种解释:"广义的现代化主要是指自工业革命以来现代生产力导致社会生产方式的大变革,引起世界经济加速发展和社会适应性变化的大趋势,具体地说,就是以现代工业、科学和技术革命为推动力,实现传统的农业社会向现代工业社会的大转变,使工业主义渗透到经济、政治、文化、思路各个领域并引起社会组织与社会行为深刻变革的过程。"② 综观中国建设协会对现代科学与工业技术之研究和提倡,不难窥出其中蕴含显著的"现代化"特征,其现代化建设思路与罗荣渠所解释的现代化之具体含义虽不尽同,而实相类。中国建设协会会员就工业化建设提出许多现代性构想,试图以现代科学技术与工业机械推进中国的现代化建设。现代性特征在各项建设主张中昭然可睹、斑斑可循。

就农业建设言,"科学化、机械化、商品化,以及组织化"为发展现代农业之"必要条件"。民国时期,作为中国现代化建设重要组成部分的现代农建,对现代工业技术与工业机械加以应用。如前文所述,中国建设协会的农业现代化主张,举凡设立农业试验场运用现代科学方法改进农业技术,利用现代化学工艺生产制造化肥,将现代工业机械用于农业耕作,应用科学灌溉方法推行电力机械灌溉,垦荒、建立大规模农场并实行合作经营,

---

① 李宗瀛:《工业化的心理建设问题》,《天风》1945年第1期,第5页。
② 罗荣渠:《现代化新论——世界与中国的现代化进程》,"序言",第3页。

第四章 中国建设协会建设思想的特征与成熟

体现出其一以贯之的现代性诉求。盖农作物品种及土壤肥料之改进、病虫害之防治、经济作物之栽培、农产加工之辅导、农具之制造等，无不需要现代工业技术作为支撑，尤其是"农业机械化，是农业工业化的中心任务，又是工业建设渗透于农业中最显明的一点"。①

如中国建设协会会员孙昌克所言："吾国幅员广大，人口众多，在昔以农立国，故谋国要务，端在提倡农业，以足民食。今则人类生活，日见进步，农业之外，更须发展工业，以裕民生。"②为支持工业化建设，在谋求农业现代化的同时，中国建设协会更注重发展现代工业，主张运用科学方法从事现代工业的创设与改进，设立中央产业试验所及中央实业试验所作为学术应用研究机关，负责"调查国内原料之产处及其聚散""大规模工业之预备试验""未来有望工业之研究"等事项。③为使现代工业所需的机械及金属原料能够自给，孔祥熙等建议实业部借鉴苏联在第一个五年计划中"倾注全力从事机械工业之设置而置轻工业于辅助地位"的建设路向，主要发展重工业，以树工业基础。④

碱与硫酸在近代并称"工业之母"，不仅"各种化学工业及别种工业"多借"酸碱工业"为原料，而且"由酸碱所产生出他种工业者，为数实多"。"碱之最大用途，为制玻璃、制肥皂、制纸类"，在这三种工业中碱分别被用作"熔化剂、洗涤剂、碱化剂"，除此之外，碱还被广泛用于"冶矿、软化工业用水、制造染料、漂白棉羊毛等，及由碱产生别种化学品等"。近代以来，"世界物质文明，日新月异"，"纯碱亦随之开辟新用途"，如"人造丝工业及合轮质油与硫酸及苛性碱制成石炭酸，复由石炭酸制成苦味酸，成为强烈火药主要品之一，皆为纯碱另辟新用途"，由此"纯碱之于人类文明与近代工业关系既弥，而对于国防亦且重要"。但近代中国对于纯碱之利用仍多停留在传统用途，只将碱"直接消耗于洗涤、制器或产食

---

① 文瀛：《农业建设与工业化》，《陕行汇刊》第8卷第5期，1944年，第15页。
② 孙昌克：《矿业建设问题》，《中国建设》第1卷第3期，1930年3月1日，第45页。
③ 曾广方：《实业兴国方策》，《中国建设》第5卷第5期，"化学专号续篇"，1932年5月1日，第44页。
④ 孔祥熙等六委员：《努力生产建设以图自救案》，《国民党中央执委会议事录》（1934年），中国社会科学院近代史研究所档案馆藏，乙J14。

发酵等之家常日用",而未能将其广泛用于近代工业及国防建设中。直至民初,中国"制碱事业方在萌芽",是以专学化工出身的中国建设协会会员陈器提倡在中国兴办制碱工业,并以其所在的永利制碱公司为例,建议运用近代化学制碱法,将"西北特区"之天然碱制成工业上用品,河北之海盐、四川之矿盐制成纯碱,四川、山西、河南等地的天然芒硝制成硫化碱,利用于工业之途径,以获振兴实业之益。[1]

除运用现代先进科学技术助推中国建设,中国建设协会亦特别重视现代新都市及与市民生活直接相关的现代公用事业之建设,以使中国社会趋近于现代化、都市化。18世纪,英国诗人顾波(Cowpor)有诗云:"上帝造乡村,人类造城市。"这就是说,"乡村是自然的产物,而城市却是人为的产物"。都市在近代文明史上占重要的地位,已为一般人所公认。城市化建设亦为民国现代化建设主要内容之一,尤其是都市之火车、电车、公共汽车、电话、电气、煤气、自来水等公用事业对于城市化建设至为重要。近代以后,"中国由于以往经济上的落后,有资格称得上国际大都市的,数目并不多,而这些都市,大都在沿海沿江,形势居于全国重要之地,控制着水陆交通的枢纽"。[2] 为将中国旧有及应有的都市改造建成"合于近代规模"的现代化国际大都市,中国建设协会会员及相关学者认为"应该有一个整齐划一的城市设计方案",[3] 于各城市中有计划地建设完善现代新都市应有之各种公用设施,如道路、公园等,尤其应"于一切大城市中设供给自来水之工场,以应急需"。在其提倡下,国内"各埠筹办水厂者,先后继起",到1935年,新水厂之成者有"厦门、柳州、重庆、梧州、杭州、南京",计划中者有"蚌埠、安庆、苏州、开封、成都、武昌、济南等处",旧水厂之整理改组者有"上海内地自来水厂、汉口既济水电厂、广州增步水厂、

---

[1] 陈器:《为国人介绍化学制碱工业》,《中国建设》第1卷第3期,1930年3月1日,第7页。
[2] 中国建设协会:《迎头赶上,后来居上》,《中国建设月刊》创刊号,1945年9月1日,第11页。
[3] 熊方:《今日中国市公用事业应采市有市营政策》,《中国建设》第6卷第3期,1932年9月1日,第87页。

第四章 中国建设协会建设思想的特征与成熟

镇江水厂"等。①

二 以裕民生为之首要和攸归

孙中山在《建国大纲》中写道："建设之首要在民生，故对于全国人民之食衣住行四大需要，政府当与人民协力共谋农业之发展，以足民食；共谋织造之发展，以裕民衣；建筑大计划的各式房屋，以乐民居；修治道路运河，以利民行。"因此，"谈人民生活问题，不能不首先解决经济问题"。②

面对近代以来中国经济竭蹶、民生困苦之惨状，中国建设协会所主张的现代化建设，以"民生主义"为根据，从"济民生"出发，以"裕民生"为攸归。其所谋求的农业现代化建设，即意在"促兴农业，发展工业，谋技术的改进，与制度的改造，使全国民生问题得以解决，民族资本得以抬头，以达民生主义之目的"。③ 20世纪二三十年代，"中国农村经济日趋破产，农民益感生活艰苦，相率离村弃井，投奔都市，但都市垂危的工商业，又不能容此多量劳力，除一部分为外国在华工厂所吸收外，大都飘零于露天之下，徒然增加了都市失业的恐慌，威胁着都市的治安，直接间接地引发了各种的社会问题与政治问题"。如费孝通所言，大量农民涌向都市谋生，"从乡村说，城市固然帮助了它解决了一部分的人口压力，使很多农家不必完全靠土地来养活（土地本来养活不了他们）。但是从城市说，有着这一个尾巴，也不易向工业化发展了"。④ 因此，中国建设协会相关学者认为要解决中国民生问题，"当设法安插这班过剩的劳力，使他们尽生产的义务与增加生产品，以满足他们生活最低的要求"，尽可能地"使此过剩劳力仍回新农村去耕种，以增加农产品的收获，或谋都市工业之发展，以使他

---

① 欧阳毅：《建国方略上之化学工业》，《中国建设》第12卷第6期，"化学工程专号"，1935年12月1日，第21~22页。
② 宾君：《建设三民主义国家导言》，《新生命》1930年第4期，第5页。
③ 蓝名诂、陈一：《乡村建设的新认识》，《中国建设》第16卷第2期，1937年8月1日，第103页。
④ 费孝通：《城乡联系的又一面》，《中国建设月刊》第7卷第1期，1948年10月1日，第35页。

们从事工业制造"。①

为解决农村经济破产、农民生计困苦及离村等问题，中国建设协会会员所制订的建设计划多着眼于产业开发与利民厚生。如黄伯樵认为中国机器工业之发展，要"以切合民众需要为前提"，"以解决民生问题为最终目的"。② 亦有学者认为，"我国农村破产，工业衰颓，相互为因相互为果"。机器工业等现代大规模经营之工业建设，"各地或限于财力，未遑尽举"，惟有先行农村工业之建设，使"农村工业化""工业农村化"，可一举而农工两得其益。"因为这种小工业，既无须大量资本，且可使农村暂保自给自足之状态，无形中使资本主义的势力不再深入。""但发展农村工业，决非复古或开倒车，因为现代化之农村工业，由于生产组织与生产技术之合理化，已一扫旧式手工业与家庭工业之缺点而空之。"民生主义下的中国农村工业建设，应趋向于"自给化""合作化""科学化"，使其与现代工业同负起生产责任，在"青黄不接"的阶段，以之维持中华民族"人民的生活，社会的生存"，挽救中华民族"国民的生计，群众的生命"。③

此外，有相当一部分学者在《中国建设》发文探讨中国经济建设时，特别强调农民经济之复兴与民生之救济，认为"经济建设方针，其目的为增进社会福利，以提高人民生活，而经建中当然以全国工业化为最高目标，但工业的进步必须以农业发达为基础，因此所谓工业化者，不仅仅局限于工业建设之推动，应当兼顾农业之改进"。④ 其次，中国素来都是以农立国，"我们当然要使农村的生活稳定起来"。再则，"我国农业已有四千余年历史"，"更有地广人众、气候温和、雨量充沛的优美，自然环境实具有发展

---

① 缪进三：《基于民生主义论中国农村工业》，《中国建设》第15卷第5期，1937年5月1日，第72页。
② 黄伯樵：《发展中国机器工业之我见》，《中国建设》第10卷第4期，"机械工程专号"，1934年10月1日，第6页。
③ 缪进三：《基于民生主义论中国农村工业》，《中国建设》第15卷第5期，1937年5月1日，第73~74页。
④ 郑林宽：《农业在经济建设中的地位》，《中国建设月刊》第3卷第2期，1946年11月1日，第36页。

农业之优越性"。但国内现有可耕之田,"竟有四分之三,系未经耕种,或因受天灾人祸之影响,而复致荒芜,殊属可惜之至!"提出应该"赶快地一面兴修水利,把荒田重新变热,一面注意拓植事业,借助于机器的力量,来把满蒙新疆一带,完全拓植起来",并采用现代农业技术,"促进农业生产以繁荣国民经济"。① 此类救济民生、振兴农业、复兴农村之主张所在多多,举不胜举。

中国建设协会会员陈国钧认为,"一般民众之所需""关系大众之福利",为中国建设所应全力趋赴、切实从事的建设。② "民生主义的目的在求经济的平等"以"养民","民生主义的手段,是用以解决中国国民经济的纲领。一种运动,如果能有助于民生主义的实行,便足以解决中国国民经济的问题"。③ 在中国建设协会及各种社会力量对孙中山"民生主义建设"的倡扬下,国民政府渐觉民生问题之重要,并采取了一些措施,发起国民经济建设运动。该运动首要在"以深入民间之宣传,唤起一般人民广大之自觉",协助政府实施经济建设政策,积极参与生产方法与经营方法之改进。其主要工作在于"提倡节约并养成人民勤劳生产之习惯"。"无论生产消费,均应求符合于经济合理之原则,以最小之消耗,获最大之效果,务使物尽其用,用得其当。"④ 此外,"国家民族之复兴,端赖地方经济建设,而地方经济建设,即在解决民生问题",所以如前所述,自国民政府倡行建设以后,各省建设厅等地方建设组织机构亦在为解决民生问题努力从事各种建设。

三 博采西方国家建设良法

"他山之石,可以攻玉。"中国建设协会诸位会员体会到:"老大中国"如果故步自封,不跳出自己的圈子透过强烈的反差去思量自身,中国社会

---

① 志知:《机器与中国》,《中国建设》第10卷第4期,"机械工程专号",1934年10月1日,第24页。
② 陈国钧:《卷首语》,《中国建设》第13卷第1期,1936年1月1日,正文前。
③ 张保丰:《中国合作基本理论的建设》,《中国建设》第14卷第5期,1936年11月1日,第49页。
④ 《中国建设》第14卷第5期,1936年11月1日,"建设要闻选辑",第73页。

将很难找到现代化的入口。尤其是现代化建设之中心——工业化,并不是"一个国家封闭起来自我发展的结果,而是一种世界范围的现象"。"不仅仅是不发达国家的工业化是由发达国家引进资本和先进技术的结果,就是西方国家本身的工业化过程也是相互引进科学技术和工业进步成绩的结果,而不是每一种新设备和工艺都靠自己的发明创造。"①

吉尔伯特·罗兹曼认为,所谓"走向现代化",指的是"从一个以农业为基础的人均收入很低的社会,走向着重利用科学和技术的都市化和工业化社会的这样一种巨大转变"。②"对世界大多数国家和亚洲所有国家来说,现代化进程要求它们按照少数西方国家首先采用的技术模式和制度模式对自身进行修改和调整。"③鸦片战争后,"工业化"成为中国发展的方向与主题。如蒋廷黻所言:"现在外人除加上我们身上极大的压力外,又供给了我们科学与器械。这两个东西不是任何专制政府所愿拒绝的,所能拒绝的。"④

对于中西之争,中国建设协会会员陈一等本着实事求是、不盲从、不苟同的科学态度,既反对"全盘西化",亦不赞同"持中主义",认为应"从乡村着根,由理性出发,扩展科学技术,培养团体组织",找出"东西相通点"建设文化。⑤"中国之传统情形,固与他国不同,即中国各地之状况,亦自迥异",各种理论原则及预定方式,更不能视为"千古不变者",故在汲取西方先进建设理论与方法以为中国设计时,尤须以现时中国社会之实际为出发点,如"改革行政,必须注意于古代之传说。农村组织,则与习俗信仰不能隔离。发展工业,亦必注意当地手工业之优点,公共工程及卫生方面,修桥利涉,或保持健康,固同属科学之范围,而公路网之兴筑,以及护路筹款之方式,灌溉农地之指导,以及发展公共卫生之规则,

---

① 王玉茹、刘佛丁、张东刚:《制度变迁与中国近代工业化——以政府的行为分析为中心》,第18页。
② 〔美〕吉尔伯特·罗兹曼主编《中国的现代化》,国家社会科学基金"比较现代化"课题组译,江苏人民出版社,1995,第1页。
③ 〔美〕吉尔伯特·罗兹曼主编《中国的现代化》,第21页。
④ 区少干:《单靠政府去建设便成了吗?》,《独立评论》第108期,1934年,第7页。
⑤ 陈一:《东西方文化建设之探讨》,《中国建设》第13卷第4期,1936年4月1日,第59页。

第四章 中国建设协会建设思想的特征与成熟

则必当顾全当地之需要,生活之习惯,及社会与行政之组织,始能决定计划,分别实施"。①

如吴稚晖所言:"中国今日固要迎接世界新潮,也要自创新潮以灌溉世界。"② 中国建设协会会员在参考西方现代国家之建设良法时,总以适用中国与否为原则,因此,在农业推广方面,中国建设协会特别赞同与推荐翟克的观点:"中国农村社会农业环境与外国不同,自具有其特质,若以美国式之推广施之于中国,则其失败乃系必然之事,中国之农业推广自有其特质,故农业推广之内容方式与方法,当与外国有异。"中国之农业推广不仅要侧重"农民生活的改善"与"农村组织之改良",③ 更须以农村小学为基础组织,使农业推广与农村教育相结合,"农业推广为农村教育之手段,农村教育为农业推广之理想"。④

"国家制度的安排是否有效,就在于其学习和引进西方的先进成果,使之与中国传统经济相结合的成功与否。"⑤ 中国建设协会会员大多有留学经历,他们在国外的见闻与收获,成为其研究与制订中国建设计划的重要借镜。欧美国家的许多建设方策经中国建设协会悉心研究,最大限度地拿来为中国建设仿而行之。如陈鸣一为中国电气事业所设计的会计制度,即是参照在欧美各国渐趋近一规定的"公共事业"(public utilities)制度。⑥ 又如刘汝璠提议的"设立全国农业银行及农民信用合作社之计划",为其在留美期间所见有感而生,如其所述:"北美合众国农业之发达,有赖于该国政府设立之十二个土地银行者 Federal Land Banks 甚多。当此种银行未设立之

---

① 〔英〕哈斯:《中国建设事业进行近况(续)》,《中国建设》第13卷第3期,1936年3月1日,第116页。
② 张文伯:《吴敬恒先生传记》,第142页。
③ 翟克:《中国战后农业推广之新建设》,《中国建设月刊》第2卷第1期,1946年4月1日,第8~9页。
④ 翟克:《战后农村建设之新动向》,《中国建设月刊》第2卷第3期,1946年6月1日,第16页。
⑤ 王玉茹、刘佛丁、张东刚:《制度变迁与中国近代工业化——以政府的行为分析为中心》,第19页。
⑥ 陈鸣一:《电气事业会计制度之商榷》,《中国建设》第1卷第2期,1930年2月1日,第13页。

前，美农民于借款时，均感有利率太高之痛苦。及设立后，彼等皆能如期以最低率利息借得款项而改良其土地，发展其业务，结果美农业遂有今日灿烂光荣良好现象。"① 张锐在讨论"促进中国市政之基本方策"时，也将美国在市政研究机关之设立、市政人才之养成等方面的经验作为中国市政建设之参照。②

中国建设协会会长张静江在论述中国建筑工程之发展时有言："吾人以为建筑工程，为各种建筑事业之要素，国计民生，关系甚巨。而其发展，又各以其国情而互异。中国建筑学者，自应以本国固有文化为体而发扬广大之，以西洋学术为用而节取归纳之，庶几体用兼赅，新旧贯通，以开中国近代科学化、经济化、美术化、民众化建筑工程之新纪录。"③ 与此相似，中国建设协会诸会员所提出的建设计划，皆先求适合地方之情形，且经反复论证。如魏鸿发论证法人克里斯托夫罗氏发明的电耕机能否应用于西北农田，在针对中国西北地区的实际情况做了综合论证后，才建议宁夏省建设厅购置电耕机，并推广于农产。他认为，首先，西北天气干燥，雨量稀少，防旱为农家最大困难，而电耕机之最大效能，即在于能"令土地保存适当温度，不至干枯"。其次，西北地势广阔，农家每苦地广佣少，鞭长莫及，若使用电耕机，则可开辟广土，而能收"费少工省收获亦多"之效。再次，西北农民最苦肥料缺乏，电耕机有"减少肥料"增加产量之优点。此外，电耕机亦能起到的"消减虫害""裨益高原农业"等作用，无一不切合西北地区农业之需要。④ 诸如此类的精细论析，在中国建设协会的建设主张中并不乏见，其目的即在于将此立中汲西之建设方策施行于中国社会时，避免出现刻鹄类鹜，非徒无益，转予民众以不

---

① 刘汝璠:《设立全国农业银行及农民信用合作社之计划》,《中国建设》第1卷第2期，1930年2月1日，第99页。
② 张锐:《促进市政的基本方策》,《中国建设》第2卷第5期，"市政专号"，1930年11月1日，第215页。
③ 张人杰:《序言》,《中国建设》第9卷第2期，"建筑工程专号"，1934年2月1日，第2页。
④ 魏鸿发:《电耕机能否应用于西北农田》,《中国建设》第6卷第5期，"宁夏省建设专号"，1932年11月1日，第9页。

利的不良效果。

尽管如此，某些建设主张"到了后来实现出来，也难免有种种缺点"，①因与事实相违，徒成理想上之空谈。"盖并举环境历史绝不相类之两国，欲以一国所行之经济及技术方法，注输于另一迥异之国家，自必须修正其方式，适应其环境，然取舍抉择之际，遭逢困难，理之必然，则必具有试验之精神，谨慎之态度，和平之方法，始克有济。"也正是在社会现实的磨砺与淘炼中，中国建设协会之建设主张才能不断调适，不断改进，其从中得出的"唯实主义"教训，对于同时期及后来致力于建设探索的人们而言，更是相当可贵。由此，"从事建设事业者，每当工作实施之际，对于民族及地方之特殊情形及其个性，已渐有相当之自觉与认识"，并且明了："凡欲借怪诞之力，俾中国旦夕得与具有'经济及技术结构'之欧美争强并驾，或不假创造之力量，不求环境之适应，剿袭欧美成法，以谋强施于中国，实皆不思之论，而为事实所必不许。"在汲取西方技术之时，"必当顾全事实需要，环境状况，慎重考虑，以便实施"。②

第二节 战时及战后中国建设协会对建设问题的研判

兴起于20世纪20年代末的建设思潮，施行于30年代的现代化建设，并没能如初所设想的那样，给民众尤其是广大乡间百姓带来福利，相反，带给人们的只是与日俱增的惶惑。至20世纪30年代中期，不但农村"濒于破产"，整个工商业也随之"一齐倒塌下来"。③ 面对此种现实，中国建设协会抱定建设救国之志，以理性分析现代建设之窘困并反思问题之根源。

---

① 胡定安：《都市卫生行政泛论》，《中国建设》第2卷第5期，"市政专号"，1930年11月1日，第170页。
② 〔英〕哈斯：《中国建设事业进行近况（续）》，《中国建设》第13卷第3期，1936年3月1日，第116页。
③ 《中国经济建设的路线》，《梁漱溟全集》第5卷，第985页。

中国建设协会研究（1929～1949）

一 对民国现代化建设窘困的窥察

20世纪30年代末，"国内秩序骚乱之余，产业凋残，地方疲敝，而基本之农业，下层之乡村为尤甚"。① 现代化建设虽已进行十年之久，却因种种问题之羁绊而步履维艰，甚难收效。

1. 建设事业不切合实际需要

"凡事必应乎实际需要，又实际有可能而后成"，② 关系国计民生之建设事业尤须如此，早在一战结束后，孙中山即"希望中国有迅速而更合理的建设，曾草拟实业计划，希望能在大战以后，利用列强过剩生产力，协助中国完成实业建设。但那时，内有军阀把持政权，相互斗争，南北分立，足为一切建设的障碍。外有一切不平等条约存在，虽有计划，未能实现"。③ 20世纪30年代，由于乡村危机的日益凸显，农村建设在各地备受关注，正如时任湖北农村建设协进会名誉会长的张学良1934年在武汉举行的湖北农村建设运动会上所讲："农村衰落，足以影响全国经济的疲敝。农村建设应注意：一、实际化，二、时代化，三、合理化。"④ 整个中国的现代化建设尤应注意切合时代与社会之需求。

"国民政府定都南京以后，建设工作逐渐开始，但以全国尚未完全统一，仅系枝枝节节为之，未及根本。"⑤ 加之中国人"遇事只知模仿欧美，重外表，效时髦，不究实际，更不以客观之事实为出发点"的劣性，民初的建设存有严重的本末倒置、舍本逐末之弊病。⑥ 自中国建设初兴至抗战全面爆发前，整个国家建设之问题就在于："没有分出一个缓急先后来，只图表面，没有实际，过去数十年中，不知浪费了多少人力物力财力。"⑦ 因为

---

① 《敢告今之言地方自治者》，《梁漱溟全集》第5卷，第242页。
② 《在中国从前历史上有无乡村自治》，《梁漱溟全集》第5卷，第583页。
③ 《论中国战后建设》，凌耀伦、熊甫编《卢作孚文集》，第611页。
④ 《湖北举行农村建设运动大会》，《教育与民众》第6卷第3期，1934年，第563页。
⑤ 《论中国战后建设》，凌耀伦、熊甫编《卢作孚文集》，第611页。
⑥ 文名升：《发展中国电气工业之学术上的努力》，《中国建设》第2卷第3期，"电气专号"，1930年9月1日，第26页。
⑦ 孔祥熙：《西南建设问题》，《经济动员》第2卷第5期，1939年，第233页。

要实行这些表面的建设，各省必得筹出一定的经费，"像浙江每年共筹建设经费四百多万，江苏每年四百多万，湖北每年四百多万，广西每年五百九十多万，山东每年二百八十余万"。为筹集此巨款，各省虽采取了不同的办法，如"江苏筹集建设经费的办法，是将实业特捐改为建设特捐，并将各县忙漕旧欠拨充建设经费，并于地丁项下每亩增收二三角。浙江的办法，是发行建设公债办法，最初是由省库拨支三百四十余万，银行借款一百五十余万，钱粮附加六十余万，土筑附加四十余万，总共五百九十余万，而该省十七年十八年度数目，还比这数量增加……"① 但无不需要征用老百姓辛苦挣来的钱。

即便如此，政府如能"分出农民由血汗而供给政府之金钱的一小部分，为农民谋幸福"，② 如将这些建设经费用于购置改进农业技术所需之物资——农具、肥料、农种及防治农用动植物病虫害之药剂器材，以增加农业生产，改善农民生活，使"建设事业果走上了一个正当的途径，何尝不是中国人民的福音"。③ 但事实上，国民政府对于从劳苦民众手中所得收入之支配，以农业方面所得者最少。以国民政府建设导向为指针，各省在从事建设过程中对于民食问题之解决较为轻忽。如在湖北省建设厅所采取的与民食相关之建设举措，除设立农业试验场外，似无其他。而且其所设立的农业试验场之工作亦较偏重茶、丝、棉等工业农产物之生产改进，在该建设厅下属十二处场圃中，除南湖农业试验场、施南农场外，其余皆为与茶叶、蚕丝、棉业、林业、畜牧相关的试验场。④ 而该建设厅所制定的"湖北全省农林计划"中，颇多扩充茶业试验场、培养茶业人才、筹设制茶检查所、切实改良棉种、指导棉农组织运销合作、筹设生丝检查所、设立缫丝厂等计划，而与民食农产物相关的具体计划，则仅有设立农具制造所、

---

① 温寿泉：《一年来河北省建设工作》，《中国建设》第1卷第1期，1930年1月1日，"杂俎"，第9页。
② 刘和：《农业建设的我见（续）》，《中国建设》第1卷第6期，"农业专号"，1930年6月1日，第19页。
③ 徐敦璋：《谈谈建设问题》，《自由言论》第1卷第4期，1933年，第14页。
④ 《湖北建设厅所属各场圃概况》，《中国建设》第3卷第6期，"湖北省建设专号下"，1931年6月1日，第11页。

举行农村调查、筹设气候测验所等泛泛之法。①

"中国的工业化问题也就是提高中国人的生活水准问题。"② 但令人痛心的是,那些从平民百姓手里筹集来的建设经费非但没有全部或大部分用于救济改善平民的生活,反而多被挥霍。国民政府"所谓的建设工作,可说是'搭棚政策',我们只要看,每次所开催的××运动,××纪念,那一次不是'搭'起许多'棚'?"如将南京"国府奠都后所需的搭棚费用计算起来,恐怕为数不小,要是将这笔款项移用到国计民生的事业上,那至少是很有可观的了"。③ 建设委员会拟具的十年南京建设计划书先行规划建设的"先哲祠及历史博物馆"、中央党部、中央图书馆、中央美术馆、行政院及主席公署、监察院、立法院、司法行政院、考试院、各部、"建国塔"、"国门"、飞机场、道路布置等项,"共计需银七千九百八十万两"。④ 仅1930年完成的南京市自来水计划一项即耗资300万元。⑤

在农业生产中,"农民最缺乏而最需要者为资金,因缺乏资金,故不能多投资本于农事,凡改良种籽,充分施肥,添配农具,均感困难,以致影响产量"。⑥ 尽管国民政府为解决农民资金短缺问题,在农业金融方面做过一些工作,但终究未能从根本上解决问题。"近年我国农村资金,急剧集中都市,致都市游资渐感过剩,而农村却银根奇紧,农家有告贷无门之苦,农业的衰落,农村的破产,农村金融的枯竭,实为一大原因。"有鉴于此,国民政府"对于发展农村经济工作乃谋积极的推进,厘定整个农业金融制度及法规,设立中国农民银行,省县农民银行等"。1936年,"经济部联合国内各银行"组织农本局,以"调整农业产品、流通农业资金,借谋全国

---

① 《湖北全省农林计划》,《中国建设》第3卷第6期,"湖北省建设专号下",1931年6月1日,第2页。
② 〔英〕巴克尔:《论中国的工业化问题》,从智译,《中国建设月刊》第1卷第6期,1946年3月1日,第19页。
③ 乌衣:《推倒与建设》,《中华周报》1933年第83期,第14页。
④ 《十年内首都建设》,《中国建设》第1卷第1期,1930年1月,"新闻",第4页。
⑤ 《京自来水计划完成》,《中国建设》第1卷第2期,1930年2月1日,"建设新闻",第5页。
⑥ 周承考:《江西国民经济建设之过去与未来》,《中国建设》第15卷第3期,1937年3月1日,第39页。

农村之发达"为宗旨,①"统筹农村贷款事宜","促进农村信用的流通和农村运销"。除在南京设总局外,"各省市县重要地点酌设分局或专员,并规定各参加银行等合放资金,周息至多不得过八厘,从此农村金融渐有复苏的希望"。②

银行通过农村信用合作社发放贷款,以之为政府解决农业建设资金短缺问题的主要办法,"20年代初期发放不过几千元,至1936年秋季已增加到将近4000万元"。但就全国范围来看,"贷款数额与全国农村的资金需要对比则是微不足道的。据估计,从1933年至1935年期间,农业信用合作社发放的贷款只占全部农业贷款的1%,占获得贷款的农民总数的5%"。贫困农民在急需借款的情况下,不得不继续通过传统渠道——"个人放贷者、钱铺、当铺和当地的商人"来获得款项,"不顾条件如何苛刻"。而"传统的机构化的信贷来源,除去当铺之外,只对那些需要并不迫切的人提供贷款",因此,"贫穷的农民则告贷无门"。③ 所谓农贷,原是"国家为了融通农民资金,减少高利贷剥削",然而"农民向来不晓得有这个玩意儿,申请利用,反靠人推动,因此又极易为投机者控制渔利,得到此种利益的农民,将又减少不少"。④ 如山东峄县南乡的农民因粮价跌落及高利贷盘剥生活痛苦不堪,1932年韩复榘"以农村破产,为调剂民间金融起见,曾以人民为股东,按地捐款,兴办民生银行。据说人民可以低息借款,可是至今'股东'连'股票'还未见到呢,更莫提借款了!"⑤

作为农业大国的中国,建设事业自当以振兴农业、复兴农村、解决民生问题为根本目标。"中国问题之解决,必须从根本上建设乡村着眼,把穷苦的农民救起来,把散漫的乡村社会组织起来,把衰落的农业生产发展起来。"⑥ 然民初的现代化建设,非但没有解决民生问题,反而雪上加霜般加剧了农民的负担,使农民生计日益窘蹙。"其实增加人民负担的不是建设本

---

① 《修正农本局组织规程第一条》,蔡鸿源主编《民国法规集成》第34册,第322页。
② 朱子爽:《中国国民党农业政策》,第72页。
③ 《何廉回忆录》,第138页。
④ 沈萼先:《农村建设的先决条件》,《农村月刊》第1卷第3期,1947年,第5页。
⑤ 黄鲁珍:《山东峄县的南乡》,《农村通讯》,中华书局,1935,第57页。
⑥ 董汝舟:《乡村破坏与乡村建设》,《中国建设》第9卷第6期,1934年6月1日,第4页。

身而是主持建设的人借着建设的机会来增加人民的负担。果然！农民所负担的新政附加着实不小，这种负担着实足以致农村经济于疲弊。"而"各地办理新政的结局，无所谓政，也无所谓新，不过是田赋多一种附加，农民多一种负担……""所谓建设负担，而只是主政者借建设的机会来剥削"，"农民所担不起的只是这种剥削而不是建设费！"①

中国建设协会会员认为，要解决建设不切实际且负担过重的问题，"唯一的出路，同时也就是很自然的出路，就是改良贪污政治和提倡人才政治，使政府既不浪费我们的钱又能替我们做事"。② 如蓝梦九所言："农村复兴的困难，不在农村金融的枯竭和农村秩序的不安定，而在安居固定于农村中以复兴农村为终身职志的干部人才之缺乏，及流入农村中之金融的危险性。""在外国复兴农村，只要政府把集中于都市的金融倒注分散于农村就行了，而在中国则都市金融到农村，农村中无人利用来增加生产，结果由都市到农村的金融徒从农村中剥削些子利到都市去而已，这些从农村剥削到都市的金资，假如就蓄积在中国的都市里犹可说，而实际则经过中国的都市流注于外国。所以到农村的金融其危险性不仅是破坏农村，而且连都市及整个民族生命俱连带加以破坏。"③

此外，因民国时期的各种建设举措均以行政力量为主导，那些低能且极具强制压力的领导干部，"对于民众很容易发生离心的作用"，"自然不能发动他们起来，使凝成伟大的力量"。对于"富于强制性与机械性"的种种国家建设举措，民众"只有受命而成为被动"。④ 为振兴农业复兴农村，国民政府曾大力倡行农村合作。然而，本应为"民众自觉自动自主的社会经济事业"，成为完全由政府推进、乡村民众被动执行的合作运动，终致其效果不佳。⑤

---

① 翟象谦：《建设问题》，《独立评论》第 98 期，1933 年，第 7 页。
② 翟象谦：《建设问题》，《独立评论》第 98 期，1933 年，第 8 页。
③ 蓝梦九：《农村复兴之路》，《中国建设》第 8 卷第 5 期，"农村复兴专号"，1933 年 11 月 1 日，第 43 页。
④ 黎康民：《乡村运动与政府农政之分际问题（上）》，《乡村建设》第 6 卷第 7 期，1936 年 11 月 16 日，第 2 页。
⑤ 《乡村建设理论》，《梁漱溟全集》第 2 卷，第 545 页。

2. 工农业发展恶性循环

值得注意的是，在以工业化为主导的现代化建设中，农业建设并未受到足够重视与切实加强。1929年国民政府第三届中央执行委员会第二次全体会议确立"振兴农业为发展工商业之基础"的农业政策后，①更是将农建乃至整个国家建设的重心落在发展城市工商业上，只将农业行政机构附设于工商业机构内，农业常作为工商业之附庸被轻忽。"大凡行政组织，贵乎系统分明，职责清楚，故论世界任何国家，对于农业行政组织，莫不有显明之系统，而设立专部，总握全国农政之枢纽，以一权责。我国数千年来，以农立国，而农业经济又为国民经济的中心，宜乎对于农业行政，早已确立深厚之基础。"但反观民国时期之农政设施，"一方面为要解决农村问题，而有农村复兴委员会之设立，一方面又极力缩小农业行政之范围，而使其形同虚设。重视农村问题而不谋完备主管农村建设之农业行政组织，舍本逐末，轻重倒置，事实矛盾，无过于此"。②自1931年起，国民政府将农矿部与工商部合并为实业部，只于实业部内设一农业司，且"农业司上至司长，下迄办事员，全数不过二十余人，远不及该部总务司文书科一科之人数"。欲以20余人来管理全国农政，对于农事改进负指导、监督、奖励、诱劝之责任，"岂不是隔靴搔痒，无济于事？"③

与国民政府的建设指向趋同，农业建设在中国建设协会的宣传中亦未占主导。统计《中国建设》各期所载与农业及农村相关的文章篇数可知，除各专号外，从1930年到1936年，在总计182篇文章中，论及农业及农村的文章仅38篇，所占比例不到21%；抗战结束后，由于时局的变动，《中国建设》的关注点转向国际关系、国内政局、战后复员以及学术研究方面，对农业及农村的研讨更少，相关文章仅占总数的7%，农建在中国建设协会所倡导的整个建设事业中所占的分量由此可见一斑。

---

① 张自立：《我国灌溉问题及建设委员会关于灌溉事业之工作》，《中国建设》第1卷第5期，1930年5月，第7页。
② 曾济宽：《怎样解决中国农村问题》，《中国建设》第8卷第5期，"农村复兴专号"，1933年11月1日，第24页。
③ 刘运筹：《农业部农学会农学院与农村复兴》，《中国建设》第8卷第5期，1933年11月1日，"农村复兴专号"，第58页。

上述种种问题的存在，使区别于传统时代的现代农建在振兴农业方面的效果并不尽如人意。1893~1933年中国耕地面积指数统计显示，从19世纪70年代起，除新垦区（特别是东北各省）外，耕地一般都呈下降趋势。① 表4-2亦对此有所反映。

表4-2　1933~1934年各地耕地面积下降趋势

1928~1929年=100

地区	耕地面积指数	备考
陕西3县	79.19	渭南、凤翔、绥德
河北1县	99.47	保定。基年为1927年，计算年为1930年
河南3县	98.43	许昌、辉县、镇平
江苏4县	94.24	盐城、启东、常熟、邳县
浙江4县	99.14	龙游、永嘉、崇清、东阳
广东1县	98.50	番禺
广西3县	100.38	苍梧、桂林、思恩
云南4县	102.42	昆明、禄丰、玉溪、马龙
平均	96.31	根据上列各地基年及计算年耕地面积总和计算得出

资料来源：陕西数据来自国民党政府农村复兴委员会《陕西省农村调查》，第27、28、108、109、174、175页；陈翰笙：《现代中国土地问题》；冯和法：《中国农村经济论》，第233页；张培刚：《清苑的农家经济》，第193、196页。河北数据来自陈翰笙《现代中国土地问题》；冯和法：《中国农村经济论》，第233页；张培刚：《清苑的农家经济》，第193、196页。河南数据来自国民党政府农村复兴委员会《河南省农村调查》，第63、64页。江苏数据来自国民党政府农村复兴委员会《江苏省农村调查》，第15、23、28、33页。浙江数据来自国民党政府农村复兴委员会《浙江省农村调查》，第18、29、71、127、139、142、178、184页。广东数据来自陈翰笙《广东农村生产关系与生产力》，第77页。广西数据来自广西省立师范专科学校《苍梧、桂林、思恩三县农村调查报告》，转引自《申报年鉴（1936年）》，第K37页。云南数据来自国民党政府农村复兴委员会《云南省农村调查》，第97、151、199、236页。

另据国民政府土地委员会1934年所做的14省89县垦地与荒地调查统计，"从1924至1934，十年间已垦地之荒废者计占原垦地面积10.64%"（详见表4-3），国内主要农作物的耕地面积，更有依年递减的趋势。耕地面积缩减，势必酿出农产品的锐减。据中国银行1934年度营业报告，1934年农产物较1933年歉收4.5%，而1935年较1934年尤相

---

① 严中平主编《中国近代经济史统计资料选辑》，科学出版社，1955，第358~359页。

差悬殊。① 由于战乱及灾害的频繁，至抗日战争结束，各地耕地荒芜的现象更令人触目惊心。例如，"1946年河南耕地已有30%荒芜，湖南和广东则已荒芜40%"。除耕地面积普呈下降之势，中国主要农产物之单位面积产量亦趋下滑。据统计，从1931年到1947年，就总产量言，除小米、玉米、油菜籽和烟叶略有增长外，其他重要作物都减产。就单位面积产量言，则几乎无一例外地下降。②

表4-3 1931~1934年全国主要农产物面积的变动

单位：亩

年份	1931	1932	1933	1934
小麦	295.779	310.726	292.854	293.014
大麦	103.405	101.989	94.974	95.458
高粱	79.869	79.360	76.803	78.145
糯稻	13.941	13.725	28.571	28.215

资料来源：《中华日报》1935年9月28日，转引自徐自昌《国民经济建设运动论要》，《中国建设》第13卷第5期，1936年5月1日，第27~28页。

综而观之，自1930年直到全面抗战爆发前后，中国农村的耕地与产量均无明显增长。随之而来的便是农民购买力"与日俱减"。据相关人士调查，江苏武进县"农民购买力的指数由1931年的96降为1932年的88，再降到1933年的70"，国民购买力的退缩又必致国内工商业不景气甚至衰颓。由此自30年代以后，农村破产的色彩日深一日，工业衰落的惨状也是与日俱增。③

近代工业的兴起又在一定程度上加速了农村衰落的步伐。"人聚于乡而治，聚于城而乱。聚于乡则土地辟，田野治"，"聚于城，则徭役繁，狱讼多"。④ 随着工业建设的推进，工厂日渐增多，工业劳动者随之增加，在很

---

① 徐自昌：《国民经济建设运动论要》，《中国建设》第13卷第5期，1936年5月1日，第28页。
② 严中平主编《中国近代经济史统计资料选辑》，第358、361页。
③ 徐自昌：《国民经济建设运动论要》，《中国建设》第13卷第5期，1936年5月1日，第28页。
④ 顾炎武：《日知录·人聚》。

大程度上加剧了农民的离村，致使农村劳动力不足，加之帝国主义与军阀封建势力的内外侵压，天灾人祸相逼而来，大量农村壮丁"因饥寒交迫，脱离家园，奔赴都市"，[1]"投入都市中庞大的失业后备军中，间接减小农业的生产力，增加荒地的面积"。[2] 如表4-4所示，1932年广西苍梧县"近城的农村，农民离村的情形已很显著：二、三、四区男子离村人数都在男子总数百分之十以上，在壮丁总数中竟占百分之十九至三十八。就以全县来看，也颇可观。可见，苍梧农村不再是自给自足，出卖劳动力已成为普遍的现象了！"[3]

表4-4 广西苍梧县1932年户口清查情况

区别	男子数	壮丁数	离村男子数	离村男子占男子数比例（%）	离村男子占壮丁数比例（%）
一	54213	27858	4995	9.2	17.9
二	23437	12827	2472	10.5	19.3
三	24502	7877	3022	12.3	38.4
四	30841	12044	3409	11.1	28.3
五	34200	13804	1356	4.0	9.8
六	20680	8016	323	1.6	4.0
七	13291	5133	515	3.9	10.0
总计	201164	87559	16092	8.0	18.4

资料来源：端《苍梧农村杂记》，《农村通讯》，第44页。

这么多的农民放弃了农业之后，要跑到那里去呢？有些转入城市工商各业，但是在"工业幼稚商业不发达"的城市当中，"恐怕还是于归失业罢了"。[4] 因此，如表4-5与表4-6所示，农民离村现象之严重，亦可由"农民的离村率及都市人口的剧增"窥见一斑。

---

[1] 朱子爽：《中国国民党农业政策》，第9页。
[2] 成希颙：《公路建设与农村经济》，《中国建设》第13卷第5期，1936年5月1日，第12页。
[3] 端：《苍梧农村杂记》，《农村通讯》，第37页。
[4] 陈显国：《中国的农业和农民》，《农事》第6卷第6期，1927年，第7页。

表 4-5 20 世纪 30 年代农民的离村率

单位:%

| 江苏金坛 | 8.0 | 湖北武昌 | 20.00 | 浙江兰山 | 18.50 |
| 河北盐山 | 8.72 | 山东沾化 | 8.70 | 安徽宿县 | 3.02 |

数据来源:《第二次劳动年鉴》,转自成希颙《公路建设与农村经济》,《中国建设》第 13 卷第 5 期,1936 年 5 月 1 日,第 12 页。

表 4-6 20 世纪 30 年代都市人口的增加情况

城市	1933 年 6 月	1933 年 12 月	1934 年 6 月	1934 年 12 月
南京	677777	726131	741226	—
上海华界	1744398	1838611	1868110	1982614
北平	1493373	1516376	1548003	
天津	1320479	1348240	1344177	
汉口	743121	770179	773167	—

数据来源:《申报年鉴》,转自成希颙《公路建设与农村经济》,《中国建设》第 13 卷第 5 期,1936 年 5 月 1 日,第 12 页。

农村劳动力的流失与都市失业人数的增加,亦与农业教育关系甚大。"中国的农业学校,所教授的课程,不是使一班毕业学生,回到乡村去改良农业,却养成一种农村方面的特殊阶级,本来农家子弟的生活很单简,到了学校以后,饮食起居,都讲究起来,甚至厌弃乡村,更谈不到去改良农产……他们毕业以后,并不是穿短衣服到田里去种植,都跑到都市里来找工作",更使农业方面日见衰落。而"中国的工商业也是不能发达,决不能容纳无限量的农家子弟,以致有许多人,固然有了工作,可以生活,有许多人就免不了失业。这些失业的人,在乡村间,生活虽然比较困苦,总还可勉强过去,现在到了都市里面,希望断绝,又不愿再回乡村去耕种,于是不得不铤而走险,为非作歹的去做盗匪或做游荡者了。这班盗匪和游荡者一天多如一天,无论都市或乡村,已觉到不安宁"。[①]

此外,农民之所以弃田离村,颠沛流离,待哺他乡,与工商业对农业的压榨剥削不无关系。"从冠盖到戎墟,一路上一群群的农民络绎不绝地挑

---

① 邵元冲:《中国之经济建设与农业政策》,《商业杂志》第 5 卷第 7 期,1930 年,第 10、12 页。

着稻担，来回很忙，据说这就是商人所做的勾当。今年收成很好，农民们却叫苦连天，大家说，还是少收些好。世界农产物生产过剩的恐慌，已深深地在苍梧近村中反映出来；弄得一般农民大家都莫名其妙，收得少挨饿，收得多又不值钱，粮赋不得不纳，油盐不能不吃，他们只有忍着痛把辛辛苦苦种出来的谷送给稻商，任凭后者定一个价，于是就从每担四块多跌到三块半，再跌到两块八，商人借此得到一笔额外利润。戎墟商人操纵着稻的价格，内地的中小地主也就近收买，把价格更降低若干，县府派赴各区的催粮老爷，更整日介在乡间跑跳，他们联合起来，为的向贫苦农民敲诈。"① 乡村贫民被逼无奈，只有背井离乡，逃往城市谋生。随之而来的便是农户减少、田地荒芜、耕地面积减少。如图4-1所示，民国以后，中国荒地面积与年俱增。

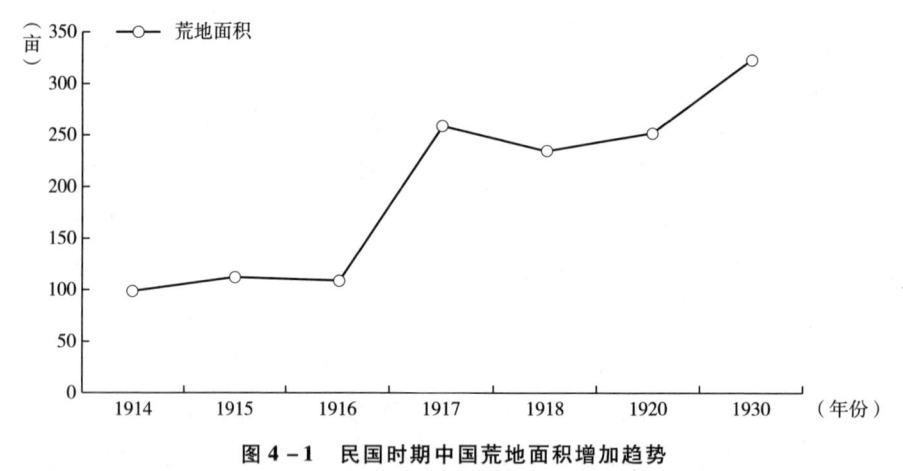

图4-1 民国时期中国荒地面积增加趋势

资料来源：成希颙《公路建设与农村经济》，《中国建设》第13卷第5期，1936年5月1日，第12页。

尤其20世纪20年代末以后，"因天灾人祸的关系，全国荒地更有激增的趋势，据内政部二十六年的调查统计，全国二十七省荒地竟达四万一千余万亩之多，荒地增多，就是耕地面积减少，这也是很明显的事实"。与此

---

① 端：《苍梧农村杂记》，《农村通讯》，第44页。

相对应的"农村户数的减少,当然是雇农游民兵匪等的增加"。① 以农民为主体的"一般大众"因"经济破产,购买力几等于零",导致民族工业的国内市场异常狭小,同时又受世界经济恐慌的影响和帝国主义经济侵略力量的扼抑,不能自由伸展,从而走向崩溃。以全国工业中心上海而论,如表4-7所示,1934年,各工业部门一致减工。其中,缫丝业最盛时,"上海一地共有丝厂一百十二家",但在1934年"开工者仅三十七家,且系是时开时歇",其产额与1930年前较,不过20%而已。②

表4-7 1934年上海市工业减工率统计

工业种类	减工率(%)
纺织业、橡胶业、造船业	25
制帽业、水泥业、针织业、制粉业	30
染织业、制罐业、涂料业	40
搪瓷业、铁器业、火柴业、玻璃业	50
毛织品	55
洋伞、化妆品	15
陶瓷	60
生丝	80
铁工	75

数据来源:成希颙《公路建设与农村经济》,《中国建设》第13卷第5期,1936年5月1日,第14页。

3. 政府农建举措低效

"对于农业问题,如果政府方面认定他的重要性,采用农业政策,不但全国粮食问题,可以解决,同时地方的治安,大多数人民的生活,以及其他各种事业,都可以得到一个总解决。"③ 然自民国以后,"我国政府与社会,非常轻视农业,大家认为这是下贱行道,不但不愿努力合作,并且不

---

① 认众:《中国农业经济凋敝的原因及其状况》,《新民》1929年第8期,第13页。
② 成希颙:《公路建设与农村经济》,《中国建设》第13卷第5期,1936年5月1日,第14页。
③ 邵元冲:《中国之经济建设与农业政策》,《商业杂志》第5卷第7期,1930年,第12页。

加提倡"。① 南京国民政府成立后，开始着手于现代化建设。但直至全面抗战爆发前夕，"搞经济建设工作的机构"，"过份强调了工业的发展而忽视了农业"。"政府里的人——事实上包括一般的人们——都集中关注工业的发展，认为农业会自然跟上。""尽管在1936年中国人口的80%依靠农业生活，但是，直接从事农业工作的那些政府单位在整个政府工作中是无足轻重的，各级政府部门给予农业的支持非常有限。"②

就城乡建设而言，30年代的国家经济建设大都局限于天津、上海、青岛和广州等少数几个城市。这些地区"由于对外交往的刺激，以及能够调动电力、银行及运输等社会的经常资金，曾出现一些现代经济的表面虚饰"。③ 而在中国的大部分地区尤其是广大乡村，经济并不景气，甚至有趋于崩溃的危险。

国民政府为改进农业生产，也曾设中央农业实验所、国家稻麦改进所、国家棉产改进所等农业实验机构，这些机构中"负责稻、棉、麦实验技术工作的人员都是高水平的，他们大多数是从南京的两所农业院校吸收来的，即教会学校金陵大学农学院和公立的东南大学（以后改为中央大学）农学院"，"他们在改进稻、麦、棉、高粱、大豆等农作物的育种方面取得了很大成功，改进的种子不但收成高，而且抗病力强"。"但是这有什么用呢？试验工作的结果停留在暖房里，如何将这些改进结果推广到农民手里的问题还是得不到解答。"国民政府只是"在农业推广上作了一些纸上谈兵的工作"，毫无任何效果，"贫农即使想种植改良的种子，也没有能力做，他们没有财力"。④ 全面抗战期间，为增加粮食产量，农本局"对农民提供贷款购买改良的种子、肥料和挽畜（拖拉用牛马）以增加粮食作物的生产能力，这些贷款通过合作社、合作金库和农业仓库贷给农民个人"。但由于种种条件的限制，农民还是极少受益。⑤

---

① 林孔唐：《振兴我国农业之管见》，《新农》第1卷第4期，1926年，第3页。
② 《何廉回忆录》，第89、103、140页。
③ 《何廉回忆录》，第241页。
④ 《何廉回忆录》，第140页。
⑤ 《何廉回忆录》，第151页。

第四章　中国建设协会建设思想的特征与成熟

为推广先进农业生产技术，农本局农业调整处曾将中央农业实验所、全国稻麦改进所和全国棉花改进所等农业技术改进机构的技术人员派往广西、贵州、云南、四川、陕西等地的农业改进所，为这些地方农业改进所提供资金，合作致力于农业生产的改进。并于1938年2月在重庆成立训练班，以培养更多的大学毕业生派往农本局的各地业务单位工作。"在头两年，训练班培训了600至700大学毕业生。他们被派到外地，工作条件十分艰苦。"由于"他们大多数来自沿海城市，在城市中心长大和受教育，在此前的几年中一直生活在比较现代的环境中，对于缺少最简单的卫生保健条件和最简单的现代设施的农村社会的情况不熟习"，再加上农村"既得利益者、土匪、盗贼"的抵触甚至破坏，受训人员在开展工作中困难重重，难以奏效。①

在农本局的领导之下，有些地方在合作金库、农业仓库以及改良农种方面取得了一定的成效，但仅局限于广西、贵州、四川、陕西等极个别省份。虽然他们也想将仓库等各种农业改进设施推广到其他地区，但是"没有时间，在某些情况下也没有机会"。由于战争关系，许多地方农业改进所虽在改良农种方面"做过大量工作"，终究没有能够进一步建立良种繁殖基地，繁殖足够数量的种子分配给农民。由此，农本局等农业改进机构在全面抗战爆发前后所做的"为时短暂"，农村"经济情况越来越恶化，1938年，已有经济失调的一些迹象。供应的变化造成市场偶发的个别的混乱，而通货膨胀之势仍在潜伏着"。到40年代，"局势已日益严重，通货膨胀继续发展，必需品在市场上见不到了"。②

二　对乡村危机深层原因的挖掘

预感到乡村经济濒临破产，早在中国建设声势初隆之时，即有学者对现代化建设进途中农村、农业问题之重要性有所论断。近代以后，由于"外国大农经济的廉价农产物的侵入，工业进展的高涨，国家资本个人资本

---

① 《何廉回忆录》，第163页。
② 《何廉回忆录》，第157、166、178页。

完全集中在都市，致使农业感受经济缺乏的影响，生产力渐形于薄弱"。[1]到 20 世纪 30 年代中期，"民穷财尽，内外崩离……农村贫困，历历在目"。[2] 面对如此情境，中国建设协会会员及相关学者开始反思并对现代化建设中工农业的关系有了更清晰的认识："过去我们的农业和工业，两者相互牵制，相互阻碍，构成了可怖的恶性循环，中国经济自难有进步。"[3] "故在工业化声中，农业建设不仅不应忽略，抑且要与工业建设亦步亦趋，齐头并进，相得益彰。"[4]

就"工业化"的含义而言，"广义的工业化，是指使整个社会中的生产机构能本着专业与分工的原则组织起来，然后应用技术、机械与电力以辅助或代替人力操作，以使其单位产出之成本减为最低，并使其收益成为最大。因此，工业化实为一种牵涉到整个经济社会的活动，它固可表现于制造业，同时亦可表现于农业和服务业，其关键并不在于生产之成品是否属于工业的制成品，而在于生产历程的本身是否合理"。[5] "农以生之，工以成之"，"农工同是国民经济中的两大柱石，缺一不可，农工不但应当并重，并且彼此有互助的作用"。"农工业生产有其相互依存性，农业现代化必依存工业化完成，工业化的完成必借助农业的改进。"[6]

全面抗战爆发前后，在充实国防与工业化建设的大趋势下，社会各界围绕"国防与民生之孰轻孰重，轻重工业之孰先孰后"，以及今后在发展工业的同时"应如何顾全农业及其他事业，使享受具同之繁荣"等重要问题展开讨论。从其讨论的内容可以明知：在现代化建设进程中，不单单是轻工业与重工业，农业与工业亦"自有其必然的程序连锁、适宜的配合位置，不容有一点倚轻倚重于其间"。[7]

尽管在 20 世纪 30 年代，面对乡村经济急速衰落之势，以梁漱溟、晏阳

---

[1] 认众：《中国农业经济凋敝的原因及其状况》，《新民》1929 年第 8 期，第 1 页。
[2] 《革命建设之意义》，《青年评论》1932 年第 3 期，第 1 页。
[3] 陈劲寒：《农业改革与工业化》，《中农月刊》第 7 卷第 4 期，1946 年，第 143 页。
[4] 文瀛：《农业建设与工业化》，《陕行汇刊》第 8 卷第 5 期，1944 年，第 14 页。
[5] "中华民国全国工业总会"编印《中华民国工业发展概况》，台北，1983，第 1 页。
[6] 王福增：《农工并重的经济建设》，《中农月刊》第 7 卷第 4 期，1946 年，第 142 页。
[7] 《乡村建设理论》，《梁漱溟全集》第 2 集，第 515 页。

初、卢作孚等为代表的乡村建设派发起声势浩大的乡村建设运动,此后一波又一波的社会团体以各种方式试图挽救乡村危机,国民政府建设委员会也曾付诸乡村建设的实验,但农工失衡、城乡冲突的现代化建设朝向未曾逆转,乡村建设的效果也无法彰显。

其实工农协调问题是中国现代化建设进程中始终存在且无法回避的问题。从经济学的角度讲,农、工、商在生产过程中互相关联且不能分别独立,三者关系合宜,则社会兴隆繁荣;三者联络失当或轻重失调,则社会衰敝、凋萎、不景气。① 中国建设协会在民国现代化建设后期谋求以城乡工农相携共进解决民生问题的现代化建设之路。在诸会员及相关学者眼中,建设首先应解决民生问题,鉴于农业对国家社会的重要性,绝不能漠然视之。农业建设不仅为立国之本、民生之母,农业中民食产物如米麦等,无论贫富贵贱、城乡文野莫不需之。工业建设亦须以农产品为原料,"工业中如纱业、丝业、面粉业、糖业、油业、制造业、烟草业等,无一不倚赖农业供给原料"。② 对于中国的现代化而言,固应从工业化入手,但绝不能因为要发展工业而牺牲农业,"我国为数千年之农业古国也,试问工业之基础何能产生于朝夕之间?""拟以翻云覆雨之本领,图摇身一变为工业国家,岂可得耶?"③ 因此主张在现代化建设中不应该片面追求城市化、工业化的实现而轻忽农业及农村建设,须在推进工业建设的同时,对国家根基之所在的农业予以足够的重视并加以稳固。

虽然,在中国建设协会及各方对现代化建设的研究、宣传、促推下,中国建设的现代性路向已开启,然就其实际成效尤其是对农业本身发展起到的推动作用而言,却是极为有限的。农业危机笼罩下的农村,经济濒临破产,民生憔悴不已。面对现代工业建设不景气、乡村危机频发的情状,国民政府一贯倡导的以工业化、城市化为主导的现代化建设也慨然无所应对。中国建设协会并没有因其以现代建设救治中国之梦想的破灭戛然退却,而是以其一贯的坚韧毅力积极面对问题,分析根源并寻求解决农民问题之道。

---

① 郑统九:《中国工业建设路线之商榷》,《工业学院学报》1935年第3期,第1页。
② 邹秉文:《农业与公民》,《东方杂志》第19卷第16号,1922年,第23页。
③ 郑林庄:《复兴农村亟须提倡农村工业》,《农业周报》第4卷第9期,1935年,第287页。

第三节　中国建设协会的建设思想渐趋成熟

20世纪20年代末开启的中国现代化建设,问题、弊端所在多多,诸多民生荣瘁之所关的建设事业之进展戛戛其难,绩效未彰。日本帝国主义的袭来,更是雪上加霜般有置中国于万难不复之境的危险。面对严重的内忧外患,中国建设协会会员及相关学者在反思和总结过去现代化建设绩效不彰的原因基础上,转向谋求工农城乡平衡发展的现代化建设之合理朝向。

一　成熟之因：战时及战后社会危机与现实需求的触动

进入全面抗战时期,"环顾今日中国局面,内忧外患,交迫而来,农村经济的残破,国民生计的穷困,各种工业的凋敝,在在都表现着急待救济的严重性。"[①] 尤其在战前已露端倪中国农村经济危机在战时日益严重,如山西的崞县"从前也算是一个富庶的县份,事实上确是很富足的,但是近年来,却不然了,农村中每天所听到的,全是些什么土地变卖,房屋典押,告贷无门,粮食贱价尚售卖不出……等类的穷迫声调"。"粮价跌,以致农民连最低的生活都不能维持。同时,土地房屋价格也迅速地低落,但是也只有卖者,很少买者。全县农民,以有一亩至二十亩的小自耕农为最多。近几年来,亦以此类农民之痛苦为最深。"[②]

有感于救济农村之迫切,卢作孚于1934年在《大公报》发表言论称："中国目前感受了极大的困难,我们很容易猜想这困难的问题是日本侵略问题……是农村破产问题。"[③] 为求根本解决农村问题,中国建设协会在《中国建设》上连载姜庆湘、费孝通等农学专家的多篇论文,意在使人们明白：农业建设非但关系农村社会秩序稳定,而且大有助于中国政治、经济等问题的根本解决和全国的繁荣。

在昂贵的工业品与廉价的农产品形成的"剪刀差"的剥削下,农民生活

[①] 谢作民：《国民经济建设与华侨》，《侨务月报》1936年第11、12期，第2页。
[②] 农经：《山西崞县农村经济概观》，《农村通讯》，第53页。
[③] 《建设中国的困难及其必循的道路》，凌耀伦、熊甫编《卢作孚文集》，第322页。

第四章　中国建设协会建设思想的特征与成熟

苦不堪言。为满足日常生活需要，农民不得不将农产各物售于都市，以购所需之物品。但农民在与工商业者交易中，常处于弱者之地位，因农民"售卖产物，不能取得公正价格。购买物品，每多发生余剩负担。贱售贵购，权利因之损失"。① 如浙江象山农村，"农民生活以租种田亩者居多，每年所产，完租以后，所得无多，终岁勤劳，有时尚难自谋一饱"，"生活程度，年高一年，而岁入状况，反行减退"。又如1933年农作生产尚称丰盈，但农村经济恐慌，致丰收成灾，米价惨跌，造成"谷贱伤农"之现象。尤其是在青黄不接之时，农民因缺乏资本，为维持生计"只得向人告贷，致岁终收获所得，不敷偿债，于是另以更高利息，借来偿还此处欠款，挖肉补疮，债台高筑，农民明知未来之危险，但迫于环境，只好由债主之剥削"。同时，"近年田赋附捐连亩捐，逐年增加，至超过正税六七倍之多"。如1933年9月，浙江象山区公所因经费缺乏，加收"灶头捐""人口捐"；1934年，又有征收"保卫团附捐"之议。② 又如丽水为"旧处州府属十县的政治经济中心"，到30年代，"丽水农村却坠入农业恐慌的深渊中了。丽水的农民被地主、高利贷者、苛捐杂税不断地剥夺，已经到山穷水尽的地步了"。③

就国民政府一直趋重的工业建设来说，其成效亦不尽如人意。新兴的少数现代工业"在战事以前之发展，既甚有限，且更在地域上及种类上表现十分畸重畸轻之趋势，而规模亦多半太小，于全国国民经济，未能有充分之补助"。④ 因此，1937年以前中国国内所谓现代工业者，"仅是些基础脆弱、资力贫乏、设备简陋的没有重工业基础的轻工业而已，生产状态尚限于粗制品、半制品和原料品的制造，发展又局促于几个特殊的产业，和沿海与交通中心的少数都市"，"如是畸形的工业，更何堪复遭八年的敌伪之压榨和破坏"。⑤ 全面抗战初期，虽在战事及政府政策的影响下，战区手工业的发展有"相当进步"，工业发展在地域分布上趋向平衡化，并在后方

---

① 王孟昭：《农村衰落原因之研究》，《中国建设》第11卷第2期，1935年2月1日，第5页。
② 林昧豹：《浙江象山农村经济概况》，《农村通讯》，第62页。
③ 韦任之：《浙江丽水县的农村》，《农村通讯》，第88页。
④ 刘大钧：《我国工业建设之方针》，《经济建设季刊》第1卷第1期，1942年，第56页。
⑤ 俞增康：《建国应兴应革的工业设施》，《中国建设月刊》第1卷第5期，1946年2月1日，第19页。

产生一些新工业，但不久即因"战区扩大，通货过量膨胀，材料供给不易，工业生产不断地在萎缩之中"。这种萎缩首先由重工业发出，从1942年起"许多工厂相继停工或收缩范围"，如"陪都区民营机器工业共有大小工厂三百六十六家"，1943年2~3月，"已发生停工歇业的现象，到六月底止，调查确实倒闭者有四十二家，以后，因工作缺乏，周转困难而停工的逐日增多，以沙磁区而论，该区工厂六十六家当中，停业的有十二家，约占全区百分之二十，再江北区工厂三十三家中，宣告倒闭者有十五家，停顿者二家，合计约占该区工厂百分之五十，总计全体工厂正式或非正式停工者约百分之五十左右"。据翁文灏报告，"陪都区域已登记的机器厂有三百六十四家，歇业或停工者占总数百分之十九，工具机停工者占总数百分之十二，歇业或停工各厂资本占总数百分之五，川省钢铁厂工业共有十八家，先后停工者已经有十家，政府虽然贷与大量资金收购钢铁产品，究竟销路有限，周转困难"。1944年底，"成立了战时生产局，与各厂订立生产合同，购用大量军用品"，计自1945年2月开始，共分四期交货。可是，"官营资本是优先承接了订货，取得了一些利益，显出了畸形繁荣。而民营各厂却无力量及条件接受这些定货，依然在奄奄一息之中"。①

抗战胜利后，"由于战争结束，连些微的民营工厂订货都先后取消，使各厂将生产减少，甚至停顿，如机器钢铁自胜利后，就不曾订货。纺纱业花纱原料原来由政府供给，因当局停止采购棉花，原料来源断绝，也先后宣告停业。煤矿业缺乏流动资金，化工及其他机械制造日用品，以收复区与后方，价格相差过远，销路不好，各厂前途暗淡"。②大后方的工业衰落情形"更加严重起来"，"大家都想把工厂仍旧迁回到沿海各地来，但是没有这样一笔大的费用。当时迁川工厂联合会鉴于危机的扩大，曾联名恳请政府设法救济，经过再四的要求，政府总算是答应了工厂界可怜的请求，拨了若干贷款，分配给每一个厂商；当然数目是小得相当可怜"。在没有办

---

① 张来仪：《战前，战时与战后的中国工业》，《中国建设月刊》第3卷第1期，1946年10月1日，第35页。
② 张来仪：《战前，战时与战后的中国工业》，《中国建设月刊》第3卷第1期，1946年10月1日，第35页。

第四章 中国建设协会建设思想的特征与成熟

法之下,多数工厂"只有走上倒闭清理之途","把救济贷款做了遣散职工的费用"。截至1945年12月20日,"重庆大工厂向经济部申请停业已经核准者","计有中国兴业公司、渝鑫钢铁厂、张瑞生铁工厂、恒顺机器厂、顺昌铁工厂、华生电工厂、华安电工厂、中国制钢公司、天原电化工厂、新民机器厂等十六家"。"至于国营工业也是不能例外的,綦江的炼铜厂及炼钢厂已经结束了,云南的炼铁厂亦已办理结束了,资源委员会驻昆办事处所属厂矿十四单位,及有关国际贸易成品的四工厂也奉令紧缩,电工机器厂仅保留三分之一,酒精化学工厂全部撤销,钢铁厂也加以紧缩。""占全国工业五分之一的重庆,一千四百零五家工厂,倒闭的有千余家。"①

1946年,重庆方面只5月、6月两个月中倒闭的民营工厂"竟达一百七十二家","华西如西安、宝鸡、天水、榆林、成都、灌县和东山等地区的毛织厂,倒闭的达八十家,目前还能勉强开工的只剩六家了。收复区内,上海本是全国工业的中心,现在也面临着空前的危机,一般中小工厂已纷纷倒闭,就是向占民族工业第一位和众枯独荣的棉纺织业也踏上了下坡路,开始减工减产了。占民族工业第二位的面粉工业,大部分工厂都在休息。无锡的八十多家丝厂,在春茧落市以后,还是无法开工。华北在沦陷时期,日寇经营的工业建设,具有相当基础,如果能好好地接收运用,对工业化的推进,也不无帮助,可是大部分机械的齿轮还在休息,烟囱还是中止了呼吸……"②

战后,当局及政府大员们一再高喊"工业化"的口号,但"口号只是口号而已,正像经过参政会通过的各项计划纲领而结果还是不实施一样的没希罕"。③ 此前工业建设所留存下来的成绩,"仅是些基础脆弱、资力贫乏、设备简陋的没有重工业基础的轻工业而已,生产状态尚限于粗制品、半制品和原料品的制造,发展又局促于几个特殊的产业,和沿海与交通中

---

① 张来仪:《战前,战时与战后的中国工业》,《中国建设月刊》第3卷第1期,1946年10月1日,第36页。
② 娄立斋:《中国工业往哪里去》,《中国建设月刊》第2卷第5期,1946年8月1日,第19页。
③ 友信:《危殆的民族工业》,《中国建设月刊》第2卷第5期,1946年8月1日,第23页。

心的少数都市，因而生产落后，工业状态尚未脱幼芽时期"。① 全国工业一时陷入"新兴工业既未发达，旧手工业又已破坏"之困局，②"几年来从艰苦中辛苦的甚至是辛酸的支撑起来的一点工业基础已将倾圮"。③

"国民经济生活之建设，为国民革命最主要之目的。"④ "中国必须求得经济上的现代化，才能够把国内各方面的情形改善，才能够在世界上立足。"⑤ 现代化最主要体现为现代工业的发达，但直至1946年，"重工业固不待言，就是轻工业，基础也非常薄弱。……在我们国境内还指不出一种规模较为现代化的机械工业出来，我们没有机器工厂，没有造船厂，没有汽车工厂，没有飞机制造厂。这固然由于我们的重工业没有基础，但我们仅有的轻工业，机械是靠输入的，在生产上的组织仍非常落后，在生产行程上的有机构成仍极度低下"。⑥

总体上看，全面抗战前中国工业在发展上"显示着国外资本的支配，轻工业的畸形发展以及工业区的偏重沿海地带，民族工业在这样的情形下，自不能获得充分的发展，在重重束缚的挣扎下，概算起来，只有十万万左右的轻工业，一万万到二万万的矿业资本，五万万左右的交通业资本，与外国资本比较起来实在相差太远，轻微得不足道了"。⑦ 由此，资金的短缺成为制约民国现代化工业建设的重要因素之一。当时中国"资本最足"的银行界"喜欢投资于国家的公债，或地产方面，很少投资到工业生产方面。因中国工业赚钱无把握，发生动摇性大，所以都不想投资"。⑧ 因此，全面抗战前夕"内地最困苦艰难的，无过于各工厂的资金问题"。为解决资金问

---

① 娄立斋：《中国工业往哪里去》，《中国建设月刊》第2卷第5期，1946年8月1日，第19页。
② 《乡村建设理论》，《梁漱溟全集》第2卷，第492页。
③ 本刊资料室：《建设中的中国与世界》，《中国建设月刊》第1卷第5期，1946年2月1日，第73页。
④ 朱子爽：《中国国民党农业政策》，第47页。
⑤ 文迪：《经济建设不要忘了民生》，《新中华》第4卷复刊第11期，1946年，第1页。
⑥ 许廷星：《经济建设与财政建设》，《四川经济季刊》第3卷第2期，1946年，第31页。
⑦ 张来仪：《战前，战时与战后的中国工业》，《中国建设月刊》第3卷第1期，1946年10月1日，第33页。
⑧ 骆耕漠：《国民经济建设讲座——（四）工业建设》，《新人》第3卷第36期，1935年，第705页。

第四章 中国建设协会建设思想的特征与成熟

题,国民政府专设工业贷款机关,"惟各项贷金,工矿调整处限于迁移、建筑、设备等费,工业合作协会限于合作社,经济部限于五万元以下之资金,各厂之营运资金,须由银行直接协助,银行方面,向有承兑汇票材料抵押等办法",而且"银行的经营业务,大都是抱着不求有功,但求无过的态度,对于许多工业,真似风马牛一般,漠然无动于衷","各厂都难受到实惠"。①

全面抗战爆发以后,国内大部分工厂由沿海转向后方,"经过了不少民族工业者与技术家们筚路褴褛的经营,在风雨飘摇过程中存留下来"。但抗战胜利以后,"大后方的工矿业普遍不振,小型者停顿结束,中型以上者亦难撑持,理由是销路呆滞,因而不得不加紧收缩,更因此而引起了失业恐慌的泛滥与劳资纠纷的严重。政府不能长期收购成品,决定改为收购机器协助停厂,并先以钢铁、机器、电工、酸碱四业为主"。"轻工业,也是一样的不景气。例如植物油制炼工业,原为适应战时需要设备多因陋就简,勉强维持,前途自极暗淡,所以大部分均一度停工或减产。""酒精工业亦为半机制,在战时,后方各厂每月生产总额为八九十万加仑",战后则"产量已普遍减少达50%,仅四五十万加仑",也就是说,战后全国工业"建"尚未始,曾"建"的却先倒下了。②

20世纪20年代末30年代初,中国现代化建设在中国建设协会等社会力量的提倡下"风起云涌","报章杂志,充满宣传文字,各地长官不从事建设,不足以自豪"。但当时的"经济建设,无论私营国营,或官商合办,都是浪费颇多,一开始就尽量把规模弄得极庞大,计划应有尽有,大都纸上谈兵,不着实际。人员充斥其中,大多无事可作,徒糜公款,且尽量比赛资本,希图一时垄断操纵,看谁的云头架的高,谁能支配谁,上面的在用经济要政治,下面的在用机关图发财,都没有安心在建设经济,所以越建设越显得经济没导法"。③

在国民政府以工业化为导向的现代化建设方策指导下,民国建设最先

---

① 潘仰尧:《发展我国工业建设之路》,《国货与实业》第1卷第4号,1941年,第40页。
② 本刊资料室:《建设中的中国与世界》,《中国建设月刊》第1卷第5期,1946年2月1日,第73页。
③ 梦:《经济建设》,《政经学刊》第1卷第3期,1942年,第3页。

211

着力于加强城市交通建设,然因没有顾及一般社会实际需要,民众"未享其利反受其害"。盖铁路、公路等交通建设,应以"地位适宜""国民需要"为基本原则,①"交通应与农工商业同时进展,方能互相补助。公路之修筑须视各地需要之情形而定。否则不过变成为一种奢侈品了"。②

作为一个历史悠久的农业大国,中国现代化建设的衡量指标不仅有工业化的程度,更应关注农业现代化的问题,但民国时期的中国现代化建设却是以城市为中心,片面强调工业化建设,其结果非但没有将城市建设好,反而造成乡村经济的日益凋敝甚至破产。尤其是到全面抗战时期及至抗战结束后,中国像一个"重病的人","五脏四肢和各部器官,都有毛病,非有良医给他仔细诊查,慎重处方,不能起死回生","只支离各别的不把他当作整个的人来治疗,决不会有好的结果"。中国建设协会成员认为,建设亦是如此,全国是整个的,绝不可以一时一地的现象,枝枝节节地来考虑复兴建设的工作,必须统筹兼顾,确定统一的政策,决定互补的方案,制定周详的计划,分别缓急,按期实施,才能致国家于富强之境。③

二 中国建设协会建设思想成熟之表现

20世纪30年代以后,社会经济危机尤其是乡村危机日益严峻。如虞和平在《关于中国现代化史研究的新思考》一文中所言:"对中国这样一个具有悠久历史传统和人口众多的农业大国的现代化来说,其工业化程度的衡量指标是否一定要与欧美、日本等西方大国一样,还是应该有所区别,要多考虑一些农业现代化问题、非工业化经济发展问题和劳动密集型产业问题,这是值得深入研究的。"④对于民国时期的中国农村而言亦不例外,全面抗战时期及至抗战结束后,最迫切的问题是"穷"的问题,加之国民政府对都市与工业建设的片面强调,以及军事影响,农村经济愈形崩溃,最终影响了工业和城市乃至整个中国的正常发展。在中国建设陷入窘困之时,

---

① 孙中山:《建国方略》,第119页。
② 广照:《建设事业的合理化》,《科学的中国》第1卷第7期,1933年,"短评",第2页。
③ 马地泰:《上海市政的改进》,《中国建设月刊》第1卷第4期,1946年1月1日,第24页。
④ 虞和平:《关于中国现代化史研究的新思考》,《史学月刊》2004年第6期。

中国建设协会会员及相关学者从对战时及战后中国社会经济危机根源的剖析，转到对时局和建设真谛的彻悟，进而谋求建设路向的转变，其建设思想渐趋成熟。

1. 对战时及战后经济危机原因的深入剖析

欲求乡村以及社会危机之根本解决，必先审知其根源安在。对此，"论者多归罪于帝国主义之经济侵略"，[①] 或归结为政府"提倡不力，保障未周，时局未定"，[②] 以及"国内恶势力的剥削""水旱灾荒的袭击""生产技术的落后""交通运输的阻滞"等因素，[③] 普遍认为近代以来"我国所受列强的经济侵略，已经到了病入膏肓的地步，自鸦片战事以后，上下数十年，我国所蒙受的痛苦，除了失地赔款历历可数的惨痛的国耻以外，列强的经济侵略闯入我国的领土，使我国经济逐渐陷于崩溃之途，民族资本被国际资本主义的猛烈压迫不能抬头，于是自给自足的农业国家的本身，发生了极度的动摇"。[④] 殊不知，"相生相害，物之自然，因不能坚实内体，以求其适于生存，免于祸害，于是乎侵略入焉。故曰先腐而后虫蚀。然则侵略之来，固犹有其本身因素"。[⑤]

正是基于对造成中国经济恐慌的外部因素——资本主义列强的压榨的分析和认识，时人提出应致力于国防本位的经济建设，积极开发战争资源，振兴军需实业，以完成巩固国防为目标，认为"要繁荣中国经济，决不是经济本身的建设所能完成其任务，必须先挣脱附庸经济的地位，遏止恐慌的转嫁"。换言之，"就是必须先废除不平等的条约，争取民族的独立和自由，然后才能进行经济建设，讨论工业重心还是农业重心的问题"。而"要达到废除不平等条约，争取民族独立自由的目的，只有努力国防建设"。[⑥]

[①] 陈国钧：《复兴农村之我见》，《中国建设》第8卷第5期，"农村复兴专号"，1933年11月1日，第1页。
[②] 《湖北民营电气事业状况》，《中国建设》第3卷第5期，"湖北省建设专号上"，1931年5月1日，第57页。
[③] 成希颙：《公路建设与农村经济》，《中国建设》第13卷第5期，1936年5月1日，第12页。
[④] 《湖北举行农村建设运动大会》，《教育与民众》第6卷第3期，1934年，第564页。
[⑤] 陈国钧：《复兴农村之我见》，《中国建设》第8卷第5期，"农村复兴专号"，1933年11月1日，第1页。
[⑥] 濮秉钧：《国防本位的经济建设》，《经理月刊》第1卷第3期，1935年，第18页。

尽管国防经济建设在战时及战后得到国民政府的重视，赴全力于军用物资的开发与军需工业的建设，但中国的经济危机尤其是乡村危机并没有因此得到解决，反呈愈演愈烈之势。外来侵略，战争消耗，加之"国内天灾人祸的频仍，受创最深的，是农村的整个破产，大多数人颠沛流离，欲求温饱是不可多得的了，农村到了如此荒芜混乱的地步"。[①]

国民政府虽也意识到乡村的重要性，战时，蒋介石于国民政府迁出南京后，告国民书有云："中国持久抗战，其最后决胜，不但不在南京，抑且不在各大都市，而实寄于全国之乡村。"[②] 在加强建设军用工业的同时，国民政府也着手加强农业建设，但因战争情势所困，其农业建设举措多以国防军需为本位，于民生问题的解决甚少注意。如为满足国防建设对于粮食和衣被的需求，曾设法努力增加粮食生产，改良棉、麻的种植，改良牧畜，增进毛革之生产。又如注意马铃薯的种植，也是"因为马铃薯可制酒精，酒精为火药、炸药之重要原料，且可替代毓士林而为液体燃料"。[③] 当时国内以马铃薯为原料制造酒精的工厂，有1935年设立的湖南酒精厂与山西大同兴农化学工业社，后者廉价收买晋北各县所产之甘薯，作为制造酒精原料，并由酒精配成一种新燃料，名曰"兴农油"。[④]

1935年3月，蒋介石在贵州发起"国民经济建设运动"，宣称"以建设国民经济即解决民生问题为目的"，以"尽人力、辟地利、均供求、畅流通、以谋国民经济之健全发展"为总目标。[⑤] 1936年4月，国民政府成立国民经济建设运动委员会。从国民经济建设运动之实施要项不难看出其工业化的建设指向：八项要点中，除振兴农业外，其余如鼓励垦牧、开发矿产、提倡征工、发进工业、调节消费、流畅货运、调整金融等，都以促进工业

[①] 《湖北举行农村建设运动大会》，《教育与民众》第6卷第3期，1934年，第564页。
[②] 《我努力的是什么——抗战以来自述》，《梁漱溟全集》第6卷，第262页。
[③] 濮秉钧：《国防本位的经济建设》，《经理月刊》第1卷第3期，1935年，第22页。
[④] 楼子韶：《甘薯化学成份之分析及其对于工业重要原料——酒精——制造之探讨》，《中国建设》第12卷第6期，"化学工程专号"，1935年12月1日，第103页。
[⑤] 蒋中正：《国民经济建设运动之意义及其实施（廿四年双十节广播）》，《银行周报》第20卷第29期，1936年，第3页。

第四章 中国建设协会建设思想的特征与成熟

建设为出发点。① 蒋介石虽在阐述国民经济建设运动的重要工作中指出"宜工农并重，同时迈进"，但又强调"各地方工业及农村副业，皆为国民经济基础，尤应特别注重"。由此观之，国民经济建设之要旨即通过发展工业及农村副业，"养成自给自足之环境，建立国民经济之基础"。②

关于国民经济建设重心问题，即"中国国民经济究竟应该怎样的去建设，是重农呢？是重工呢？是工农并重呢？抑或是先农后工呢？还是先工后农呢？"对此国内学者曾有不少人发表过意见，归纳起来，可分为三派：一是以梁漱溟、高践四等为代表的重农主义派；二是以吴景超、贺岳僧等为代表的重工主义派；三是以马寅初、郑林庄等为代表的折中主义工农调和派。③ 关于此论争，《中国建设》采刊了颜悉达的观点："中国国民经济建设，不应在性质上，区别工业或农业，应在本质上以生产方式为依归"，"应该依据经济发展的定律，建立适合中国历史与事实需要的国民经济的新基础"。④

如罗兹曼所言，在某些国家，"由本土精英集团和外国势力培植起来的某些依附模式"已根深蒂固，而且"确实是实现现代化最直接的障碍。然而一旦扫除了这些障碍，现代化的基本困难仍将依然故我。分析这些遗留下来的难题，首先应当了解各国内部的诸多状况"。⑤ 20世纪二三十年代经济危机日趋严重，固然与中国自近代以后所遭遇的外来经济侵略不无关系，但同时，在民国以后中国建设的发展历程中，始终存在一个难以克服却无法回避的问题，即现代化建设应该趋向于工业与城市，还是农业与乡村。

关于现代化建设中的工农城乡二元经济结构问题，中国建设协会通过

---

① 蒋中正：《国民经济建设运动之意义及其实施（廿四年双十节广播）》，《银行周报》第20卷第29期，1936年，第4页。
② 《国民经济建设之希望》，《钱业月报》第16卷第11期，1936年，"评坛"，第1页。
③ 颜悉达：《国民经济建设之具体意见》，《中国建设》第14卷第2期，1936年8月1日，第8页。
④ 颜悉达：《国民经济建设之具体意见》，《中国建设》第14卷第2期，1936年8月1日，第7页。
⑤ 〔美〕吉尔伯特·罗兹曼主编《中国的现代化》，第16～17页。

在《中国建设》上刊发系列文章进行了深入剖析。"农业能以改变物质的性质，工业能以改变物质的形态，商业能以改变物质的地位或时间，三者都是生产，都足以增加物品的价值，三者各是生产过程的一方面，互相连环关联，而不能分别独立。""三者的关系合宜，则表现于社会者为兴隆，为繁荣；三者的连络失当，或各部份的轻重失调，则其所反映于社会者为衰敝，凋萎，不景气。"①"乡村城市原来是互相调节，彼此助长的。"②"数千年来的中国社会，差不多都是分散小农经营和以农业为主体的手工业与小商业作一切经济政治文化的基础，共同拥抱在一个乡村里面，相互调节制限着，除了受政治上的支配阶级过度剥削，表演周期的饥荒和混乱外，物质偏畸积集的弊害很少发生的。"但近代以来，"帝国主义挟其经济势力，到了这个原始的平庸的静止性的社会里，从都市到农村切断了农工商相互间的纽带，把一个像半死的中国社会，用经济网卷在世界的漩涡中，作它们过剩商品销纳的尾闾，大都市作了病态的繁荣，内部充斥的大半是舶来货，农村相继破产"。③"又因为一般企业者，认定工业既足以控制农业（原料供给者），又足以左右商业，于是将社会整个的经济力和人力，全数移集于工业上面，以致工业大发达而特发达，几有惟工业才是现代的生产事业之势。"④从此"农业与手工业连结之纽带，既已冲断，农业受制于商品与资本之支配，全国农民均有丧地失业之苦痛"，以致都市表面的繁荣和乡村实质的偏枯，"农村与都市间成立如此不相共存的关系"。⑤

"乡村社会是都市建设的基础，犹如农业改进是工业建设的基础一样"，所以，"讲求现代化，不得不注意农工的配合建设，也就是城乡社会的联系发展"。"城乡社会的对立是病态，而非常态。"中国的社会建设须力求城乡两个不同社会的相互联系与平衡发展，就工农的关系而言，大体可以说城

---

① 郑统九：《中国工业建设路线之商榷》，《工业学院学报》1935年第3期，第1页。
② 蓝梦九：《农村的穷及其救济法》，《乡村建设》第1卷第16期，1932年3月1日，第2页。
③ 蓝梦九：《农村复兴之路》，《中国建设》第8卷第5期，"农村复兴专号"，1933年11月1日，第47页。
④ 郑统九：《中国工业建设路线之商榷》，《工业学院学报》1935年第3期，第2页。
⑤ 蓝梦九：《农村复兴之路》，《中国建设》第8卷第5期，"农村复兴专号"，1933年11月1日，第45页。

第四章 中国建设协会建设思想的特征与成熟

市与乡村社会的经济关系不是孰轻孰重的问题,而是如何密切联系,以实现整个社会经济的繁荣。工业建设需要农村供给"过剩的劳力与食粮和充足的资本","反之,进步的工业技术与科学知识,如不普遍应用到农业生产与农村生活上去,则落后的农业无法配合工业建设的需要,而工业自亦无法大量建设起来"。①

城市和乡村是社会的两方面,"两者都是组成社会的中心骨骼,必须使其平均发展,不能偏畸,不能失调"。尤其对于"农民占全国人口百分之八十以上"的中国而言,"国民经济的主要基础在于农村,若以全力谋都市之繁荣,却置农村于不顾,实乃本末倒置,轻重失衡。而今日之一般言中国经济建设者,每坐此弊,是以碌碌数年,毫无建设成绩之可言,唯一原因,胥在于此"。②"中国国民经济基础,本在于农村,而农村一切文化建设,反远逊于都市,况且我国都市成为帝国主义者的整个倾销场,都市消耗愈多,农村经济,被剥削更甚,国民经济,有整个破产的危险。"③如同梁漱溟所言,"农业破坏影响一切,是中国的生死问题",④ 农业衰落对工商业乃至全国经济影响至深。因此,"救济乡村的呼声,不发于乡村而发于都市。此时最先感觉到问题而着急说话,实为上海金融界"。至中国建设协会通过《中国建设》发文刊说,对乡村危机深层致因做出客观辩证的解析后,人们对现代化建设中工农城乡问题有了更加明确合理的认识,逐渐明了:中国的工业化建设"不能只注意工业的本身,应该以整个社会的繁荣为设计的方针","同时,更不能只顾都市而遗弃农村"。⑤ 在明晰问题之灼点后,中国建设协会开始呼吁从根本上逆转其一贯认同并支持的以工业化、城市化为中心的现代化建设路向,转向谋求实现工农城乡的良性互动。

---

① 童润之:《都市与乡村》,《世界农村月刊》第1卷第2期,1947年3月,第6页。
② 郑统九:《中国工业建设路线之商榷》,《工业学院学报》1935年第3期,第2页。
③ 曾济宽:《怎样解决中国农村问题》,《中国建设》第8卷第5期,"农村复兴专号",1933年11月1日,第13页。
④ 《乡村建设理论》,《梁漱溟全集》第2卷,第503页。
⑤ 郑统九:《中国工业建设路线之商榷》,《工业学院学报》1935年第3期,第2页。

2. 对时局的理性透析

全面抗战爆发前夜之中国，"水旱洊臻，苍夷满目，而全国农村凋敝，工商萎缩，国内生产日形短少，贸易入超之巨，年达七八万万元，不独工业制品仰给外人，即所需粮食，亦复不能自给，经济崩溃，迫在目前，国之灭亡，可立而待"。① 全面抗战爆发后，国土日削，国势日蹙，为谋求御侮救危之策，中国建设协会不仅通过《中国建设》向全体会员公开征集"关于抗日救国之论述，发行专刊以供当道之采择，以为群众之南针"，② 而且更深刻地认识到，在国难严重、经济衰落、农村破产之际，全国上下应团结一致共同抗敌。"今后之战争，为国力之战争，而战争之根本动力，尤在精神之训练"，全国上下"均宜精诚团结，共赴国难"。③

中国建设协会认为："必须有一个和平的中国，才能有一个进步的中国，必须专务于建设，才能促现中国的强大。在进步的强大的国家中间，人民才能一点一滴获得幸福的滋润！"④ 具体用什么方法才可使中国成为强大进步的国家？实行全面工业化建设。"所谓工业化，含有广狭二义，狭义的工业化，指制造工业的现代化；广义的工业化就是产业化，系指社会之经济组织如农业工业商业金融等之现代化。工业化实在是生产方法的机器化，使工业农业，应用动力与现代设施及技术，从事大量生产及维持高度效能。其范围不只包括工业，也包括农业商业及其他经济活动。所以工业化并不如一般人所想象的是只谋发展工业而置农业于不顾的，也要使农业工业化，求农业生产的经济有效，增加农产品的产量，减低农产品的成本，改良农产品的品质，推广农产品的销路，使农民的生活水准可以提高，国家的经济力量可以增进。"⑤

---

① 《中国建设》第13卷第3期，1936年3月1日，"建设要闻选辑"，第123页。
② 中国建设协会：《本会征集抗日救国文稿启事》，《中国建设》第5卷第2期，1932年2月1日，第2页。
③ 李铸九：《一九三六年我国应有之准备》，《中国建设》第9卷第5期，1934年5月1日，第13页。
④ 中国建设协会：《迁版之话》，《中国建设月刊》第1卷第3期，1945年11月、12月，正文前，第1页。
⑤ 马地泰：《建国的力量》，《中国建设月刊》第1卷第5期，1946年2月1日，第15页。

第四章　中国建设协会建设思想的特征与成熟

20年代末30年代初建设发起十余年后，"虽经有识之士的奔走呼号，朝野上下的致力倡导，然而毕竟建设的力量小，破坏的力量大，内在的缺隙还未弥缝好，外来的压力牵制，竟使一点成就前功尽弃"，尤其是农村建设惨然效微。① 自农林部1940年"主营全国农林行政三年以来，督导各省积极从事农林建设，并于各地设立农林渔牧推广实验场场所七十余处，但各项工作多未密切配合深入农村以救农业，技术尚无长足进展，生产质量亦未达到预期地景观"，② 以致"抗战以来，农业衰落，更是日甚一日"，到抗战结束后，"许多农村，几乎已濒绝境"。③

总之，不管是从民生观点看，或是从国防观点看，从过去的历史看，或从战时及战后的需要看，农业在整个中国建设中始终有其不可忽视的非常重要的地位，国家之富强实以农业为基础。④ 因此，中国建设协会认为，无论是战时还是战后之中国建设，皆应特别重视农业及农村建设。"救济农村的治本方法，在增加生产，增加生产的有效方法是工业化。农田也应该和工厂一样，用新式机器以机力电力集合耕种，大量生产。惟有工业的大量生产的方法，是最经济的生产方法。而农业机器以及其他技术生产工具的制造，又赖工业之发展，所以农业政策必以工业力增进为必须的前提条件。"⑤ "但是，我们决不能忘记，农业发展就是工业化的必要基础。放弃了应该用力的近处，痴望着遥远不即的远景，叫得响，做不到，在时间上留下一个阶段的空白，在功用上也将仍旧保留了一个阶段的距离。"也就是说，"我们要国家走上现代化的道路，就必须把目光投向农村，从了解这些向被忽略了的角落，来了解我们怎样起步和怎样努力的途径"。⑥

---

① 乔启明：《试论我国战后农业建设之轮廓》，《农业推广通讯》第4卷第7期，1942年，第4页。
② 《农林部促进附近各乡农林建设实施计划》（1943年），中国第二历史档案馆藏，23（1）-01319-0007。
③ 马地泰：《建国的力量》，《中国建设月刊》第1卷第5期，1946年2月1日，第15页。
④ 李仁柳：《我国农业复员与复兴》，《中国建设月刊》第1卷第2期，1945年10月1日，第60页。
⑤ 马地泰：《建国的力量》，《中国建设月刊》第1卷第5期，1946年2月1日，第16页。
⑥ 中国建设协会：《看向农村，走向农村》，《中国建设月刊》第3卷第2期，1946年11月1日，"评坛"，第2页。

3. 对建设真谛的彻悟

中国建设协会在反思建设历史与探求未来建设之合理朝向的过程中，对建设真谛的理解益加深刻而有悟于中国建设之所取径。正如梁漱溟在《中国民族自救运动之最后觉悟》中所言："天下事，非到最后不易见出真相，非于事过后回转头来一望，不能将前前后后的事全盘了然于胸。"[①] 随着民国建设事业的推进，一些中国建设协会会员越来越透彻地体悟到建设之重要性及其真谛所在，尤其是在抗战这一非常时期，"建设要有宏大计划，多方鼓励"，合万力以赴之，才可底成事功。[②] 中国建设所负的责任，"不但是建设整个的民族和国家的责任，而且也负着改造世界的责任，如果我们不瘅智毕虑的在训政时期之中，从建设方面来做实际的工夫，来完成民族与国家的建设，则世界的改造，决计是不可能的"。[③]

全面抗战爆发后，一些人呼吁"应把一切不急之建设即与国防无直接关系之建设完全停止了，把一切与军事无重大关系机关暂且停止了，集中财力与人力决意与日本一拼，战胜后再谈物质之建设"。[④] 但在中国建设协会总干事曾养甫看来，战时不仅不应该停止建设，反而要更加努力于经济建设。因为"足食足兵为抗战成功之要素"，建设不仅可以足兵足食，亦可维持民族国家之生存。"今日之战争，非仅两军效死疆场之谓，实为两国科学知识与经济能力之战。……倘不于誓死抗拒之外，努力进行建设，以求军事与经济之充足，即一时可以幸存，亦必不能持久，足兵之道，非进行建设，使各种科学工业日有进步，必不能达到目的。"而足食之有赖于建设，更无待言。如"浙江号称天富，而所产不能供给所有之人口，有田四千万亩，而收获统计，不及四千万石。此固由于人稠，实则地方亦有未尽，水旱之为灾，螟蝗之为害，皆系民食不足之因，皆系建设未讲之果"。可见非利用科学，讲求建设，民食前途，即患不足。因此，"国难当前，于足食

---

① 《中国民族自救运动之最后觉悟》，《梁漱溟全集》第5卷，第44页。
② 张文伯：《吴敬恒先生传记》，第41页。
③ 《建国之路》(1929年)，国民党中央委员会党史委员会编印《邵元冲先生文集》（上），台北，1983，第180页。
④ 昆山：《谈先建设而后抗日者可以休矣》，《文明之路》第16期，1935年，第24页。

第四章 中国建设协会建设思想的特征与成熟

足兵之建设,更属急要,努力建设,始能保养,始能生存"。①

建设首须重视并善用民力,非使"民众的心地对建设事业有坚牢的信仰"不能进行。尤其是对于乡村建设而言,建设的基本力量"完全在农村民众,决不是农村以外或农村以内的某一部分人"。② 如同1934年孔雪雄在《中国今日之农村运动》一书中对乡建运动的总评中所言:"农村运动必须使之为一种全体农民的运动,才能发生真正的力量;否则,只是运动农民,而非改造农村。此种结果,遂流为慈善事业之一,或仅仅是一种乡绅运动。忽视了运动之基本动力……农村运动,不能打入真正农村群众的底层,便有失败的危险。"③ 那么,政府如何才能激发民众的自动力使之同情参与建设?要酌量各地特殊之情形与民众急切之需要,"观察到民众感觉需要的地方"去实施建设。如中国建设协会理事叶楚伧所言:政府所应职司的建设"不但是适应民众的需要,而且应该适应民众的最需要"。

中国建设协会认为,政府在以民生为首要对建设方向做统筹把握的同时,亦要有全民参与做有效之赞襄。中国建设是"全中国人的责任",需要全中国人努力去"动作",建设才会成功。政府能做的不过是"提倡示范"和"管理"的工作,而"实地工作"还在于全体民众。对此中国建设协会会员陈国钧呼吁道:"凡百建设,皆关系民众之切身福利,政府固应积极筹维,而人民亦当通力合作。"若全国上下能"一致奋兴,团结其精神,加紧其工作,寻绎其步骤,权量其缓急,急起而直追之",则中国建设自不难"计日期功,完全达到","国难得舒,国势可振"。④

抗战时期尤其是战后,在对社会危机的反思、对时局与建设真谛的感悟、对现代建设合宜进向的探索过程中,中国建设协会的建设思想渐趋成熟,这种成熟不仅体现在其对农业在现代化建设中重要地位的深刻认知,

---

① 曾养甫:《国难时期之建设》,《浙江省建设月刊》第5卷第9期,1932年,第2页。
② 叶楚伧:《发刊词——革命建设的重要概念》,《中国建设》第4卷第2期,"江苏省建设专号",1931年8月1日,第2页。
③ 《书评:中国乡村运动》,《政治经济学报》第4卷第1期,1935年,第218页。
④ 陈国钧:《回顾感言》,《中国建设》第6卷第6期,"江西省建设专号上",1932年12月1日,第2页。

更在其对农建问题之症结的反思与洞析中得以彰显。为解决战后日益严峻的社会危机，中国建设协会的建设专家和学者们总结与反思战前现代建设之得失，从战前"以工业为本位"的建设思想主张转向主重农建，从战前强调利用现代农业生产技术改进农业转向谋求农业生产关系的合理化以纾解民困，并设法将其建设主张付诸国民政府战后现代农建中期能生效。尽管由于时局的变动，中国建设协会的建设愿景终未实现，但以中国建设协会为中心的社会力量在战后所进行的建设思想与实践探索，不但丰富了时代内涵与历史经验宝库，而且为以后的中国现代农建提供了深刻的教训与启示。

第五章 战后中国建设协会建设思想的转变

中国抗战的胜利带来了"重建国家"的诉愿、共识与使命。在这一历史转折点，挽救农业及农村经济之危局，纾解民困，以奠定中国现代化建设成为当务之急，国民政府与社会团体就此进行了各种探索。为挽救自近代以来日趋严重的农业危机并支持工业建设，战前国民政府主导的现代农建主要侧重于农业生产技术的现代化。但直至抗战胜利后，农业非但无有进步，反有一落千丈之势。由此，与"现代农建"诉求之新转向相契合，中国建设协会的建设专家和学者们的建设思想主张发生了重大转变，不仅强调农建的重要性，而且重视并疾呼解决农民土地问题。以此为视角切入，窥察抗战胜利后中国现代化建设探索的演进，不仅有助于明晰民国现代建设的发展脉络，而且可为当代中国的现代化建设尤其是现代农建提供可资借鉴的思想资源与历史经验。

第一节 从"重工"转向"农工并重"

"世界上一般社会思想家对于将来的社会所共同憧憬的新理想"，是一个"工农互相辅助""都市与乡村调和发展"的"新社会"。[①] 对于民国时期的中国社会而言，这一新理想的树立尤为重要。近代以后，以工业化、城市化为导向的现代化建设冲断了传统城乡工农的纽带，造成城市的畸形膨胀与农村的急剧衰落，城乡对立的矛盾发展态势日趋明显。20世纪30年

---

① 蓝名诂、陈一：《乡村建设的新认识》，《中国建设》第16卷第2期，1937年8月1日，第105页。

中国建设协会研究（1929~1949）

代中后期尤其是40年代后，随着中国农业及农村危机的加剧，中国建设协会通过援引相关学者的学术对话或争辩，对以往现代化建设路向之合理性进行深刻反思，对中国问题的症结及出路进行分析，呼吁从根本上转变城乡对立的建设路向，代之以农业与工业平均适宜的发展、乡村与都市均衡自然合理的发展之路。①

一 战后中国加强农建的急迫性

战后初期，"一般的见解，认为中国的经济建设问题即是工业化的问题，也即是生产的技术革命问题"。② 但中国建设协会会员及相关学者越来越深刻地体察到：尽管战后中国经济建设的中心要求仍然应该是积极策进"工业化"以提高技术生产力，却不能因此忽视工业化之必要基础——

---

① 《中国建设》所刊载的论及城乡对立关系的时文有蓝梦九《农村复兴之路》、李铸九《复兴农村与改良农业琐话》、曾济宽《怎样解决中国农村问题》（第8卷第5期，"农村复兴专号"，1933年11月1日）、董汝舟《乡村破坏与乡村建设》（第9卷第6期，"农村复兴专号"，1934年6月1日），姜庆湘《当前中国都市与农村的对立关系》（《中国建设月刊》第5卷第3期，1947年12月）、《再论'城''乡'对立的经济关系》（《中国建设月刊》第5卷第5期，1948年2月）、《论中国农村复兴运动》（《中国建设月刊》第6卷第6期，1948年9月），万典武《土地改革与工业化》（《中国建设月刊》第6卷第6期，1948年9月）、《从城乡对立论中国经济的症结及其出路》（《中国建设月刊》第6卷第1期，1948年4月），费孝通《关于城乡问题》（《中国建设月刊》第5卷第6期，1948年3月）、《论城·市·镇》（《中国建设月刊》第6卷第2期，1948年5月）、《城乡联系的又一面》（《中国建设月刊》第7卷第1期，1948年10月），等等。其中著论较多的首推费孝通，他自1947年4月27日到11月30日在《大公报》发表《乡村市镇都市——相成相克的两种看法》《再论双轨政治》《损蚀冲洗下的乡土》一类文章，也多是论述城乡对立的，尤其是他在1948年1月11日《大公报》上发表的《黎民不饥不寒的小康水准》一文，对近代城乡对立关系之根源及其解决办法做了较为全面系统的分析论证。姜庆湘在《再论"城""乡"对立的经济关系》一文中与费文之观点进行了商榷，并就城乡对立关系的产生提出不同的看法。虽然费与姜对"城""乡"对立关系成因的看法不一，但无论是费提出的由"廉价的舶来品大量进口"所导致的"乡土工业"解体，还是姜认为的传统土地剥削和外国经济侵略，都是在承认城乡对立关系的存在及其成为近代中国乡村危机的主因这一既定事实的前提下所发的论见。而《中国建设》所刊载的其他为中国广大乡村、农民发公平之论调者，莫不以从速扭转"城乡对立"关系为首务，此亦在很大程度上表达了中国建设协会呼吁并试图改变工农城乡对立关系的意向。

② 伍启元等：《如何建设国民经济》，《中国建设月刊》第3卷第2期，1946年11月1日，第4页。

224

第五章 战后中国建设协会建设思想的转变

农业。

首先,农业在供给原料、人力、市场这些意义上是发展工业生产的基础。① 作为农业国之中国,农村经济即社会经济,社会经济亦即国家的命脉,国家如无法振兴农村经济,工商业自无昭苏之望。显然,中国要真正实现工业化、现代化,首须从农村的滋养下手。② 其次,国防建设离不开农村。农业品是国防上"物的资源",农民是国防上"人的资源",因此必须发达农业以充实建设国防的物力,组织农民以加强建设国防的人力。再次,战后中国经济建设的民族资本的形成,亦有赖于各种农业特产的增产以扩充输出。而且,"为了战后在复员过程当中迅速收到安定民生,恢复社会秩序的效果,对于作为衣食之源的各种主要农作物,亦自非切实迅速地积极争取复兴与增产不可"。③

战后中国农村、农业、农民问题之日臻严重更足以警明:复兴农业及农村以纾解民困实为战后迫切需要解决的重要课题。历经抗战"惨烈的摧残,空前的破坏",农村乃至整个中国经济之复原已非易事。"在八年长期抗战中,遭受蹂躏的地区达二十二省,土地被破坏及因而荒废的有五万万亩,应征的壮丁近千万人,牺牲的军民达千余万,而各地耕牛农具的损失,更不可数计,再加上战时物资、食粮的消耗以及贪官污吏的变本加厉的敲诈剥削",对脆弱的中国农村经济是一个"致命的打击"。④

对于全国经济均"建筑于农村之上,工商百业悉随农业为盛衰"的中国而言,农业经济的破产足以动摇整个国家的社会经济基础。⑤ 农民的经济状况得不到好转,"工业建设亦如沙漠上的建筑,不可能实现"。⑥ 因此,中

---

① 郑林宽:《农业在经济建设中的地位》,《中国建设月刊》第3卷第2期,1946年11月1日,第37页。
② 中国建设协会:《看向农村,走向农村》,《中国建设月刊》第3卷第2期,1946年11月1日,"评坛",第2页。
③ 李仁柳:《我国农业复员与复兴》,《中国建设月刊》第1卷第2期,1945年10月1日,第60页。
④ 周风:《当前中国农村经济建设问题》,《中国建设月刊》第2卷第5期,1946年8月1日,第36页。
⑤ 《乡村建设理论》,《梁漱溟全集》第2集,第493页。
⑥ 王岑:《论当前的经济危机》,《中国建设月刊》第3卷第2期,1946年11月1日,第15页。

国建设协会的主张由之前的倚重工业、城市建设,转向国家经济根基所在的乡村,以求工农城乡均称并进。中国建设协会会长张静江与副会长李石曾对农村振兴工作"均极注意,且以为中国农村范围广大,应择各处名胜而交通方便之附近农村,先行着手建设,以便易起示范作用"。早在1931年以前,李石曾即在北平西山温泉一带首先提倡农村建设。为解救乡村危机,1933年5月,张静江在建设委员会内成立振兴农村设计委员会,"专司计划研究农村经济、农村文化暨农民生活各问题及其救济方案",其职能主要在于"研究农村救济方案及农村经济问题;计划促进农村文化及改善农民生活方案;筹办振兴农村实验区"。① 同年,张静江在南京汤山成立振兴农村实验区,发起农村建设运动,于附近东流镇及侯家塘二处,先后收购荒山荒地三千数百亩,垦辟实验农场,与李石曾所提倡的农村建设"南北呼应","遥相联络"。②

1947年元旦,李石曾"分别在沪杭两处举行农村问题座谈会,讨论并创议发刊《农村》半月刊",为将目光由中国延展到世界,将在世界农村的研究与试验中所得的"关于农村的答案",作为中国农村建设之参考与"兴奋剂",辅助中国农村建设之进展。1947年正式发行《世界农村月刊》,中国建设协会会长张静江为该刊题名,副会长李石曾撰写发刊词,以期将此作"一世界上中国国际的农村问题试验所",研究、讨论并推动战后中国农村的复兴与建设。③

鉴于战前农林类团体数明显较少,以及学界对"农"之轻忽,1947年李石曾又"发起两种运动:一为'社会化'运动,一为'中国农村建设协会'运动"。④ 在李石曾的领导下,中国农村建设协会成立后,"与江南铁路公司在芜湖成立合作农场,以开其端,更得农林部与安徽省政府与以辅导,

---

① 《建设委员会振兴农村设计委员会组织章程》(1933年2月14日会令公布),《建设委员会公报》第29期,1932年6月,第113页。
② 郭颂铭:《汤山附近农村建设运动的回忆》,《农村月刊》第1卷第2期,1947年,第15页。
③ 李石曾:《发刊词》,《世界农村月刊》第1卷第1期,1947年,第5页。
④ 常宗会:《中国农村建设协会如何建设中国农村》,《农村月刊》第1卷第7期,1947年,第3页。

又有中国农民银行实力以支持之"。①

为解决农村经济破产、农民生计困苦及离村等问题,学者们在探讨战后中国经济建设时,特别强调工业建设与农业建设的联动。如翟克所言,农业为国家经济之所倚系,"若农业生产不积极加以改进,增加质量,固难配合工业之建设,且甚至工业之发展受其限制"。故农业建设在工业建设之始尤为急要,否则工业建设虽能开步,其前途至堪可虑。② 郑林宽认为经济建设之目的在"增进社会福利,以提高人民生活,而经建中当然以全国工业化为最高目标,但工业的进步必须以农业发达为基础","所谓工业化者,不仅仅局限于工业建设之推动,应当兼顾农业之改进"。③

全面的农村建设不只在经济方面,构建在经济基础之上的文化、教育亦不能忽视。到 30 年代中期,国内对文化建设的研讨已聚为一大社会思潮,尤其是由十教授宣言发起的"中国本位文化建设运动","已趋向企求中国文化的改造,而讨论着东西洋文化问题"。④ 以梁漱溟、晏阳初为代表的乡村建设派更是极力倡行乡村文化教育,借此增进农民知识与技能,使其自觉自动改造农村社会。但在领导乡村建设运动过程中,他们觉悟到在文化建设之外进行其他建设对于乡村乃至整个中国建设之重要。如晏阳初所言:"在农村办教育,固然是重要的,可是破产的农村,非同时谋整个的建设不可。"单纯办教育而"不去干建设工作","对于农民是没有直接效用的","是无补于目前中国农村社会的"。⑤ 因此,"对于当时已陷入生存困境的农村、农业和农民来说",⑥ 文化建设"不当取独立的方式",应当进一步与政

---

① 常宗会:《中国农村建设协会如何建设中国农村》,《农村月刊》第 1 卷第 7 期,1947 年,第 6 页。
② 翟克:《中国农业建设之基本问题》,《中国建设月刊》第 4 卷第 2 期,1946 年 5 月,第 15 页。
③ 郑林宽:《农业在经济建设中的地位》,《中国建设月刊》第 3 卷第 2 期,1946 年 11 月,第 36 页。
④ 陈一:《东西方文化建设之探讨》,《中国建设》第 13 卷第 4 期,1936 年 4 月 1 日,第 43 页。
⑤ 《定县社会概况调查·序》,宋恩荣编《晏阳初文集》,教育科学出版社,1989,第 53 页。
⑥ 王先明:《20 世纪前期中国乡村社会建设路径的历史反思》,《天津社会科学》2008 年第 6 期。

治、经济、社会等方面的建设"积极的联合阵势，才有成功的可能"。①

二 中国建设协会对农建问题的探析

民国建设肇端之际，时任国民政府建设委员会委员长的张静江，为广大建设的社会宣传与动员，联合有志建设的国民党内同仁及国内外各种建设人才，组织成立中国建设协会。抗战结束后，在现实惨状的触动下，中国建设协会会员及相关学者专家呼吁救济农村、复兴农业之说日趋其盛，国民政府亦逐渐意识到复苏农村经济以解决民生问题之重要性，并为此制定与实施过一些政策及举措。

虽然，自民国成立直至抗战胜利后的几十年里，包括中国建设协会相关会员在内的中国农业技术专家们对于"各种作物新品种的育成，各种病虫害防治方法的介绍和发现"，以及"农业机械化的学说与知识的宣传和鼓吹"，做出极大的努力，"农民追求新品种新方法的心"也都很迫切，但中国的农业技术依然落后，农业机械始终不能应用到农业经营中，甚至在战后经济部与农林部合办的农具制造厂，也还在"计划着制造中国中世纪的老式的农具"。②可见，农业技术落后只是中国农业衰落的"现象"之一，在这一表象背后显然还有更深层的原因。

中国建设协会相关学者认为，中国的农建问题不是单纯的技术问题，生产关系的合理化是促进生产力发展的必要前提。就农民而言，其追求新品种新方法的心情固然很热切，但在高额地租与各种有形无形剥削下，连度命和单纯再生产都不易维持，他们唯一能控制的只有自己的身体这一样"活的工具"，"土地的改良和土地及身体以外的生产工具及肥料的运用"实在是"可望而不可及"，"残酷的土地剥削制度，使他们只能抓住眼前的时刻尽量在土地上多要一点，而少化[花]一点"。③据表5-1对稻田生产成

---

① 古楳：《乡村建设与乡村教育之改造》，《东方杂志》第30卷第22号，1933年10月，（教）第6页。
② 李仁柳：《中美农业技术合作团的评价》，《中国建设月刊》第2卷第5期，1946年8月1日，第40页。
③ 金通洵：《泛论中国现阶段土地改革》，《中国建设月刊》第6卷第3期，1948年6月1日，第26页。

本的统计可知，"人力"和"田价利息"为主要成本，其中"田价利息"竟占总成本的近一半，对于租田耕种的佃农而言，这一部分就代表对地主的供奉。各种生产成本相比较，地租是肥料的97.4倍，灌溉的54.1倍，农具的11.3倍。这也就是说，地主少收九十七分之一的地租，农田可以多加一倍的肥料；地主少收五十四分之一的地租，农田得灌溉之利可多一倍；地主少收十一分之一的地租，农人的耕种可多得农具一倍的帮助。①

表5-1 1939年每石稻田的各种费用及其所占比例

单位：元,%

种类	实数	占比
人力（包括整地、栽秧、除草、收获的全体人力和伙食费）	4.76	28.8
种子	0.15	0.9
肥料	0.08	0.5
灌溉	0.14	0.9
农具	0.70	4.3
田价利息	8.00	48.7
田赋及捐税	0.90	5.6
农舍	0.20	1.2
管理	1.50	9.1
共计	16.43	100.0

数据来源：万典武《从城乡对立论中国经济的症结及其出路》，《中国建设月刊》第6卷第1期，1948年4月1日，第34页。

全面抗战前，国联派来中国调查设计的拉西曼与哈斯一致认为，中国农业衰落的原因在于"土地制度的不合理，苛捐杂税的繁重，高利贷的剥削，交通工具缺乏和生产力的低落"，其中除最后一项属于技术问题外，其他各项皆属于生产关系问题。可见，在不合理生产关系之下，生产力的提高是不可能的。"生产力与生产关系不可分，技术生产力的发展固然会引起社会生产关系的变革，而社会生产关系的桎梏，尤其会有力地阻碍着技术

---

① 万典武：《从城乡对立论中国经济的症结及其出路》，《中国建设月刊》第6卷第1期，1948年4月1日，第35页。

生产力的发展。"① 正如农学专家李仁柳在《中国建设月刊》发文所言，农业建设首须"改革技术以外的妨害着农业技术的改进的政治和经济问题，特别是土地问题"。②

自近代尤其是抗战以后，地权日趋集中，耕者即失其地，有地者目的在投机，遂致农业经营日益粗放，农业生产日见衰落。在中国调查颇久的德国农学家维格纳曾得出"中国全国的耕地，百分之五十以上是佃田"，"地租平均总在耕地收获的百分之五十"的结论；俄国人达哈诺夫亦做过估计："广东有百分之八十五为租田，湖南省有百分之六十四为租田，湖北省有百分之五十五为租田，河南省有百分之三十或四十为租田。"③ 面对战后日趋严重的土地问题，学者们一再呼吁：在抗战胜利结束之今日，土地问题的彻底解决确已刻不容缓，和平建设须以土地问题之合理解决为前提。④ 因此，从1945年起，中国建设协会在其会刊《中国建设月刊》上刊文宣说，期图借助众学者之笔透视农业衰落之事象，洞析其根源。

抗战结束后，国民政府"忙于部署内战，无暇顾及建设"，为应对国防与民生需要，以"粮食增产"为中心，将农业建设的重点落在农业生产技术的改进与推广方面，分别就战区及后方各地之现况制定了粮食生产复员计划。在战区，主要是对还乡农民"贷发生产资金及配放耕牛农具种子肥料，使积极恢复生产"，对无主熟荒进行"调查登记，分配于抗战军士及无业难民，扶助耕作"；在后方各省主要进行"扩大推广改良种子，防治病虫害，改善农田水利"等，⑤ 对化学肥料和新式农具的生产制造与推广应用，以及机械复垦的推行等尤为注重。⑥

---

① 李仁柳：《我国农业复员与复兴》，《中国建设月刊》第1卷第2期，1945年10月1日，第63页。
② 李仁柳：《中美农业技术合作团的评价》，《中国建设月刊》第2卷第5期，1946年8月1日，第41页。
③ 章鹏若：《农村复兴之理论与实际》，商务印书馆，1934，第64~65页。
④ 李仁柳：《中国合作事业的过去及未来》，《中国建设月刊》第1卷第4期，1946年1月，第29页。
⑤ 《战后复员计划》（1943年），中国第二历史档案馆藏，23（2）-00054-0012。
⑥ 《战后农林建设计划（农事部分）》（1943年），中国第二历史档案馆藏，23（2）-00054-0076。

第五章 战后中国建设协会建设思想的转变

以战后"粮荒遍地,饿殍载野"之情形,中国"亟需谋增加粮食生产"。据联总农业复兴组宣布,中国1946年收获预计,白米产量要比1931~1937年的平均产量减少"五百八十万公吨",小麦要少"二十万公吨"。① 论及根源,"很多人都说八年抗战中所受敌人的劫掠和破坏,是造成今日饥荒的根因",其他诸如"战前历年长期的内乱,政治的腐败,封建势力的顽存,土地制度的落后,生产技术的低落,都是中国粮荒的种子"。但在《中国建设月刊》发文的众学者看来,这些并不足以构成其全部根素,中国农村贫困问题的严重性不仅表现于生产的落后,更表现于其不合理的生产关系。以土地问题为核心的生产关系才是改进生产技术、提高农业生产力之根本所在。②

自抗战以后,"贫穷与落后"已成为中国农民的"天赋或命运"。从经济学的角度看,当生产力与生产关系不能建立相适应的联系时,生产关系就会成为生产力发展的链锁,阻滞生产力的继续发展,二者的统一即根本破坏。这就说明旧的生产关系应该崩溃,新的适应生产力继续发展的社会制度或生产关系应该建立,使生产力与生产关系在人类社会历史行程中维持其相适应的关系。尤其是在经济危机的严重关头,生产力遭受到全面阻滞或破坏,其弊端似在于"社会制度的本身问题"或"经济关系的合理问题",而不是生产"停滞"或"衰退"等现象本身。③

在封建性生产关系下,耕地往往集中在大地主手中,致使想耕种、肯耕种的人得不到土地,而握有大量土地的地主又利用贫农之没有土地,对其实行种种苛刻剥削。广大中小农终岁勤劳尚不能维持最低限度的生存,迫不得已,不是冒险入山为匪,便是离开乡村另谋生计。由此,荒地日增,农业生产减少自属必然。据统计,全面抗战以前"占全国农村人口百分之

---

① 李仁柳:《中美农业技术合作团的评价》,《中国建设月刊》第2卷第5期,1946年8月1日,第41页。
② 李仁柳《中国合作事业的过去及未来》(《中国建设月刊》第1卷第4期,1946年1月1日)、沈志远《新中国建设与土地改革》(《中国建设月刊》第2卷第1期,1946年4月1日)等文均持此论。
③ 金向明:《从经济上考察中国历史发展迟滞性》,《中国建设月刊》第4卷第6期,1947年9月1日,第48页。

四的地主，大约拥有全国一半的土地，而占农村人口百分之七十的贫农雇农，则只占有百分之十七的耕地"。[1] 战时土地集中与兼并之风更加猖獗，农民无地化过程更加迅速。据中国农业研究所调查，后方十五省佃农及半佃农平均占农民总数，在1936年为55%，至1941年增至67%，至1943年更增至75%，1945年以后"增加得更是厉害"。[2]

在中国，土地所有的"集中"并没有产生"大规模的资本主义的经营"，而只为经营"技术异常低劣的零细田场"安排了"最坚实的基础"。[3] 在地主经济体制下，土地的转移有较大的自由，任何人只要有财有势就可以获得土地，几乎没有任何身份的限制。所以，争购土地的人主要是官僚、商贾以及地主自己，其争购显然不是为了从事农业经营，而是把土地当作"扩大剥削的对象"或"待价而沽的赌具"。他们从土地上积累起来的资本，"不是用来再扩大其对土地的兼并，便是从事各种商业投机活动或经营高利贷款"，很少"投放于农业的再生产过程"。[4] 而那些租种土地的"痛感土地饥饿的贫农大众"，为了经营资金的集中，只能将土地日渐分散下去经营。[5]

由于其资金有限，地力虽日趋于贫瘠，却无人关顾，其他种种技术上的改善，自然更谈不到。[6] 尽管许多农业专家、农业专科的学生努力了几十年，普遍设立的农业改进所、农业推广所、示范农场及原种场圃等有了几十年，但这些人和这些机关与中国农村"始终无干"，"仿佛卡车吉普是有了，但桥梁没搁，开不过去"。相反，"劳力的浪费，收获的减少，地质的枯竭"等必使农业生产在再生产的轮回中，趋于萎缩、艰难以至于搁浅。农业生产所得"通过租佃关系封建性经济的及超经济的剥削掉进城市人的

---

[1] 姜庆湘:《论中国的地主》,《中国建设月刊》第6卷第2期,1948年5月1日,第28页。
[2] 解树民:《从土地问题说到土地政策》,《中国建设月刊》第2卷第3期,1946年6月1日,第29页。
[3] 解树民:《从土地问题说到土地政策》,《中国建设月刊》第2卷第3期,1946年6月1日,第29页。
[4] 姜庆湘:《论中国的地主》,《中国建设月刊》第2卷第3期,1946年6月1日,第28页。
[5] 解树民:《从土地问题说到土地政策》,《中国建设月刊》第2卷第3期,1946年6月1日,第29页。
[6] 姜庆湘:《论中国的地主》,《中国建设月刊》第2卷第3期,1946年6月1日,第28页。

袋中，一去不回，留下枯渴的农村趋于更枯渴，憔悴的农民更憔悴"。①

由上述情形可知，不合理的生产关系，即"土地所有权的高度集中和土地使用权的极度分散"，所导致的"有地者不耕，耕种者无地"之矛盾现象，不仅使农业生产技术得不到改进，而且由于农业无法实行大规模集中经营，其现代化难以实现。"由于农业停滞在半封建的阶段上，农村长期凋敝，农民普遍赤贫，国家工业化就缺乏广大的市场做基础，工业化既无市场基础，当然难以顺利实现。"②中国建设协会会员及相关学者对战时及至战后中国粮食荒歉、农业生产急剧衰落等问题之根源的掘发，以及对战后中国农建之关键——土地问题的揭示，使土地问题是农村经济问题的核心逐渐成为社会各界之共识，意识到要根本解决农业衰落问题以纾解民困，"必须先行解决土地问题，突破现存农村生产关系，解放农村生产力"。③

抗战以前，除共产党在根据地实施耕者有其田的土地改革外，一般人甚至是兴起于20年代末声势浩大的全国性乡村建设运动及其领导者，"对于土地问题和政治问题都是回避而暂时置之度外的"。④直到1931年至1935年这段时间，由于西北的连年旱灾、长江流域的水灾，以及种种人为的灾祸掠夺，"农村经济急剧崩溃，内在的危机完全外露"，作为中国农村中主要生产关系的土地问题才被提出来。当时许多人虽已直面农村经济的严重局势，却还是"怕碰到土地问题的核心——土地分配这个症结"。⑤然而，历史的考验使人们不能不在事实面前低首。抗战结束后，"土地关系中的种种不合理情形"较战前"已更恶化到十百倍"，"现代化工业化的时代要求，却比那些时期也更迫切到十百倍"，土地问题的重要性由此逐渐得到大家的

---

① 孙晓邨：《论中国农村经济》，《中国建设月刊》第4卷第1期，1946年4月1日，第10~11页。
② 沈志远：《新中国建设与土地改革》，《中国建设月刊》第2卷第1期，1946年4月1日，第16页。
③ 笪移今：《当前的粮食问题》，《中国建设月刊》第5卷第3期，1947年12月1日，第7页。
④ 《书评：中国乡村运动》，《政治经济学报》第4卷第1期，1935年，第218页。
⑤ 孙晓村：《土地改革的基本原则》，《中国建设月刊》第6卷第3期，1948年6月1日，第24页。

公认，普遍认识到中国土地问题乃是土地所有问题，且无日不在求应对之方、解决之道。①

三 战后中国建设协会的农建主张

抗战胜利后，为寻求更为适切的农建路向，中国建设协会着眼于农民的最急切需求，聚合众专家学者之智，从战前注重农业生产技术的改进转向从生产关系方面探求土地问题的根本解决，深入剖析战后农业及农村急剧衰落甚至走向崩溃的根源，以期把握症结解决问题。由此，"向来似乎被列入忌讳的土地改革问题"，在《中国建设月刊》上讨论热烈，方案亦多。②综合《中国建设月刊》所呈现的诸种土地改革方案，大致可以归纳出以下几个要点。

首先，改革现存的不合理生产关系，实现"耕者有其田"，是使土地所有者与土地使用者的对立分离情形得到统一，根绝农村中最主要封建剥削的唯一途径。

中国建设协会所刊载的各种关于土地问题的论说，无论从何方面着手，以何事项做对象，皆以孙中山的"平均地权"为"最高指导原则"，主张从社会制度层面改革现存的不合理生产关系，达到"耕者有其地"的最终目标。学者们认为，"耕者有其田"之目的在于"将土地所有权与土地使用权，合而为一，均为农有之"。③ 欲达此目的，即须平均地权，通过"照价抽收重税"，"迫地主放弃土地，俾农民易于获得耕地"，并将"政府收买所得之土地，转授与农民耕种"，④ "用政治与法律之规定，保护农民，助其有田"，使"耕者"均为"自耕农"。⑤ 唯有如此，"才能鼓起农民的耕作热情，

---

① 沈志远：《新中国建设与土地改革》，《中国建设月刊》第2卷第1期，1946年4月1日，第16页。
② 据笔者统计，《中国建设月刊》所刊载的36篇有关农业及农村的文章中，论及土地与租佃问题的文章就有30篇，亦即83%以上的农业类文章都聚焦于战后土地问题的解决。
③ 翟克：《中国当前的佃农问题》，《中国建设月刊》第1卷第5期，1946年2月1日，第25页。
④ 翟克：《中国农业建设之基本问题》，《中国建设月刊》第4卷第2期，1946年5月1日，第18页。
⑤ 翟克：《土地金融之债券·机构与实施》，《中国建设月刊》第3卷第1期，1946年10月1日，第40页。

第五章　战后中国建设协会建设思想的转变

才能实行农业的粗放经营和集约经营，才能谈得到农业技术改进与新式农具的普遍应用，以达到农业工业化，增加农业生产的目的"。①

其次，以改善农民生活为宗旨，建立代表农民利益的乡村民主政权，是土地改革的前提。

"中国农民生活的贫苦程度，是二十世纪时代人类生活记录的最黑暗的一页，其所以如此，完全由于土地关系与一切封建剥削的结果。"此结果反过来又成为战后中国"社会不安，农业落后，工业不发达"的原因。② 所以，"耕者有其田"须与"耕者治其乡"相辅而行，③ 以"最具土地改革决心也即占农村人口最大多数的农民层"为核心，有真能代表农民利益的民主政治与其配合，"树立乡村中的民主政权"，才能彻底执行"耕者有其田"的土地改革，并确保其成果。④

最后，以满足农民实际利益为宗旨，引导农民自愿实行合作生产，才能实现农业生产方式的合理化与现代化。

中国农民"散漫而缺乏组织"的生产生活方式，既是社会经济落后之果，也是社会经济落后之因。⑤ 所以，实行"耕者有其田"的同时，还需要依据农民自愿的原则，引导其自动组织农业合作社或合作农场等"理想的生产组织"，以扩大农业生产。⑥ 在合作经营形态下的农业，"特别有可能，也特别可能有更高的速度"向着经营合理化的途程迈进。⑦ 合作经营不仅可以矫正小农经营的缺陷，集众人之力提高农业生产经营的技术，增加农产

---

① 笪移今：《当前的粮食问题》，《中国建设月刊》第5卷第3期，1947年12月1日，第7页。
② 孙晓村：《土地改革的基本原则》，《中国建设月刊》第6卷第3期，1948年6月1日，第25页。
③ 卫令敦：《怎样实行土地改革》，《中国建设月刊》第6卷第2期，1948年5月1日，第24页。
④ 孙晓村：《土地改革的基本原则》，《中国建设月刊》第6卷第3期，1948年6月1日，第25页。
⑤ 李仁柳：《中国的农业问题及其对策》，《中国建设月刊》第3卷第1期，1946年10月1日，第39页。
⑥ 沈志远：《新中国建设与土地改革》，《中国建设月刊》第2卷第1期，1946年4月1日，第17页。
⑦ 李仁柳：《中国的农业问题及其对策》，《中国建设月刊》第3卷第1期，1946年10月1日，第39页。

品的效用或价值,促进农业生产力的向上发展,而且可以"潜移默化地促使农民放弃过去土地私有的陈腐观念",使"农业生产不受土地私有制之束缚,畅步地向前迈进"。① 而且,战前中国农业合作的经验与教训表明,只有"以农民之实际利益为依准",满足当前最大多数贫苦农民获得土地的要求,实行"耕者有其田"的土地改革,② 靠经常保护农民利益的实际措施来说服农民自愿参加农业合作,才能使"生产提高,收益增多",农民普遍免于匮乏。③

总之,在诸学者看来,以保障农民生产所得、改善农民生活为前提,彻底实行"耕者有其田"的土地改革,引导农民自动实行合作生产,共谋农业技术之改进,是农业乃至整个中国经济建设路线的"起脚点"。这个"起脚点"彻底奠立后,农业生产乃可改进,新式工业也才有了市场、原料、劳力、资本等发展条件。④

第二节　战后中国建设协会农建主张的实践

战后,由于农村经济危机的日益加剧,在中国建设协会等社会力量的呼吁下,复兴农村、谋求工农平衡发展之说"甚嚣尘上",国民政府逐渐意识到工农并重、救济农村对于解决民生问题之重要性,并"欲积极进行"农业、农村之建设与复兴。

1947 年,国民政府财政部次长徐柏园曾就"中国经济复兴与应先发展农村经济",向新闻记者发表谈话:"吾人不必过分重视国际关系,而关心于黄金美钞之涨落。实则我国之经济坦途,乃在发展农村经济,正视现实,

---

① 解树民:《从土地问题说到土地政策》,《中国建设月刊》第 2 卷第 3 期,1946 年 6 月 1 日,第 30 页。
② 漆琪生:《研讨土地问题的基本观点》,《中国建设月刊》第 6 卷第 2 期,1948 年 5 月 1 日,第 16 页。
③ 周风:《当前中国农村经济建设问题》,《中国建设月刊》第 2 卷第 5 期,1946 年 8 月 1 日,第 37 页。
④ 万典武:《从城乡对立论中国经济的症结及其出路》,《中国建设月刊》第 6 卷第 1 期,1948 年 4 月 1 日,第 35 页。

自力更生……"国民政府相关部门制定并实施了一些农业建设计划及举措,如农林部"筹划举办全国农业生产竞赛,通令各省市农业管理机构切实执行",又会同机械农垦复员物资管理处制定"农垦新计划,拟在全国各地扩展复耕区,同时并协助各地农民合作社之普遍化"。① 为补救农业建设人才之缺乏,农林部依据行政院1943年出台的《改进高等农业教育方案》制定了"增加农学院学生"之计划,在计划中明确指出:"农业人材之不足,今已见其端倪,战后需要更属迫不及待,故宜及今连为储备,然自公费待遇区分甲乙,农学生仅有百分之六十可受乙种公费待遇,与工医院师范学院之学生所受待遇相形见绌,从此皆以轻农重工医而为人生所依之,农业农学院入学学生不唯不增,必将大减,故应打消此种区别,以见国家工农并重之真意,则农业学子自有其平常之趋向矣。"② 为加强农村建设增加农业生产,国民政府在战时及战后采取了一系列相关措施。

首先,对农业机构进行调整与完善。

1940年7月1日,国民政府设立农林部。成立之初,农林部"一面开始各项业务机关之建立,一面由中央农业实验所于各省设立工作站,分别举办各项试验研究及繁殖事宜,同时并由本部派遣各级技术人员分驻省协助办理关于农业一切增产业务",③ 并于"部内设农事、林业、渔牧、农村经济、总务五司,秘书、参事、技术三处,合计、统计二室,及垦务总局"。1941年增设"粮食增产及附属机关业务审核两委员会",1943年正式成立"设计考核委员会"。1944年设立"农业复员专门委员会",抗战胜利后正式成立"农业复员委员会"。④ 1944年,农林部为"办理全国农业推广事业",特设"农业推广委员会"。⑤ 1945年,将粮食增产委员会与农产促进委员会合并改组为农业推广委员会。1947年"为谋加强粮食生产工作",

---

① 《农业之复兴与建设》,《金融周报》第16卷第7期,1947年,第13页。
② 《行政组织院第四号:改进高等农业教育方案》(1943年),中国第二历史档案馆藏,23(1)-00021-0030。
③ 《农林部编制三十二年度建设事业计划纲要表总览帖》,中国第二历史档案馆藏,23(2)-00070-0007。
④ 《农林部组织沿革概要》,中国第二历史档案馆藏,23(1)-02641-0006。
⑤ 《农林部农业推广委员会组织条例》,蔡鸿源主编《民国法规集成》第35册,第354页。

复设"粮食增产委员会"。①从农林部及各附属机构的组织设置，不难看出国民政府对粮食增产与农业推广之重视。

战时国民政府以"粮食增产"为中心，"运用政治力量，配合技术指导，以谋战时粮食生产之合理的统制为原则，而制定各级机构"。中央方面由农林部全责主持，由农产促进委员会专司其事，同时由农林部督促中央农业实验所与中央畜牧实验所协同办理，并随时派员分赴各省协导及考核工作。农产促进委员会由美国伊利诺伊大学农学士、美国塔克塞斯农工专科学校硕士穆藕初任主任，专司粮食增产之事，②具体从事"充实并树立各级推广机构"、"确立各项中心推广业务"、"训练推广人员"、"推行各级农业推广督导制度"、"扩大供应农业推广材料"以及"准备战后农业推广措施"等工作。③为增加战时粮食供应，农林部又发起全国性的"粮食增产运动"，专设"粮食增产委员会"，以"厘定粮食增产方针，决定粮食增产计划，审核粮食增产预算，督导粮增工作之进展，考核粮增工作之成绩，加强粮增工作之联系，决定粮增人员之调派及任免"为主要工作。④并令各增产省份按照成例继续设立"省粮食增产督导团"，由建设厅厅长兼任总督导，承农林部与省政府之命负督导推行全省粮食增产之总责，各县亦须成立"县粮食增产总指导团"，由县长兼总督导，承省总督导之命，负指导进行全县粮食增产之总责。⑤

为推广农业技术以增进粮食生产，农林部于1943年成立农业推广委员会，乔启明任主任，毛雍任副主任，⑥负责繁殖、推广、收购良种，以及

---

① 《农林部三十二年度建设事业计划纲要表》，中国第二历史档案馆藏，23（2）-00070-0009-0027。
② 《农林部农产促进委员会职员暨有联系工作人员调查表》，中国第二历史档案馆藏，23（1）-2337-86。
③ 《业务组议案第十六号：农产促进委员会中心工作》，中国第二历史档案馆藏，23-00021-0088。
④ 《农林部粮食增产委员会组织规程草案》，中国第二历史档案馆藏，23（1）-00025-0014。
⑤ 《农林部一九四四年度粮食增产计划大纲》，中国第二历史档案馆藏，23（1）-03102-0003。
⑥ 《农林部农业推广委员会职员任职概况表》，中国第二历史档案馆藏，23（1）-2888-0003。

"区域试验"等事项，内设"粮食增产""技术"等专门委员会。① 为促进农业生产及化学肥料之合理使用，农林部于1948年1月设化学肥料事业管理委员会，主要负责"统筹化肥之输入与分配，调节化肥价格，协助化学肥料工业之发展，配合农林部农业增产计划之化学肥料利用，以及其他有关化学肥料管理改进"等事项。② 为供应战时衣被之需求，国民政府对棉产之改进与增加亦特别重视，如曾与"中华棉产改进会"共同筹划全国棉产之改进。③ 为切实改进各地棉产业，农林部分别在南北设立两个棉产改进处，负责繁殖推广优良棉种、调节棉农经济、协助棉产运销等，以期改进生产，实现中国棉花自给。④ 1947年4月，南北两棉改处合并为全国棉产改进处，总处设于南京，设分处于上海、北平、汉口、西安四处，"就近督导各该区业务"。⑤ 其业务分生产、经济、检验三方面分别开展。⑥

为统筹督导各省农业技术推广与增产工作，农林部对地方农业改进机构进行了调整完善，规定"各省县区农业改进集中机关内须设农业推广委员会或农业推广处，已设该项推广机构者分别予以充实健全，尚未设置者应即增设。其他有关推广之机构及其事业应并入省农业推广机关"。遵照此令，各省纷纷酌设农业改进处及推广处，与中央合力推行农业改进工作。如陕西省农业改进所设立后，与农产促进委员会合作办理该省"农业推广事务之研究设计及实施"、"各种农业推广所之筹设"以及"农业推广人员之训练分配考核"等事项。⑦ 浙江省农业改进所在1943年成立后，除办理

---

① 《农林部农业推广委员会粮食增产专门委员会组织规程》，中国第二历史档案馆藏，23（1）-2888-0015。
② 《农林部化学肥料事业管理委员会组织规程》（1948年），中国第二历史档案馆藏，23（1）-02945-0007。
③ 《中华棉产改进会章程》（1931年），中国第二历史档案馆藏，23（1）-00028-0003。
④ 农林部华北棉产改进处：《为恢复棉田增产棉花——告棉农书》（1946年），中国第二历史档案馆藏，23（1）-00117-0019。
⑤ 《棉产改进处成立四月来之工作概况》（1946年），中国第二历史档案馆藏，23（1）-00028-0044。
⑥ 《农林部棉产改进处三十六年度补充计划大纲草案》（1947年），中国第二历史档案馆藏，23（1）-02194-0020。
⑦ 《陕西省农业改进所农业推广处组织规程》（1944年），中国第二历史档案馆藏，23（1）-01944-0150。

各种农业推广事项外,通过"增加粮食生产贷款",资助当地农民增加粮食生产。① 国民政府亦通过省农业改进机构,予地方粮食增产以资金协助,如1939年中央农产促进委员会拨款四万二千六百元为湖南省农业改进所稻作推广补助费,受此项拨款补助,该省于芷江、邵阳、衡阳、长沙、常德等处分设五个督导区,以增强推广组织,进行稻作、棉作、玉米、甘蔗等的杂作和农田水利的试验研究改进良种、绿肥示范推广。②

其次,实行以粮食增产为中心的农业建设。

中国虽为农业国家,但粮食生产,即在抗战以前已感不足,"每年洋米洋麦之输入,占全国总入超三分之一"。抗战爆发后,国内农产日减,民食日艰,"各重要产粮区域,相继沦陷,人口密集,产量低减,消费浩增,且因交通阻滞,洋米洋麦不易输入,粮食不足情形益感严重"。于是增加农产以供给军粮和民食成为战时之急务。即如《中国建设》"农村复兴专号"主编陈国钧所言:"概自东北事变,予我民族国家以绝大之狙击,而形成空前之国难。两年以来,国人困心衡虑,昕夕筹谋,则谓御侮救亡,必先充实国力。惟中国以农立国,必立国之基石巩固,然后一切措施,有所附托。"③

全面抗战爆发之初,蒋介石即昭告国人:"目前粮食问题如果不能解决,不但有关抗战与建国两事,社会问题亦无从解决。"抗战期间,"各省因旱歉收,后方粮食供应颇感困难,中央为充裕粮源,以确保最后胜利",于1941年"特拨巨款发动各省大规模办理粮食增产工作"。1944年度,"再扩大办理增产区域,广及二十省区,并召开第一次全国粮食增产会议,邀请各省粮食增产主管人员,中央有关部会之代表与国内知名专家",共同商讨一切有关粮食增产的实际问题。④ 农林部自成立之始即竭力策动大规模之

---

① 《浙江省农业改进所等工作报告》(1943~1947年),中国第二历史档案馆藏,23(1)-02345-0001。
② 《农林部湖南省农业改进所一九三九年度工作报告》,中国第二历史档案馆藏,23(1)-3091-0001。
③ 陈国钧:《复兴农村之我见》,《中国建设》第8卷第5期,"农村复兴专号",1933年11月1日,第1页。
④ 《农林部召开第一次全国粮食增产会议计划》(1941年),中国第二历史档案馆藏,23(2)-00041-0060。

第五章　战后中国建设协会建设思想的转变

增产运动，组织粮食增产委员会，发动中央及各省农业机关运用政治机构，拟订粮食增产计划，配合农业改进技术，实施增产法令，推广优良材料，举办大规模粮食增产工作，以期达成增产之目标。[①] 同时，"发动全国农业技术人员，运用各省基层机构，实施推动，并由中央筹款，按照实际需要，分别予以补助，及派遣大批技术人员，长川驻省，协导办理"。[②]

"中国农村居民的购买力是有限的，因为农户的耕田面积平均仅有四英亩。这样小的耕田自然只能出产农家所需的食物，而不允许人们购买工业社会所能生产的东西。"所以，中国工业化建设首先必需的步骤是增加农产品产量。[③] 就增加农产之方法而言，不外二途："一为于原有地亩之内改良籽种、增厚肥培、讲求种植等法"，以增加单位面积产量；"二为开辟荒地，以增加生产"。[④] 战时，国民政府的粮食增产举措大致循此两大路径展开。[⑤] 其中，尤不乏中国建设协会此前所提之农业现代化方法，甚至有一些战前未被采纳的农建主张竟在战时或战后受到关注并付诸实践。

在增加单位面积产量方面，虽然主要还是通过创办农业试验场以运用现代科学技术改进农业生产，但与之前散置各地的零星农业试验场不同，战时国民政府农林部集各种农业改进技术于一体筹办国营农场，以"实施大规模有组织的经营，采用新式农具机械及科学方法节省劳力，扩充耕地面积，增加生产，改进农民生活"为宗旨，"俟有成效，即指导农民用合作方式经营农场，以期实现耕者有其田之目的"，1941年"已在川湘黔三省内设立国营农场三处"，并拟在其他各省继续筹建。此外，以中国建设协会所提议的"本诸气候、土壤、作物及农业制度之区别而将全国分为若干农业

---

① 《农林部工作报告》（1941年10月~1942年8月），中国第二历史档案馆藏，23（2）-00148-0003。
② 《农林部一九四四年度粮食增产计划大纲》，中国第二历史档案馆藏，23（1）-03102-0003。
③ 〔英〕巴克尔：《论中国的工业化问题》，从智译，《中国建设月刊》第1卷第6期，1946年3月1日，第19页。
④ 刘运筹：《农业部农学会农学院与农村复兴》，《中国建设》第8卷第5期，"农村复兴专号"，1933年11月1日，第69页。
⑤ 《农林部战时三年建设计划大纲》（1942年），中国第二历史档案馆藏，23（2）-00050-0003-15。

区"于各区设立具有地方特色的农场为旨,农林部于1941年度在粤省设立"西南改良作物品种繁殖场",繁殖水稻甘蔗麻类等良种,以为西南推广之中心。又在陕西设立"陕西改良作物品种繁殖场",从事繁殖改良棉花、小麦及杂粮等品种,以供西北各省推广并备战后在华北推广之用。为改进柑橘事业,以补充民食杜塞漏卮计,在广东设立柑橘试验场,从事柑橘良种之繁殖推广,以供西南诸省栽培之用。"合理的农场,不仅可使农村社会与农村经济改观,而且足以改善农民生活",为进一步改善农场经营,农林部特设农场经营改进处。①

为促进农业生产各要素的改进,农林部以土壤、肥料、农具等为中心分别组设专门的改进机构。如设立土壤调查所举办全国土壤调查,分西南、西北两路对各地之土性土宜进行详细之实地调查与研究,制成土性图,俾便参考设计之用。设"农具制造厂","利用本国材料研究改良"及自造农具以应需要。并于1941年度与各省合办"骨粉制造厂",利用兽类废骨设厂蒸制骨粉以供给磷质肥料。在发展农田水利方面,为"运用最新科学方法,改进水之利用,使达最大效率以防止水旱之灾害,而增加生产",农林部制定"发展农田水利计划大纲",其中包括中国建设协会所提的"农田水利之调查与研究,测量与设计,尽量利用河湖以引灌农田,改良洼地排水,在不能利用河湖灌溉之区域推行水旱预防工作,举办农田水利示范及奖励民营,制造及改良灌溉排水机械,训练农田水利技术人员"等重要切图。②

在增加耕地面积方面,则主要是加强垦殖建设。抗战军兴,战区难民向后方迁移,故在全面抗战初期,国民政府举办难民移垦,以资救济而增生产。1938年,"经济部会同有关机关派员分赴各省调查荒地,筹办陕西黄龙山及黎坪等垦区,及协助各省政府设立省营垦区,予以经费补助从事移民垦殖",同时公布《难民移垦条例》等法规以资遵循。1941年农林部设立"垦务总司",

---

① 《农林部战时三年建设计划大纲》(1942年),中国第二历史档案馆藏,23(2)-00050-0003-15。
② 《农林部战时三年建设计划大纲》(1942年),中国第二历史档案馆藏,23(2)-00050-0003-15。

主持全国垦殖事宜，一方面着手办理直辖垦区，另一方面集中办理西北移民。先后接办陕西黄龙山、黎坪及金佛山三垦区，并成立垦区十一处，截至1945年3月底，"共增收垦民46523人，荣军连同眷属2811人，合计49334人，增垦荒地299577市亩，连同先后接收黄龙山黎坪及金佛山垦区之垦民22578人，及垦地149040市亩，总计收容垦民荣军71912人，垦地448617市亩"。1943年度计移运西北移民7003人，1944年度因受豫战影响及其他原因，仅移运3981人，总计两年内共召集垦民11366人。①

抗战后期，在"难民移垦"之外，又有"军人屯垦"。军人屯垦揭诸史册历代迭有举办，国民政府为准备战后官兵大量移垦，及战时荣誉军人之收容从垦，故有军人屯垦区之设置。农林部规定于1941年度创设屯垦区一处，从事屯垦工作之实验，以"管理组织合理化，垦区建设现代化"为工作目标，以期"一面收容荣誉军人从事垦殖，一面完成屯垦实验之工作"。并规定"此后三年内于边疆适当地区增设屯垦区九处，尽量配置荣誉军人从事屯垦垦区一切建设，力求完备，使官兵精神得有寄托，从而坚定其垦殖志愿，以达成开发边疆巩固国防之伟大任务"。②

为促进各地垦殖建设，农林部令各省推广繁殖站，"就远经常督导该省零星荒地之开垦，按其垦荒面积之多少，分别酌给资金以资鼓励，并予以技术上之指导"。③全面抗战爆发后，"各省举办难民垦殖者，有江西、福建、湖南、湖北、河南、陕西、广西、四川、贵州等省，惟以财力未充，计划未周，故办理尚久，先善其安置垦民人数自数百人至万余人不等，就中以江西陕西两省成绩较著"。内地及边疆各省大片荒地之开发固有赖政府倡导经营，而零片荒地之垦殖则须人民协力迈进。全面抗战时期，"人民自动举办垦殖者，为数颇多，举其著者，如四川峨边中国抗建垦殖社及四川

---

① 《农林部战时三年建设计划大纲》（1942年），中国第二历史档案馆藏，23（2）-00050-0032-86。
② 《农林部战时三年建设计划大纲》（1942年），中国第二历史档案馆藏，23（2）-00050-0032-86。
③ 《六全代表大会报告》（1948年），中国第二历史档案馆藏，23（2）-00151-0022。

金佛山垦区等,安置难民均在千人以上"。①

在国民政府施以上述各项增产方策后,战时农业增产工作取得了一定的成效。在农林部发起粮食增产运动的第一年,即1941年"各省食粮增产数字之总和,已达七千三百八十一万一千一百六十二市担,超出原定计划二倍以上"。②就增产方式而言,增加食粮种植面积一类之工作,占70%强,提高单位面积产量一类之工作,占30%弱。就增产成效而论,则前者占90%强,后者占10%弱。③如图5-1所示,1941年增产工作中"以增加冬作及杂粮生产最易见效"。

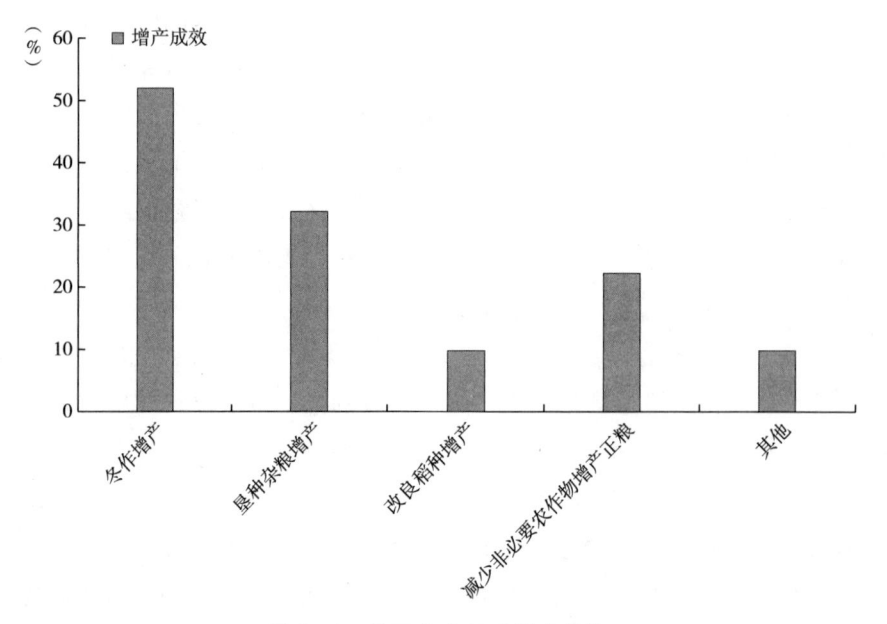

图5-1 1941年十三省增产成效

资料来源:农林部粮食增产委员会编印《三十年度各省粮食增产初步报告》(1941年),中国第二历史档案馆藏,23(1)-01283-0031。

---

① 《农林部战时三年建设计划大纲》(1942年),中国第二历史档案馆藏,23(2)-00050-0032-86。
② 《农林部召开第一次全国粮食增产会议计划》(1941年),中国第二历史档案馆藏,23(2)-00041-0060。
③ 农林部:《三十年度各省粮食增产总报告》,中国第二历史档案馆藏,23(1)-01338-0011。

此外，各省各项增产工作推行之多寡难易，颇堪注意，"例如推广冬耕等增加食粮面积之工作，推行较易；推广改良种子等提高单位面积产量之工作，则须有改良农事之基础，故不能以各省增产总成效为其努力之量衡，其推行项目之多寡轻重殊不容忽视"。据农林部《三十年度各省粮食增产总报告》统计，"各省推行增产之面积最大者为广西省，计八百余万市亩，曾以全力集中于冬耕之推动，据报推广冬耕六百余万市亩。各省增产担数最多者为广东，计二千三百余万市担，其中冬耕增产达二千一百余万市担。余如福建，其冬耕成效为二百余万市担，利用荒隙地成效为一千四百余万市担，占该省增产总成效（16415133 市担）内之百分之九十以上。以上数省增产数量之所以位列前茅，冬耕或利用荒隙地等增加食粮耕种面积之工作实居主要成分"。[1]

到1943年，粮食增产工作进行已三年，增产成效逐年递增，具体情况如表5-2所示。

表5-2　1941~1943年后方各省粮食增产成效

工作项目	推行面积（市亩）			增产成效（市担）		
年份	1941	1942	1943	1941	1942	1943
推广改良稻	2320917	3704603	5496911	1141715	1866617	2755147
推广再生稻	264236	651766	551992	136005	541679	374936
推广双季稻	565809	516209	918662	768592	917092	1379244
减糯增籼	1890606	3652435	4254539	509455	967020	1148725

数据来源：农林部《一年来之全国农业经济》（1943年），中国第二历史档案馆藏，23（1）-00090-0002、23（1）-00090-0015-0016。

综观战时国民政府所实施的农业建设举措及其成效，其主要目的在于增加粮食生产以满足战时需求。抗战胜利后，其农业建设重点则转向粮食生产复员，以辅助国防与工业建设。如高叔康在《国防工业与民生工业》一文中所言："农业品是我们国防上物的资源，农村是我们国防上人的资源，我们必须发达农业，以充实建设国防的物力，必须组织农民，以加强

---

[1] 农林部：《三十年度各省粮食增产总报告》，中国第二历史档案馆藏，23（1）-01338-0018。

建设国防的人力。……而且只有完成农业工业化或机械化,才真能发挥和利用这种大规模的潜在武器。"①

战后国民政府分别就战区及后方各地之现况,制定了具体粮食生产复员计划,主要包括恢复战区生产与稳定非战区粮食两大方面。恢复战区生产,主要是对于战区还乡农民"贷发生产资金及配放耕牛农具种子肥料,使积极恢复生产",对于无主熟荒进行"调查登记,分配于抗战军士及无业难民,扶助耕作",并"于各省适当地点布置推广工作据点,以为扩大生产之基础"。非战区则以稳定其粮食生产为目的,在后方各省实行"扩大推广改良种子,防治病虫害,改善农田水利"等工作,并"大量种植冬夏季绿肥作物增制肥料,以期调节地力"。②

值得注意的是,国民政府采取的诸多农建举措皆与促进工业发展相关。在农具制造方面,为使农具之制造"达标准化并采取大量生产以减低成本利于推销",以"促成农业机械化,农村现代化,增进农民工作效率",农林部着手扩充中国农具机械公司、农具制造厂,研究并改良旧式农具,从事新式农具示范工作以资提倡推广,并设立中央农具制造总厂,制造新式农业械具。③ 在垦殖建设方面亦较战时有所进展,尤其是机械复耕与军人屯垦。为推行机械复耕,国民政府行政院善后救济总署训练农垦机械使用人员,以配合各地复耕业务,并由农林部农业推广委员会与各省农业改进所合作,于各地成立"复耕工作队",训练曳引机使用人员。④

国民政府对农村工业化的促进,主要体现在提倡种植工艺作物与辅导农村工业的发展上。为发展中国工业,国民政府遵照1943年拟订的"建设国防农业十年计划"所规定的"增进民生必要物产及工业原料之质量"的

---

① 李仁柳:《我国农业复员与复兴》,《中国建设》第1卷第2期,1945年10月1日,第60页。
② 《战后复员计划》(1943年),中国第二历史档案馆藏,23(2)-00054-0012。
③ 《战后农林建设计划(农事部分)》(1943年),中国第二历史档案馆藏,23(2)-00054-0076。
④ 《善后救济总署苏宁分署句容曳引机械复耕工作队业务报告》,中国第二历史档案馆藏,23(1)-03042-0003。

基本原则，注重推广棉、麻、丝、大豆等工艺作物的种植。① 1943年，为"辅导农民从事经营当地主要农产品之加工、制造、储藏、运销等业务，并予以相当投资与贷款以减少居间商之剥削，增加农民之收入，彻底改善农民生活，以奠定农村建设之基础计"，国民政府于农林部之下设置"农村工业辅导处"，专司发展农村工业之事，"主持全国农产工业发展之计划与实施"，并在各省分设"农产工业辅导所"，"负责辅导农民团体，组织农民促进农村工业之发展，以达改善农民生活之目的"。② 同时令农村工业辅导处注意"对农业工业化之进度加以有计划控制，以免生活战苦之农村过剩人口突然转变为都市失业人口"。③

第三节 战后国民政府的建设取向

有感于中国建设协会所强调的农业建设在整个国民经济建设中之重要性，战时及战后国民政府对于农业建设的重视程度较战前略有所增，尤其是在增加农产以满足战时国防及战后工业发展之需要方面。但囿于情势，在土地政策与经济建设路线的制定与实施中难免重蹈覆辙，无从扭转"经济建设，以工业为主，农业为从，工业为中心，农业为外围"的路向。④

一 战后国民政府的土地政策及其成效

战后，在以中国建设协会为主体的社会力量的呼吁下，社会各界日益深刻地认识到土地问题的解决已刻不容缓。对此，国民政府也深有体认，在改进农业技术以增粮产之余，制定与实施过一些有针对性的农业政策。

战前，国民政府即已颁订"二五减租"法令，但在实际操作中"不

---

① 《拟定建设国防农业十年计划初步方案之原则》（1943年），中国第二历史档案馆藏，23（2）-00052-0016。
② 《农林部发展农村工业计划》（1943年），中国第二历史档案馆藏，23（1）-01068-0003。
③ 《业务组织案第二十四号：减少农村过剩人口方法案》，中国第二历史档案馆藏，23（1）-00021-0109。
④ 文�：《农业建设与工业化》，《陕行汇刊》第8卷第5期，1944年，第14页。

能普遍实行",虽在浙江等地实行过,后来也"名存实亡"了。1945年9月3日,国民政府又颁行"二五减租",但"没有那一个地主理会这一法令,在江南甚至还有以二五减租之名,行'二五加租'之实的"。①

1945年国民党六全大会通过的"土地政策纲领、农民政策纲领以及民生主义部分的政纲政策"中,虽一再宣布迅速实行"耕者有其田乃至土地国有公有",但在具体办法上"连如何立即(抗战胜利结束的今天)处置敌寇汉奸国贼们的土地都一字不提";虽宣布要"保障农民权益,提高农民生活",却"连如何立即实行减低租税,苏减农民疾苦,规定最高租额,处置从事超额剥削违反国族利益的反动地主之土地等等,都不予明确规定,更不宣布实施期限"。因此,其"土地改革",永远成为具文。②

对于农村土地问题的解决,战后国民政府还是"怕碰到土地问题的核心——土地分配这个症结",仍对其采取"回避而暂时置之度外的"的态度。③国民政府有关复兴农村、建设农村的文告和政策亦"只图粉饰,不务实际",农民生活的实际状况"不但没有因为这些漂亮的诺言而稍有好转的迹象可寻",反而由此陷入破产与恐慌的深渊。④尽管在战时及战后国民政府较从前更加重视农业及农村建设,开始注意农业生产技术的提高与农村税收制度的调整,但农村土地问题及农业危机非但没有得到根本解决,反呈愈演愈烈之势,战后广大农村呈现荒芜混乱的景象,甚至有整个破产的危险,大多数农民颠沛流离。

更重要的是,在中国,"农村一向是都市行使勒索剥削的对象,同时更是它的一切畸形繁华的最终输血者",因此农村经济的衰落甚至破产,对于都市的威胁之大不容忽视,战后中国物价继续高涨以及城市工商业的纷纷

---

① 周风:《当前中国农村经济建设问题》,《中国建设月刊》第2卷第5期,1946年8月1日,第37页。
② 沈志远:《新中国建设与土地改革》,《中国建设月刊》第2卷第1期,1946年4月1日,第16页。
③ 孙晓村:《土地改革的基本原则》,《中国建设月刊》第6卷第3期,1948年6月1日,第24页。
④ 姜庆湘:《当前中国都市与农村的对立关系》,《中国建设月刊》第5卷第3期,1947年12月,第11页。

破产,即为明证。① 由此以观,问题的关键在于国民政府始终未能充分意识到解决农业及农村问题的重要性与协调城乡建设的必要性。在国民政府主导的现代化建设进程中,"都市始终在对农村扮演着剥削支配的角色,而广大的农村却一直陷在一种被剥削被奴役的悲惨地位,所以结果竟至形成今日这样城乡尖锐对立的紧张局面"。②

二 国民政府积重难返

战后,国民党将重心转向政治方面,在经济建设方面并无明显进展。③ 如时人所批评:"中国目前不在走建设的路,在外交上,未能中立于美苏之间保持平衡,在内政上,一切为着内战。这些在经济范围以外的问题我们姑且不谈,在财政经济的各种施策中,亦多不满人意。最严重的一点是通货膨胀,由此而发生投资浪费是必然的结果,这不啻是一种直接消耗资本的政策,而消耗的去处却是千不该万不该的内战。其次,战争以后对后方工矿事业的置若罔闻,任其倒闭停歇,一无所谓,这不知道算是什么'政策'。"④ 在抗战结束后不久,国民党即准备发动内战,已有之工业化、城市化为导向的现代化建设趋向遂呈"积重难返之势"。⑤

抗战时期,国民政府所从事的农业建设以至整个生产建设以供应战时需要、加强国防力量为目标,在满足战时最基本的衣食需要后,全力支持工业化建设。"抗战以来,农业生产在基本上负有三项使命:(一)足食足兵。(二)增产工艺原料,配合工业建设。(三)扩充特产,供给外销。"⑥ 抗战后期国民政府制定的五年建设计划所需之经费及其分配比例,亦足以

---

① 姜庆湘:《一年来中国经济的发展动向》,《中国建设月刊》第5卷第4期,1948年1月1日,第6页。
② 姜庆湘:《再论"城""乡"对立的经济关系》,《中国建设月刊》第5卷第5期,1948年2月,第35页。
③ 《何廉回忆录》,第266页。
④ 伍启元等:《如何建设国民经济》,《中国建设月刊》第3卷第2期,1946年11月1日,第5页。
⑤ 张其昀:《中国新建设与水力问题》,《东方杂志》第26卷第24期,1929年,第13页。
⑥ 乔启明:《试论我国战后农业建设之轮廓》,《农业推广通讯》第4卷第7期,1942年,第3页。

显示其一贯的工业化倾向（见表5-3）。

表5-3　国民政府战后五年建设计划所需经费预算

项别	所需经费（以战前亿元计）	所占比例（%）
工业	120	40
交通	80	26
农林水利移垦	20	7
国防（最狭义的）	40	13
都市港埠	20	7
其他	20	7
合计	300	100

资料来源：邓祥云《中国工业建设之前瞻》，《行政院水利委员会季刊》第2卷第4期，1942年，第26页。

1940年，国民政府为拟订战后经济建设计划，特于最高国防委员会下设中央设计局，并规定经济设计的主要目标为"满足最低限度的国防需要""奠定工业化的基础""提高全国健康和教育水平"。[1] 凡此皆足以表明，国防与工业建设成为战后国家经济建设的重中之重。此外，蒋介石在1943年发表的《中国之命运》一书中，更加明确地表达了战时及战后国家建设应以工业为重的意旨，指出"今后国民经济，应以发达工业为基础，最重要的条目，为准备实业计划之实施"，工业化是中国自力更生的当务之急。由此，战时中国建设的中心依然是"促进工业，以达到以工建国的地步"，"战时的工业建设不仅要适应民生，尤其要配合国防，以达到国防与民生的合一"。[2] 为加强工业建设，国民政府于1944年成立战时生产局，以推进战时工业生产为主要目的，"由经济部长翁文灏兼任局长，该局直隶行政院。其主要任务，在指挥监督并联系全国之公私生产机构，并

---

[1] 《何廉回忆录》，第244页。
[2] 薛笃弼：《我国之水利建设》，《行政院水利委员会季刊》第2卷第3期，1942年，第8页。

注意原料与运输之配合，以期增进战时工业生产"。① 于此，战时及战后国民政府力求国家建设的工业化之意向昭然可睹。

抗战胜利后，国民政府拟订的"第一期经济建设原则以工业化为主脑，后又发表经建纲领，亦以工业化为发展目标"，工业化的建设方向始终未曾改变。甚至于农林部所拟订的"战后第一期五年农业建设计划大纲"，亦是处处以满足工业建设为准则："战后五年应增进人民生活必需品生产的同时，增进工业原料生产，工业上所需之农产原料与民生所需者大致相同，战后民生工业所需之原料大都仰给于农产品，为求配合工业建设之需要，分别予以质量之增进，粮食工业所需之稻谷小麦及油脂工业所需之各种植物油籽等，因五年内之增产供应似不成问题，至纺织工业所需之棉麻毛丝供求亦可适应，惟其他农产之加工如制茶榨糖炼油及食物保存等项因过去全系土法制造，品质低劣，拟会同工业方面施以新式加工事业之发展。"②

国民政府一直较为重视工业建设，然而其由于国内政局与国际形势的影响，始终未能取得实质性进展。北伐统一全国之前，"军阀混战，政府既漠视工业，人民复外困于不平等条约的束缚，内苦于捐税的繁重与交通的不便，即有零星工业，只仅一息奄奄而已"。"北伐成功，国府成立，中央建设委员会各省地方政府鉴于全国工业的窳败，积极的要想借用政府的财力，促进工业建设，不幸内战迭起，成效殊鲜。"总体而言，全面抗战爆发前，中国工业"在发展上显示着国外资本的支配，轻工业的畸形发展以及工业区的偏重沿海地带"。③ 日本全面侵华后，中国工业尤其是国防工业的落后更加暴露无遗，国民政府由此意识到：中国在抗战中的胜负存亡与"工业发展的程度"关系至为密切。全面抗战前的中国"没有钢铁来制造战舰、鱼雷以保障我们的海岸，没有战斗机和高射炮以充分保卫我们的要塞

---

① 《中国科学及经济建设要讯》，《民主与科学》第1卷第1期，1945年，第56页。
② 《第一期五年农业建设计划大纲草案》（1945年），中国第二历史档案馆藏，23（1）-02398-0030、23（1）-02398-0031。
③ 张来仪：《战前，战时与战后的中国工业》，《中国建设月刊》第3卷第1期，1946年10月1日，第33页。

和都市，其他如战时的军需品，平时的日用品等业都直接或间接的来自外国而不能自给……""我们应当彻底觉悟：今后的中国要极力发展工业以充实国防"，并且"要做到自给自足的地步"。所以，中国工业化建设"虽肇端于北伐成功之后，真正的军需工业则奠基于七七事变之顷"，大体看来，中国的重工业在全面抗战以前是"没有规模可言"的，"直到抗战前一年，资源委员会才注重到重工业的设施"；① 抗战开始后，国民政府亦特别注重燃料工业、机械工业、电气工业、矿产工业等重工业建设。

战争带来了中国工业的厄运，也带来了中国工业的重建。全面抗战期间，"沦陷区内之工厂被破坏及攫夺者不知凡几"，之前国民政府在东南方面的若干建设，"除内迁工厂外，大部分悉被敌机焚毁"。② 然而，在政府的迁移和保护政策下，后方工业得到一定程度的发展（见表5-4）。全面抗战前中国"工厂大多分布于沿海，通商口岸"，"而沿海区工厂之分布，则又偏于上海及天津两地"。七七事变发生后，"工业基础为之全部动摇"，国民政府遂竭力督导工厂内迁与重建。由此战时中国工业性质与分布都较战前有显著进步。首先是重工业的比重有所增大。截至1942年5月，资源委员会所创立的重工业有96个单位，其中"工业部份属冶矿者十一个单位，属于机械工业者四个单位，属于化学工业者十八个单位，属于电器工业者四个单位"。③ 民营的厂矿也有部分的重工业，据经济部1938~1942年的登记，"民营工厂2807家中，计化学847家，机器812家，纺织624家，食用231家，冶炼173家，电器82家，印刷文具67家，其他80家"。其次，在地域分布上也趋于"平衡化"。全面抗战爆发以后"政府协助或各厂自动迁入内地"，虽"多设于内地之西南西北，而且颇多利用当地特产，而就地设厂生产者"，多为适合地理环境而设，"大体上还不致如战前各厂的集中沿海那样"。④

---

① 唐崇礼：《抗战建国中之工业建设问题》，《科学世界》第9卷第2期，1940年，第4页。
② 唐崇礼：《抗战建国中之工业建设问题》，《科学世界》第9卷第2期，1940年，第3页。
③ 唐崇礼：《抗战建国中之工业建设问题》，《科学世界》第9卷第2期，1940年，第2、3页。
④ 张来仪：《战前，战时与战后的中国工业》，《中国建设月刊》第3卷第1期，1946年10月1日，第34~35页。

第五章　战后中国建设协会建设思想的转变

表 5-4　大后方工业生产指数

1938 年 = 100

项目	1939 年	1940 年	1941 年	1942 年	1943 年	1944 年
总指数	130.57	185.85	242.96	302.17	375.64	351.64
生产用品	129.66	181.13	230.61	272.12	316.07	324.75
消费用品	145.63	306.27	404.07	658.88	1010.61	920.36
出口品	122.27	115.41	158.52	119.64	60.62	25.83

资料来源：岳光《通货膨胀是目前经济危机的症结吗？》，《中国建设月刊》第 3 卷第 1 期，1946 年 10 月 1 日，第 30 页。

战时后方工厂，不论就厂家之增加，还是增产成绩以观，虽"年有进步"，但因工业资本薄弱，"不仅限制增产，而且由于战时物价之高涨，各厂虽获利颇厚，同时却以开支增加、机器涨价等关系颇多发生资金不足困难，加以战时运输不便等引起其他种种困难"，"未能作大规模生产，以供大量之消费需要"。[1] 同时，工厂本身有管理方面的缺陷，如"官营者每视工厂为衙门，因循敷衍百病丛生，商办者眼光太近，只求目前利益，少做远久准备"。再加上"工业研究为促进现代工业的唯一动力"，"吾国的一般工厂，大都不注意或不了解研究的意义，以致技术落后，出品不良，无法与外货竞争"，[2] 总体而言，到抗战结束时，中国工业尚不发达。

在几千年漫长的中国历史中，治乱安危的一转之间，很大程度上取决于"乡村治，则国家治；乡村安，则天下安"的基本态势。"以大多数农民之利益为目标，作整个有系统之实施"，[3] 本应是中国现代建设的应然之举，但民国建设史却事实上造成城市与乡村分离、工业与农业失衡的景况。"尽管在 1936 年中国人口的 80% 依靠农业生活，但是，直接从事农业工作的那些政府单位在整个政府中是无足轻重的。各级政府部门给予农业的支持非常有限。"[4] 孙中山之《建国大纲》指出，建设之首，要在民生。在民国建

---

[1] 袁梅因：《战时后方工业建设概况》，《中央银行经济汇报》第 9 卷第 5 期，1944 年，第 89 页。
[2] 唐崇礼：《抗战建国中之工业建设问题》，《科学世界》第 9 卷第 2 期，1940 年，第 2 页。
[3] 李景汉：《中国农村问题》，商务印书馆，1937，第 130 页。
[4] 《何廉回忆录》，第 140 页。

设事业持续展开并不时推进的历史进程中,如何平衡和协调城市建设与乡村建设、工业建设与农业建设,以及从根本上保障绝对多数农民群体的利益,既是一个战略性的问题,也是一个时代性的问题。

抗战胜利后,应国家重建的时代诉求,中国建设协会在深入剖析农建问题之症结的基础上,立足于农民实际利益,提出了一系列建设主张与方案。其中既不乏洞见本原之见,也有不少可行之策。尤其是诸学者聚焦探讨的土地问题虽已是"老问题",但确是"可以判断中国革命是否成功的一个最现实的问题"。[1] 正如中国建设协会所力倡的:只有以纾解民困、提高农民生活水准为基本出发点实行彻底的土地改革,才能顺利有效地完成中国所亟须的农业建设,间接推进整个中国的工业化和现代化建设。放眼整个中国近代历史,抗战结束后的农建探索,不仅是自民初兴起的中国现代农建之关键转折,也是中国现代化建设进程中的重要组成部分。虽然中国建设协会在将其主张、方案被政府接纳,成为有效的政策和举措,并在实践中加以落实等方面的功效不彰,但其对于现代农建的积极探索,于后世的认知与鉴镜,确有不容轻忽的价值与意义,尤其值得我们珍视和记取。

---

[1] 周风:《当前中国农村经济建设问题》,《中国建设月刊》第2卷第5期,1946年8月1日,第37页。

第六章　中国建设协会与其他乡建团体组织

作为民国时期众多建设团体之一,中国建设协会在与其他建设团体组织共推中国建设前进途中,在思想主张上与之存在共通与相异之处。那些行思各异的建设团体组织对中国建设进展方向的探索,不仅程度不同地丰富着中国建设的内涵,亦在一定程度上诉说着时代与社会的吁求。从他们共同关心指向的问题中,我们或可捕捉到中国现代化建设之关键所在;在与其他建设团体组织的横向比较中,又可加深我们对中国建设协会建设思想旨趣及历史地位的认知。

第一节　国民政府相关建设机构的建设旨趣

出于时代与社会之需要,在1928年南京国民政府刚成立时,"热情的先驱者急于着手经济建设工作,每人都想集中精力于发展他那部分经济"。例如,张静江和李石曾"都对工业方面的经济建设工作感到关切。甚至在国民政府还未十分纳入正轨之前,他们就创始了这个名叫全国建设委员会的组织机构,开展建设工作"。1931年,"全国经济委员会也在一场大水灾后,由于问题丛生应运建立"。[①]

南京国民政府成立后,为使热衷于国家建设的"四方志士""一致努力协赞,集合于建设正轨之上,共负建设重任",于1928年2月正式成立"中华民国建设委员会",并推选张静江为主席。"所有建设事宜之须设计开创者"均归该会计划进行,具体负责办理水利、电气等"国营事业"及

---

① 《何廉回忆录》,第103页。

"民营电气事业之指导、监督、改良"。为便于经营国有事业，建设委员会"内部组织以事业为主体"，"设总务处、事业处及设计处，总务处下设文书、会计、事务三科，事业处下设电业、矿业、灌溉三室，设计处下设土木、机电、矿冶、农林、经济五组暨编撰、调查两科"。①

为培植建设人才，建设委员会将"建设行政及技术人员之训育事项"列为其总务处主管事项之一，②"对于学校之训育及人才之集中，特别注意"。有鉴于"无线电事业幼稚，实用专才缺乏"，建设委员会除着手扩充"报务人员养成所"外，还与国内各大学合作，"积极训育制造管理报务之人才"。③ 在建设委员会存续的"九年之内，造就了数百位建设领袖人才。有几年，全国各省建设厅长多数由他训练出来"。④ 在用人方面，建设委员会"纯采人才主义，决不设冗员，縻国币。管理方面则根据商业经营原理，科学治事精神，用最少量之劳力与经济，期获最巨之效率。办事人员尤注意于廉洁从公，不容有丝毫贪墨恶习，采用革命手段，经营建设事业。并筹设大规模之中央编译所，编译及印刷关于中西实用工程文学上之书籍，为全国实业建设上研究与指导之总枢纽，以为促进全国建设事业实施之南针"。⑤

起初，建设委员会的工作着重于无线电、电气、水利、蚕丝、首都道路、卫生建设等公用事业以及采煤，"凡关紧要建设事业"，且其"经济所能及者"皆尽力举办，以为现代工业建设之初步。⑥ "南京电力公司、南京上海间的发电厂、杭州电力公司以及汉口的部分电力供应，全是该委员会所管辖的，淮南一家煤矿供应了南京所需的煤耗，也是该委员会所管辖的。"⑦ 为谋现代化工业建设之开展，建设委员会首先组织"统计规式委员会"，"指派专家制订水利、电气、农林、交通、矿业、工业以及各省建设

---

① 《建设委员会民国十七年九月至二十年五月工作概况》，《张静江先生文集》，第240页。
② 《建设委员会组织法》，《张静江先生文集》，第87页。
③ 《建设委员会工作报告》（1929年3月），《张静江先生文集》，第212页。
④ 周贤颂：《中国新铁路之父——张静江先生》，《张静江先生文集》，第372页。
⑤ 《建设委员会工作报告》（1929年3月），《张静江先生文集》，第236页。
⑥ 杨恺龄编《民国张静江先生人杰年谱》，台北，台湾商务印书馆，1981，第68页。
⑦ 《何廉回忆录》，第101页。

第六章 中国建设协会与其他乡建团体组织

机关之组织建设经费暨建设人材调查表格，分令各省建设机关调查具报"，以"调查全国建设事业"。① 并在此基础上制定了"建设基本工业计划"与"筹设工业试验计划"，重视建设以钢铁、焦炭、硫酸碱土敏土、肥料等为主的化学工业，只因"化学工业种类繁多，凡吾人所需用之日用物品，十之八九皆出自化学工业之门"。②

建设委员会筹设工业试验所，"专事研究各种原料之性质及利用，规定原料用途之标准，并检验制造品之品质，以求我国原料产量之增加，并能用尽其利，制造品之品质能与外货相颉颃"。③ 对于"总理所主张""时代所需要"之机器制造工业，建设委员会也极力提倡。建设委员会制定"模范机器厂计划"，设立模范厂，用以提倡民营机器制造工业，以"求民生之富裕，民用之日足"。④

总体而言，建设委员会从事的建设，"包括铁路、公路、电报、电话、煤矿"，及其制定与实施的一系列工业建设计划，皆以现代化工业为本位。自担任建设委员会会长以后，张静江"广罗人才，致力于煤矿、铁路、电厂等基本建设事业，旨在迎头赶上，使我积弱之国家由农业而转趋于工业，以臻富强之域"。⑤ 他认定建设现代化、工业化的中国，"需要动力，动力以电气为主，所以他用建委会的力量，创办了首都与戚墅堰电厂，又在浙江省设了杭州电厂"。在担任浙江省主席期间，他"对于全省公路事业，与各县电话网两事，最为注意。因为他认为良好的政治，没有交通的设备，是不可能的"。上海的真茹国际电台"是中国范围最大历史最早的无线电台，就是建设委员会在交通事业上第一个贡献"。⑥ 但这些现代化建设举措在繁荣都市的同时，于农村、农业建设及生民根本之计，除在江苏省所设立的庞山湖、武锡、常州等少数几个模范灌溉区外，似并无多少裨益。

1934 年，面对农村经济危机日益严重的窘困，张静江在力倡城市化、

---

① 《建设委员会民国十七年九月至二十年五月工作概况》，《张静江先生文集》，第 243 页。
② 《建设委员会工作报告》（1929 年 3 月），《张静江先生文集》，第 227 页。
③ 《建设委员会工作报告》（1929 年 3 月），《张静江先生文集》，第 230 页。
④ 《建设委员会工作报告》（1929 年 3 月），《张静江先生文集》，第 234 页。
⑤ 朱谦：《张静江先生对煤矿事业之史迹》，《张静江先生文集》，第 287 页。
⑥ 周贤颂：《中国新铁路之父——张静江先生》，《张静江先生文集》，第 372 页。

工业化建设之余，开始注重设计"关系国家安危、人民生计之农村救济方案"，如前述张静江在建委会内专设"振兴农村设计委员会"，并设立实验区及农场，"以资实地研究、详细调查、精密设计"。计划先从南京附近着手，"逐渐推广及于四方，为全国农村建设设计之助"。① 如1935年，建设委员会"为便利研究实施起见"，"特于汤山附近，购置稻田山地，并就邻近各农村，从事振兴农村之实际工作，对于田间作物、农村经济、农民副业及生活等，均极注意研究"，② 亦制定"裁兵实荒计划"，以遣置裁兵，振兴农业。③ 但总体观之，建设委员会的工作重心仍偏向于工业建设，如1935年建设委员会所研究的问题有国产建筑材料供给问题、锅炉燃料问题、扩充国营机械工业与奖励民营工业之关系利害、交通发展问题、绥远煤铁矿、现代都市设计要点、发展汽车飞机工厂问题、机械工业与国防之关系、盐政改革问题等，并未涉及农业及农村建设。④

1933年国民政府在行政院办公厅下正式成立全国经济委员会后，建设委员会的职权开始受到限制与削弱，在建设计划的实施上日感力不从心。全国经济委员会以"促进全国经济建设和提高人民生活水平"为旨，主要执掌关于国家经济建设或发展计划之"设计及审定"、"应需经费之核定"、"监督指导"与"直接实施"等事项，其工作重心主要在"水利、卫生、道路、农业"等方面。关于道路，则有"公路局，专门督导省际公路体系的建设"，如"修筑八省联合公路"；关于水利，"则有水利委员会以联合各省水利机关，作整个规划"，并设"水利工程局，统管全国水利工程计划和水利事业"；关于卫生，则举办"卫生实验区"，及设"中央卫生实验站在国际联盟专家的指导下进行工作"；关于农业，"则有棉业统委会，蚕丝统委会，各负专责"。⑤ 棉花委员会的设置是为了管理和促进农村的棉花改良工

---

① 《为农村设计委员会组织章程呈国民政府文》（1933年6月），《张静江先生文集》，第141页。
② 《建设委员会振兴农村会》，《农业周报》第4卷第10期，1935年，第351页。
③ 《建设委员会工作报告》（1929年3月），《张静江先生文集》，第232页。
④ 《建设委员会最近研究工作》，《海外月刊》第29期，1935年，第82页。
⑤ 陈一：《现代中国之农村建设实验运动及其前途》，《中国建设》第12卷第3期，1935年9月1日，第17页。

第六章　中国建设协会与其他乡建团体组织

作及城市的纺织工业，蚕丝改良委员会的设立目的在于促进蚕丝工业的发展。① 到1936年，整个国家之工业化建设转向以国防军事为主的重工业建设，此时，所有与建设有关的政府机构中，独主重军事重工业建设的资源委员会"正处于顶峰状态"。②

在建设委员会存续期间，国民政府"往往迫于军政两费之需求，不得不出剜肉补疮之下策，遂令建设经费日剥月削而趋于尽"，③ 从时任模范灌溉管理局局长孙辅世1933年给建设委员会的呈文中，我们可以窥知建设委员会建设经费之不足情形："庞山湖开办费，上年（1932年）已先后领到一万五千元，因近时局经费开支已移用五千元之谱，预计全部开办费约需六万元，现只存储一万元。"④ 长此相因，建设委员会日觉"筹款维艰"，"其所计划实行的建设事业亦为经济力所限，几事事皆成空谈，由此逐渐沦为一般的政府机构了"。⑤ 由于"财力不足"，建设委员会在农村推广电力灌溉过程中，"对于农民要求，未能一一接受，至以为憾"。⑥ 由于政局的变动和执政重心的转移，1937年，全国建设委员会的主任委员张静江"偃旗息鼓"，去往美国。1938年，建设委员会被撤销，其全部业务被资源委员会接管，因其存立且真正发挥效能的时间较为短暂，仅于电气、水利、采煤个别事项上稍有建树。

资源委员会的前身是全国国防计划委员会，成立于1932年，为"从事各项工矿业建设之机构"，蒋介石任主任委员。1935年国民政府"为强化抗战准备，充实国防力量"，将军事委员会内部改组编并，成立资源委员会，"隶属于军事委员会，以便于统筹运用，并赋予开发全国资源，经办国防工矿事业之任务，以建立腹地国防经济为工作重心"。⑦ 资源委员会以"发展

---

① 《何廉回忆录》，第100页。
② 《何廉回忆录》，第104页。
③ 陈茹玄：《训政时期建设刍议》，《中国建设》第2卷第2期，1930年8月1日，第13页。
④ 《孙辅世报告灌溉局收支不敷情形》，中国第二历史档案馆藏，46-123-03。
⑤ 《何廉回忆录》，第101页。
⑥ 《建设委员会有关购料规则汇编灌溉计划等总务事项的文书》，中国第二历史档案馆藏，46-296-11。
⑦ 程玉凤编纂《资源委员会档案史料初编》上册，第5页。

重工业，加速促进中国之工业化"为目标，诸如"炼钢、采矿（如煤、铁等）、氮气工业、机械厂和一家电器供应厂等，甚至还计划设一飞机装配厂。一些基本的矿产如煤、铁、铜、铅、锌、钨和锑等，都由该委员会指定为发展工业之用"。该会在冶炼工业、化学工业、机械工业、电器工业、金属矿业等重工业建设方面，为"树立国营工矿事业的体制和规模"，"开发重要资源，增加工矿生产，以及培养技术人才"做了许多实际建设工作，为"工矿业发展奠定良好基础"，在中国工矿业经济发展史上"实占有非常重要之一页"。[1]

如中国建设协会会员陈国钧所言："组织严密，职责划分，为增进事业效能之要素。"举凡机关机构之设，"必求其有效而切实，均衡而不偏，若徒叠床架屋"，职责不分，殊非经济有效之政制。民国时期，国民政府与各级建设机关之设置，即是"叠床架屋"，极其不协调、不经济。"各政府机关，间有主办同一事业者，或因彼此抵触，争揽职权；或则各行其是，不相闻问，浸成停顿割裂之弊。"如1935年，"黄河泛滥，江汉成灾，对于防堵抢险诸工作，互相诿卸，严分畛域，而忘其为整个有机组织之一体，此中公私损失，何可胜量"。[2]"各单位分头抓建设工作，使彼此之间协调工作根本无法进行。"如资源委员会隶属于军事委员会，"军事委员会的机密性影响了建设工作的效率"，且"军事委员会完全不了解工业的发展，根本没法指导资源委员会的工作，而该委员会的宗旨在发展重工业"。[3] 又如全国经济委员会、建设委员会和资源委员会"各有许多厅、局、署等，就一个方面的建设工作彼此进行分工，特别是在工业方面，它们又都和行政院下属的三个部有业务上的往来"。[4]

1938年，国民政府成立经济部，由之前担任资源委员会秘书长的翁文灏任部长，"包括以前的实业部、资源委员会、全国经济委员会和全国建设委员会"。除了与财政有关的业务外，其他经济方面的工作，包括工业、农

---

[1] 程玉凤编纂《资源委员会档案史料初编》上册，第12页。
[2] 陈国钧：《卷首语》，《中国建设》第13卷第1期，1936年1月1日，正文前。
[3] 《何廉回忆录》，第102、125页。
[4] 《何廉回忆录》，第104页。

第六章　中国建设协会与其他乡建团体组织

业和商业，都归该部管。"翁文灏是一个典型的中国学者，擅长于书面工作。他能设计很好的工作方案，但是没有胆量和愿望来注意这些方案是否会贯彻实行。""传统的办事手续"更使经济部"陷于事务堆和官僚化，贻误公事及缺乏效率"，以至于到1943年，经济部"成立已五个年头，而人员和办事手续没有什么显著的变化，深陷在事务堆里，再加上它本身的一套，导致衰退和缺乏效率。这一切，由于通货膨胀在政府中造成的总的气氛而益趋严重"，经济部所决定的诸多经济建设计划也多"未能实行"。①

整个国民政府建设机构之设置亦毫无统系之分，许多机构既叠床架屋，又彼此分权。如在经济部下设农本局等机构掌管农业建设的同时，1938年行政院又成立了"一个由孔祥熙个人控制的新组织——农产促进委员会。它和经济部的农业工作是重复的"，在改进农业工作中常常互相干扰，发生矛盾。② 当时与建设直接相关的中央行政机构主要有行政院中的三个部——实业部、铁道部、交通部，以及全国经济委员会（直属行政院长办公厅）、全国建设委员会（直属国民政府）和资源委员会（直属军事委员会）。虽然，实业部"经由它的农业、林业、工业、合作和商业等分局，做了些和各该厅局业务范围有关的工作"，"在该部督导下的许多机构"，诸如中央农业试验所、中央工业试验所、农本局和外贸局等，亦"在经济建设方面做了些实际试验或业务性的工作"，"铁道部和交通部当然在交通运输方面做了些重建工作"，但"他们工作的大部分仅局限于日常行政性的"，对实地建设并无切实之举措。其他诸如农业方面的昆虫局、水利局、农业改良场、棉业改良场、林场等研究机关，平时独立于行政机关之外，其本身又缺乏与人民联络之组织与作用，故其工作"均属闭门静修"，与"一般人民丝毫不生影响，即研究有所获得，亦不能推行于民间"。③

"实业部农林部对各地农业机构发布命令、农业法规等，而一切实际工作都由各地部门去操办。同样，实业部的合作事业局是为在各省建立合作社而设置的，但它本身并不派人到农村去，它只管日常行政事务，如研究

---

① 《何廉回忆录》，第255页。
② 《何廉回忆录》，第182页。
③ 项定荣：《山东邹平之乡村建设事业》，《地方自治》创刊号，1935年3月30日，第88页。

与合作社有关的组织法规等，而合作社机构的实际组织工作则交由各地去操办"，① 以致"粗制滥造，量高质低"成为各地方合作社之"通病"。且"一般只偏在农业的流通过程上（如信用流通——信用合作，产物流通——运销合作购买合作），而忽略于农业的生产过程（农耕生产及农产制造）"，"到底不能使农业进步，到底不能使农民当真组织起来"。②

在20世纪30年代濒于破产的中国农村经济触动下，1933年3月，国民党三届三中全会通过《关于建设方针案》，指出要"特别注意农业之发展"，并广泛开展"农民教育"与"提倡农业合作"。③ 1935年，鉴于"国内各种合作的蓬勃兴起，举凡合作制度的确立，合作法规的厘订，以及合作人才的培养，合作指导机关的设置诸大端，都应精密研讨，筹划进行"，全国经济委员会与农村复兴委员会、实业部在南京共同发起召集"全国合作事业讨论会"。同年11月，"实业部设立合作司，负全国合作行政及促进合作事业的责任"。至此，"合作行政，法令政策，渐趋一致"。④ 抗战时期，国民政府西迁，实业部改组，合作司亦随之撤销，合作事业的推进与指导等实际工作委于经济部附设的农本局。直至1939年，"国民党第五届五中全会决议加紧推进合作事业，并拟定成立合作事业管理局，以司专责"，合作行政方从消失而展开，此后合作事业"因中央合作行政机构的树立，组织更大有进展"。⑤

但是，各地设立的信用合作社"多半不是农民们因自身感觉互助的必要，自动地组织起来。倒是因为要适合农行放款的条件，不得不结合这么一个团体形式。无疑的，这种结合是被动的，勉强的"，因此，信用合作社的成绩多半恶劣，一般农民只知这是一个可以借钱的处所。"社中事务为一二狡黠者所把持，利用银行放款以渔利，对于到期款项，任意延宕不还，比比皆是，组织腐败，为一般之现象。"所以，"像这样的合作社虽

---

① 《何廉回忆录》，第100页。
② 《乡村建设理论》，《梁漱溟全集》第2卷，第542页。
③ 《训政时期经济建设实施纲要》，中国第二历史档案馆藏，7114-415。
④ 朱子爽：《中国国民党农业政策》，第78页。
⑤ 朱子爽：《中国国民党农业政策》，第79页。

多，对于真正农民利益却极有限，实大远合作之原旨"。①

综观彼时国民政府建设机关及其建设工作，诚如曾于 1934 年底来华的国联交通运输组组长哈斯博士在南京考察时所言，国民政府之"工作人员其兴奋及耐劳之精神，诚足令人称道，所有专家或技术人员，固不能咸具此种美德，而大多数如是，则无可疑"。惜有一问题，"为如何可以集中各个人之力量，及调整其工作，以获更高之效率，如何能裁减工作重复之机关，及任务相类之委员会，以中国政府组织现状而论，诚不应因求表面之整齐及纸上之逻辑，而反以阻蔽黾勉从公者之工作及其研究之自由，各机关工作人员，虽各相独立，互为竞争，似均无关宏旨"。②

南京国民政府成立后，虽曾制定了各种建设计划并设机构专司其事，以期达成孙中山建设计划中预定的建设目标，但由于国民党内官僚主义势力滋长，国民政府建设机关无法使其成员"彼此之间，互相了解，并设法使各个之努力，化为共同行动"，以向同一建设目标前进。

第二节　民国乡村建设派的建设要旨

民国时期，尤其是 20 世纪二三十年代，中国农村与农业日趋衰落、崩溃，民生疾苦日益加深。关心国事者"莫不觉悟及此，而加以注意"，于是"复兴农村""乡村建设"等词在报端频繁出现，"救济农村"之声浪"一天一天的高上去"，③ 成为一种时代性思潮。乡村建设运动应势勃兴，"乡村运动团体之组织，乡村服务机关之设置，南北各地，所在多有"。④

一　中国建设必走乡村建设之路

20 世纪 30 年代初，中国农业之衰落"已到了非常严重的地步，农村破

---

① 钱世经：《乡村金融组织的现状和将来》，《中国建设》第 11 卷第 2 期，1935 年 2 月 1 日，第 19 页。
② 哈斯：《中国建设事业进行近况》，《中国建设》第 13 卷第 1 期，1936 年 1 月 1 日，第 159 页。
③ 梁漱溟：《乡村建设理论》，第 4 页。
④ 《乡村工作讨论会发起经过及邹平之集会》，章元善、许仕廉编《乡村建设实验》第 1 集，中华书局，1934，第 5 页。

产之趋势，也已登峰造极",① "农村应该改造，国家急待建设，民族必须复兴。有志之士不但认识其重要，且在各处已由理论的探讨，转成实际的进行"。② 各种救济方法亦在积极地研究试验，"其方式，有的从政治着手，有的从经济着手，有的从教育着手，然最终目的皆归途于农村建设"，由此汇聚成声势浩大的乡村建设运动。③ 最初只是"由几个学术团体和宗教团体进行试验"，后来因运动者的努力声势逐渐扩大，进而引起各方面的注意，政府方面"也委托他们去做实验的工作"，于是这一新运动的发展，"大有一日千里之势"。1934 年 7 月，王怡村、晏阳初等发起组织乡村建设协进会在北平开会时，到会的有政府机关及学术团体等共 37 个，代表 65 人，此时"乡村建设运动，已普遍于全国"，④ 各地已成立的乡建运动机关与团体主要有 24 个（详见表 6-1）。

表 6-1 1934 年乡村建设机关团体简况

名称	主办者	地址
徐公桥乡村改进会	中华职业教育社及地方蔡望之	京沪线昆山安亭站徐公桥
黄墟镇农村改进试验区	江苏省实业厅、中华职业教育社	镇江黄墟冷御秋
黄苍民众教育实验区	江苏省立教育学院	无锡通惠路教育学院
北夏实验区	江苏省立教育学院	无锡通惠路教育学院
吴县善人桥农村改进会		
山乡农村改进会	张一麐等	苏州吴殿直巷 32 号
唯亭农村服务处	苏州青年会	京沪线唯亭山乡
界沟实验乡	孔充、陈懋之	上海浦东界沟湾
中冷新村	江苏义务教育联合会	镇江敏翔里底
上海俞塘民众教育馆	钮惕生	上海县俞塘镇
浦东劳工新村	上海基督教青年会	上海浦东烂泥渡

---

① 张固：《农业改良与农村教育》，《浙江省建设月刊》第 8 卷第 6 期，"农业改良专号"，1934 年 12 月，第 26 页。
② 《中华平民教育促进会定县实验工作报告》，宋恩荣编《晏阳初文集》，第 79 页。
③ 陈一：《现代中国之农村建设实验运动及其前途》，《中国建设》第 12 卷第 3 期，1935 年 9 月 1 日，第 9 页。
④ 邵元冲：《三十年来中国社会建设之演进》，《东方杂志》第 31 卷第 1 期，1934 年，第 31 页。

第六章 中国建设协会与其他乡建团体组织

续表

名称	主办者	地址
山东乡村建设研究院	梁漱溟、梁耀祖	山东邹平县
定县平民教育实验区	中华平民教育促进会	河北定县考棚街
翟城县	米迪刚	河北定县翟城村
河南中山村	中华农村促进社	彰德安阳县城西北八里
汲县香亭寺乡村教育实验区	王怡村	河南汲县香亭寺
河南镇平县	彭锡山	镇平县十区自治办公处
清河镇社会实验处	北平燕京大学社会学系	镇平县十区自治办公处
龙山乡村服务社	山东齐鲁大学	镇平县十区自治办公处
湖滨乡村建设协会	安徽合肥县	办公处
河边村	阎锡山	山西河北村
新造乡	潘从理	广东番禺县
宾阳县政实验区	汤茂如	广西宾阳县
巴县县政实验区	陶行知、王叔平	四川巴县

资料来源：邵元冲《三十年来中国社会建设之演进》，《东方杂志》第31卷第1期，1934年，第31页。

在众多乡村建设团体中，尤属以梁漱溟、晏阳初、卢作孚为代表的乡村建设派在山东邹平、菏泽，河北定县，以及重庆北碚进行的乡村建设实验之成效显著。他们首先对30年代中国乡村危机爆发的原因进行了深入剖析，发表了看法。

梁漱溟认为，"中国问题自外引发而非社会内部自发的"，[①] 近百年来东西文化沟通，"中国固有文化既千余年盘旋不进，而西洋自近代以迄于现代则进步如飞"。[②] 受此威胁，中国自身文化及固有社会构造崩溃，而新者未立，欲谈建设，应从建设一新组织构造谈起。在西方文化的冲击下，中国伦理本位丧失，固有的良好传统尽遭破坏，中国人变得"以自己为重，以伦理关系为轻，以权利为重，义务为轻。以个人为本位，社会为本位皆不

---

① 梁漱溟：《乡村建设理论》，第98页。
② 《社会本位的教育系统草案》，《梁漱溟全集》第5卷，第400页。

成功,陷入东不成、西不就的状态中"。① 因此,梁漱溟认为乡村建设之根本即在于沟通调和中国传统精神文化与西洋文化的长处,"创造新文化,救活旧农村"。② 从复兴农村入手,以中华民族固有文化精神,"重行建设一个社会的组织构造"。③ 因为"中国社会是以乡村为基础,并以乡村为主题的。所有文化,多半是从乡村而来,又为乡村而设,——法制、礼俗、工商业等莫不如是"。所以新的组织及文化要从乡村培养新的端倪,"中国建设必走乡村建设之路","以达于新社会建设的成功"。④

晏阳初也认为,近百年来,中国固有的传统文化因与西洋文化接触被破坏殆尽,新的生活方式未能建立,形成青黄不接的文化。⑤ 需要通过乡村文化重建,从根本上"创应"(creative adaptation)这种文化失调。⑥ 晏阳初将中国问题总结为"瞎、聋、哑",即"国民大部分不识字"、"不知社会情形"、"不作声",⑦ 由此发起以"除文盲作新民"为宗旨的开发80%以上平民"脑矿"的"平民教育运动",目的在于"培养国民的元气,改进国民的生活,巩固国家的基础"。⑧

早在20世纪20年代初,卢作孚就已意识到"建设"为解决中国问题之根本途径,他在1922年1月《教育月刊》发刊词开篇写道:"殆惟兵、匪、政治纠纷……类为消极方面之问题,无论从消极方面解决之,终不可能也,即能解决,其为效不过一瞥。……以自陷于不可解决穷困苦痛之境,而不知移其倾向,谋于建设。"⑨ 他认为:"中国的根本办法是建国不是救亡,是需要建设成功一个现代的国家,使自己有不亡的保障。"虽然"内忧外患是两个问题,却只须一个方法去解决",这个方法就是建立起"现代集

---

① 王先明:《20世纪前期乡村社会冲突的演变及其对策》,《华中师范大学学报》(人文社会科学版)2012年第4期。
② 《乡村建设大意》,《梁漱溟全集》第1卷,第615页。
③ 《山东乡村建设研究院之工作》,《梁漱溟全集》第5卷,第303页。
④ 梁漱溟:《乡村建设理论》,第5页。
⑤ 《十年来的中国乡村建设》,宋恩荣编《晏阳初文集》,第176页。
⑥ 《十年来的中国乡村建设》,宋恩荣编《晏阳初文集》,第176页。
⑦ 《平民教育》,宋恩荣编《晏阳初文集》,第4页。
⑧ 《平民教育的宗旨目的和最后的使命》,宋恩荣编《晏阳初文集》,第22页。
⑨ 《〈教育月刊〉发刊词》,凌耀伦、熊甫编《卢作孚文集》,第5页。

团生活","以将整个中国现代化"。他认为中国几千年来自然形成的农业民族是散漫的,中国自给自足的自然经济基础上产生和形成的封建关系与宗法关系,阻碍了中国实现现代化。所以,中国现代化建设须从乡村经济建设着手,"把建立在落后的自给自足的封建自然经济基础上的农业社会,改变为具有现代物质文明和精神文明的工业社会,变旧的封建宗法关系为现代资本主义关系的社会"。①

从以上梁漱溟、晏阳初、卢作孚对乡村危机乃至整个中国建设问题认识中,不难发现虽然他们或从文化重建入手,或从平民教育入手,或从农村经济入手,目的却都在谋农村救济与复兴,期望从乡村寻求解决中国政治问题、经济问题,以及其他一切社会问题之端倪,以乡村建设之完成创造现代化的中国。即如董汝舟所言:"中国唯有走入乡村建设之路,乃能得救,而一切问题,亦可因之解决。"② 农村为国本之所在,乡村危机足以造成国本动摇之险峻情势。为挽救乡村危机,完成中国现代化建设,他们殊途同归于乡村建设探索之路。

二 如何走乡村建设之路

以梁漱溟、晏阳初、卢作孚为代表的乡村建设派虽在建设旨趣上各有侧重,亦与中国建设协会所谋求的全面现代化建设相迥异,但仔细揆格,其建设思想的出发点是无可非议的,对传统旧弊的揭露也是比较深刻的,概括起来,大致集中在以下几个方面。

首先,都主张乡村建设尤其是农村教育应切合实际。

农村教育应以适应、改善、创造实际生活为主要内容。中国传统农村教育的内容,"一向是异常空洞的。学校中所教的,并不是农村社会中所需要的,农民生活上所需要的,又不是学校中所教的,以致教育即与生活完全脱节"。③ 对此,晏阳初颇有感触:数十年来中国的教育脱离实际,不切需要,未曾与人们的生活发生任何关系,那从东西洋工商业发达国家抄袭

---

① 凌耀伦、熊甫编《卢作孚文集》,"前言",第16~17、22、24页。
② 董汝舟:《乡村破坏与乡村建设》,《中国建设》第9卷第6期,1934年6月1日,第4页。
③ 吴霸啸:《农村教育之新建设》,《教育建设》第5卷第4期,1942年,第3页。

来的"都市人的教育","如何能适应犹滞在农业时代的中国社会的需要?"①"中国式的古董教育,与民族生活不相干,只能造成三家村的乡学究,西洋式的舶来教育,与民族生活不相应,只能造成外国货的消费人。"尤其是农村教育要为农村建设而教育,教育者除对民众进行知识的传授与技能训练外,更要教会民众运用知识技能实施农村建设。② 教育者们需要"重新教育自己,要先农民化,才配化农民"。③ 晏阳初所发起的平民教育运动即是"以平民需要为标准",以"所学当为所用,所用即为所学"为根本原则,号召到农村去为农民办实事。④

在教育过程中,尤其是在农业生产技能的教授推广中,平民教育运动注意结合乡村实际。"由于中国农民太穷,任何照搬外国农业体制的作法都是既错误又无用的。外国的农具尽管可能设计得很好,效率很高,但总的来说是太贵了。再说,对于在小块耕地上耕作的农民来说,为大面积作业的机械是没有用的。"所以,平民教育运动以"学以致用,立见成效"为主要原则来指导农业改革,聘请专家负责从事"作物育种和选种、畜牧业、园艺、农具、肥料、植物病虫害、养蜂和农业经济"的研究工作。此外,针对北方农业的干旱以及中国旧式水车"效率不高"的问题,平民教育运动在各地推广一种"比旧水车科学的辘轳",因其较价格昂贵的"带发动机的水泵"更加切合农民需要而易被农民接受。⑤ 与此相仿,卢作孚认为要实现中国现代化必须从中国实际出发,根据中国实际状况和需要,学习西方的先进技术和管理经验,以制定切实可行的建设方案。⑥

梁漱溟主导的乡村建设开头虽不是从教育入手,但后期亦偏重于教育。他认为:"要知社会的进步,必定用教育的力量以引发其自力,不能用政治

---

① 《农村运动的使命》,宋恩荣编《晏阳初文集》,第72页。
② 吴霸啸:《农村教育之新建设》,《教育建设》第5卷第4期,1942年,第2页。
③ 《由识字教育到乡村建设》,宋恩荣编《晏阳初文集》,第217页。
④ 《中国的新民》,宋恩荣编《晏阳初文集》,第44页。
⑤ 《中国的新民》,宋恩荣编《晏阳初文集》,第46页。
⑥ 凌耀伦、熊甫编《卢作孚文集》,"前言",第18页。

第六章 中国建设协会与其他乡建团体组织

的力量,专靠他力以求解决。"① 乡村建设之"对象重在乡村,功夫重在教育"。② 乡村运动"始终不离教育","只有从一点一滴的教育着手,才可以一点一滴的建设",③"以教育领着经济建设向前走"。④"中国三四十年来,学校教育之大弊在离开社会,以致妨碍社会于无穷。"时下亟须实行"一种因地制宜之活教育",着眼于一般社会,以尽其推进文化改造社会之功。⑤为唤起民众,使乡村民众主动改造社会,实现民族自救,梁漱溟倡导以民众教育推进乡村建设。他在邹平从事的乡村工作,即是"以教育的设施为中心,于乡设乡学,于村设村学",用教育的方式组织乡村推行"农业改良及合作社"等。⑥ 作为引进科学技术的团体组织,村学、乡学之设置,"既因其地方原有之社会情势,又即以其地方社会中人为组织主体,居于推进社会之功——特称为社会改进机关"。⑦

其次,由依靠政治力量推动转向开发民力自动建设。

在从事乡村建设之初,梁漱溟认为,乡村建设"先须经济为有方向的发展,而经济问题之解决,必须靠政治,才有力量"。如以政治的力量去推动农村建设,当是比较迅速痛快的事情。⑧ 而且,"中国近百年来的乡村破坏是一种绝对破坏,为世所仅见,此破坏之所以成为绝对的,都为中国近二三十年间政治上之无办法",由此农村建设又是一个政治问题。⑨ 基于上述认识,梁漱溟主持的乡村建设既要解决政治问题而又"依附政权",要求社会大改造,却又完全依靠现有政权做事,难以发展成自发自觉的社会改造运动。⑩ 如卢作孚所言:"能否促起人民的觉悟,是能否建设成功现代

---

① 《村学乡学释义》,《梁漱溟全集》第5卷,第445页。
② 《抗战与乡村》,《梁漱溟全集》第6卷,第77页。
③ 《社会教育与乡村建设之合流》,《梁漱溟全集》第5卷,第435页。
④ 梁漱溟:《乡村建设理论》,第528页。
⑤ 《社会本位的教育系统草案》,《梁漱溟全集》第5卷,第407、408页。
⑥ 《邹平乡村建设一般》,《梁漱溟全集》第5卷,第475页。
⑦ 《山东乡村建设研究院县政建设实验区邹平县实验计划(摘录)》,《梁漱溟全集》第5卷,第382页。
⑧ 《山东乡村建设研究院之工作》,《梁漱溟全集》第5卷,第303页。
⑨ 梁漱溟:《乡村建设理论》,第9页。
⑩ 梁漱溟:《乡村建设理论》,"附录",第1页。

化中国的关键。"① 农民"先能自觉，由自觉才能自决，合作是从自决里出来的，力量是从合作里出来的，只要农人能团结不散，什么问题都有方法去解决"。所以，使农人"自觉"是解救乡村危机的"根本办法"，也是乡村建设中"最重要的工作"。②

梁漱溟逐渐意识到，"中国革命的工作，要靠乡村运动"，更"须由乡村农民做起，良以农民为潜伏之最大力量，此种力量一经发动，则任何问题不期而可有办法"。③ "乡村的事必要靠乡下人自己起来想办法，自己负责去办。""乡村自己能振作，自己里面先有生命有生机（即能自觉有组织），然后才能吸收外边的滋养料，才能接受外边的帮助。不然乡下人不能自觉地有组织的去谋自救，而单靠乡村以外的人来救济乡村，讲求乡村建设，那么，讲也是白讲，干也是白干，结果是不会有真的成功的。"④

然而，就全国农村教育而言，衰败落后之景况依然如故，日益滞后于城市教育。从国民政府教育经费的支出情况，即可窥出当时中国农村教育之梗概。"我国每年教育经费之支出，仅占全国总支出额的1.70%，较之日、苏、英、美、德、法诸国，不能望其项背。并且所支出之经费，多用于都市教育，至于农村教育之经费，并没任何数目之规定，农村教育之率况，可想而知了。"据调查，"广州附近河南岛五十多个农村，人口计四万三千二百八十七人，识字者只占37%，不识字者占63%"。卜凯对北平北郊外从事的社会调查发现："二百四十六个学龄儿童中，入校者占全数47%，不入校者占全数53%。"李景汉又"调查北平附近挂甲屯村百家之四〇六人中，入学校者只八十五人，其中入学年数未满四年者，占过半数，在十年以上者仅四人"。"江苏各县义务教育联合办事处办事员谢泽人于十九年春调查镇江中冷新村，全村男女共一千二百零九人，识字者共计三百四十七

---

① 凌耀伦、熊甫编《卢作孚文集》，"前言"，第19页。
② 蓝梦九：《农村的穷及其救济法（续）》，《乡村建设》第1卷第18期，1932年3月21日，第1页。
③ 《民众教育何以能救中国？》，《梁漱溟全集》第5卷，第486页。
④ 《乡村建设大意》，《梁漱溟全集》第1卷，第623页。

第六章 中国建设协会与其他乡建团体组织

人，仅占 28.7%，不识（字）的就占 71.3%。"①

面对此窘困现实，晏阳初反思并认识到，乡村建设最伟大的潜力在于民力，只有通过教育"唤醒民众，使其自觉"，"使他们有知能去达到他们的理想与改造的目的"，②"使潜伏的伟大民力得以开发出来，来求改造人民的生活"，③ 中国社会全面的改造与建设才能完成，中国的政治问题才可解决。④

再次，注重农工配合与经济建设以救国济民。

卢作孚早期也曾抱定"教育救国"的理想，致力于乡村教育建设与建设人才之培育，因为只有为一切建设"觅得专门人才，定一发展计划"，建设事业才"可如春笋怒发，蓬蓬勃勃地经营起来"，⑤ 所以，建设首"须尽力延揽人才，更须尽力训练人才"。⑥ 在他设计的中国"前进的道路"中，"训练人才"为第一步，而后才是进一步的"确定计划"、"宣传"、"实施和整理"。⑦ 依此计划，卢作孚治理下的四川"各军都在提倡兴办学校，一方面扶持和奖励地方上原有的学校，同时也办军事学校或其他的专门学校，以及一切平民教育，义务教育，无不努力提倡进行"。⑧

与梁漱溟、晏阳初以文化教育为中心的乡村建设模式不同，卢作孚并没有将文化教育作为乡村建设的全部，而是将其作为"实业救国"的基础，借教育训练人才，以从事生产、交通、文化、国防等方面的现代化建设，最终实现工业化。卢作孚主张，中国要工业化、机械化、用机器代替手工业，"完成现代的物质建设和现代的社会组织"，"实现民生主义"。⑨ 卢作孚这种以工业化为中心的现代化建设思想与 30 年代前期国民政府以及中国建

---

① 张固：《农业改良与农村教育》，《浙江省建设月刊》第 8 卷第 6 期，"农业改良专号"，1934 年 12 月，第 31 页。
② 《平民教育运动的回顾与前瞻》，宋恩荣编《晏阳初文集》，第 219 页。
③ 《平民教育运动的回顾与前瞻》，宋恩荣编《晏阳初文集》，第 223 页。
④ 《中华平民教育促进会定县实验工作报告》，宋恩荣编《晏阳初文集》，第 79 页。
⑤ 《四川人的大梦其醒》，凌耀伦、熊甫编《卢作孚文集》，第 77 页。
⑥ 《怎么样做事——为社会做事》，凌耀伦、熊甫编《卢作孚文集》，第 289 页。
⑦ 《中国应该怎样办》，凌耀伦、熊甫编《卢作孚文集》，第 459~465 页。
⑧ 《中国科学社来四川开年会以后》，凌耀伦、熊甫编《卢作孚文集》，第 248 页。
⑨ 凌耀伦、熊甫编《卢作孚文集》，"前言"，第 16~17 页。

设协会等建设团体组织的建设思想显相一致。

卢作孚主张"集中最大的力量发展工业",以适应各方面的一切需要,"任何生产事业或交通事业的发展,必有工业配合着发展"。① 在大力发展现代工业的同时,卢作孚亦十分注重农村现代化建设,其农建主张及实践与中国建设协会颇多趋同,如设立农事试验场,"将不同的种子不同的播种期,不同的土壤,不同的肥料,不同的距离,通通试验出来,比较成绩的好坏,告诉农人,并且指导他们怎样改良种子,改良土壤,改良肥料,改良一切种植的方法,改良农具,期于节省生产费,提高并加多生产品"等。② 借此种种现代建设措施,卢作孚"把一个贫穷落后的三峡乡村建设成了一个具有现代生产、现代文明"的现代化城市。③ 他的这种以乡村现代化、工业化、城镇化为主要内容的乡村建设思想,在当时及后世影响颇大。

对于乡村建设与"工业化"问题,梁漱溟是这样思考的:近代以来,"中国学西洋的结果,除了明着暗着直接间接地破坏乡村之外,并不见有都市的兴起","只见固有农业衰残而卒不见新工商业之发达"。④ 不可否认,工业化"于中国今日社会至为必要",⑤ 但对于中国这样一个农业大国来说,乡村经济问题"成为我国社会问题之重心,毫无疑义。欲求国家之富强,工业之振兴,亦必先求农村之荣繁,与农业之改良"。⑥ 所以,"中国根干在乡村,乡村起来,都市自然繁荣","乡村建设是中国工业化唯一可能的路"。中国的工业化必将走一条不同的路,即"从农业引发工业","先农而后工,农业工业结合为均宜的发展"。

梁漱溟认为"先农后工"的工业化路向不但可以纠正近代西方社会"工业都市,与乡村划然为二","农工分家而为偏敧的文明",建立"农工结合",城乡"不相矛盾,而相沟通,相调和"的正常文明,还可避免西方

---

① 《论中国战后建设》,凌耀伦、熊甫编《卢作孚文集》,第622页。
② 《乡村建设》,凌耀伦、熊甫编《卢作孚文集》,第97页。
③ 凌耀伦、熊甫编《卢作孚文集》,"前言",第22页。
④ 《乡村建设大意》,《梁漱溟全集》第1卷,第609页。
⑤ 《往都市去还是到乡村来?——中国工业化问题》,《梁漱溟全集》第5卷,第638页。
⑥ 张固:《农业改良与农村教育》,《浙江省建设月刊》第8卷第6期,"农业改良专号",1934年12月,第25页。

社会那种"都市离开了乡村,超过了乡村,独自发达,初时则压倒了乡村,后来则转回救济乡村"的弊病。① 虽然工业能促进农业,农产亦未尝不能促进工业,只有"从农业的生产、农民消费两面开出对于工业的需要","工业才算是建立了根本,而且从这样建立起来的工业才是合理的工业"。② "在农业技术前进程中,工业自相缘相引而俱来,一般购买力随生产兴盛而抬头。"③ 总而言之,"中国的一切进步与建设既必待经济上有路走才行",中国经济建设一定要筑基于两点之上:"以农兼工""由散而合"。"所有生产与分配,农业与工业实则都要以合作行之","入手在此,收工也在此,此外再没有旁的问题"。合作与工农业生产"迭互为缘,相偕并进"。④

关于工农城乡的统筹配合,晏阳初也曾感慨道,"定县农业方面要作而没有完成的",即"农业与工业配合问题"。⑤ 卢作孚的建设实验,不仅做到了工业与农业的配合,而且较好地兼顾了城市与乡村的发展。如在"倡用机器,节省人力"的同时,卢作孚对解决农村闲置劳动力较为注重,对采用农业机械化所造成的剩余劳动力,"教以新职业的技能,并为之介绍新职业",以"使人力有致用的地方,不使有失业的恐慌"。在协调城乡建设方面,卢作孚意识到以往交通建设"以城市为中心"的缺陷,提出交通"总须由城市而逐渐及于乡村,于城市与城市的联络以外,亦须逐渐谋乡村与乡村的联络,尤其要谋乡村输出输入的便利,以辅助改良乡村人民的经济生活"。⑥ 该思想在四川交通建设中得到了较好的实践与贯彻,在卢作孚的带领下经改修过的马路,"比较从前来得宽大整齐,而且清洁,不单是大的城市如此,乃至于一个小的乡场也莫不然,除了修街道以外,都修公园、辟运动场和设立图书馆……"⑦

综观以梁漱溟、晏阳初、卢作孚为代表的三种乡村建设模式,不管

---

① 《乡村建设理论》,《梁漱溟全集》第2卷,第547、557~558页。
② 《中国经济建设的路线》,《梁漱溟全集》第5卷,第992页。
③ 《乡村建设理论提纲初编》,《梁漱溟全集》第5卷,第1044页。
④ 《乡村建设理论》,《梁漱溟全集》第2卷,第541页。
⑤ 《平民教育运动的回顾与前瞻》,宋恩荣编《晏阳初文集》,第231页。
⑥ 《乡村建设》,凌耀伦、熊甫编《卢作孚文集》,第97、98页。
⑦ 《中国科学社来四川开年会以后》,凌耀伦、熊甫编《卢作孚文集》,第248页。

"推进乡村建设的工作的方法,是教育的也好,经济的也好,以及政治的力量也好……总是本着救济乡村,改进乡村,复兴乡村,建设乡村的目标前进"。历史的车轮,社会的条件,都证明今后中国问题的解决,惟有从事"乡村建设",实行"乡村自救",发展农业经济,以奠定立国之基。[①]

第三节　与中国建设协会的建设主张之共趋

在建设思潮日进于普及与建设探索日益拓展深化的历史演进中,有国民政府建设机构的掌领,有中国建设协会等社会团体的助推,亦有乡村建设派及其发动的声势浩大的全国性乡村建设运动之补助。各种社会力量因社会地位、身份派别不一,建设思想主张各异,主张急进者有之,主张缓进者有之;主张国家主导者有之,主张地方自治者有之;主张重视工业建设者有之,主张重视农业建设者有之;主张本土化者有之,主张西洋化者有之。其影响之互及因果之相生,自皆归于中国现代化建设之一辙,使现代化建设成为社会需求与时代诉求之强音。在各种建设思想的碰撞下,民国现代化建设之时代内涵得以充实,各种建设实践探索亦在助推现代化建设进展的同时,使中国建设历史演变的主导方向与基本诉求得以呈现。惟无论倾向于何种派别与何种方法,均不能不以解决民生问题为主要,而占中国人最多数的农民自然成为该问题之主体,民国社会各界尤其是乡村建设派之所以将其视点聚焦于乡村建设,其主要原因亦在于此。

就乡村建设的具体路径而言,国民政府、中国建设协会与民国乡村建设派各有侧重,与中国建设协会全面谋求"农业现代化"、梁漱溟"利用中国旧有的农村组织细胞"建设农村并推广到全国的"农本论"、晏阳初以平民教育为主体的"教育救国论"、卢作孚以工业化为主要内容的"实业救国论"不同,以全国经济委员会为主的国民政府建设机关则是"完全从事于农业上主要的技术工作"的改进,"中国农村经济的救济,在他们认为只要

[①] 项定荣:《山东邹平之乡村建设事业》,《地方自治》创刊号,1935年3月30日,第54页。

改进农业技术，使其农产物收获量的增加，即可恢复过去的繁荣"。① 然而，在各方的具体主张见解中，我们亦不难发现许多共识性的思想内容，这些共趋性的思考与探索往往又在很大程度上体现抑或诠释着时代诉求与社会需求，亦成为他们解救中国危机的基本立场。

首先，以梁漱溟、晏阳初、卢作孚为代表的乡村建设派与中国建设协会都主张推行"民众教育"，使乡村民众能够自觉主动地改造社会，建设乡村。而且当时许多省市"已经在那里实施"，"中央亦已有许多关于民众教育之规定，例如'民众学校颁发大纲'、'识字运动宣传'之类。但是你在这里设立几处民众学校，他在那里举办几次识字运动宣传"，终究于民众教育与乡村建设无多少裨益。社会建设或社会改造"非一朝一夕所能奏功，'人'的改造，尤非一蹴可几"。② 单靠晏阳初等人一时、局部、单方面的实验，乡村民众的教育水平终难获得实质性改进，亦无法使乡村建设得到长足的进展。因此，陈一等中国建设协会会员及相关学者建议"教育部，各省教育厅，及各市县教育局，在着手实施民众教育以前，先要通盘筹划，再根据事实，举办某种事业，以适应民众之需要"，"不然民众教育，真是附带的事业，这是很难收效的"。③ 而且，如果只谈农民教育、农事教育，"仍属无补于实事，我们要整个的解决农民问题，根本的还是解决他们的经济问题"，④ 惟有根本解决农民的经济问题，才有可能调动农民改造社会的积极性。即如陈一所言："乡村建设虽政府可以作，社会团体可以作，必以本地人自作为归。"⑤

其次，工业化、机械化生产，被共同举为振兴农业、复兴乡村以解决农民问题的基本思路。如前所述，中国建设协会在农业及农村建设方面所

---

① 黄耕野：《从中国农村经济的本质上来观察目前农村建设》，《中国建设》第13卷第3期，1936年3月1日，第58页。
② 《十年来的中国乡村建设》，宋恩荣编《晏阳初文集》，第187页。
③ 李蒸：《民众教育的途程》，《中国建设》第4卷第1期，"教育专号"，1931年7月1日，第8页。
④ 张保丰：《推行农教应注意农业合作化之实施》，《中国建设》第11卷第6期，1935年6月1日，第77页。
⑤ 陈一：《现代中国之农村建设实验运动及其前途》，《中国建设》第12卷第3期，1935年9月1日，第11页。

提出的建设主张，主要是基于对现代科学与工业机械的利用。在诸乡村建设派中，以"实业救国"为职志，在祖国的西南边防努力推行以工业化为中心的乡村经济建设的卢作孚，对工业化、机械化在乡村建设中的重要性之提倡自是当然，他将工业化、机械化作为实现国家现代化的主要途径，认为中国只有实现工业化，才能"建设现代的完整的国家"。[①] 即使是试图以传统文化复兴乡村的梁漱溟亦曾明确提出"从农业引发工业""农业工业叠为推引"的工业化路向。[②] 而专心于民众教育工作的晏阳初对于工业化、现代化也是极为提倡的，他不仅在生计教育中进行"农村工业的提倡与改良，以增进农民的收入"，还主张"农民必须利用科学，使生产现代化，同时必须设施一种健全的、合理的组织，以作有效的经营，方能建立农村经济建设的基础"。[③] 从另一个方面也可得出，梁漱溟、晏阳初等人所主张的以传统文化、民众教育为主要内容的"文化建设"，离不开以"工业化、机械化"为特征的"经济建设"。如颜悉达在《中国建设》发文所论，作为上层建筑的文化总是由经济条件决定的，文化"是人类实际生活的表现"，"经济生活"是人类生活中的核心，所以"经济的建设不得不成为文化建设最要的任务"。与此同时，文化也在影响经济，"文化是经济基础的工具，这个工具如果运用得法，便可积极影响经济。即是借文化可以安定经济的状况，减少经济的问题，增加经济的效率，促进经济的发达，改造经济制度"。因此，"我们要从事文化建设，唯有把握着经济建设，同时在要从事经济建设，却不可忽视文化建设的最主要的任务"。[④]

再次，实行合作、规模化生产经营，成为以工业化、现代化为导向的农业建设思想之共识性诉求。复兴农村、建设农村、解决农民问题，固无不以农事改进、农民教育为之助，"而尤不可无农业合作之实施"。"欲救济中国农村，必须从经济的救济入手，而救济农村经济之有效办法，舍从事

[①]《国际交往与中国建设》，凌耀伦、熊甫编《卢作孚文集》，第586页。
[②]《乡村建设旨趣》，《梁漱溟全集》第5卷，第579页。
[③]《〈定县农村工业调查〉序》，宋恩荣编《晏阳初文集》，第162页。
[④] 颜悉达：《文化建设与经济建设》，《中国建设》第12卷第3期，1935年9月1日，第1页。

第六章　中国建设协会与其他乡建团体组织

农业之合作化，其道且莫由。"① 合作制度滥觞于英国，普及于欧洲，民国成立以后才风行于中国，而注意于中国农村，乃20世纪20年代末以后之趋向。英国的格拉斯登（W. E. Gladstone）曾说："十九世纪社会生活的领域内，没有一种事业比合作事业，更惊奇动人的了。"德国的柯尔志（Van der Gdtz）也曾说："我们简直找不出别的制度，出于本心自愿的集合，对于近代农人，有这样广大而有利益的影响如合作制度者。"所谓农业合作，"乃集合法定以上人数的同志——同为经济的落伍者——担任法定限制内的资金，本互助的精神，以求实业的发展，及生活的改善的民众组织"。近代以后，中国农村经济"深度的困窘，不得不谋所以救济"。如前述中国建设协会所主张的：现代农业建设非提倡合作不为功。对此梁漱溟亦有同感："在农业社会中，欲求农业技术的进步，无法不走合作的路"，"总是弱者、散者才需要合作，才容易走上合作的路"。再则"现在摆在他眼前的也只有合作的路"。因此，在梁漱溟看来，中国社会既需要合作，也容易走合作道路。② 概观民国时期之中国，所需要的是全面的救济与建设，因此现代化的合作经营方式并不应局限于农村，也不应局限于组织信用合作社。如1935年美国合作专家在上海银行农业合作演讲会上所讲："予认中国合作事业，不能限于小范围，应由各方面着手，又合作事业，不能仅限于乡村，宜兼及于城市，不应偏重于经济，尤应注意于社会，普及于全国！"③

同理，中国乡村乃至整个中国建设亦非实施全面而又切实的建设不为功。"盖事本如环，不得执其一端求之"，④ 中国建设应该是全面的建设。乡村建设并不是少数热心分子有限的努力可以奏效，也不是求之于"日出而作日入而息"的农民可以自动与以改革，"需要政府坚决持久而有计划，有目标的推动，也需要社会人士的鼓励，协助与努力，从平凡急迫切实之处

---

① 张保丰：《推行农教应注意农业合作化之实施》，《中国建设》第11卷第6期，1935年6月1日，第78页。
② 《中国合作运动之路向》，《梁漱溟全集》第5卷，第612页。
③ 张保丰：《推行农教应注意农业合作化之实施》，《中国建设》第11卷第6期，1935年6月1日，第97页。
④ 《县政建设实验区实验计划绪言》，《梁漱溟全集》第5卷，第387页。

做起，按步前进"。① 综观梁漱溟、晏阳初、卢作孚等社会力量倡办的诸种建设，无论是从横向区域拓展方面，还是从纵向持久进展方面，都是局促短浅的，未能全面深入地认识并解决中国问题，纵然影响于一时一地，却不足以奏效于整个国家。② 晏阳初后来也意识到了这一问题，在从事平民教育过程中，晏阳初虽注意到全面改造乡村对解决中国问题的重要性，只是"觉得自己的才力不够兼办其他事业，乃是真正困难，并不是认不清问题，而没有办法"。③ 梁漱溟也曾为此高呼："我们要知道，整个中国社会现在日趋破坏，向下沉沦，在此大势中，其问题并非一乡一邑所得单独解决。"④

事实证明，局部小范围的乡村建设无法根本解决整个中国社会的问题，片面地从任何一方面求建设乡村，亦为不可能。乡村建设作为国家各项建设之一，其成功与失败，"除因办法的问题与人员的问题之外，是随着整个社会环境而定的"。⑤ "自二十年水旱荒灾频仍，与日本之占领东北三省，炮轰上海，和近年来的外货倾销我国以来，我国农村经济在肺痨日深的情形之下，再加上'虎列拉'的经济不景气，遍于全国农村，农村剧烈的总崩溃，原有的寥若星辰的农村小学，受这客观环境的围逼，无可如何而闭门的，势所不免，农村教育决不能有所发展，是可断定的事实。因农教之为物，是要社会经济环境，为其基础的决定，而不是人们的空想所能为力的，故虽有朱迪刚、王鸿一、彭禹廷、梁漱溟、晏阳初、陶知行诸先生过去与现在的努力的中国农村教育事业，终敌不过农村经济破产的暴风雨的袭击，而成现在凋零的状况。"⑥

30 年代以梁漱溟等人为代表的乡村建设实验促发了全国各地大大小小的乡建实验，也使各界人士充分认识到乡建的重要意义，并形成了浓郁的

---

① 沈尊先：《乡村建设的先决条件》，《农村月刊》第 1 卷第 3 期，1947 年，第 6 页。
② 杨开道：《我国农村生活衰落的原因和解救方法》，《东方杂志》第 24 卷第 16 号，1927 年，第 5 页。
③ 《农民运动与民族自救》，宋恩荣编《晏阳初文集》，第 124 页。
④ 《乡村建设是什么》，《梁漱溟全集》第 5 卷，第 374 页。
⑤ 骏昌：《"乡村建设"的地位》，《农学月刊》第 2 卷第 5 期，1937 年，第 3 页。
⑥ 张固：《农业改良与农村教育》，《浙江省建设月刊》第 8 卷第 6 期，"农业改良专号"，1934 年 12 月，第 32 页。

第六章　中国建设协会与其他乡建团体组织

乡建风气，社会人士或深入乡村从事宣传动员工作，甚或进一步付诸实际乡建工作；同时造成"建设乡村是复兴民族的根本工作，是国防建设中最基础的阵线"的舆论，"这种空气，不但助成政府发生力量，使建设事业，易收效果，而且激起一般人士，回过头来，注意到乡土的研究和调查……致力于社会科学和农业改良"。① 正是在中国建设协会、乡村建设派等社会力量的农建探索的影响下，战后国民政府在健全农村组织以发动其自觉建设农村方面，亦实行了一些较战前先进的举措。

20世纪30年代，盛行一时的全国各地乡村建设实验虽然未能从根本上解决乡村危机，但它给中国现代化建设带来了广泛社会影响及导向作用。在中国努力迈向现代化、工业化建设途中，人们渐趋明了：乡村建设是中国建设成功的关键。对于既有的国民政府偏重工业化、城市化的现代化建设路向及其对乡村的忽略的强烈质疑和抵制，是乡村建设思想萌生和发展的基本出发点。梁漱溟在著作中多次表示："过去国家种种设施，均以城市为本位，不啻加催农村之崩溃，一百年来之中国近代史，即一部农村破坏史，大多数农民因贫愚二魔之逼迫，已陷于水深火热之困境。"② 卢作孚也曾明确反对片面的城市化、工业化建设，主张在工业化建设进程中兼顾乡村建设，使工农相得益彰。尤其是在抗战结束后，随着乡村危机的加剧，他的这种态度变得更加坚定。他在1947年发表的《游美观感》中写道："工业需要专门化，同时在这农业国度里，工业更需要为农村打算和设想，人民无购买力，成品无消费市场，工业的生存，当然即受到严重的打击。"面对战后农业衰落、工业不景气之情状，卢作孚"再三呼吁工业到农村去"，并进一步提出："目前工业之失败，皆由于忽略农村问题所致，一般人都只注重到都市的繁荣，并忘去了物资最好市场的农村。"③

如前述中国建设协会所主张的，农工业的调整与相互适应是工业化建设中一个极重要的问题。"一般说来，粮食、原料、劳动力、市场是工业依

---

① 《十年来的中国乡村建设》，宋恩荣编《晏阳初文集》，第186页。
② 项定荣：《山东邹平之乡村建设事业》，《地方自治》创刊号，1935年3月30日，第54页。
③ 《游美观感》，凌耀伦、熊甫编《卢作孚文集》，第646~648页。

存于农业的主要方面,而工业所提供给农业的是化学肥料、农业机械、动力、制成品及各种劳务,就在这许多因素中,农工业相辅相成,形成一个活的经济体系。"① 国民政府对农业及农村建设的忽视所造成的严重后果,在战后体现尤甚。在战后复员建设中,都市建设"日有进步,但所见兴筑的,只是达官贵人的官邸,或者机关的官舍,一般有关市民福利的公共建筑,并未见兴建,造福平民的工程,更加凤毛麟角"。② 加之"国内战火到处蔓延,交通梗阻",最终各地"通货膨胀无已,外汇极端枯竭,全国各大城市工商事业的处境咸感空前困难"。更严重的是"乡村丧失,农业经济破产","备尝痛苦"的农民"不是纷向各地迁徙流亡,即被迫上梁山,转成社会的乱源"。"在中国,农村一向是都市行使勒索剥削的对象,同时更是它的一切畸形繁华的最终输血者,因此一旦当农村的苦难迫使农民起来反抗都市时候,则其对于都市的威胁之大,也就不容我们忽视。"③

但是,早在30年代中期前后,国民政府的注意力已投入战事及政争中,对国家产业建设则重视不够,这从国民政府的财政支出情况即可略窥一二。据国民政府《中央财政报告》,"1933年度岁出总额八万八千余万元之中,军费支出占百分之五十而弱,债务支出占百分之三十一而强,普通行政经费不过百分之二十"。④ 1933年度,"实业费,交通费,建设费总计不过合年经费的八十分之一",在1936年度的预算中,"也不过提高到七十分之一,这实在是微渺不足数的。各地方预算中经济建设费的比重也是极微细的。在这几年的支出计算临时门中却列了相当数量的建设费,这就是修粤汉路、导淮等事所用的钱,然其总数实在也不甚多"。总体来说,在全面抗战之前的几年中,"建设经费实在太少,无怪经济事业不能有长足的进

---

① 万典武:《土地改革与工业化》,《中国建设月刊》第6卷第6期,1948年9月1日,第24页。
② 《都市建设》,《中央周刊》第9卷第49期,1946年,第17页。
③ 姜庆湘:《一年来中国经济的发展动向》,《中国建设月刊》第5卷第4期,1948年1月1日,第4页。
④ 孔祥熙:《中央财政报告》(1934年1月20日),《有关财政建设等文件(1934~1945年)》,中国社会科学院近代史所档案馆藏,乙J30。

第六章　中国建设协会与其他乡建团体组织

步"。① 对此，张静江等人曾提请国民政府增加建设经费并实行建设经费专管制度，以免被提挪他用。但 1937 年以后，国家财政预算总支出中仍然将近 "3/4 给军事费用占据了"。按道理 "军务费的支出，也有许多可用在经济建设上"，例如基本化学工业、钢铁工业等均为国防重工业之基础，而其时主管重工业建设的资源委员会是应该有经济建设方面的大笔支出的，但在国家预算中却将此军事费 "归入了军事委员会的项目下"。由此可见，战时及至战后国家财政 "支出的结构是紧紧栓在非生产性的项目上。最大的项目是军事费用，第二是内债本息的偿付，第三是行政开支"。② 因国民党政权执政重心的转移，人事关系亦随之发生变动，自建设肇兴以后被国民政府委以重任、专心致志于国家建设事业的中国建设协会会员，受到冷落与排挤，致其建设之志不能得成，心灰意冷至极而流散各方。

---

① 胡亦山：《非常时财政与国民经济建设》，《中国建设》第 15 卷第 2 期，1937 年 2 月 1 日，第 83 页。
② 《何廉回忆录》，第 111 页。

结　语

　　应北伐革命结束之后的时代诉求与社会需求，民国现代建设兴起，并在中国建设协会等社会团体对现代化建设路向的历史反思与批判凝练中不断展开并走向深入。在民国建设探索历史中，中国建设协会曾致力于促推建设事业未有片刻余暇，亦在各建设领域中产生一定影响。尤其在后期，中国建设协会对以城市化、工业化为中心的现代化建设路向及其成效的反思，对工农城乡对立之经济困局的剖析以及由此提出的一系列旨在谋求农业与工业、农村与城市相携并进的农建主张，确是根本解决中国建设问题，真正以求现代化建设持久进展的长远之途，同时也在一定程度上代表与诠释了近代中国社会历史和思想历史转向的意义与价值。抗战胜利后，中国建设协会的建设探索不仅是中国现代建设的关键转折，也是中国现代化建设进程中的重要组成部分。

一　由中国建设协会引发的几点思考

　　"如果没有实际的推动，就决不会使力量真实的得以汇流。"[①] 中国建设协会的宣传鼓动，召唤并汇聚了一定的社会力量，以助成国家建设为共同目标，使"零散者渐能完整，分离者渐能集中"，以磅礴迈进之精神，一致趋赴于现代化建设的探索之途。[②] 历经二十年的民国建设的历程，刻满了以中国建设协会为主体的社会力量为探求中国现代化建设之路而奋斗的历史印记。中国建设协会诸会员在建设探索中虽一路坎坷，却未曾有片刻稍懈，

[①] 祖文：《要有一个中国！》，《中国建设月刊》第2卷第4期，1946年7月1日，第1页。
[②] 陈一：《现代中国之农村建设实验运动及其前途》，《中国建设》第12卷第3期，1935年9月1日，第50页。

他们将毕生学力尽瘁于中国建设事业。在风雨如晦的时势情境下，他们甘做报晓的晨鸡，为唤起民众对建设的注意，纵然声嘶力竭，只要一息尚存定奋斗不懈，以识远虑先之建设构想力促建设事功的成就。当年为促进革命建设奔走动员、振臂疾呼、潜心探研的有志青年虽多已离我们而去，但他们那种矢志不渝的热忱精神对民国时期乃至后来的中国现代化建设产生了深远的影响。从对中国建设协会诸位发起人以及主事者由聚而散之命运归途的审与思，我们可以体会到精英人才、社会团体在国家建设事业中无可取代的作用，亦可感知能使人尽其才的"人才方策"对国家的建设事功的顺成是何其重要。

1. 人才建设与国家建设

建设事业之推进，赖建设人才之协助。建设人才之养成，为进行建设事业之第一先决条件。北伐革命后，百孔千疮的中国各种亟待解决之问题环周皆是，在建设方面"已平空的涌现了不少的问题"，期待着各方面"有才能的专家"调查、设计、讨论、研究与建言，对于社会科学家的需要"更为急切"。[①] "人才问题"由此成为北伐后亟待建设的中国遇到的"第一个难题"。在20世纪30年代初的中国，"人才供给与需求的不调适，已成为公认的事实"。"许多谋求职业的得不到职业，许多需要人才的找不到人才。学校所造就的人才没有出路，而事业机关所需要的人才，常需另行训练。"据全国学术工作咨询处统计，1934年10月至1935年3月5个月间登记的专科以上学校毕业生，加上各方征求的学术工作人员，共723人，结合彼时中国建设所需人才情况，按专业科别分类统计预测，如表结-1所示，各科人才供求关系中，舍"其他"一项外，大抵皆供过于求，其中尤以文、法科为甚，理、农、医科相去甚微，至于工科则求人比例较大，商业及教育需才亦殷，各种建设人才供求的不相适应由此灼然可见。[②]

[①] 杨幼炯：《建设方案与专家》，《社会科学杂志》第1卷第3期，1928年，第1页。
[②] 赵恩钜：《人才供给与职业介绍》，《全国学术工作咨询处月刊》第1卷第4期，1935年，第2页。

表结-1　1934年10月至1935年3月各科人才供求关系

单位:%

科别	供 求业	求 求人	供过于求	求过于供
文	16.5	5.4	11.1	
法	42.5	14.8	27.7	
商	7.6	14.1		6.5
教育	9.8	14.1		4.3
理	4.7	3.4	1.3	
农	3.8	2.8	1	
工	13.4	24.1		10.7
医	1.7	1.3	4	
其他		20		20
合计	100	100		

注:"其他"一项包括军事人才等。

南京国民政府成立初期，中国建设协会即通过各种途径聚合国内外专家名士，以应建设事业对于人才之需求，同时向政府机构谋献了诸多人才培植与任用之良策。

关于建设事业人才问题的解决方法，孙中山有很具体的指示。一为"多开学堂"，培植本国人才。"多派留学生到各国之科学、专门学校肄业，毕业后，再入各种工厂练习数年，必使学能升堂入室，回国多能独当一面，以经营实业，斯为土著。"二为借用外才，因为培植本国人才"非十年后不能成功"，所以"当此青黄不接之秋，急须治标"，"必须广罗各国之实业人才，为我国经营创造"，并以"教授训练中国之佐役"为受雇于中国之外人必尽义务。[①]

由于"中国向来重视文、哲、法、商、教等科而忽视了科学工艺，造成洋八股的文科、理科（纸上理科）、哲科、商科、法科等不切时需的人才"，故为矫正时弊，中国建设协会发起人之一吴稚晖主张除"派遣学生留学学习科学，归以国用"外，尤须"于国内开设科学工艺学堂"，大量培植人才。[②] 中国建设协会会员及相关学者亦主张政府将借用外才与培植本国人

---

① 孙中山:《建国方略》，第114页。
② 李文能:《吴敬恒对中国现代政治的影响》，第195页。

才相结合,在大力发展现代工业的同时,顾及专门人才之调度与分配,务使适才适用,而无用非所学之弊,以使国内外培养之人才得有"用武之地"。而雇用外才之目的,主要在于借外人培植训练本国后进人才。[①]

为培养建设人才,蒋介石曾手令教育部:"举办中等机械电机技术科六十四班,借为造就国防生产机电工业技术干部之措施。续又举办中等水利科二十六班。"教育部"嗣又遵照《工业之命运》指示,规划大量增班,培养其他农工医各类经济建设人才",并于1944年秋季起,经行政院核定开始赓续办理。此外,又于"十年计划中等农工医各科经济建设人才增班一百班"的基础上,"特再增班办理,借谋加速增培此项人才。三十四年秋续增一百四十班,连原办增班共达二百四十班"。1946年,又决定"于暑后再增一百四十班,连上年前年增班,将共达三百八十班","合前办之中等机械电机技术科,中等水利科班级将共达四百七十班"。[②]

除"多开学堂"外,南京国民政府时期亦曾努力"多派留学生到各国之科学、专门学校肄业",并鼓励其将来回国为国家建设做贡献。如表结-2所示,1936年10~12月短短三个月时间内经教育部派遣出国的留学生数量竟达230人,由此不难感受到国民政府在培养人才方面的决心与努力。

表结-2 教育部1936年10~12月核发之留学证书数统计

单位:人

月份	留英 自费	留英 公费	留美 自费	留美 公费	留德 自费	留德 公费	留法 自费	留法 公费	留意 自费	留意 公费	留比 自费	留比 公费	留日 自费	留日 公费	合计
10	2		8		10		5		1		2		58	3	89
11	2	1	6		7		1						48		65
12	3		14		9	1							49		76
合计	7	1	28		26	1	6		1		2		155	3	230

资料来源:《国民教育之建设》,《革新与建设》第1号,1937年10~12月,第42页。

---

① 曾义《化学救国管见》(《中国建设》第5卷第5期,"化学专号续篇",1932年5月1日,第3页)、刘和《农业建设的我见(续)》(《中国建设》第1卷第6期,"农业专号",1930年6月1日,第18页)、曾济宽《怎样解决中国农村问题》(《中国建设》第8卷第5期,"农村复兴专号",1933年11月1日,第29页)等文在论述解决化学人才与农业人才问题时,均持此观点。

② 《大量增班培养经济建设人才》,《教育通讯》复刊第1卷第8期,1946年,第18页。

国民政府农林部成立以后，在主持农业行政时倍感"农林人才之不足及各项专材之尚不齐备，尤且失之偏枯，往往学术与事业不裨，工作与实际脱节，似此情势恐不足以应最近将来之需要"。为补救农业建设人才之缺乏，农林部依据行政院1943年出台的《改进高等农业教育方案》，着手从农业教育方面进行调整与改革。

首先，农学系之增设调整。

"农业经营之自然步骤"，始于"生产作业之准备"，即"切合时令与气象整田垦土、灌溉施肥"，次则"播种麦谷树艺蔬菜，饲养家畜"，再次则"防除灾害"，终则"善在利用此各项天然不移之系统"。因中国传统农业教育仅注意"生产阶段之教育"，而于开始准备阶段之"农业土木、农业气象、机械农具及最末利用阶段"等专材之培养似皆"疏漏失遗"，有鉴于此，农林部依据改进方案，将大学农学院或独立学院农科系调整为"农业土木工程、农业气象、农业机械、农业化学、作物园艺、森林、水产畜牧、兽医、植物病理、昆虫、农产制造、农业经济等"，为免除各院校所之"农系课程失于庞杂，教务行政殊多困难"之弊，又将其改为"作物学系"，期能使"各项人材将渐趋于齐全"。

其次，农学课程之重新厘定。

调整农学系之后，农林部又重行厘定各学系之课程，使之有系统、有目的、合需要。譬如"作物学系课程以作物学育种学等为主，其他学系有关课程为副"，又将农田水利课于作物学系改为必修，于园艺系增设农田水利或灌溉学科，在农业化学系增设土壤保护学，于农业经济学系增设土壤利用课。又因农业生产方式随各地气候、地势、土壤以及政治经济、风习时尚之不同，尤以纬度悬隔之地极具"地方性"，明了农业史地知识极为必要，农林部因此于农学院各学系增设"农业史地学科"。[①]

最后，农业实习之加重。

农村教育绝不是"读死书而尽向脑里装记符号"，更不是"只坐在课堂

---

① 《行政组织院第四号：改进高等农业教育方案》（1943年），中国第二历史档案馆藏，23（1）-00021-0030。

结　语

里摆样子"。① 农学在实施上为"应用技术",必须手脑与体力并用,加以实习。例如"整田理土,不但使学生知其理,且能躬亲操作,娴熟其技术。农具机械不但设计制造,且能纯熟运用。作物园艺不只改良品种,且能播种收获锄草施肥"。他如"畜牧饲养、乳肉采制以及伐木制材,均应实习"。② 因此,教育部规定:"农工商各学院学生,自第二学年起,须于暑假或寒假期内,在校外相当场所,实习若干时间,凡无此项实习证明书者,不得毕业。"③

在借用外才方面,为培养造就建设所需的专门人才,同时汲取外国建设经验,1928 年南京国民政府成立之初,即在《建设大纲草案说明书》中明确指出:"新建设的国有产业,更应于不损国权范围内,尽量雇佣外人专门人才。"④ 依照此旨,国内研究机构开始聘请外国专家进行技术指导。如 1936 年,"全国稻麦改进所,聘请美教授来华指导育种"。⑤ 国联合作专家康伯尔抵赣,赴各县考察农村合作事业。⑥ 全国经济委员会亦聘请国联专家,寻求技术合作。1943 年,农林部开始着手于鼓励与规范农林客卿聘用之事项,"以农林事业之发展以及农林人材之训练与指导为短期聘用一年以下客卿之宗旨,以特殊问题之解决为聘用一年以上长期客卿之宗旨"。⑦

"事业之成败,实系于管理之良窳。"国家建设事业不仅需要技术人才参与设计、研究,亦需要管理人才进行专业经营与管理。民国时期,国营事业虽"天天唱着要企业化",可是事实上并没有"脱掉衙门习气"。主持事业者以及事业内部的部分主管者,多少带有"官"气,真正能够"足以主持事业之管理人才"则少之又少。⑧ 因管理不善,不但国营事业无由进

---

① 吴霸啸:《农村教育之新建设》,《教育建设》第 5 卷第 4 期,1942 年,第 4 页。
② 《行政组织院第四号:改进高等农业教育方案》(1943 年),中国第二历史档案馆藏,23 (1) - 00021 - 0030。
③ 《国民教育之建设》,《革新与建设》第 1 号,1937 年 10 ~ 12 月,第 40 页。
④ 孙科:《建设大纲草案说明书》,《广东建设公报》第 3 卷第 4 期,1928 年,第 25 页。
⑤ 《建设消息日志》,《中国建设》第 13 卷第 3 期,1936 年 3 月 1 日,第 136 页。
⑥ 《建设消息日志》,《中国建设》第 13 卷第 3 期,1936 年 3 月 1 日,第 136 页。
⑦ 《行政组织院第三号:聘用农林部客卿之原则及工作实施准备纲要》(1943 年),中国第二历史档案馆藏,23 (1) - 00021 - 0029。
⑧ 潘亢三:《略论工业人才之缺乏》,《民主论坛》第 2 卷第 1 期,1947 年,第 10 页。

展，社会民营事业同样受影响。中国建设协会发起人之一蔡元培指出，国家建设事业之能否进展，与社会参与度之高低有直接关系，如"事事皆欲由政府办理，而政府筹款之力有限，不足以应付"。因此，政府尚无力经营之建设事业，"则姑且责成人民经营之，而政府立于指导之地位"，必较直接经营"为力省而效巨"。① 在谈到铁路建设时，中国建设协会会员蓝田也主张，建设初始在政府财力不欲的情况下，应"本政府奖励条例，由省府拨发助金，以分担国府财力之不及，令人民组织商业式之铁路公司，政府而处于法律监督之地位"。为鼓励起见，政府应"明定条例，保障其有一定年限之独立营业特权，见利勇为，人之特性，国之人无不欢忻向往"。②

在社会经济建设中，政府必须"有所为，有所不为，只有有所不为，才能有所为"。③ 尤其对于工业建设而言，"在国营工业发达之下，也应该奖励民营工业之建设，同时民营工业就是国营工业之潜伏力"。④ 因此，在施行建设中，处于领导地位的人对于人民的一切行为重在"积极的指导，积极的劝勉，积极的奖助"，绝不是"消极的只是专在禁止、取缔、惩罚等恶行上用工夫"。⑤ 为鼓励民办事业，国民政府在1931年2月召开的中央临时会议上通过"六年期内实业建设程序"，指明："水利电气及钢铁酸锑煤糖煤油汽车等项基本工业，应由国民政府积极兴办，其能由私人投资兴办者，政府应奖励协助，并予以确切保障。"⑥ 但在实际建设中，如铁路之修筑，政府非但没有鼓励与保障民营铁路公司，"甚至见民间得利者，不问其所获之利，足以偿其资本与利息否，以强力而收归国有"，以致民间筑路之积极性受到严重挫伤。⑦

---

① 《蔡元培先生序》，《中国建设协会成立纪念专刊》，第13页。
② 蓝田：《中国铁路建设之我见》，《中国建设》第1卷第1期，1930年1月1日，第42~43页。
③ 王玉茹、刘佛丁、张东刚：《制度变迁与中国近代工业化——以政府的行为分析为中心》，第11、12页。
④ 简启松、袁昂：《战后工业建设之途径》，《中国建设月刊》第1卷第2期，1945年10月1日，第66页。
⑤ 李仁柳：《建国的前提》，《中国建设月刊》第1卷第5期，1946年2月1日，第18页。
⑥ 《六年期内实业建设程序》，《中国建设》第3卷第5期，"湖北省建设专号上"，1931年5月1日，第60页。
⑦ 蓝田：《中国铁路建设之我见》，《中国建设》第1卷第1期，1930年1月1日，第39页。

结　语

政府在国家建设中发挥着至关重要的作用。如《中国建设》"度量衡专号"主编吴承洛所言："假如一项事业，人民的力量可以来办，而国家也要来办，那就是国家与人民争利，不是国家所应当做的。"[①] 1945年抗战胜利后，国民党六大决议通过的《工业建设纲领及实施细则》规定："凡工业之可以委诸个人或其较国家经营为适宜者，应归民营，由国家奖励，而以法律保护之。"又第148次国防最高委员会议所决议关于《第一期经济建设原则》中也说明："中国实业之开发，应分两路进行：（一）应由政府独营之经济事业，其种类不宜过多，此类事业包括邮政电讯，兵工厂，铸币厂，主要铁路及大规模水力发电厂等；（二）未经指定政府独营之事业，均可由人民独营；（三）凡民力所不胜，或政府认为须特别重视之事业，如大规模石油矿、钢铁厂及航空事业等，政府仍得单独经营或与民资外资合办。"在这里，轻工业当属民营，也毫无疑义。而且国营的范围非常广，政府应该经营的事业已很多，但实际上，政府"对于份内可做的事情不积极去做，却反而把规定在民营范围内的轻工业的中心事业——纺织业和蚕丝业抢着做。这显然是跟扶植民间企业的原则相违背的"。因为，纺织业等"民间已经营得熟练了的事业"，"民间的人才不见得太少，经验也不见太缺，驾轻就熟，让民间经营，其成绩决不会比官僚化的国营来得低"。此种"抢民营"为"官僚化国营"的政府行为，最终导致"民间企业不但不能发展，且反而在所谓国营的大资本优势压力下，将走投无路"。[②] 因此，社会参与度随之减低，民国时期的建设事业大多捉襟见肘，难以发展。

2. 社会团体与国家建设

如中国建设协会总干事曾养甫所言："凡政府举措，必得人民之共同协助，方能日起而有功，世界各国，无论政府组织如何完美强固，绝不能举全国之事而悉自任之，必赖其力于国民，而为之国民者，在政府方针既定之后，骈力以赴，共作政府之后盾，或于方针未定之先，鼓吹舆论，以促政府之施行，政府人民，交相为助，此为各国之通例。"[③] 因为政府不能总

[①] 吴承洛：《中国基本工业建设问题》，《化学季刊》1933年第1期，第2页。
[②] 森禹：《国营与民营》，《中国建设月刊》第1卷第5期，1946年2月1日，第4页。
[③] 曾养甫：《本会之使命》，《中国建设协会成立纪念专刊》，第31页。

揽一切建设之任,故要以"社会运动团体和现政权"两大系统来从事建设。社会团体与政府应是"彼此相需",而非"不相容"。社会团体除了为"财源问题""权力问题"而找政府,有不少事须"借政权"来办,恰好政府也要"讲建设"却"苦不得门",在建设上不得不"觅人才,寻方法"。① 尤其是民国时期,在"散漫而未获小康的社会形势中所建立起来的政权,其本身的力量,不足以单独从事国家建设……要建设则必有赖于社会力量"。② 从这个角度来看,中国建设协会"盖亦有附于斯义",其所充当的发动与整合社会力量以赴国家建设之途的社会角色,正是彼时政府所需要的。③

首先,在国家建设中,政府与社会团体应该构建互相扶助的机制,以广泛发动社会民众共促建设事业走向成功。溯观民国建设整个进展过程,除中国建设协会受国民政府建设委员会资助并与其合作外,其他建设团体与政府联系较少,更没有实际性的合作,反在建设过程中出现种种不合而致建设事项参差不齐,时生弊端,无望达成预期之事功。推原其故,问题不在"应分应合",乃是"孰为宾孰为主"的问题。倘若社会团体在与政府的合作中不能坚持自己的初衷与立场,而完全被政府牵制、利用,"则结果必至完全失败"。④ 社会团体在参与国家建设中,不能因与政府合作而失去"因机肆应的能动性与随地发动的扩展性"。⑤ 如果社会团体完全依附于政权,往往会因政府态度的横来骤转而煞难应付,而其所从事的事业亦将完全随风卷去,随人以覆败,此即为中国建设协会最终解散的主要原因之一,如前所述梁漱溟在总结乡村建设失败原因时,亦对此颇有感触。

其次,政府方面需要善用社会力量以助成社会团体所倡行的建设事业。民国时期,诸多社会团体所从事的建设,之所以终于失败,"大都因政府对于民间事业,不加保障,听其自生自灭",甚至见其阵势壮大,即强行制

---

① 《我们的两大难处》,《梁漱溟全集》第2卷,第580页。
② 黎康民:《乡村运动与政府农政之分际问题(中)》,《乡村建设》第6卷第8期,1936年12月1日,第3页。
③ 曾养甫:《本会之使命》,《中国建设协会成立纪念专刊》,第31页。
④ 《我们的两大难处》,《梁漱溟全集》第2卷,第580页。
⑤ 黎康民:《乡村运动与政府农政之分际问题(上)》,《乡村建设》第6卷第7期,1936年11月16日,第2页。

结　语

止，以维持其统治秩序，"致使人民望而生畏"，其阻止建设之发达"莫甚于此"。① 如在地方自治的推行中，许多省的乡村自治行政机关"虽完整无以复加，但此种人为的乡村编制，是死的，静止的，不能与农民发生有机体之关系，恍如铁制之机器，未加汽油之原动力，丝毫不发生作用"。因此，民国时期的地方自治虽兴办"数十年"，却始终为"官治之局"，与一般人民"毫不相干"。② 因此，在现代化国家建设进程中，如何使社会各界自觉主动地参与，并使其与政府既合作互动又适度区分界域，以保持其久远的活力与价值，不单在于国家建设一端，更是一个时代性命题，没有社会力量自觉自动的参与，任何社会事业都不能持久。

再次，政府方面应充分借用社会团体之力罗致并善用国家建设所需人才。国家建设之关键在于"充分培养人才"，更重要的是要"善用人才"，国家需用何种人物即培养何种人才，举办何种事业即罗致何种人才，才能实现"人尽其才，事尽其利"。曾养甫等中国建设协会会员认为，欲解决"怀才求售者"与"有用才之责者"双方不能协调对接的问题，政府应在培育人才的同时，广为延揽专才，只有对造就人才与使用人才有"一定之统计"，供给与需要"适成正比"，方可使"事业不患无人，而人才不患无事"，③ 免除从前"买处不知卖处"之弊。④ 而且，国家建设为国本与民命所关，其事多须科学解决，各种调查试验，皆须精密之智识与才能，且不容急迫，不可潦草。政府应绝对实行"人才主义"，一切信赖有专门知识及技术者为之。"专家"以下再训练"初级人才"，凡中学以下毕业者"具使有受训练之机会"，其毕业专科者"更尽量网罗"，使其能够在各地从事实际的建设工作。⑤

社会团体组织在国家建设中的效能即在于，"一方面可使人们趋于整一融和，舍己为群，因之意志得以集中，力量得以汇聚"，上下得以相维，通

---

① 蓝田：《中国铁路建设之我见》，《中国建设》第1卷第1期，1930年1月1日，第42页。
② 项定荣：《山东邹平之乡村建设事业》，《地方自治》创刊号，1935年3月30日，第87页。
③ 曾养甫：《建设人才的出路及其应有之认识》，《中国建设》第1卷第1期，1930年1月1日，第1页。
④ 邓彦华：《纪念总理与建设》，《前锋》1930年第35期，第13页。
⑤ 《建设新闻选辑》，《中国建设》第14卷第1期，1936年7月1日，第123页。

功合作，勉力以赴事功而彰效绩；另一方面，健全的社会团体组织"对于政府政令的实施，经济建设的振兴，社会改革的推行，地方事业的促进，人民生活的改善"等，都有很大的功用。然而实际上，国民政府对于社会团体自发组织的建设运动并未予以足够的重视和支持，反在其发展到一定程度时即施以无情的压制，以维持现有的"统治秩序"，"彰显"政府对社会的控制力。对政府在施行国家建设、社会控制中所存在的积弊，社会团体组织也常常是心有余而力不足，或者有意无意地回避。如20世纪30年代，各地的乡村建设运动，"对于土地问题和政治问题都是回避而暂时置之度外的"，就彼时乡村所受的影响而言，"一切苛捐杂税、天灾人祸及帝国主义的侵略，都因缘于不良政治而袭来的"。在"不良政治"之下，乡村改造工作"只容许很少限度的改良，要想做超过某一限度的工作，就会发生根本的矛盾与冲突"。① 由此足见，国家政治之良否对于社会现代化建设之成败至关重要。

二 对民国现代建设的回观与推想

20世纪20年代末30年代初，在中国向现代社会转型的历史进程中，现代化建设成为时代与民族的共同诉求。各种建设思潮顺势涌现，逐渐聚为时代主题，近代中国以建设为朝向的历史帷幕开启。"我们相信，通过更进一步的广泛研究，通过反复考察同一社会各种不同因素之间的长期相互作用，各社会的现代转变才能得到更充分的理解。"② 为使建设由思而潮以至玉成事功，政府及社会团体都进行过种种探索与努力。在中国建设协会以及各种建设力量的共同促推下，中国走上了现代建设之路，其途径、内容及成效等都超越了传统建设之道。虽然在纷繁复杂的社会现实中，一些建设尝试因种种不合或牵制而未能尽彰其效，但是，民国建设作为中国现代建设之初始阶段，丰富了时代内涵与历史经验宝库，为之后的中国现代化建设提供了深刻的教训与启示。

---

① 《书评：中国乡村运动》，《政治经济学报》第4卷第1期，1935年，第218页。
② 〔美〕吉尔伯特·罗兹曼主编《中国的现代化》，第7页。

结　语

1. 对民国现代建设的回观与反思

对现实问题的思考和未来方向的选择，始终取决于对历史的反思。民国以后，传统建设的种种弊端及其恶果预示着现代建设已然势在必行。然而客观环境与建设取向的局限，导致现代化建设在进程中遭遇到诸多困窘，难以彰显预期之绩效。

（1）从传统到现代建设均脱离实际

"历史之所以十分复杂，是因为历史往往不是从部落开始的，而是从过去的历史演变而来的。"① 因此，在考探中国现代化建设之前，不能不明了此前业已存在的传统建设，亦即中国在开始走向现代化之前那种稳定的前现代状态。概言之，中国传统建设之最大弊病，即"墨守成法以坐候时代之淘汰"，或者只有局部肤浅之建设，终鲜根本之企图。"已往的许多所谓建设事业，都不外是旧货翻新，粉饰门面的勾当！外表上是新而实则是半新不旧。谁也知道新墙建在旧墙脚上是不结实的，而我们的建设却恰恰犯了这宗毛病！"② 迄于近世，中国"数十年以来的国民运动只改革了社会表面上的制度，而对于组织社会的根本工作"却未曾着手，到处都是"人浮于事"，应当办的事又没有人去干，"街头走的是游民，邻下僻远点的地方又往往是流贼和强盗在那里造反……"③

自民国成立直至20世纪20年代末，"建设"二字可以说是"没有多少出风头的机会"。"在上的忙于苛求，争夺土地，招收队伍，扩充实力，在下的则焦急一年几十征的粮税"，在这种"无限止的杂捐，与夫极度残酷的夫役或兵差，盗贼或强悍"的场合之下，"那里还谈得上建设？能够将原有设施保住都算得很好的效果"。如要建设，那除非他的"保护者——军阀"的实力"超过一切"，"最低限度也是要列入头等，同时要与他们利害点不冲突的时候，他才出来巡一巡礼"。④ "已有的交通机关的腐败，最可以表示

---

① 〔美〕道格拉斯·C.诺斯：《制度、制度变迁与经济绩效》，第159页。
② 翟象谦：《建设问题》，《独立评论》第98期，1933年，第8页。
③ 程祥荣：《建设时代的建设计划》，《一般》第7卷第1~4期，1929年，第165页。
④ 刘仲痴：《四川乡建运动之过去与今后应取之途径》，《中国建设》第12卷第5期，1935年11月1日，第47页。

政府对于建设没有诚意,又没有理解。"汪精卫曾在中央党部纪念周上教训批评造路的人:"如今已到了空中飞行的时候了,我们却连在地上走的路也不想造,那么,岂不是等着被人和鸡犬一般的宰割么?"民初并没有将交通和铁道两部设立"纯粹专门技术的管理机关",反而"请来了无数外国建设专家顾问,都把铁道交通两部所属的交通事业看作'禁脔'而不敢过问,却偏要成群结队的陪着大官上西北去寻访建设事业做,这岂不是世界的大奇事吗?"①

再就农业建设而言,农业改进需要经过反复试验,才能见效。民初中国许多试验机关虽然也有"相当的历史,比较多的经费",可是成绩"还是等于零",据当时学者实地观察:"有些农场的所谓试验,种点作物,养些家畜,平时并不理会,结果作物仅供观赏,鸡豚等同囚犯,牛马聊役驰驱罢了。"这种毫不讲求方法和目的的试验当然不会有什么成绩可言。② 在育种方面,一些试验场虽"也标明品种观察区,实际就没去观察,就是观察,也没有育种意义的记载",结果"年年在那里观察,品种年年是那样多"。谈到育种方法更是"不知有汉,遑论魏晋……"③

"建设是一件需要专门技术的事业,不当用作政治的途径,更不可用作装点门面的排场",建设计划也"决不是普通行政机关四壁茫然毫无参考设备的办公室内所能凭空杜撰的"。近代以来中国"尚外表不务实际,尚形式不重效用","无其时势,无才又无钱的盲目"的传统建设,徒使国人陷于愈乏的地步,而得不到相当的收获。④ "征地、征科、征工来筑的公路,不是发展工业,清丈土地不是发展农业,抢占民家田地为路基,强征人民力役为路工,占了民田还要人民完田赋,不是发展农业。"传统建设徒为表面无补实际之例彰彰在目,如浙江省只在杭州市和杭县办理了一部分"清丈"已花费120万元,据专家的估计,浙江全省的清丈,必须有2400万元,才能完事。"即使浙江省能筹二千四百万元的清丈费,完成之后,距离'改良

---

① 胡适:《今日可做的建设事业》,《独立评论》1933年第95期,第3页。
② 硕俊:《试验方法与成绩》,《农业周报》第56期,1930年,第190页。
③ 硕俊:《试验方法与成绩》,《农业周报》第56期,1930年,第191页。
④ 翟象谦:《建设问题》,《独立评论》第98期,1933年,第11页。

农业'还有二千四百万里之远!"又如"广西一省,公路最发达了,于贵州鸦片过境是方便了,于军事也许便利了,但这与'发展工业'有何关系?"要之,"公路之发展,并非基于理论之效果,实缘适合于国家之需要"。民初所建公路,"只是为军事用的公路,为学时髦的公路,为准备增加田赋收入的清丈……"①

民国时期,"浙江全省人口不足两千万,是全国最小的省份。比起其他各省来,除江苏外,它更为无可争辩地在国民政府的控制之下",总领全国建设事业的张静江亦曾被任命为浙江省政府主席。"从理论上说,浙江的经济建设工作应进行得比现实情况更顺利,更有成效",但事实上,"因为没有扣紧实际来搞","浙江的经济建设不见成效"。② 以公路建设为例,由于筑路没有做好规划,也没有和其他交通设施很好地协调起来,更没有在筑路的同时为广大农民"提供一种他们经济上力所能及的运货工具","从经济方面说,老百姓并不会得到应该得到的真正的好处"。何廉曾在考察浙江建设后回忆道:"几天来我在这些公路旅行,很少看到什么车辆,可能超不过五辆,只看到一两辆载客的公共汽车,运输货物的机动车绝无仅有。公路尽管建造起来了,货物却仍只靠人力搬运,就农民来说,这些公路只是供他们用双脚来走的通道。"③ 修建这些公路所需的人工劳力多为就地征工,虽也发给被征去修路的老百姓一定的工资,"但只给现金半数为伙食费,其余半数作为股本",因此,老百姓在为修路付出体力劳动后除能补充体力继续干活外毫无任何实际利益所得。④ 在市政建设方面,为引借西方现代市政建设理念,民国时期一些较大城市如南京、杭州等曾聘请外国市政建设专家为之做"通盘筹划","规划一切市政之进行"。⑤ 由于这些出自外国人之手的规划设计,率皆"不问土地,环境,风俗,习尚之所宜,一以他人之准绳规范,施之本国,而贻削足之讥",至20世纪30年代中期,"求为中

---

① 胡适:《建设与无为》,《独立评论》第94期,1933年,第3页。
② 《何廉回忆录》,第87页。
③ 《何廉回忆录》,第87页。
④ 余籍传:《湖北省道进行状况》,《中国建设》第1卷第2期,1930年2月1日,"杂俎",第9页。
⑤ 程玉凤编纂《资源委员会档案史料初编》上册,第242页。

国建筑而合乎近代需要者，仍不多观"。①

农村建设中之土地租税改革亦有此弊。中国建设协会认为租税负担之轻重，须视纳税者的能力"强弱"及其收入"厚薄"而定。② 为解决"耕地短缺""地租太贵"等土地问题，国民政府曾以浙江为"样板省"试行减租，但其于该省的土地问题"却没有多大作用"。"地价下降，是由于减租规划的实施和一些其他因素。理论上说，我们可以指望佃户和小土地所有者买地自行耕作。但实际上，小土地所有者首先是没钱购地，因为捐税太重。"还有，在浙江实行的一种"特殊的佃地制度"，也使减租规划的实施"不能有成效"。③ 在水利建设方面亦然，"水利关系民生，至为重要"，为发展水利，浙江省"设有全省水利局及浙西水利议事会，负规划并执行全省水利为宜之责"。为了便于"查勘""测量"以计划实施兴办具体的水利设施，浙江省水利局曾有"添聘外国技师举行飞机测量"以订定水利工程兴修计划之举。但是这些外国技师对当地之民生并不全然了解，因此其设计出的水利设施于实际需求无多少补济。④ 此种问题在西北地区同样存在，20世纪30年代，"国民政府在著名工程师李仪祉领导下，在陕西进行了不少灌溉工程。农本局也在陕西搞了不少开新渠修旧渠的工作，并在甘肃开始一些水渠工程，但很难合乎需要"。⑤

在农业机械化的推广中，亦因种种不切合而成效甚微。虽在中国建设协会及许多有关机关和人士的努力下，"农业机械化问题已经引起一般人的注意而造成一普遍的趋势，一般农民也多有开始引用效率高而更经济的新式机械者"，到全面抗战爆发前，"已有四万亩水田用电力抽水机"，许多机构如机械农垦管理处、中央农业实验所、中国农业机械公司以及其他大学农学院等，亦对农业机械化极力倡导推行不遗余力，机械化农场却仍然非

---

① 张人杰：《序言》，《中国建设》第9卷第2期，"建筑工程专号"，1934年2月1日，第2页。
② 何肃朝：《盐税率真相之解剖与就场征税之商榷》，《中国建设》第2卷第2期，1930年8月1日，第35页。
③ 《何廉回忆录》，第88~89页。
④ 佩佩：《新浙江建设考察记》，《中国建设》第1卷第2期，1930年2月1日，"杂俎"，第13页。
⑤ 《何廉回忆录》，第235页。

常少，其原因主要如下。首先，在农田耕作方面，或因农田过小，新式农业机械不能充分发挥其效能，在小农制度的土地中，难望大规模机械之展布；或因农作方法的限制而不能运用新式农业机械，譬如水稻的插秧无一新式机械可以使用；或因新式农具本身不能适应中国某些区域，如在南京附近的垦黏土区域自美运来之犁耙远不如当地者。[①] 其次，在机器制造方面，也是困难重重。"应用新式农用机器，尤为农业工业化之主要方式，在中国今日重工业幼稚太甚之情形下，建造数十万曳引机、复合机，诚属过高之理想，即以全部耕地五分之一实施机械化，并假定每二百英亩使用曳引机一架，则两万万余英亩耕地中，亦需二十万架曳引机，如此庞大数目，恐不可一蹴而几。"[②] 此外，在机器使用过程中，也面临诸多困难。如"燃料种植机械售价太高，大多数农民无力购买"。而且在合作农场使用机器时因"缺乏熟练的农业机械驾驶人员"，极易出现许多问题。"大多数驾驶员是来自城市，其中多数都不懂农事甚至无心业农且不明了农业机械的保养与调节，所以效率极低。"当机器出现故障时，如农业机械上有零件损坏，亦因"缺乏修理及使用制度"，"往往无法在当地立刻修理，而有误农事"。[③] 凡此均致农业机械推广机关事业不利，而制造机关无甚制造，直至全面抗战爆发前后中国农业机械化仍无多大进展。

（2）民国现代建设绩效不彰之原因

现代科学只有社会化，才能被用于实际建设，转化为生产技术促进生产力的发展。社会化（socialization, sozialisierung），广义是指一切适应社会生活之行动而言，不问其形式如何，亦不问其程度如何，即 Maciver 所谓 "Adaptation to Social life in any form and any degree"。[④] 1935 年 1 月 "十教授中国本位文化建设宣言" 的提出，引发了中国思想界关于中国文化建设发展方向问题的大讨论。该宣言强调："在建设的进程中，我们应有这样的认

---

① 《中国农业机械化问题》，中国第二历史档案馆藏，23（1）- 02681 - 0053。
② 文瀛：《农业建设与工业化》，《陕行汇刊》第 8 卷第 5 期，1944 年，第 17 页。
③ 《中国农业机械化问题》中国第二历史档案馆藏，23（1）- 02681 - 0053。
④ R. M. Macirer, P. zzo. Community, T. M. Gillete, *Roral Sociolosy*, pp. 23 - 25, 转引自何会源译述《改进农业之方策》，《新民》1929 年第 10 期，第 1 页。

识：中国是中国，不是任何一个地域，因而有它自己的特殊性。同时，中国是现在的中国，不是过去的中国，自有其一定的时代性。所以我们特别注意于此时此地的需要。此时此地的需要，就是中国本位的基础。""吸收欧美的文化是必要而且应该的，但须吸收其所当吸收，而不应以全盘承受的态度，连渣滓都吸收过来。吸收的标准，当决定于现代中国的需要。"[1] 这种根据"此时此地需要"，"不守旧、不盲从"的建设宗旨，不仅适用于文化建设，亦可作为其他各项建设之出发点。民国建设中许多引自西方发达国家的现代化建设设施，就是因为偏离此旨，与中国社会实际疏离甚远，而无法有所成效。

现代化建设，几乎时时事事讲求科学化、机械化、电气化，最终又同归于"工业化"一辙。如农业机械化固然是为"增进农业生产工作效率，减轻农产成本"计，也是"为应付将来因工业发达致农工缺乏之困难起见"，[2] 电气化、科学化亦是为发达工业起见。工业化建设之成就，所赖于技术者至多，但技术之养成，乃为日积月累之事，非朝夕可致者。现代工业器械之制造技术，外观似颇简单，实则非具有雄厚充足之资本、精湛高深之技术不为功。为赶超世界现代化潮流，作为现代化后来者的中国，其现代化之路基本依循"借鉴外来模式并迅速扩张或更换现存结构"的路径展开。[3] 民国建设虽不乏以现代化、工业化、城市化为特征的建设举措，但在施行于中国社会时，却往往因疏离社会实际而呈现漂浮无根之窘况。

从上述各项现代建设措施疏离实际、成效不彰之原因来看，又多与负责建设者之不专业或缺乏切合需要之建设人才有关。教育为造就人才之主要途径，"在许多事实上，愈接近愈符顺现社会愈好，而精神上则宜有超离现社会者"。缺其一"皆不足以言教育"，"必无进益于社会"，"且为社会病"。民国时期的学校教育，在事实上"离开了现社会，不合实际而与实际

---

[1] 王新命、何炳松、陶希圣等：《中国本位的文化建设宣言》，《新社会科学》第1卷第4期，1935年，第335~336页。
[2] 《对于拟定建设国防农业十年计划书初步设施方案之意见》（1943年），中国第二历史档案馆藏，23（2）-00052-0014。
[3] 〔美〕吉尔伯特·罗兹曼主编《中国的现代化》，第6页。

乖牾"。学校所用的教材是教育内容的最直接体现，在当时的中国书店里，"大家公认的事实，买不出几本新而有价偿的著作及译述，因之在各学校里，也见不到几本新而有价值的教本，有的差不多是过去的学说，或可以入古物陈列所的译本，而教授先生们，尚持之有味，恋恋不舍"。① 除陈旧不适合于时代需要外，学校教材亦无法切合于社会需求。因教材中的知识并未"于所将适用之社会中求之"，而学生在学校又"缺实习机会以资历练"，故"欲其学足以致用，纵非决不可能，其可能者盖亦仅矣"。②

学校教育内容及形式又多以国家教育方针为转移，教育方针之制定，"应斟酌需要的程度，做造就人才的标准"。对于刚刚起步的民国现代化建设而言，迫切需要的不是高学历人才，而是基于实际需要教育培养出来的基础实用型人才。"国家未定适应时代需要的教育方针，办教育的人也各就其极端的主观为办学标准，于是全国纷纷施教者与受教者非不一时兴高采烈，结果是闭门造辙，不适于用，甚至于施教者与受教者，一齐灰心短气"，从学校毕业的"中小学生不能养成独立生活的技能，大学教育和专门教育还是蹈同样的覆辙"，不但使国家生产事业陷入"人人求事，而事事无人，用人者有才不敷用之苦，求业者亦有非所学之叹"的怪圈而无法进展，且使社会基础发生动摇。③ 由于"学校之所教远于现实"，未能"尽合社会之所需"，"社会上已经到处人浮于事，不论是学农的学工的学商的或是学政治的，都是眼巴巴地望着政府，老实一点的到处垂头丧气地奔走，奔走不到只好怨天尤命。脾气坏一点的便要像煞有介事的样子，组织什么团体闹起乱子来"。④

农村的学校教育更是"一无成绩"，"私塾既加以取缔，学校又因为经济人才，两感缺乏，不能普遍设立"。据调查所得，农民教育最发达的地方只有"百分之五"，此外稍微冷僻或山谷的地方，往往数村之中，竟无一个

---

① 江建熙：《教材及参考材料之缺乏》，《中国建设》第4卷第1期，"教育专号"，1931年7月1日，第34页。
② 《中国行政问题研究会缘起》，中国第二历史档案馆藏，11-07307-0019。
③ 叶楚伧：《向学界报告几点》，《社会杂志》第1卷第1期，1931年，第4页。
④ 戴季陶：《中国的经济建设与教育建设》，《新亚细亚》第4卷第3期，1932年，第7页。

识字的人。而已有的农业教育,"可以说完全失败"。"因为这些办农业教育的人,只是模仿普通教育很发达、教育经费很充足的国家的情形,把他们的农业教育制度,生吞活剥的搬到中国来教授给学生。"其实照民国时期中国的农村环境,并不需要很高深很科学的知识,"只要使一班农家子弟,得到多少很单简而很有用的农业常识,能够知道花很少的资本,或是不花资本,单用本地的材料,就可以改良农业,增加农产,这样一定很容易使农家发生信仰,使农家子弟仍可以回到乡村去工作",但是民国时期的农业教育并没有注意到这一层,非但没有实现原期的目的,反而加剧了农业的衰落。① 新式学校教育如同"替另外一个社会办教育养人才,而不是替此社会办教育养人才",② 结果非但不能使农村、农民受益,反而使大批精英离村向市。

国家建设必须详考其国情历史,"源源本本,洞见症结。于是判断采取,改善进益,方不至有轻主观,重玄续之弊"。如果只是移花接木般地照搬欧美国家的经验,抄仿先进国之做法,犹如以不适足之履,强使学步,其效果自然难以尽如人意。③ 如诺斯所言:"各个国家由于其文化遗产和政治决策规则的差异,就决定了它们走不同的道路。"④ 中华民族在儒家等传统文化精神的陶冶涵育之下,在文化政教等各方面都表现出其固有的特征。所以,负国家建设之责者,当明了国情并以此为"施政之方",方能取得事半功倍之效。民国时期,许多"留学归来之一般建设人才"勉强移植"其所留国"的经济发达"方式与过程",一一以试之于中国,势必造成枘凿不容、纷乱迷离之病态,其成效之低微自可以想见。所以,国家建设应以"适应于其政治经济情况,与人民之要求"为旨归。⑤

---

① 邵元冲:《中国之经济建设与农业政策》,《商业杂志》第5卷第7期,1930年,第10~11页。
② 《抱歉——苦痛——一件有兴味的事》,《梁漱溟全集》第4卷,第837页。
③ 张锐:《中国市政史》,《中国建设》第2卷第5期,"市政专号",1930年11月1日,第59页。
④ 〔美〕道格拉斯·C.诺斯:《制度、制度变迁与经济绩效》,第3页。
⑤ 曾养甫:《建设人才的出路及其应有之认识》,《中国建设》第1卷第1期,1930年1月1日,第4页。

2. 关于中国现代化建设深远进展的推想

综观中国建设协会的建设探索，几乎蕴含与现代化有关的各种关键性因素，如科学技术、社会环境、政治体制等，这些因素经常被视为现代化过程的必备因素。我们多少可以由此溯观民国时期相应于现代化发展的各项指标究竟发生了多大改进，并推想那些使现代化成为可能的共同条件或能够使现代化建设深长久远进展的宜趋之向。

（1）内驱进展：科技进步与经济建设

"有人相信社会转变的原动力是由于经济"，就民国时期中国之境况而言，确非先从经济问题解决下手。如陆叔昂在谈论乡村建设时所言："和农民谈发展经济，最合他们的口胃，倘能协助他们经济的不足，没有不受他们热烈欢迎的。可见农村需要经济的急迫，甚于大旱之望云霓。"[①] 但是，经济的发展，又是"基于科学和机械的发明与创造"。[②] 论及近代中国经济建设问题，一般的见解，认为"即是工业化的问题，也即是生产的技术革命问题"。但在中国建设协会会员及相关学者眼中，"经济建设所包含的意义要更广泛些。有了机器、劳力、资本及其他一切必须的设备，不一定就能达成工业化的目的。此外还必须具备人的高度的发明与创造的心理条件及智慧。现代一切技术上的新发现及新创造，无不本于科学水准的普遍提高。由是，提高及加深中国的科学研究为完成经济建设的又一条件"。[③]

科学与技术对于现代化建设而言是必不可少的。先进的科学技术是经济进展的内驱力，在进行经济建设的同时，必须重视科学技术的进步，唯有二者内外相辅、表里相承，才能使经济获得实质性进展。因此，要把中国建设成为现代国家，必须利用现代科学技术。而科学只有社会化，使社会普遍科学化，才能发挥其实际功效。即通过教育使社会中的每一个人掌握科学知识与技能，才能创造新文化，推动社会进步，赓续社会生命。对

---

① 蓝名祜、陈一：《乡村建设的新认识》，《中国建设》第16卷第2期，1937年8月1日，第107页。
② 《中国科学化运动协会发起旨趣书》，《科学的中国》第1卷第1期，1933年，第1页。
③ 伍启元等：《如何建设国民经济》，《中国建设月刊》第3卷第2期，1946年11月1日，第4页。

于民国时期刚刚起步的中国现代化、工业化建设而言,通过科学教育培植现代科学技术人才"急切非常"。如吴稚晖所言:"一国而欲工业之盛,其国犹未有工学名家而能工业健举者,未之或有。即其国从事种种之学者俱无高识,而欲求一学突生一名家,亦鲜其例。"[1]

此外,在借科学教育使中国社会科学化之时,应视本国国情与社会需要,合理借鉴世界先进国家的科学理论知识与现代工业技术,"切不可生吞活剥,囫囵吞枣的盲目去学"。[2] 总之,中国的文化教育建设,要因时因地制宜,合理化,科学化。教育至少应当包括两方面,一方面是理论的,另一方面是技术的,包括各种工业的、农业的、技术的训练,此即科学教育之旨归。自北伐后开始从事建设,国民政府虽然"理解"教育的重要,并将此作为"建国方案之一",可是直至抗战结束,"却并没有将方案合理的实施起来,而且反因政治未能走入轨道,使政治上不良的风气反而吹进了学校里去"。[3]

现代化建设应该是全面的建设,"建设的程序必须切实的合理的整个的有系统的。纵的方面要有一贯的系统,分别缓急先后,则可不至本末颠倒;横的方面要有整个的计划,各方面互相适应,以收相辅相助之效"。[4] 在科学与经济建设之外,更要通过社会建设为现代化建设营造良好的社会氛围,经济与社会内外相适、相得益彰,才能使整个中华民族真正步入现代化之域。

(2) 相得益彰:社会建设与物质建设

20世纪30年代以后,现代化建设最重要的内容是"物质建设和社会建设"两大端。假使"社会组织不能确定,社会的秩序不能回复,则虽有很好的物质建设大计划,也一定难于见之实现"。[5] 民国时期,以孙中山"实业计划"为蓝图的现代建设,于物质建设方面几乎无所不包,在社会建设方面却有所欠缺。"社会建设"顾名思义就是"建设一个社会"。"正确的社会建设的理论应该是新秩序的建立而不是腐旧秩序的维持,应该是社会问

---

[1] 李文能:《吴敬恒对中国现代政治的影响》,第193页。
[2] 薛宝海:《中国文化建设途径的商榷》,《中国建设》第13卷第3期,1936年3月1日,第81页。
[3] 叙功:《教育界一片混乱现象》,《中国建设月刊》第2卷第1期,1946年4月1日,第3页。
[4] 马地泰:《建国的力量》,《中国建设月刊》第1卷第5期,1946年2月1日,第17页。
[5] 杨幼炯:《建设方案与专家》,《社会科学杂志》第1卷第3期,1928年,第1页。

结 语

题的彻底而根本的解决而不是枝枝节节的治标。"①

近代以后,"我国社会因受西洋文化的影响,发生剧烈的变迁。固有的文物制度,风习信仰,从前视为社会标准者,现时已有一大部分发生动摇的现象,渐失其标准的价值"。② 20世纪20年代末以后,在巨大的时代与社会变迁中,中国社会制度也在不断演化与进步。

"社会建设必须以现实的社会生活为基础","使整个社会及其个人均得到健全而圆满的生活,并向上发展,能如此,始可达社会建设的目的"。③ 但民国时期,国民党对"社会建设"所做出的所谓"最高权威"的解释是:"社会建设实际就是具体而微的政治建设,条目上与政治建设大同而小异。所不同者,其范围切近于民众,其功效更着重于基层,所以社会建设当以总理的民权初步作轨范,以组织保甲及社会法定团体为基础,以推行'地方自治开始实行法'的各种基层工作为要务。"④ 依此,国民政府所践行的从政治制度层面改造社会的社会建设路径,对20世纪二三十年代苦陷生存困境的中国广大农民来说,着实缺乏号召力,反使"内地的农业经济,濒临于破产,而人民相率向大都市及沿海交通较便的区域移动",造成都市人口大量增加的同时,亦造成严重的失业问题(见表结-3)。

表结-3 中国四大镇市人口增加情况

城市	据1924年中国铁路现势地形调查人口数	据1928年世界年报调查人口数
上海	1500000	2700000
武汉	1460000	1500000
广州	880000	900000
天津	800000	750000

资料来源:《我国四大镇市人口增加表》,《中国建设协会成立纪念专刊》,第30页。

"纷纷而至通都大邑以求糊口"之大量农民,惟由同时发展的工业吸

---

① 陈仁炳:《论新社会建设》,《中国建设月刊》第7卷第6期,1949年3月1日,第19页。
② 孙本文:《关于社会建设的几个基本问题》,《社会学刊》第5卷第1期,1936年,第38~39页。
③ 孙本文:《关于社会建设的几个基本问题》,《社会学刊》第5卷第1期,1936年,第42页。
④ 陈仁炳:《论新社会建设》,《中国建设月刊》第7卷第6期,1949年3月1日,第19页。

收，方可避免失业及各种社会问题的发生。① 然"以都市不景气之工商业，工人已供过于求，实无容纳之方"，更致"都市人口日渐增加，无法安插，失业问题，遂日臻严重"，"即以首都一隅而论，失业者已达三万余人"。② 复据《劳工月刊》估计，1933年上半年"全国失业工人为一千二百五十万"。《江西经济旬刊》第12卷第1期载："全国失业农民，约数达一万万以上。"《中华日报》载："内地工农失业，有七百万人。"由此种种估计足可见20年代末30年代初中国失业者之多，失业问题之严重。③

严重的失业问题出现后，"国民之购买力亦随之降低，市面顿呈萎靡不振之象，工商业亦趋于停顿，国民经济自然衰落，对于社会教育政治方面均有影响"。④ 国民政府虽也为解决日益严重的失业问题采取过一些措施，但其于失业问题的救济及规划因"很广泛而难得具体的解决"。南京国民政府成立后，期图通过劳动立法、工厂立法以及设置职业介绍所等办法解决失业问题。1928年，"国民政府立法院成立，便根据孙先生遗教及实际情形，从事劳动法令的完成"。先后公布的关于劳动团体方面的法令，有1929年的《工会法》。该法规定工会的任务为"团体协约之缔结修改或废止"，"会员之职业介绍及职业介绍所之设置"，"办理会员储蓄，保险，卫生，合作组织等事宜，及举办关于会员智识之增进及娱乐之改良等事业"。关于劳资争议的法令有1930年公布的《劳资争议处理法》和《团体协约法》。此外，关于工厂方面，1929年也公布了《工厂法》，对于"童工女工，工作时间，工资，工作契约，工人福利，工厂安全与卫生设备，工人津贴及抚恤等项"，都有很详细的规定。同年又公布《工厂检查法》，"这是关于促进工厂安全和保障工人福利最有关系的一种规定"。1931年实业部公布"职业介绍所暂行办法"后，南京、北平、天津、汉口、青岛、广州、济南、汕头等地先后成立职业介绍所。但这些专门立足于工业劳动者的立法举措，对

---

① 《中国农业机械化问题》，中国第二历史档案馆藏，23（1）- 02681 - 0053。
② 刘庐隐：《社会问题的迫切与我们努力的新方向》，《社会杂志》第1卷第1期，1931年，第1~2页。
③ 任树椿：《公路建设在国民经济上之重要》，《中国建设》第13卷第4期，1936年4月1日，第7页。
④ 董汝舟：《乡村破坏与乡村建设》，《中国建设》第9卷第6期，1934年6月1日，第9页。

结　语

于失业的广大贫民而言，却"未必从此都能解决了他的问题"。①

正像一段海洋旅程，可能是碧波万里、风平浪静，然而水在流动，船在行进，每一分钟过去，都在跟着一个时间变动而正有不同空间的更换。"历史的曲折不一定刻刻明显，但历史旅行的方向是非常显豁的。"② 国民政府以劳动立法或救济设施为主的"治标的、浮面的"社会建设，其功效仅囿于使失业人员得到暂时救助，治本之策还在于国家政府及社会团体组织共谋并施以积极的健全的社会建设，振兴农工商各业，发展经济创造更多的就业机会吸收之。"社会的建设，要在发展各方面的社会事业。而现代国家的社会事业，无论是消极的救济，或积极的福利，都不是个人的力量，也不是专靠政府的力量所能完成的。必须由各阶层各职业的人民群策群力，才能有效。"③ "国家如有机体然，必具一定之干局，人民共同体，则其干局。"所以，国家当以全力协助"为国家全体谋利益和幸福"之"社会共同体"完成其机体，以增强民族生存力，使与国家分途并进，以臻于繁荣。④ 社会建设的关键在于借助社会组织力量，使民族意志和资源都能为着现代化的目的而被充分地动员起来。"组织是一切事业之基础，欲事业之成就久远，必先有健全之组织，巩固之基础。"善用组织，才可按步进行，事半功倍，事业即能进步，如若"组织不能善用，则事事牵制"，徒劳无获。⑤

中国的现代化建设欲成事功需要国家政权励精图治、顺成其事而后可，一个能成就国家建设的政治力量，应该是自建设发起以至完成彻始彻终的能动的力量。民国时期执掌中国的国民党政权"不但不能作为核心，反使党权为少数野心家所假借，为少数私人所垄断，而成为攫窃私利的工具"。⑥于是求与民众相维系，已不可能，求深入民众，而使政治基础日普遍于民

---

① 邵元冲：《三十年来中国社会建设之演进》，《东方杂志》第31卷第1期，1934年，第34页。
② 陈仁炳：《论新社会建设》，《中国建设月刊》第7卷第6期，1949年3月1日，第19页。
③ 周荣德：《社会建设与人民组织》，《新经济》第8卷第3期，1942年，第59页。
④ 贺幼吾：《市自治问题》，《中国建设》第2卷第5期，"市政专号"，1930年11月1日，第127页。
⑤ 曹雪祥：《制度与人才》，《工商管理月刊》第1卷第4期，1934年，第2页。
⑥ 冯瀞：《建设问题与本党现状》，《革命评论》1928年第12期，第25页。

众，更为困难。其所奉行的孙中山"三民主义"，实际已与民众隔绝，自然不能成为有力的政权，而使之指挥领导政治，人于建设一途。

在中国建设协会对现代建设的倡导下，南京国民政府成立后即开始力倡建设，中国人心中因此燃起一线"希望之光"，然而其却像电光石火闪烁一时，随着相继而来的"国内分裂和外来干预"而屡遭破灭。[1] 民国时期的现代建设虽取得了一定成效，但是中国离建成现代化国家的目标还有很长的路要走，在未来的中国现代化建设探索中，民国建设的鉴训尤其值得汲取。由于建设路向的偏离与社会政治等建设的迟滞，工农城乡之间的矛盾尖锐起来，农业危机日益加剧，这是近代以来片面强调工业化、城市化的现代化建设使然。随着现代化建设的推进，城乡日益形成不相容的对立关系，农业不断遭受工业的剥削渐趋没落，最终影响到城市工商业的发展，于是"社会之历史的动力不能不使农业再兴，不过这个再兴不是旧的关系之复活，而是农业的工业化之高度的发展"。在中国现代化建设进程中，农业对于社会经济发展的重要性，殊非他业所能及，农村的发展关系到整个中华民族的复兴。[2]

虽然在产业落后、资本尚未发达的中国，农村问题之重心须偏重于经济方面，如中国建设协会等社会团体所喧腾的"农业经营之改善，农民生活之向上，农业技术之改良，以及农业救济，农村复兴等等，都逃不出经济之范围"，但是"农村复兴之根本政策，不单是注重经济的一方面，尤须注意其他政治上及社会上的问题，因为要使农村没有疲敝，农民没有痛苦，乃至于建设理想的农村，消除都鄙文野的悬差等种种实际问题，必须政治走入轨道，农村社会秩序安定，然后可以切实解决"。[3] 非但农村问题之解决如此，就整个中国现代化建设而言，亦不仅仅是经济的现代化，也需要社会的、政治的现代化。在政治、经济与社会问题丛生，局势险象环生的

---

[1] 〔美〕吉尔伯特·罗兹曼主编《中国的现代化》，第2页。
[2] 蓝梦九:《农村复兴之路》，《中国建设》第8卷第5期，"农村复兴专号"，1933年11月1日，第44、43页。
[3] 曾济宽:《怎样解决中国农村问题》，《中国建设》第8卷第5期，"农村复兴专号"，1933年11月1日，第12页。

结　语

民国时期，单纯的现代化经济建设并不足以建成现代化的中国，惟有使经济、政治、社会、文化随世界现代化的潮流全体进化至现代之域，方可求得现代化建设之成功与国家民族之富强。

民国时期，在中国现代化进程中日益凸显的乡村危机的触发下，城市与乡村、工业与农业在现代化历程中的双重困厄，逐渐聚焦为急迫的时代课题。中国建设协会等建设团体组织的关注点逐渐由城市、工业建设转向农村、农业建设，无论就历史进程还是思想进程而言，无疑是一个历史性转折。在由工而农的历史变迁中，我们能够体察到其中所隐含的以"民生"为目标的恒定不变的思想主轴。在民国建设团体的建设探索中，尽管各种建设思想所强调的内容和立足点时有变化，但其基本目标始终是以民生为首要。由于社会身份与价值观念上的差异，时人对现代化进程中社会经济危机的由来做出不同的解读，提出不同的解救之策，在社会矛盾凸显、不同政治诉求之间的争辩趋于激化之时，中国建设协会从现代化建设路向选择的角度对社会危机深层致因的挖掘，对如何消弭危机以使中国建设长远进展所探求的建设路向，尤其值得后人体察与借鉴。

附 录

附表1 《中国建设》所揭载的会员以外的国内外专家著述

姓名	专业	教育背景	时任职	著述	刊载期次
唐启宇	农学	美国佐治亚大学农学硕士、美国康奈尔大学农业经济学博士	国民政府农矿部设计委员	农业建设中之灌溉及排水事业	第1卷第6期,1930年
古越周清	农学	北京大学农科农学士	农矿部农政司科员兼设计委员会特种会议秘书	国营蒙藏垦牧事业之实施	第1卷第6期,1930年
张宗成	棉花分类	美国佐治亚州立大学	农矿部技正首都市民消费合作社总经理	中国之烟草事业	第1卷第6期,1930年
叶元鼎	农学	美国佐治亚大学	实业部上海商品检验局棉花检验处主任	吾国棉花检验政策与棉业改进	第1卷第6期,1930年
李积新			农矿部设计委员会委员	江苏海滨盐垦	第1卷第6期,1930年
包容	农学		农矿部设计委员会委员	主要粮食之米麦节省策	第2卷第1期,1930年
唐凌阁	造纸、应用化学	北京大学,美国威斯康星大学应用化学专业,后转梅音大学造纸工程硕士学位	中央研究院化学研究所专任研究员	东三省应设木材造纸意见及其计划书	第2卷第1期,1930年
张继龄	化学	法国格勒鲁伯大学造纸工程师,里昂高等工业电机工程师	中央研究院工程研究所研究员	大气中氮素之固定法	第2卷第1期,1930年

附 录

续表

姓名	专业	教育背景	时任职	著述	刊载期次
C. C. Hong（洪传炯）	电气			Rate of Electricity	第 2 卷第 3 期，1930 年
J. M. Kennedy 著，顾毓琇摘译	电气			英国政府与电气事业（摘自 The Administration of Electric Power Supply in Great Britain）	第 2 卷第 3 期，1930 年
Hollis H. Arnold	电气			Economy in Application of Electrical Power to Water Level Control in Che Kiang	第 2 卷第 3 期，1930 年
田中芳雄著，许可安译	工学	日本工学博士		油脂工业	第 2 卷第 6 期，1930 年
萧霭士（A. M. Shaw）				中国之实用工程（Practical Engineering In China）	第 2 卷第 4 期，1930 年
C. D. Pearson 著，朱有骞译注				上海市英商上海自来水公司概况	第 3 卷第 2 期，1931 年
温德博士述，杨公兆译				钢铁事业的几个基本问题	第 4 卷第 5 期，1931 年
王崇植译				日本无线电事业概观	第 6 卷第 1 期，1932 年
陈本端				Bending Moment Diagrams of K. M. A. loco. 260 – 271 Class on Girders 'Stringers' Intermediate Cross Girders and End Cross Girders	第 9 卷第 6 期，1934 年
翟克				战后农村建设之新动向	第 2 卷第 3 期，1946 年
E. Varga				世界政治的型式	第 3 卷第 5 期，1947 年
杨开道				巴勒斯坦的库扎合作农场	第 5 卷第 4 期，1948 年

309

中国建设协会研究（1929~1949）

续表

姓名	专业	教育背景	时任职	著述	刊载期次
瓦尔加				论两个制度的斗争	第6卷第3期，1948年
费孝通				城乡联系的又一面	第7卷第1期，1948年

附表2 民国时期主要建设团体组织成立简况

团体名称	成立年份	所在地	主要发起人	宗旨
中华全国道路建设协会	1921	上海	王正廷*、孔祥熙*、吴山	秉承总理遗训，联络公路交通方面的专门人才，提倡路市交通，以利民行
中华全国铁路协会	1929	南京	孙科*、郑洪年*、王正廷*、韦以黻、孔祥熙*	联络有志铁路事业者研究铁路学术并协助铁路事业之发展
中国工程师学会	1931	南京	韦以黻、胡庶华、颜德庆、萨福均、徐佩璜、曾养甫、翁文灏、茅以升	联络工程界同志，协力发展中国工程事业，并研究促进各项工程学术
中国土木工程师学会			张自立*、杜镇远*、侯家源*、张含英、李书田	
中国水利工程学会	1931	南京	李仪祉、李书田、张自立*、孙辅世*、沈百先、陈懋解*、张含英、徐世大*	联络水利工程同志研究水利学术促进水利建设
化学工业建设协会	1932	天津	张伯苓与天津各团体——南开大学、河北省工业试验所、渤海工业社、黄海化学工业社（塘沽）——的化学界同仁共同发起	研究及建设中国化学工业
中国科学化运动协会	1933	南京	陈立夫*、吴稚晖*、胡庶华*、陈果夫*、吴承洛*、邹树文、顾毓琇	研究及介绍世界科学之应用，并根据科学原理，阐扬中国固有之文化，以致力于中国社会之科学化
中国市政问题研究会	1933	南京	体扬	促进中国现代新市政建设
中国农村经济研究会	1933	南京	陈翰笙、吴觉农、千家驹、王寅生、孙晓村、冯和法	研究农村经济，推进乡村工作

310

续表

团体名称	成立年份	所在地	主要发起人	宗旨
中国文化建设协会	1934	上海	邵元冲、朱家骅、陈立夫*	发扬民族意识,认识时代精神
中国地方自治学会	1934	南京		研究地方自治理论与实施方法并促进地方自治事业
中国农工问题研究会	1935	南京		研讨农工问题
华北农村建设协进会	1936	北平	晏阳初、梅贻琦、林可胜、张伯苓、陈志韦、谢家声	培养农村建设人才,使其充分明了农村实况,习于农民生活,指导农民训练农民,推行联锁农村建设工作
中国行政问题研究会	1938	南京		研究中国行政问题促进行政效率
中国工业合作协会	1938	上海	由国际友人路易·艾黎(新西兰)、埃德加·斯诺夫妇(美国)和胡愈之、徐新六等发起,宋美龄任名誉理事长,理事长孔祥熙*	将失业工人组织起来,建立工业生产合作社,寓救济于生产,支援军需和民用,支援抗日战争。具体负责推销各合作社工业产品购运原料调剂供需促进合作业务
中国农业推广协会	1939	南京	乔启明、唐启宇、章之汶、毛雝、钱天鹤、谢家声、赵连芳	联络同志研讨农业推广问题共谋中国农业推广事业之发展
中国经济建设协会	1939	南京	穆藕初、霍宝树*、邹秉文、王志莘*、黄宪儒、葛敬中、郭子勋、李法端、张延祥、沈怡、黄伯樵*、夏光宇	拥护政府国策,研讨准备及促成我国战后经济建设计划
中国政治建设学会	1939	重庆	王家桢、王卓然	
中国农民经济研究会	1940	南京	郑寰宇、刘光华、黄厚端、冷融、罗益增、李汶	研究农民经济,促进农村建设,增强抗战建国之力量
中国交通协进会	1940	南京	柳靖宇、邹思元	研究交通学术,设计交通方案及兴办现代交通事业,并服务社会
中国教育建设协会	1940	南京	戴英夫、王敏中、严恩祚、杨鸿烈、张震中	讨论并解决教育上实际问题,促进中国教育建设
中国市政建设协会	1940	南京		联络市政人才研究及促进市政建设

续表

团体名称	成立年份	所在地	主要发起人	宗旨
中国市政工程学会	1943	南京	沈怡、赵祖康*、凌鸿勋、郑肇组、李书田	联络市政工程同志研究市政工程学术促进市政建设之发展
中国都市计划学会		南京		联络同志研究都市计划学理,协助政府推进都市计划,发展都市建设
中国县政学会	1940	南京	孙慕迦、孔祥熙*、戴季陶*、陈果夫	研究县政之理论与实际,俾利新县制之推行
中国合作事业协会	1940	南京	赵棣华、侯哲荞、顾毓琭、邹树文、章之汶、李宗黄*、乔启明	
华侨经济建设协会	1940	南京	寿景伟、余俊贤、王志远、朱义农、寿墨卿、吴蕴初	倡导华侨回国投资建设事业,促进国内经济建设,协助华侨教育,介绍华侨子弟回国求学就业,发扬祖国文化事业,加强侨胞相互联系,协助国家建设工作
生产建设协会	1941	香港	林康侯、黄伯樵*、钱新之、杜月笙、周作民	联合国内人士及海外华侨,协助华侨回国投资,经营生产事业促成国内经济建设

注:"主要发起人"中姓名后标有"*"者,系同时为中国建设协会会员。

资料来源:"中国工业合作协会"的信息来自中国工业合作协会官网,http://www.chinagung-ho.org/;《中国工业合作协会西南区办事处工合业务代营处暂行章程》,中国第二历史档案馆藏,11-00645-0005。"中国教育建设协会"的信息来自《中国教育建设协会大事记》,《教育建设》第1卷第3期,1940年,第113页。其他建设团体之信息来自前述相关引文注释。

附表3 民国时期建设类刊物出版简况

报刊名	主办者	创办地	创刊年份
建设	建设社	上海	1919
道路月刊	中华全国道路建设协会	上海	1922
浙江建设	浙江建设厅	杭州	1927
广东建设公报	广东建设厅	广州	1927
江苏建设公报	江苏建设厅	镇江	1927
江西建设公报	江西建设厅	南昌	1927
江西建设月刊	江西建设厅	南昌	1927

续表

报刊名	主办者	创办地	创刊年份
湖北建设月刊	湖北省建设厅	汉口	1928
河南建设月刊	河南省建设厅	开封	1928
建设（委员会）公报	建设委员会	南京	1928
华北水利月刊	华北水利委员会	天津	1928
农声	国立中山大学农学院	广州	1928
农铎	山西农业专门学校推广部	山西	1928
农村月刊	农村月刊社	北平	1929
东北新建设	不详	辽宁	1929
山西建设公报	山西省建设厅	太原	1929
建设周报	广东建设厅	广东	1929
新建设	广东建设厅	广东	1929
河北建设公报	河北建设厅	北平	1929
安徽建设	安徽省建设厅	安庆	1929
琼崖建设研究会创刊	琼崖建设研究会	海口	1929
中国建设	中国建设协会	南京	1930
云南建设周刊	云南省建设厅	昆明	1930
建协月刊	广东建设协进会筹备委员会	广州	1930
辽宁建设季刊	辽宁省建设厅	辽宁	1930
社会改造	北平励志笃行社	北京	1930
农学周刊	北平世界日报社	北京	1930
农民周刊	中华平民教育促进会定县实验区	定县	1931
农业推广	中央农业推广委员会	南京	1931
山东省建设月刊	山东省建设厅	济南	1931
四川省建设公报	四川省建设厅	成都	1931
工程	中国工程师学会	南京	1931
修农	湖南私立修业农业学校	长沙	1931
工业中心	实业部中央工业实验所	南京	1932
农业革命	广东建设厅农林局	广州	1932
现代农村	北平大学农学院	北京	1932
乡村建设	山东乡村建设研究院	邹平	1932

中国建设协会研究（1929～1949）

续表

报刊名	主办者	创办地	创刊年份
复兴月刊	新中国建设学会	上海	1932
农村合作	江西省农村合作委员会	南昌	1932
陕西建设公报	陕西省建设厅	西安	1933
广西建设特刊	广西建设厅	广西	1933
察哈尔省建设公报	察哈尔省建设厅	察哈尔	1933
科学的中国	中国科学化运动协会	南京	1933
社会建设	社会建设杂志社	上海	1933
乡村建设月刊	乡村建设设计委员会	青岛	1933
中国农村	中国农村经济研究会	南京	1933
农业推广季刊	中央农业推广委员会	南京	1933
农村复兴委员会会报	行政院农村复兴委员会	南京	1933
新农村	浙江省农业改良总场	杭州	1933
农村	江西农村改进社	南昌	1933
农村经济	农村经济月刊社	镇江	1934
新村半月刊	广东地方自治工作人员训练所 广东地政工作人员养成所	广州	1934
河南农村合作	河南农村合作委员会	开封	1934
湖北农村合作	湖北农村合作委员会	武昌	1934
市农月刊	重庆市农会	重庆	1934
四川农业	四川中心农事试验场农业推广科	重庆	1934
市政评论	中国市政问题研究会	南京	1934
市政期刊	上海复旦大学市政学会	上海	1934
江苏建设	江苏省建设厅	镇江	1934
文化建设	中国文化建设协会	上海	1934
中国社会	中国社会问题研究会	南京	1934
地方自治	中国地方自治学会	南京	1934
河南建设季刊	河南省建设厅	开封	1934
陕西建设月刊	陕西建设厅	陕西	1935
浙江农业推广	浙江省立农业推广人员养成所	杭州	1935
山西建设	山西省县村十年建设促进会	太原	1935

续表

报刊名	主办者	创办地	创刊年份
建设评论	建设评论社	武昌	1935
铁路杂志	中华全国铁路协会	南京	1935
公路	全国经济委员会公路处	南京	1935
中国实业杂志	实业部	南京	1935
中国农工季刊	中国农工问题研究会	南京	1935
中国蚕丝	全国经济委员会蚕丝改良委员会	杭州	1935
农村通讯	中国农村经济研究会	南京	1935
农学	国立北平大学农学院	北京	1935
农村建设	嘉兴县政府合作事业推广委员会	嘉兴	1936
国民经济建设	国民经济建设运动会江苏省分会	镇江	1936
山东省建设	山东省建设厅	济南	1936
经济建设	经济建设出版社	安徽	1936
鄂棉	湖北棉业改良委员会试验总场	汉口	1936
广东经济建设月刊	经济建设运动委员会广东分会	广州	1937
云南建设月刊	云南省建设厅	昆明	1937
经济建设月刊	经济建设出版社	广州	1937
乡村工作	绥远省政府乡村建设委员会	绥远	1937
农村经济	嘉兴县政府合作事业推广委员会	嘉兴	1937
农村改进	中华职业教育社	上海	1937
建设周讯	四川省政府建设厅	成都	1937
革新与建设	不详	长沙	1937
市政研究	中华市政研究会	成都	1938
农村建设	晋绥农村建设协进会	太原	1938
现代农民	中国农业协会	成都	1938
中建	中国建设服务社	上海	1938
建设通讯	四川省建设厅	成都	1938
广西建设研究会会务汇刊	广西建设研究会	广西	1938
温江乡村建设	四川省温江县乡村建设委员会	成都	1938
建设	建设周刊社	上海	1939
建设研究	广西建设研究会	桂林	1939

续表

报刊名	主办者	创办地	创刊年份
政治建设	中国政治建设学会	重庆	1939
工业合作	中国工业合作协会	重庆	1939
西康省建设丛	西康省建设厅	康定	1939
农业推广通讯	农林部农业推广委员会	南京	1939
中农月刊	中国农民银行	重庆	1940
县政研究	南京内政部县政训练所	南京	1940
实业通讯	中国国民经济研究所	重庆	1940
教育建设	中国教育建设协会	上海	1940
湖南建设季刊	湖南省建设厅	湖南	1941
农刊	广东省建设厅农林处	广州	1941
地方建设	国立中正大学	吉安	1941
交通建设季刊	交通建设季刊社	重庆	1941
资源委员会公报	经济部资源委员会	南京	1941
浙江工业	浙江工业改进所	龙泉	1941
化学与工业	国立中山大学化学工程学会	广州	1942
建设	国立交通大学同学会	南京	1942
经济建设季刊	中国经济建设协会	重庆	1942
建设统计汇刊	福建省建设厅	福建	1942
农村通讯	福建省农业改进处	福建	1942
乡建院刊	四川乡村建设学院	巴县	1942
农村建设	中国农村建设协进会	南京	1943
心理建设	中国心理建设学会	重庆	1943
交通建设	国民政府交通部	重庆	1943
川康建设	川康建设杂志社	重庆	1943
科学与技术	国防科学技术策进会	重庆	1943
四川建设	四川建设厅	成都	1944
建设月报	广东省建设厅	广州	1944
建设季刊	广东省建设厅	广州	1945
上海市政建设专刊	中国战后建设协进会上海分会	上海	1945
中国农业推广协会汇刊	中国农业推广协会	重庆	1945

附　录

续表

报刊名	主办者	创办地	创刊年份
贵州经济建设月刊	贵州省经济建设设计委员会	贵州	1946
建设季刊	报国工业会	上海	1946
广东建设研究	广东建设研究委员会	广州	1946
贵州建设月刊	贵州建设协会	贵州	1946
科学与建设	科学与建设季刊社	重庆	1946
农情通讯简报	农林部农业推广委员会	南京	1946
农业经济研究丛刊	福建省农业改进处	福州	1946
工矿建设	工矿出版社	上海	1947
农业通讯	全国农村经济建设委员会	南京	1947
经建通讯	山东省建设厅	济南	1947
世界农村	世界出版社	上海	1947
河南农讯	河南省农业改进所	开封	1947
建苏月刊	江苏建设协会	上海	1947
大众农业	大众农业社	上海	1948
市政建设	中国市政研究会	北京	1948
中国边疆建设集刊	国立中央大学边疆建设学会	南京	1948

资料来源：文中所述期刊及"大成老旧期刊全文数据库"（http://laokan.dachengdata.com）。

附表4　中国建设协会已登记之各项专门人才

姓名	专业及学位	经历	现任职务及愿做之工作	希望待遇
李英标	比利时列日大学电学工程师，列日工业专门学校化学工程师	比利时列日电机制造厂实习员及列日哥克里厂桥梁科翻砂厂工程师	现任武汉大学物理教授请假回沪，愿做电厂或铁道上之工作	300元左右
薛伯康	华盛顿大学政治学士，明尼苏达大学行政学硕士	芝加哥市政府考试委员会实习	现在明尼苏达州政府服务，愿任考试或市经理等职	250元以上
鲁成	日本东京高等工业专门学校机械科毕业，法国泰郎制学校卒业，专长运搬交通机械及制造水泥机械等	东京高等工业专门学校实习一年，法国工厂任设计画图工程师七年	现在上海营业，愿做机械工程师	500元

续表

姓名	专业及学位	经历	现任职务及愿做之工作	希望待遇
崔玉田	北平中法大学毕业，法国兰斯职业学校高级纺织班毕业得甲种证书，法国奈比拿高等纺织专门学校超等工程师	曾在法国两大纺棉厂、两大制造纺织机厂及制丝厂等实习，拟入造织工厂或制碱工厂实习	现在法国，愿任纺织厂或制机厂工程师	300元以上
王恩东	美国费城宾夕法尼亚大学毕业，专长工业管理		现在美国，愿任工业管理职务	
曾学厚	美国加州斯坦福大学电机工程科毕业		现在斯坦福大学实习，愿做水力电机工程事务	
郭显钦	山西大学土木工科毕业考取土木工专科高等文官工商部登记技师	汉口工程局副工程师，教育部荐正，北京农科大学教授，上海特别市土地局技士	现任上海特别土地局技士，愿做道路市政或桥梁工程事项	240元以上
陈来义	华盛顿大学化学工程学士及化学硕士		现在美国华盛顿青年会，愿任大学教授或工厂职务	
刘伯岑	北平燕京大学理学院理学士，专长化学工程及毛革工程	河北顺德永生祥毛皮行设计技师	现任河北顺德永生祥毛革行设计技师，愿做一切毛革建设事业	200元
宋康祥	南通大学农学士，专长农业推广及棉作杂谷	现任江苏省农矿厅农业推广事宜	愿做农业推广及改良棉谷工作	200元
韩雁门	法国国立南锡大学农学院农业工程师，专长农业垦荒	河南农业专门学校教务长兼教授，农矿部特派安徽普益林垦公司接收兼整理委员，工商部国货农产品审查委员	现任国立劳动大学农学院农艺系主任兼教授，愿任农业及垦荒等工作	300元
马志超	美国伊利诺大学行政学学士，美国西北大学商学士，美国简科士大学商学博士，专长商学金融	美国芝城储蓄银行国外汇兑部主任，芝城的注署公司理事，广西实业银行总理，兴锰矿公司经理	现在沪，愿做金融实业外交各项工作	

附　录

续表

姓名	专业及学位	经历	现任职务及愿做之工作	希望待遇
刘拓	美国华盛顿大学工业农业化学博士	美国华盛顿大学化学工程部研究员，前北平师大、女子师大、工大等教授及主任前后七年	现在北平大学农学院农业化学系主任及师大教授，愿做农工化学等建设事业	500元以上
彭全纯	香港国家书院毕业，汉口扬子机器公司实习五年，专长汽机造船验船	扬子公司工程师六年，英美烟公司打样师二年，瑞镕造船厂计划打样工程师三年	现任英国挪威法国船政驻华验船师兼总打样师，愿做航政事业	

资料来源：《杂述：建设协会介荐专门人才》，《江苏省政府公报》第453期，1930年6月2日，第19页。

附表5　中国建设协会发起人及主要会员群体简介

姓名	生卒年	籍贯	国外留学经历	专业	时任职	后期走向
*张静江	1877~1950	浙江			浙江省主席、中央监察委员、建设委员会委员长	1937年去职，隐退上海，最终寓居纽约
*李石曾	1881~1973	河北	法国巴黎大学	生物	中央政治会议委员、建设委员会常务委员	
*曾养甫	1898~1969	广东	美国匹兹堡研究院	矿冶	农矿部次长、建设委员会副委员长	
*戴季陶	1891~1949	浙江	日本法政大学	法律	宣传部部长、考试院院长	
*谭延闿	1880~1930	浙江		书法、写作	国民政府行政长、建设委员会委员	1930年去世
*蔡元培	1867~1940	浙江	德国莱比锡大学	哲学、文学	中央研究院院长	1940年在香港病逝
*孔祥熙	1880~1967	山西	美国耶鲁大学	文学	财政部部长	1944年被迫去职，离开政坛，1948年赴美国定居
*吴稚晖	1865~1953	江苏	东京高等师范学校	教育	中央监察委员、国民政府委员	

中国建设协会研究（1929~1949）

续表

姓名	生卒年	籍贯	国外留学经历	专业	时任职	后期走向
*陈立夫	1899~2001	浙江	美国匹兹堡大学	矿冶	中央党部秘书长、教育部部长、建设委员会委员	
*易培基	1880~1937	湖南	曾赴日本进修		农矿部部长、国民政府委员、北京故宫博物院院长	因"故宫盗宝案"遭通缉，最终含恨死去
*叶楚伧	1887~1946	江苏			宣传部部长	1946年在上海病逝
*郑洪年	1876~1958	广东		教育	财政次长、建设委员会委员	抗战时旅居香港，被日军俘虏
*李宗黄	1887~1978	云南		军事	广东国防司令、国民党第一届中央候补执行委员、国民党监察委员	
*魏道明	1901~1978	江西	法国巴黎大学	法学	南京特别市市长、建设委员会常务委员	1947年任台湾省政府主席，后赴美考察
*薛笃弼	1890~1973	山西	山西省立法政学校	法律	国民政府委员、卫生部部长	1948年辞去国民党政府职务到上海当律师
*王正廷	1882~1961	浙江	美国密歇根大学	铁路、法律	外交部部长	1949年初去香港任太平洋保险公司董事长等职
*蒋梦麟	1886~1964	浙江	美国加利福尼亚大学、加州大学、哥伦比亚大学	法学、哲学、教育学	教育部部长，后继任北京大学校长	1947年随宋子文从国民政府行政院辞职，1948年任中美在台湾成立的"中国农村复兴联合委员会"主任
吴承洛	1892~1955	福建	美国哥伦比亚大学	化学	经济部工业司司长	
胡庶华	1886~1968	湖南	德国柏林工业大学	矿冶	立法院立法委员	

续表

姓名	生卒年	籍贯	国外留学经历	专业	时任职	后期走向
徐恩曾	1898~1985	浙江	美国卡耐基大学	电机	交通部政务次长	
赵祖康	1900~1995	江苏	美国康奈尔大学	土木	上海市工务局局长	
侯家源	1896~1957	江苏	美国康奈尔大学	土木	南京市工务局局长	
杜镇远	1889~1979	湖北	美国康奈尔大学	土木	建设委员会委员	
黄伯樵	1890~1948	江苏	德国柏林大学	机械	上海市政府公用局局长	
恽震	1901~1994	江苏	美国威斯康星大学	电机	建设委员会副处长	
董修甲	1891~	江苏	美国加利福尼亚大学	市政、经济	武汉市政府委员会秘书长	
何世桢	1894~1972	安徽	美国密歇根大学	法学	安徽省政府委员兼教育厅厅长	
林继庸	1897~1985	广东	美国伦斯勒理工学院	工科	广东化学工业委员会委员、资源委员会科长	
陈鸣一	1901~	浙江	美国密歇根大学学士、宾夕法尼亚大学商科硕士	电气	浙江省电气局会计科科长	
余焕东	1877~1967	湖南		采矿、冶金	农矿部法规委员会委员	
曾义	1900~	四川	法国里昂大学理科	化学、蚕业	中央研究院专任研究员	
吴祥骐	1893~	浙江	唐山工业专门学校	土木工程	建设委员会设计委员、杭江铁路设计工程司	
刘汝璠		甘肃	美国哥伦比亚大学	农学	农矿部设计委员、中央建设委员会委员	

中国建设协会研究（1929～1949）

续表

姓名	生卒年	籍贯	国外留学经历	专业	时任职	后期走向
张范村			美国伊利诺伊大学农学士、康奈尔大学农硕士	农学	建设委员会中央模范林区委员会委员兼技术课课长	
孙辅世	1901～2004	江苏	天津北洋大学土木系学士、美国康奈尔大学水利工程硕士	水利	建设委员会模范灌溉管理局局长、长江水利工程总局局长	新中国成立后历任华东财经委员会专员，水利部、水利电力部技术委员会委员
赵燏黄	1883～1960	江苏	日本东京药学专门学校	生药学	中央研究院化学研究所专任研究员	

注：姓名前标 * 者为中国建设协会发起人，共17名；未标 * 者为协会主要会员。

资料来源："张静江""吴稚晖""王正廷""蒋梦麟"信息来源于朱汉国、杨群主编《中华民国史》第7册；"蔡元培""李石曾""易培基"信息来源于朱汉国、杨群主编《中华民国史》第9册；"孔祥熙""戴季陶""薛笃弼""叶楚伧""郑洪年""魏道明""董修甲""何世桢"信息来源于厂民编《当代中国人物志》(1937，沈云龙主编《近代中国史料丛刊续编》第50辑）；"林继庸"信息来源于徐盈编《当代中国实业人物志》（1948，沈云龙主编《近代中国史料丛刊续编》第50辑）；"陈鸣一""余焕东""曾义""吴祥骐""刘汝璠""张范村""赵燏黄"信息来源于《中国建设协会会员录》（《中国建设协会成立纪念专刊》）；"杜镇远""侯家源"信息来源于李秉成《杜镇远、侯家源与杭州铁路》（《自然杂志》1991年第8期）；"曾养甫""陈立夫""吴承洛""胡庶华""徐恩曾""赵祖康""黄伯樵""恽震"信息来源于房正《中国工程师学会研究》（博士学位论文，复旦大学，2011）。

参考文献

一 档案

（一）中国第二历史档案馆藏

1. 社会部档案（1938~1945），全宗号 11
2. 农林部档案（1940~1949），全宗号 23
3. 建设委员会档案（1929~1933），全宗号 46

（二）中国社会科学院近代史所档案馆藏

（三）台北"国史馆"藏

（四）台北"中央研究院"近代史研究所藏

（五）山西省档案馆藏

（六）江苏省档案馆藏

二 报刊

《大公报》《道路月刊》《东北新建设杂志》《东方杂志》《独立评论》《革命》《革命评论》《革新与建设》《工业中心》《广东建设公报》《广东教育厅旬刊》《广东经济建设月刊》《广东省政府公报》《广西建设月刊》《贵州经济建设月刊》《贵州农矿公报》《国民政府公报》《河北建设公报》《河南建设》《湖北农村合作》《建设》《建设公报》《建设委员会公报》《江苏建设月刊》《江苏省政府公报》《交通建设》《教育建设》《教育周刊》《经济部公报》《经济动员》《经济建设季刊》《南京市政府公报》《农村》《农村复兴委员会会报》《农村月刊》《农工月刊》《农矿季刊》《农林新报》《农趣》《农事半月刊》《农学月刊》《农讯》《农业推广通讯》《农业周报》

《全国经济委员会公报》《三民主义半月刊》《山东教育行政周报》《山东省建设》《山西公报》《山西建设》《陕行汇刊》《陕西建设公报》《申报》《社会部公报》《社会科学杂志》《社会学刊》《社会杂志》《时事月报》《实业部月刊》《实业公报》《市政评论》《四川经济月刊》《铁道公报》《文化建设》《乡村建设》《新东方》《新建设》《新教育》《新农》《新农村》《新生命》《新中国》《行政院水利委员会季刊》《益世报》《银行周报》《云南建设公报》《浙江建设月刊》《政治经济学报》《中国建设》《中国经济评论》《中国农民》《中农月刊》《中央半月刊》《中央党务月刊》《中央周报》《资源委员会公报》

三 资料汇编、文集、文史资料等

蔡鸿源主编《民国法规集成》,黄山书社,1999。

陈翰笙、薛暮桥、冯和法编《解放前的中国农村》,中国展望出版社,1987。

陈侠、傅启群编《傅葆琛教育论著选》,人民教育出版社,1994。

陈序经:《乡村建设运动》,大东书局,1946。

程玉凤编纂《资源委员会档案史料初编》,台北,"国史馆",1984。

〔英〕戴乐仁等:《中国农村经济实况》,李锡周编译,农民运动研究会,1928。

董成勋:《中国农村复兴问题》,世界书局,1935。

方悴农:《农村建设实施记》,大华书局,1935。

《费孝通文集》,群言出版社,1999。

广东省社会科学院历史研究室等编《孙中山全集》,中华书局,1981~1986。

《国民参政会纪实》,档案出版社,1992。

《国民党政府政治制度档案史料选编》,档案出版社,1992。

国民党中央委员会党史委员会编《张静江先生文集》,台北,中央文物供应社,1982。

国民党中央委员会党史委员会编印《邵元冲先生文集》,台北,1983。

《何廉回忆录》,朱佑慈等译,中国文史出版社,1988。

建设委员会法规委员会编《建设委员会法规汇编》，建设委员会总务处，1934。

蓝名诂：《中国农村建设之途径》，农村经济月刊社，1935。

李文能：《吴敬恒对中国现代政治的影响》，台北，正中书局，1977。

李宗黄：《考察江宁邹平青岛定县纪实》，正中书局，1935。

凌耀伦、熊甫编《卢作孚文集》，北京大学出版社，1999。

罗克典：《中国农村经济概论》，民智书局，1934。

内政部华北水利委员会编印《华北水利建设概况》，1934。

千家驹等：《农村与都市》，中华书局，1935。

申报年鉴社编《申报年鉴（1935）》，台北，文海出版社，1966。

沈云龙主编《近代中国史料丛刊》，台北，文海出版社，1983。

宋恩荣编《晏阳初全集》第1、2、3卷，湖南教育出版社，1989、1990、1991。

宋恩荣编《晏阳初文集》，教育科学出版社，1989。

孙本文：《当代中国社会学》，上海书店，1948。

孙中山：《建国方略》，辽宁人民出版社，1994。

王世颖、冯静远：《农村经济及合作》，黎明书局，1934。

王仲鸣译《中国农民问题与农民运动》，平凡书局，1929。

吴大琨：《经济建设论》，民国出版社，1944。

吴景超：《中国工业化的途径》，商务印书馆，1941。

行政院农村复兴委员会秘书处编印《一年来复兴农村政策之实施状况》，1934。

许莹涟、李竞西、段继李等编述《全国乡村建设运动概况》，正中书局，1935。

薛暮桥、冯和法编《〈中国农村〉论文选》，人民出版社，1984。

严中平：《中国近代经济史统计资料选辑》，科学出版社，1955。

阎锡山：《山西省政十年建设计划案》，1933。

〔美〕杨格（Arthur N. Young）：《中国经济建设之路》，刘镇泉译，商务印书馆，1947。

杨恺龄：《民国张静江先生人杰年谱》，台北，台湾商务印书馆，1981。
翟克：《中国农村问题之研究》，广州国立中山大学出版部，1933。
张品兴主编《梁启超全集》，北京出版社，1999。
张其昀主编《先总统蒋公全集》，台北，中国文化大学出版部，1984。
张文伯：《吴敬恒先生传记》，台北，国民党中央委员会党史史料编纂委员会，1964。
中国第二历史档案馆编《中华民国史档案资料汇编》第5辑第1编、第2编，凤凰出版社，1991。
中国第二历史档案馆编《全国经济委员会会议录》，广西师范大学出版社，2005。
中国国民党中央委员会党史委员会编印《李石曾先生文集》，台北，1980。
中国国民党中央执行委员会训练委员会编印《国民经济建设运动要义》，1941。
中国农村经济研究会编《农村通讯》，中华书局，1935。
中国社会科学院科研局组织编《陈翰笙集》，中国社会科学出版社，2002。
中国文化书院学术委员会编《梁漱溟全集》，山东人民出版社，2010。
"中华民国全国工业总会"编印《中华民国工业发展概况》，台北，1983。
中央党部国民经济计划委员会编印《十年来之中国经济建设》，1937。
中央组织部：《总裁经济建设言论概要》，中央秘书处文化驿站总管理处，1941。
朱传誉主编《蒋梦麟传记资料》，台北，天一出版社，1979。
朱传誉主编《李石曾传记资料》，台北，天一出版社，1979。
朱传誉主编《谭延闿传记资料》，台北，天一出版社，1985。
朱其华：《中国农村经济的透视》，中国研究书店，1936。
朱子爽：《中国国民党农业政策》，国民图书出版社，1940。

四 著作

〔美〕艾恺:《梁漱溟传》,郑大华等译,湖南出版社,1988。

〔美〕艾恺:《最后的儒家——梁漱溟与中国现代化的两难》,王宗昱、冀建中译,江苏人民出版社,1995。

毕道村:《中国农村现代化之路——乡村工业发展战略》,中国统计出版社,2000。

陈歆文:《中国近代化学工业史》,化学工业出版社,2006。

〔美〕戴维·波普诺:《社会学》,李强等译,中国人民大学出版社,1999。

〔美〕道格拉斯·C.诺斯:《经济史中的结构与变迁》,陈郁、罗华平等译,上海三联书店,1994。

〔美〕道格拉斯·C.诺斯:《制度、制度变迁与经济绩效》,刘守英译,上海三联书店,1994。

〔美〕道格拉斯·C.诺斯、罗伯特·托马斯:《西方世界的兴起》,厉以平、蔡磊译,华夏出版社,1989。

〔美〕E.A.罗斯:《社会控制》,秦志勇、毛永政译,华夏出版社,1989。

〔美〕费正清:《美国与中国》,张理京译,商务印书馆,1987。

〔美〕费正清主编《剑桥中华民国史》,章建刚译,上海人民出版社,1991。

〔美〕格尔哈斯·伦斯基:《权力与特权:社会分层的理论》,关信平、陈宗显、谢晋宇译,浙江人民出版社,1988。

韩明汉:《中国社会学史》,天津人民出版社,1987。

韩明谟等主编《社会学家的视野——中国社会与现代化》,中国社会出版社,1998。

〔美〕黄宗智:《中国农村的过密化与现代化:规范认识危机及出路》,上海社会科学院出版社,1992。

〔美〕吉尔伯特·罗兹曼主编《中国的现代化》,国家社会科学基金"比较现代化"课题组译,江苏人民出版社,2010。

江沛、王先明主编《近代华北区域社会史研究》，天津古籍出版社，2005。

金观涛、刘青峰：《观念史研究——中国现代重要政治术语的形成》，法律出版社，2010。

李培林等：《20世纪的中国：学术与社会（社会学卷）》，山东人民出版社，2001。

李伟中：《20世纪30年代县政建设实验研究》，人民出版社，2009。

李永芳：《近代中国农会研究》，社会科学文献出版社，2008。

刘重来主编《卢作孚社会改革实践与中国现代化研究》，香港，天马出版有限公司，2004。

罗荣渠：《现代化新论——世界与中国的现代化进程》，华中师范大学出版社，2013。

罗荣渠：《现代化新论续篇——东亚与中国的现代化进程》，北京大学出版社，1997。

罗荣渠主编《从"西化"到现代化——五四以来有关中国的文化趋向和发展道路论争文选》，北京大学出版社，1990。

〔苏〕米罗诺夫：《历史学家和社会学》，王清和译，华夏出版社，1998。

〔美〕施坚雅：《中华帝国晚期的城市》，叶光庭等译，中华书局，2000。

四川省政协、巴中县政协文史资料委员会合编《平民教育家晏阳初》，四川大学出版社，1990。

孙冶方：《关于中国社会及其革命性质的若干理论问题》，中国社会科学出版社，1985。

谭备战：《国家与建设：南京国民政府建设委员会研究（1928~1938）》，社会科学文献出版社，2019。

〔美〕W. 理查德·斯科特：《制度与组织——思想观念与物质利益》，姚伟、王黎芳译，中国人民大学出版社，2010。

王先明：《变动时代的乡绅——乡绅与乡村社会结构变迁（1901~1945）》，人民出版社，2009。

王先明：《走近乡村——20世纪以来中国乡村发展论争的历史追索》，

山西人民出版社，2012。

王先明：《走向社会的历史学——社会史理论问题研究》，河南大学出版社，2009。

王玉茹、刘佛丁、张东刚：《制度变迁与中国近代工业化——以政府的行为分析为中心》，陕西人民出版社，2000。

魏文享：《中间组织——近代工商同业公会研究（1918~1949）》，华中师范大学出版社，2007。

吴成：《社会思潮研究》，河南人民出版社，2007。

〔美〕西里尔·E. 布莱克编著《比较现代化》，杨豫等译，上海译文出版社，1996。

徐秀丽主编《中国农村治理的历史与现状：以定县、邹平和江宁为例》，社会科学文献出版社，2004。

徐有礼等：《30年代宛西乡村建设模式研究》，中州古籍出版社，1999。

杨雅彬：《近代中国社会学》，中国社会科学出版社，2001。

〔美〕伊恩·罗伯逊《社会学》，商务印书馆，1991。

虞和平主编《中国现代化历程》，江苏人民出版社，2001。

〔美〕约翰·L. 坎贝尔：《制度变迁与全球化》，姚伟译，上海人民出版社，2010。

郑大华：《民国乡村建设运动》，社会科学文献出版社，2000。

郑起东、史建云：《晚清以降的经济与社会》，社会科学文献出版社，2008。

朱汉国主编《中国社会通史（民国卷）》，山西教育出版社，1996年版。

朱英：《转型时期的社会与国家——以近代中国商会为主体的历史透视》，华中师范大学出版社，1997。

Arthur N. Young, *China's Nation-building Effort, 1927–1937: The Financial and Economic Record*, Hoover Institution Press, 1971.

Hung-Mao Tien, *Government and Politics in Kuomintang China, 1927–1937*, Stanford University Press, 1972.

E. Eastman Lloyd, *The Nationalist Era in China, 1927 - 1949*, Cambridge University Press, 1991.

五 论文

陈宪光:《梁漱溟的乡村建设运动与中国现代化之路的探索》,《华侨大学学报》(哲学社会科学版) 1999 年第 2 期。

陈杏年:《再论资源委员会在抗战中的作用》,《史学月刊》1994 年第 5 期。

邓红:《中国乡村建设思潮的个案解析:论"定县主义"》,《河北大学学报》(哲学社会科学版) 2005 年第 4 期。

房正:《中国工程师学会研究 (1912 ~ 1950)》,博士学位论文,复旦大学,2011。

冯筱才:《中国商会史研究之回顾与反思》,《历史研究》2001 年第 5 期。

高路:《1900 ~ 1937 年中国社会精英对城市化与城市现代化道路的探索》,博士学位论文,华中师范大学,2013。

黄宗炎:《论民国时期广西的公路建设》,《广西社会科学》1993 年第 4 期。

李芳清:《孙中山思想与民初广东社会建设》,《广东社会科学》2012 年第 5 期。

李永芳:《孙中山农会思想探析》,《河南师范大学学报》(哲学社会科学版) 2011 年第 4 期。

林家有:《论孙中山铁路建设的思想和主张》,《近代史研究》1991 年第 5 期。

刘晔:《迈向现代国家:知识分子与近代中国国家建设》,博士学位论文,复旦大学,2002。

彭南生:《近代工商同业公会制度的现代性刍论》,《江苏社会科学》2002 年第 2 期。

石莹、赵昊鲁:《经济现代化的制度条件——对 1927 ~ 1937 年南京政府经济建设的经济史分析》,《社会科学战线》2005 年第 5 期。

汪晓茜、俞琳:《国民政府时期南京都市建设的相关制度研究》,《兰州理工大学学报》2011 年第 9 期。

王蓉:《南京国民政府的乡村建设与农民负担问题》,《福建论坛》(人文社会科学版)2008 年第 9 期。

王先明:《1950~1980 年代台湾乡村建设思想与实践的历史审视》,《史学月刊》2013 年第 3 期。

王先明:《20 世纪前期中国乡村社会建设路径的历史反思》,《天津社会科学》2008 年第 6 期。

王先明:《建设告竣时 革命成功日——论孙中山建设思想的形成及其时代特征》,《广东社会科学》2013 年第 1 期。

王先明:《近代中国乡村建设思想的再思考》,《史学月刊》2013 年第 11 期。

王先明:《内涵提升与外缘扩展双向互动:拓展中国近代社会史研究再思考》,《河北学刊》2005 年第 1 期。

王先明:《中国近代乡村史研究及展望》,《近代史研究》2002 年第 2 期。

王先明、李伟中:《20 世纪 30 年代的县政建设运动与乡村社会变迁——以五个县政建设实验县为基本分析样本》,《史学月刊》2003 年第 4 期。

王翔:《近代中国手工业行会的演变》,《历史研究》1998 年第 4 期。

王欣瑞:《现代化视野下的民国乡村建设思想研究》,博士学位论文,西北大学,2007。

王煦:《三十年来北京近代市政建设研究述评》,《北京社会科学》2010 年第 1 期。

魏文享:《近代工商同业公会研究之现状与展望》,《近代史研究》2003 年第 2 期。

魏文享:《农会与农政:近代农会组织与农业建设(1927~1949)》,《华中师范大学学报》(人文社会科学版)2008 年第 5 期。

魏文享:《乡村控制与农业建设——试论南京政府时期湖北省的农会组

织》，《中国农史》2006年第4期。

翁有为：《孙中山铁路建设思想初探》，《河南大学学报》（社会科学版）1991年第4期。

吴玉文：《1927～1937年南京国民政府经济政策述评》，《河南大学学报》（社会科学版）1998年第5期。

宣朝庆：《地方人才培养与社会重建——民国乡村建设研究中长期轻忽的一个问题》，《天津社会科学》2011年第4期。

严志才：《评南京国民政府的"国民经济建设运动"》，《东北师大学报》（哲学社会科学版）1996年第3期。

虞和平：《民国初年经济法制建设述评》，《近代史研究》1992年第4期。

虞和平：《民国时期乡村建设运动的农村改造模式》，《近代史研究》2006年第4期。

虞亚梅：《抗战时期资源委员会的技术推进与人才培养》，《民国档案》1998年第4期。

张殿兴：《论抗战时期的资源委员会》，《历史教学》2001年第10期。

赵春晨：《晚清民国时期广州城市近代化略论》，《广东社会科学》2004年第2期。

赵立彬：《孙中山政治设计中的社会建设考量》，《广东社会科学》2008年第1期。

赵兴胜：《1928～1937年的张静江》，《近代史研究》1997年第1期。

郑大华：《关于民国乡村建设运动的几个问题》，《史学月刊》2006年第2期。

周兴樑：《孙中山的中国近代化思想与实践》，《中山大学学报》（社会科学版）1997年第1期。

朱宝琴：《论南京国民政府的工业政策（1927～1937年）》，《南京大学学报》（哲学·人文科学·社会科学）2000年第1期。

朱英：《中国行会史研究的回顾与展望》，《历史研究》2003年第2期。

宗玉梅、林乘东：《1927～1937年南京国民政府工业政策初探》，《民国档案》1994年第2期。

图书在版编目(CIP)数据

中国建设协会研究：1929~1949 / 杜慧著. -- 北京：社会科学文献出版社，2024.3
　ISBN 978-7-5228-1375-2

Ⅰ.①中… Ⅱ.①杜… Ⅲ.①社会团体-研究-中国-1929-1949 Ⅳ.①C232

中国版本图书馆 CIP 数据核字（2022）第 257027 号

中国建设协会研究（1929~1949）

著　　者 / 杜　慧

出 版 人 / 冀祥德
责任编辑 / 邵璐璐
责任印制 / 王京美

出　　版 / 社会科学文献出版社·历史学分社（010）59367256
　　　　　 地址：北京市北三环中路甲29号院华龙大厦　邮编：100029
　　　　　 网址：www.ssap.com.cn

发　　行 / 社会科学文献出版社（010）59367028
印　　装 / 三河市尚艺印装有限公司

规　　格 / 开　本：787mm×1092mm　1/16
　　　　　 印　张：21　字　数：323千字

版　　次 / 2024年3月第1版　2024年3月第1次印刷
书　　号 / ISBN 978-7-5228-1375-2
定　　价 / 118.00元

读者服务电话：4008918866

版权所有 翻印必究